Belastungen und Risiken
im weiblichen Kunstturnen

Teil 2: Innensichten,
pädagogische Deutungen und Konsequenzen

Schriftenreihe des Bundesinstituts für Sportwissenschaft

Band 102

# Belastungen und Risiken im weiblichen Kunstturnen

## Teil 2: Innensichten, pädagogische Deutungen und Konsequenzen

Peter Frei, Ilka Lüsebrink
Daniela Rottländer, Jörg Thiele

VERLAG KARL HOFMANN SCHORNDORF

Schriftenreihe des Bundesinstituts für Sportwissenschaft, Band 102

Die Deutsche Bibliothek – CIP-Einheitsaufnahme

Belastungen und Risiken im weiblichen Kunstturnen /
Peter Frei .... – Schorndorf : Hofmann
Teil 2. Innensichten, pädagogische Deutungen und
Konsequenzen. – 2000
   (Schriftenreihe des Bundesinstituts für Sportwissenschaft ; Bd. 102)
   ISBN 3-7780-0902-8

*Bestellnummer 0902*

1. Auflage 2000
© by Bundesinstitut für Sportwissenschaft, Köln, Carl-Diem-Weg 4
**Verlag Karl Hofmann, Schorndorf**
Gesamtherstellung in der Hausdruckerei des Verlags
Printed in Germany · ISBN 3-7780-0902-8

# Inhalt

# Vorwort

*Während offenkundig in vielen Ländern der Welt ein kindliches Erscheinungsbild von Kunstturnerinnen Begeisterungsfähigkeit auslösen kann, hat sich in Deutschland vor allem bei meinungsbildenden Personengruppen eine pädagogisierte Sicht des weiblichen Kunstturnens durchgesetzt: nicht die Bewunderung der vollendeten Bewegungskunst bestimmt die Diskussion, sondern vielmehr das Zustandekommen dieser Leistungen und die damit verbundenen möglichen Gefahren werden in den Mittelpunkt gerückt. Da es sich bei den Kunstturnerinnen in der Tat um Personen handelt, die einen Entwicklungsabschnitt in ihrem Leben durchlaufen, für den sich die Pädagogik besonders verantwortlich fühlen muss, ist diese Sichtweise zunächst einmal nicht unangemessen. Auch die Verpflichtung zu einem humanen Leistungssport muss sich gerade bei der Beachtung der Individualrechte von Heranwachsenden bewähren. Diese guten Absichten können sich aber ins Gegenteil kehren, wenn junge Kunstturnerinnen grundsätzlich zu Symbolfiguren einer abgelehnten Leistungssportentwicklung gemacht werden, ohne den sehr spezifischen individuellen Gegebenheiten bei Hochbegabten generell und solchen Bewegungsbegabungen speziell die gebührende differenzierende Aufmerksamkeit zu schenken.*

*Die hier beschriebene vorherrschende Außensicht bringt die Verantwortlichen des Deutschen Turner-Bundes in Bedrängnis, wenn sie ihr Handeln legitimieren sollen, aber auch diejenigen, die Mittel für die Förderung des Leistungssports staatlicherseits bewilligen sollen. Von daher hatte der Deutsche Turner-Bund ein hohes Interesse an einer Untersuchung auch der pädagogischen Ebene der Belastungen und Risiken im Kunstturnen der Frauen. Auch von Seiten des Sportausschusses des Deutschen Bundestages wurde eine solche Untersuchung als Ergänzung der Untersuchung zu medizinischen und biomechanischen/orthopädischen Belastungen im Kunstturnen der Frauen stark unterstützt.*

*Bei der vorliegenden Untersuchung war die Blickrichtung auf die unmittelbar am Trainingsprozess und die Betreuung der Athleten Beteiligten gerichtet. Dementsprechend wurden die Befragten ausgewählt. Bei der Einordnung der Befunde in einen interpretativen Zusammenhang war aber eine Systemperspektive, die auch grundsätzliche Entscheidungen über die Bedingungen betrifft, unter denen weibliches*

*Kunstturnen stattfindet, unerlässlich. Selbstverständlich hätte auch hier eine detail-lierte Befragung der Personen in den Entscheidungsfunktionen des Verbandes Erhel-lendes über die jeweiligen persönlichen Absichten und die Handlungszwänge dieser Gruppe erbracht. Deshalb sollten die berechtigt kritischen Fragen an das „System" im Kunstturnen nicht dazu benutzt werden, den einzelnen Funktionsträgern schlechte Absichten oder mangelnde Einsicht in die Probleme zuzuschreiben. So einfach liegen die Sachverhalte selten und insbesondere nicht bei den für diese Sportarten Verant-wortlichen.*

*Ich hoffe, dass es mit dieser Untersuchung gelungen ist, das Kunstturnen der Frauen neu zu bewerten und damit auch neue Wege im weiblichen Kunstturnen aufzuzeigen.*

*Den Autoren der Untersuchung, Dr. Peter Frei, Dr. Ilka Lüsebrink, Daniela Rottländer, Privatdozent Dr. Jörg Thiele und insbesondere dem Leiter des Projektes, Professor Dr. Eckhard Meinberg, möchte ich für ihr Engagement, das weit über die reine For-schungsarbeit hinausreichte, danken.*

*Ich wünsche, dass diese Untersuchung allen im Kunstturnen der Frauen Engagierten eine gute Hilfe für einen verantwortlichen Spitzensport bietet.*

DR. MARTIN-PETER BÜCH
*Direktor des Bundesinstituts für Sportwissenschaft*

# 1 Einleitung

„Spitzensport im Kindesalter bleibt gefährlich" (Frankfurter Rundschau, 13. 9. 1999). In dieser Agenturmeldung der dpa warnt ein renommierter Sportmediziner vor medizinischen Schädigungen in Form einer Summation von Mikrotraumen und ‚Hungerkuren' von Kindern, die sogar mit ‚Todesgefahr' verbunden seien. Ein bekannter Sportpädagoge würde, so dpa weiter, seine Kinder auf Grund mangelnder Entscheidungsfähigkeit nicht mit fünf oder sechs Jahren in den Leistungssport geben. Ganz gleich, ob die zitierten Sportwissenschaftler in dieser Agenturmeldung zutreffend wiedergegeben wurden oder nicht, die Botschaft ist eindeutig und alarmierend. Das Bild des Kinderhochleistungssports in der Öffentlichkeit ist medial bestimmt und damit in hohem Maße negativ gefärbt. Eine davon besonders betroffene Sportart ist das weibliche Kunstturnen.

Das Bundesinstitut für Sportwissenschaft hat bereits 1992 eine Studie initiiert, die sich mit den physischen und medizinischen Belastungen des weiblichen Kunstturnens differenziert auseinander setzt. Diese interdisziplinär angelegte Untersuchung hat bei einer Vielzahl bedenkenswerter Detailergebnisse bereits in einem Ende 1994 veröffentlichten Zwischenbericht Hinweise zu einer partiellen Relativierung der existierenden Szenarien hinsichtlich gesundheitlicher Extrem- oder Dauerschädigungen durch das Kunstturnen gegeben. Da die Kritik sich jedoch auch noch an grundsätzlich anders gearteten Phänomenbereichen eher pädagogischer und sozialer Herkunft festmacht, hat das Bundesinstitut 1995 den Untersuchungsfokus erweitert. Die Frage nach möglichen pädagogischen und sozialen Risiken und Belastungen wurde zum Gegenstand eines eigenen Forschungsprojekts des Pädagogischen Seminars der Deutschen Sporthochschule Köln, das von Herbst 1995 bis Herbst 1998 dauerte. Im Zentrum der Untersuchung standen Kunstturnerinnen der deutschen Spitzenklasse und ihr relevantes soziales Umfeld.

Obwohl die Diskussion um diese Fragen sowohl innerhalb der Sportwissenschaften als auch in den Medien sehr heftig geführt wird und in aller Regel in eindeutigen Bekenntnissen pro oder contra endet, wundert doch der insgesamt eher dürftige Forschungsstand auf diesem Gebiet. Die Debatten sind somit häufig emotional gefärbt und/oder basieren auf zumeist unexplizierten normativen Vorstellungen von einer gelungenen Kindheit, einem angemessenen pädagogischen Umgang zwischen den Akteuren u. a. m. Der Wert solcher Normendiskussionen soll gar nicht bestritten werden, doch stellt sich natürlich die Frage, vor welchem Hintergrund derartige Prozesse ablaufen sollten. Wie will man sinnvoll über Berechtigung, Verdammung oder Veränderung des Kinderhochleistungssports urteilen, wenn man die Lebenswelten der Akteure notorisch unterbelichtet lässt? Kann es pädagogisch sinnvoll sein, die Ansichten der Betroffenen auszublenden? Nützlich ist ein solches Vorgehen wohl nur dann, wenn man sich der ,schmuddeligen' Wirklichkeit nicht aussetzen möchte, weil sich herausstellen könnte, dass die existierenden Handlungs- und Deutungsmuster der Akteure nicht ins vorhandene Kategorienraster passen wollen.

Unser eigenes Vorgehen setzt hier an. Unser Interesse ist nicht primär pädagogisch sondern eher ethnographisch. Phänomenologisch gesprochen geht es zunächst um eine zeitweise ,pädagogische Urteilsenthaltung', eben weil schon zu viele pädagogische Beurteilungen vorgenommen worden sind. Zwar benutzen auch wir pädagogische Kategorienraster, etwa wenn es um die Fokussierung der eigenen Beobachtungsperspektive geht, aber dies dient vor allem der notwendigen Strukturierung, nicht der Bewertung. Solche Bewertungsprozesse werden nicht ausgeschlossen, sondern – soweit möglich – auf spätere Zeitpunkte verschoben. Wer damit allerdings die Formulierungen von ,Verurteilungen' oder ,Freisprüchen' verbinden sollte, der sei schon an dieser Stelle in seinen Erwartungen deutlich gebremst. Wir wollen beschreiben, verstehen und beraten – nicht richten.

Im Kern geht es uns um „die Rekonstruktion der Orientierungen alltäglichen Handelns im pädagogischen Feld", also das, was LENZEN als eine „Aufgabe pädagogischer Grundlagenforschung" einfordert (1996, 37). Wir versuchen dies durch den Rückgriff auf Methoden der qualitativen Sozialforschung, insbesondere Interviews und Beobachtungen. Dabei geht es um die Beschreibung der Akteurswelten, die vielleicht trivial oder banal anmuten mag – doch sollte man zwei Aspekte dabei nicht vergessen: zum einen gehört ,Beschreibung' zum Grundinventar jeder wissenschaftlichen Ambition und zum Zweiten ist die Beschreibung der Akteurswelten auch im weiblichen Kunstturnen bislang mehr Wunsch als Wirklichkeit. Wir wollen aber nicht bei der Beschreibung stehen bleiben, sondern zumindest in einigen Bereichen auch versuchen zu verstehen, warum die Handlungs- und Deutungsmuster der Akteure so strukturiert sind, wie wir sie rekonstruiert haben. Hier ist Plausibilität das Ziel, nicht Wahrheit im Sinne einer einzig gültigen Deutung. Diese Verstehensversuche sind nicht alle in gleichem Maße ,gesättigt', dazu waren das erhobene Datenmaterial und auch das Niveau der existierenden Vorarbeiten zu unterschiedlich. Ohne Zweifel wäre an einigen Punkten auch die differenziertere Diskussion und Integration existierender Theoriebestände, vor allem erziehungs- und sozialwissenschaftlicher Herkunft, möglich und wünschenswert gewesen. Die forschungspragmatischen Rahmenvorgaben und sicher auch unser eigenes ,Erkenntnisinteresse' gaben letztlich den Ausschlag für notwendige Begrenzungen. Eine einzelne Untersuchung kann wohl nur in Ausnahmefällen eine wirklich ‚dichte Theorie' ergeben, weitere Untersuchungen und konkurrierende Deutungen sind also erforderlich. Schließlich ist in einem dritten Schritt von uns auch ‚Beratung' angezielt, um dem verständlichen Wunsch nach Umsetzung von relevanten Untersuchungsergebnissen Genüge zu tun. Unsere Einsichten in den Bereich des weiblichen Kunstturnens können durchaus auch zu konkreten Konsequenzen sowohl auf der System- als auch auf der Akteursebene führen. Die Umsetzung solcher Konsequenzen ist aber nach unserer Überzeugung nur mit den Beteiligten möglich, nicht gegen oder ohne sie. Die Fragilität von Interventionen in fremde Systeme ist mittlerweile hinreichend bekannt, so dass es mehr als sinnvoll erscheint, auch die eigenen Interventionsstrategien zum Gegenstand reflexiver Analyse zu machen. „Normalerweise tun sich Organisationen, wie Menschen, die Mühe des Lernens erst an, wenn es sich nicht mehr vermeiden lässt, also kurz vor oder in einer Krise. Eine Krise ist deshalb zwar ein guter Auslöser für Lernen, aber ein schlechter Lehrmeister. Denn das, was in einer Krise gelernt wird, ist in aller Regel zu eng auf Krisenbewältigung ausgerichtet und vernachlässigt die Frage nach den tiefersitzenden und längerfristigen Ursachen der Krise" (WILLKE 1998, 302 f.).

Aus diesen grundsätzlichen Überlegungen ergibt sich folgender Aufbau der Studie. Das nächste Kapitel (Kap. 2) greift die unterschiedlichen Facetten der Diskussion um den Kinderhochleistungssport referierend und kommentierend auf, um durch die Explikation eines ‚status quo' erste Vorstrukturierungen des eigenen Untersuchungsansatzes vornehmen zu können. Im Anschluss daran geht es um die genauere Bestimmung unseres eigenen forschungsmethod(olog)ischen Ansatzes und der Anlage und Durchführung der empirischen Untersuchung (Kap. 3). Die beiden folgenden Kapitel rekonstruieren die Welt des weiblichen Kunstturnens, wobei aus später noch zu erläuternden Gründen zunächst das ‚System Hochleistungssport' und seine konstituierende Funktion in den Blick gerät (Kap. 4), bevor im Anschluss daran die innerhalb des Feldes agierenden Hauptakteure – Turnerinnen, Eltern, Trainer/innen – einer genaueren Untersuchung unterzogen werden (Kap. 5). Die Rekonstruktion der Relevanzstrukturen der Akteure bildet dabei den roten Faden. Dieser rote Faden kann und soll aber nicht über die erheblichen Unterschiede hinwegtäuschen, die innerhalb der Akteursgruppen oder auch zwischen einzelnen untersuchten Leistungszentren bestehen. Bei aller Notwendigkeit der Systematisierung und Strukturierung darf darüber doch nicht die gleichzeitige Existenz erheblicher Unterschiede unter den Tisch fallen. Vorschnelle Nivellierungen verfehlen so die Komplexität der Wirklichkeit des weiblichen Kunstturnens. Darauf hat auch das abschließende Kapitel Rücksicht zu nehmen (Kap. 6). Der Versuch, pädagogische Konsequenzen in Form von Beratungsdimensionen zu formulieren, versteht sich vor allem auch als Anregung zur Selbstreflexion von System und Akteuren, die selbst über erhebliche Wissensressourcen verfügen, die es besser nutzbar zu machen gilt.

Unser Dank gilt vor allem den nun schon häufiger erwähnten ‚Akteuren' des weiblichen Kunstturnens und hier insbesondere den Turnerinnen, Trainer/innen und Eltern, die sich in sicher nicht immer ganz einfachen Situationen für unsere Beobachtungen und Interviews zur Verfügung gestellt haben. Wer um die Ignoranz und nicht seltene Unfairness der öffentlichen Diskussionen weiß, der wird leicht nachvollziehen können, dass die Betroffenen auf weitere ‚externe Einmischungen' – gerade auch durch Sportpädagog/innen – gut verzichten können. Wer die engen Terminpläne von Turnerinnen und Trainer/innen kennt, der weiß zudem, dass ‚Freizeit' eine knappe Ressource ist, die nicht unbedingt durch Gespräche mit Pädagog/innen aufgebraucht werden muss. Wenn trotz dieser und anderer Schwierigkeiten nach einer Zeit der gegenseitigen Gewöhnung aneinander dennoch eine konstruktive Atmosphäre entstanden ist, dann ist dies eben alles andere als selbstverständlich und deshalb möchten wir uns bei allen Beteiligten für diese Zusammenarbeit, die uns differenzierte Einblicke in eine sehr fremde, aber eben auch faszinierende Welt ermöglichte, bedanken. Unser Dank gilt zudem dem Deutschen Turnerbund, der von Beginn an die Studie unterstützt hat und dem Bundesinstitut für Sportwissenschaft, ohne dessen Forschungsauftrag die Durchführung dieses Projekts nicht möglich gewesen wäre.

# 2 Der Kinder- und Jugendhochleistungssport in der Diskussion

Die Diskussion, die sich um den spezifischen Begriff des ‚Kinderhochleistungssports' rankt, hat in den 70er Jahren eingesetzt und nimmt seither einen eher phasenförmigen Verlauf, der durch Zeiten intensiv und zum Teil heftig und polemisch geführter Debatten auf der einen und Zeiten eher gedämpfter Aufmerksamkeit auf der anderen Seite gekennzeichnet ist. Einbezogen in diese Diskussion war von Anbeginn der Bereich des weiblichen Kunstturnens, der exemplarisch für alle Besonderheiten des Phänomens Kinderhochleistungssport die Folie abgab. Das ist indes kein Zufall, ist doch die ‚öffentliche' Fokussierung auf den Kinderhochleistungssport mit zwei Namen untrennbar verbunden. Da ist zum ersten die Sowjetrussin Olga KORBUT zu nennen, die als 17-jähriges, nicht ganz 150 cm großes und 39 kg schweres Mädchen während der Olympischen Spiele in München mit der Präsentation von bis dahin nicht für möglich gehaltener Schwierigkeiten ein breites Publikum in Verzückung versetzte. Kratzer erhielt dieses Bild durch einen etwas später ausgestrahlten Beitrag des ‚Sportspiegel', in dem die andere Seite des Erfolges des ‚Spatzen von Grodno' offenbart wurde. Die Mühen, der Schweiß und die Tränen als Preis des Olympiasiegs in München gerieten auf diesem Weg in den Blick einer aufgeschreckten Öffentlichkeit. 1976 in Montreal konnte die Welt bereits eine ‚neue KORBUT' bewundern, die mit gerade 14 Jahren wohl auf alle Zeiten jüngste Olympiasiegerin Nadja COMANECI (und ihr Trainerschatten Bela KAROLYI), die mit der Traumnote 10 neue Dimensionen des weiblichen Kunstturnens eröffnete, mit ihrer so ‚unkindlichen' Ernsthaftigkeit aber zugleich auch viele Fragen und eine Menge Nachdenklichkeit produzierte. Bewunderung für die phantastischen Leistungen, Empörung über ihr vermutetes Zustandekommen und Mitleid für die Turnerinnen spiegeln ungefähr die Palette der Emotionen wider, die seither die Diskussionen bestimmen.

Diese Diskussionen, die sich im Kern auf einige wenige Sportarten beziehen und die unter bloß quantitativen Gesichtspunkten auch nur eine kleine Minderheit von Kinderathletinnen betreffen, spielen sich auf unterschiedlichen Ebenen und Niveaus ab. Sie sollen an dieser Stelle nicht im Detail nachgezeichnet werden, sondern in einem ersten Schritt auf einige zentrale Argumentationsmuster, die in unterschiedlicher Verkleidung im Grunde immer wieder auftauchen, reduziert werden, bevor in einem zweiten Schritt auf einige wichtige Beiträge etwas differenzierter eingegangen wird. Die Diskussion um den Kinderhochleistungssport verläuft seit ihren Anfängen auf unterschiedlichen Ebenen, die zwar miteinander zusammenhängen, die aber auf Grund ihrer sehr verschiedenen Intentionen zunächst einmal analytisch voneinander zu trennen sind.

## 2.1 Die Ebenen der Diskussion

Eine erste, in ihrer Gewichtigkeit aber stets an Bedeutung gewinnende Ebene ist die der *medialen Präsentation* des Themas. Der Kinderhochleistungssport – und immer wieder auch das Kunstturnen der Frauen – ist von einem besonderen medialen Interesse. Dies ist auch für einen wissenschaftlichen Forschungsbericht bedeutsam, da durch die mediale Präsentation des Themas die öffentliche Wahrnehmung des Themas stark vorstrukturiert wird. Dabei ist vor allem zur Kenntnis zu nehmen, dass die so genannte ‚Berichterstattung‘ der Medien – die natürlich strukturell viel eher ein ‚Informationskonstrukt‘ darstellt – von einer eigenen Handlungslogik geleitet ist, die nicht am Schema ‚wahr/falsch‘ orientiert ist, sondern wesentlich (wenngleich nicht ausschließlich) am Schema ‚neu/nicht-neu‘ bzw. zunehmend ‚sensationell/nicht-sensationell‘ (vgl. LUHMANN 1996, 32 ff.). Diese Logik führt zu bestimmten Selektionen u. a. mit der Konsequenz, dass in aller Regel ‚schlechte Nachrichten gute Nachrichten‘ sind bzw. der vermutete Sensationsgehalt einer Nachricht alle anderen Überlegungen als zweitrangig erscheinen lässt. Bezogen auf die Thematisierung des Kinderhochleistungssports führte und führt dies immer wieder zu ausgesprochen kritischen Präsentationen sowohl in den Printmedien wie auch im Fernsehen. Dies geschieht indes nicht kontinuierlich, sondern macht sich an spezifischen medial interessanten Aufhängern fest, also bestimmte anstehende Großereignisse wie Weltmeisterschaften o. Ä. oder auch besonderes Aufsehen erregende Einzelfälle, wie etwa Mitte der 90er Jahre die Affäre um das Fehlverhalten des bekannten Eiskunstlauftrainers Fajfr. Insbesondere solche Einzelfälle werden systematisch aufgegriffen, um daraus die grundsätzliche Fragwürdigkeit des Unternehmens Kinderhochleistungssport abzuleiten. Die Berechtigung oder Unsinnigkeit solcher Verfahrensweisen ist hier gar nicht weiter zu kommentieren, wesentlich ist, dass über die mediale Präsenz des Themas auch nicht dargestellte Aspekte erheblich beeinflusst werden, so dass es sicher nicht übertrieben ist zu vermuten, dass den Medien zunehmend so etwas wie ‚leadership‘ im Bereich der Diskussion des Kinderhochleistungssports zukommt.[1]

---

[1] Wer dazu eine Begründung sucht, braucht das Gesagte nur auf die hier vorliegende Untersuchung zu wenden: zum einen bestätigt die Thematisierung der Medien in einem Forschungsbericht deren Bedeutung und zum anderen hat sicher auch die öffentliche und durch die Medien wesentlich initiierte Diskussion um die Fragwürdigkeit des Kunstturnens maßgeblichen Anteil daran, dass Projekte wie das von uns durchgeführte eine entsprechende Priorität der Forschungsförderung genießen.

Eine Ebene, die sicher nicht unbeeinflusst von der öffentlichen Wahrnehmung fungiert, betrifft die *politischen bzw. im engeren Sinne sportpolitischen Dimensionen* des Kinderhochleistungssports. Zwar sind in Deutschland, etwa in deutlichem Unterschied zu Frankreich, die Ebenen der Politik und des Sports deutlich voneinander getrennt, doch führt dies nicht zu einer vollständigen Unabhängigkeit (vgl. BRAUN 1998). Insbesondere die nicht-kommerziellen Bereiche des Hochleistungssports sind von den finanziellen Zuweisungen des Staates in höchstem Maße abhängig, wenngleich die offiziellen Verteilungsstellen in den Gremien des Deutschen Sportbundes angesiedelt sind. Angesichts dieser Grundkonstellation kann es kaum verwundern, dass auf die oben angerissene ‚Fragwürdigkeit' des Kinderhochleistungssport auch politisch sensibel reagiert wird, denn kein Politiker möchte sich dem Vorwurf der Förderung von ‚Kinderarbeit' oder gar ‚Kindermissbrauch' durch öffentliche Mittel ausgesetzt sehen. So gibt es auch seit Mitte der 70er Jahre immer wieder auf der einen Seite sportpolitische Verlautbarungen und Grundsatzerklärungen zum Thema Kinderhochleistungssport und auf der anderen Seite Positionspapiere der politischen Parteien oder öffentliche Anhörungen, in denen die Grundkoordinaten des Kinderhochleistungssports hinterfragt und neu festgelegt werden.

Ergebnis derartiger Debatten ist in der Regel die Forderung nach einem ‚*humanen* Kinderhochleistungssport', ohne dass auf dieser Ebene bereits deutlich werden würde, was darunter genauer zu verstehen sein soll. Seit einigen Jahren wird die Problematik auch auf europäischer Ebene bearbeitet, was angesichts der Internationalität des Problems einerseits sicher zu begrüßen ist, andererseits aber verständlicherweise kaum zur Präzisierung der Vorstellungen beiträgt. So heißt es in der 1996 veröffentlichten Verlautbarung des Council of Europe, dass „the child must not be obliged to ‚work which includes some risks or is susceptible to compromise his education or harm his health or his physical, mental, spiritual, moral or social growth'" (1996, 9). Der Sinn solcher politischer Statements liegt ohne Zweifel in ihrer Zustimmungsfähigkeit, man wird ihnen so wenig widersprechen wollen, wie etwa der berühmten Gesundheitsdefinition der WHO, ihr Gebrauchswert wird sich allerdings erst noch erweisen müssen.

Auch die aus solchen Grundsatzüberlegungen abgeleiteten, im engeren Sinne sportpolitischen Konzepte helfen, was die Leitidee eines ‚humanen Kinderhochleistungssport' angeht, nur wenig weiter, im Gegenteil sie erhöhen zum Teil noch die Verwirrung, da auf dieser Ebene die offenbar sehr unterschiedlichen Handlungslogiken der Systeme Hochleistungssport und Politik relativ ungeschützt aufeinander prallen. Als Beispiel mag das vom DSB 1997 verabschiedete „Nachwuchs-Leistungssport-Konzept" dienen. Die dort formulierten ‚Leitlinien zur Weiterentwicklung des Nachwuchs-Leistungssport' dürfen wohl als Resultat der Aufforderung des Deutschen Bundestages aus dem Jahr 1996 verstanden werden, Konzepte für eine effektivere Nachwuchsförderung im Leistungssport zu entwickeln (vgl. GRUPE 1998, 53). Auffallend an diesem Konzept ist vor allem das neue, allgemeinere Etikett, der Begriff

15

des ‚Kinderhochleistungssports‘ wird nicht verwendet, stattdessen wird – eher verhüllend – vom ‚Nachwuchsleistungssport‘ gesprochen, der aber durchaus auch das beinhalten soll, was üblicherweise und mit guten Gründen als ‚Kinderhochleistungssport‘ traditionell bezeichnet wurde.[2] Diese Strategie ist aus Sicht eines um Ausgewogenheit der öffentlichen Meinung bemühten Dachverbands des Sports nachvollziehbar, dürfte aber letztlich wenig erfolgreich sein, da die Kernproblematik auch in diesen ‚Leitlinien‘ sorgsam ausgeblendet wird. Angezielt ist die Quadratur des Kreises, wenn zugleich die Verwirklichung der ‚Prinzipien eines humanen Leistungssports‘ (1997, 8 u. ö.), die Orientierung am ‚internationalen Leistungsstandard‘ (ebd., 9), die deutliche Trennung von Nachwuchstraining und Hochleistungstraining (ebd.) und die Einbeziehung der ‚technisch-akrobatischen Sportarten‘ (ebd., 14) angestrebt wird. Ganz davon abgesehen, dass auch in den DSB-Leitlinien unterbelichtet bleibt, was die Formel vom ‚humanen Leistungssport‘ neben einer vordergründigen Legitimationsfunktion im Einzelnen beinhalten soll, zeigt ein Blick auf die aktuellen Entwicklungen des weiblichen Kunstturnens, dass die oben genannten Postulate nicht gleichzeitig zu verwirklichen sind, wenn sie sich nicht sogar prinzipiell ausschließen. Die zentrale Funktion solcher Konzepte liegt dann auch gar nicht in ihrer akribischen Umsetzung, sondern in der Demonstration einer ‚political correctness‘, die angesichts der Abhängigkeiten des Hochleistungssports vom politischen Willen nicht weiter hinterfragbar ist. Da auch der politische Wille in demokratischen Systemen nicht absolut, sondern abhängig von zahlreichen gesellschaftlichen Einflüssen ist, ergibt sich für den Hochleistungssport ein schwieriger Balanceakt zwischen unterschiedlichen und partiell kontroversen Ansprüchen. Die Diskussion um den Kinder- und Jugendhochleistungssport ist davon nur eine, angesichts der gesellschaftlichen Bedeutsamkeit des Umgangs mit Kindern und Jugendlichen, aber auch für die Gesamtglaubwürdigkeit eines ohnehin in der Kritik befindlichen Systems des Hochleistungssports (s. Doping, Korruption, Kommerzialisierung u. a.) sehr wichtige Facette.

Der Kinderhochleistungssport war aber auch seit Beginn Gegenstand einer dritten Beobachtungsebene, *der Wissenschaften*. Hier ist natürlich insbesondere die Sportwissenschaft mit ihren unterschiedlichen Perspektiven zu erwähnen. Die in bestimmten Sportarten seit den 70er Jahren rasant zunehmende ‚Verfrühung‘ des Eintritts in

---

[2] Unter das Phänomen ‚Nachwuchsleistungssport‘ fällt so die auf den Hochleistungssport im Erwachsenenalter vorbereitende Phase. Damit werden aber entscheidende Unterschiede nivelliert, denn z. B. für das weibliche Kunstturnen gibt es schlicht und ergreifend keine auf die Kindheits- und Jugendphase folgende Phase der Karrierefortsetzung, geschweige denn Karrieresteigerung. Höhepunkt und Ende der Karriere liegen in der Jugendphase, und damit ergeben sich automatisch ganz andere Erfordernisse im Umgang mit zeitlichen und biographischen Ressourcen als z. B. in Mannschaftssportarten oder in der Leichtathletik. Da der Begriff des ‚Kinderhochleistungssports‘ im Grunde auch nur die halbe Wahrheit trifft, indem er die Jugendphase ausblendet, erscheint aus unserer Sicht die Formel vom ‚Hochleistungssport mit Kindern und Jugendlichen‘ bzw. ‚Kinder- und Jugendhochleistungssport‘ trotz ihrer Kompliziertheit, größere Plausibilität zu bieten.

systematisches Leistungstraining war wissenschaftsintern aus unterschiedlichen Gründen interessant. So versprachen sich Trainingswissenschaftler und Sportmediziner Erkenntnisse über die Wirkungen von unterschiedlichen systematisch verabreichten Trainingsformen auf heranwachsende Menschen, die sich von Erwachsenen natürlich auch auf biologischer Ebene erheblich unterscheiden. Beobachtet wurden die Entwicklungen aber auch von Sportpädagogen, die quasi per definitionem den unterschiedlichen Formen des Sporttreibens von Kindern ihr Forschungsinteresse widmen. Die Einzelheiten des Diskussionsverlaufs sind hier nicht von Interesse, wohl aber seine zentralen Stränge. Man kann unterscheiden zwischen einer eher grundlagentheoretisch orientierten Forschung und einer mehr auf konkrete Anwendung ausgerichteten Umsetzung von wissenschaftlichen Ergebnissen. Hinzu kommt eine zweite Unterscheidung zwischen empirisch ausgerichteten Forschungen und solchen, die primär auf normativer Ebene verbleiben. Wenngleich die beiden Stränge nicht deckungsgleich verlaufen und nicht eindeutig bestimmten sportwissenschaftlichen Disziplinen zuzuordnen sind, so lässt sich dennoch – zumindest bis weit in die 80er Jahre hinein – die Sportpädagogik primär dem grundlagentheoretisch-normativen Bereich zuordnen, während eher naturwissenschaftlich ausgerichtete Teildisziplinen der Sportwissenschaft dem anwendungsbezogen-empirischen Feld zuzuordnen sind.[3] In gewisser Weise nur folgerichtig werden letztere auch mehr in den Dienst der Entwicklung und Beratung des Kinderhochleistungssport gestellt, während die Sportpädagogen als grundsätzliche Bedenkenträger eher die Funktion eines lästigen Hintergrundrauschens übernehmen, und Bedeutung allenfalls indirekt über die mediale Präsentation erfahren haben.

Als kritische Instanz ist die Bedeutung der Sportpädagogik – ähnlich wie die Funktion der Medien – durchaus nicht gering zu schätzen und das System des Hochleistungssports sollte dankbar für die Existenz solcher ‚externen‘ Beobachter sein, im Hinblick auf eine mögliche konstruktive Funktion der Sportpädagogik ist diese Grundeinstellung aber zu wenig. Die Argumente der Sportpädagogik nach Kindgemäßheit und Verantwortungsübernahme sind bekannt und werden wohl auch von vielen geteilt, strittig ist allerdings auch hier, was mit den genannten Formeln gemeint sein soll und – wichtiger noch – die Frage, ob diese Prinzipien in der Praxis des Kinder- und Jugendhochleistungssports zum Tragen kommen oder nicht. Die letzte Frage kann allerdings nicht mehr durch Normenanalyse geklärt werden, und wenn – wie KURZ anmahnt – „die Sportpädagogik sich nicht aus der Verantwortung stehlen darf“

---

[3] Hier ist natürlich auf eine bedeutende Ausnahme hinzuweisen, die 1984 erschienene Studie von KAMINSKI/MAYER/RUOFF, die von der Disziplin her zwar der (Sport-)Psychologie zuzuordnen ist, aber natürlich auch zahlreiche für sportpädagogische Fragestellungen interessante empirische Ergebnisse erbracht hat. Als Ausnahme in die andere Richtung lässt sich auch auf die normativ hochaufgeladene Entgegnung des Direktors für Trainingswissenschaft des DSB, E. FRIEDRICH, verweisen, in der er sich mit einer Resolution der Kommission Sportpädagogik in der Deutschen Gesellschaft für Erziehungswissenschaft zum Thema „Kind im sportlichen Training“ auseinander setzt (vgl. 1981).

(vgl. 1989), dann bedürfen die normativen Überlegungen einer empirischen Ergänzung auch aus sportpädagogischer Perspektive. Genau dies wird auch etwa seit Beginn der 90er Jahre verstärkt betrieben und im Folgenden sollen einige der uns wesentlich erscheinenden Studien etwas genauer betrachtet werden. Ein grundsätzlicher Gewinn dieser Studien liegt in dem zunehmend differenzierter werdenden Einblick in die Welt des Hochleistungssports mit Kindern und Jugendlichen.

Ganz gleich aber, wie differenziert die Ergebnisse wissenschaftlicher Forschung auch ausfallen mögen, die Hoffnung auf eine Versachlichung der Debatte, die der ehemalige BISp-Direktor KIRSCH schon 1984 mit Veröffentlichung einer empirischen Studie zum Kinderhochleistungssport verbunden hat (vgl. KAMINSKI/MAYER/RUOFF 1984, 9), wird sich wohl aus prinzipiellen Gründen nicht erfüllen lassen, da Wissenschaft heute noch weniger als vor fünfzehn Jahren über ein Deutungsmonopol für Wirklichkeit und Wahrheit verfügt. Das kann man bedauern, ändern kann man es kaum.

## 2.2 Zum Stand der Diskussion

Die erste Studie, die das subjektive Erleben von Kunstturnerinnen zum Ausgangspunkt nimmt und der damit auch ein besonderer Stellenwert innerhalb der Diskussion zukommt, stammt von Lotte ROSE, „Das Drama des begabten Mädchens. Lebensgeschichten junger Kunstturnerinnen" (1991). Sie wendet sich dagegen, dass die leistungssportlich aktiven Kinder und Jugendlichen einseitig als Opfer dargestellt werden (ebd., 3) und verweist auf die Widersprüchlichkeit, die der Leistungssport für die Betroffenen beinhaltet (ebd., 8).

Im Zentrum ihres biographisch-qualitativen Ansatzes stehen narrative, an einem Leitfaden orientierte Interviews mit 5 Kunstturnerinnen zwischen 18 und 33 Jahren, die alle noch in einer engen Verbindung zu ihrer Sportart stehen, z. T. auch noch aktiv sind oder zumindest noch an ‚kleineren' Wettkämpfen teilnehmen (vgl. ebd., 12 f.). Ergänzt werden die Aussagen der Turnerinnen durch andere Quellen, wie z. B. Artikel aus der Tagespresse, Illustrierten und Turnzeitschriften, Wettkampf- und Trainingsbeobachtungen sowie Gesprächen mit Trainer/innen. Über eine psychoanalytische Textinterpretation versucht sie, der zentralen Frage der inneren Verarbeitung der Lebenswelt Leistungssport näher zu kommen (ebd. 20). Dabei entsteht im Laufe der Analyse ein abstrakter Turnerinnen-Typus. „Die einzelnen Biographien verdichteten sich zum Bild der Turnerin. Die von verschiedenen Personen gemachten Aussagen wurden im fortgeschrittenen Untersuchungsstadium aus den individuellen Zusammenhängen herausgelöst und stattdessen behandelt, als wären sie alle von ein und derselben Autorin produziert. So erscheint auch in dieser Arbeit nur noch das Bild einer modellhaften Turnerin, zusammengesetzt aus den – manchmal auch variierenden – Gemeinsamkeiten einzelner Fälle ohne Aussagekraft über Individualitäten" (ebd., 23).[4]

ROSE erarbeitet eine Reihe positiver Funktionen, die der Leistungssport für die Athletinnen beinhaltet. Diese sind dabei immer in Abhängigkeit von bestimmten Defiziten zu sehen. So werden der Entritualisierung und Individualisierung der Gesellschaft die ritualisierten Statuspassagen des Kunstturnens gegenübergestellt, die die entstandenen Unsicherheiten überwinden helfen. Der kulturelle Mangel wird durch die hierarchisch strukturierten Vereine und Verbände ausgeglichen (vgl. ebd., 34 ff.), in denen Initiatoren, z. B. Trainer, die Übergänge von einem Status zum nächsten ermöglichen und sichern (vgl. ebd., 44 ff.).

ROSEs Analysen gehen jedoch noch weiter. Im Rückgriff auf ZIEHES ‚neuen Sozialisationstyp' wird die narzisstische Störung[5] als Massenphänomen der modernen Gesellschaft etikettiert. Eine gesunde narzisstische Entwicklung scheint angesichts der gesellschaftlichen Bedingungen nicht möglich, die Störungen beruhen also nicht auf Defiziten in der individuellen Entwicklung, sondern sie sind zu verstehen als „Antwort der Individuen auf die besonderen Lebensbedingungen in der modernen Gesellschaft" (ebd., 76).

Die Kunstturnerin unterscheidet sich jedoch in einem entscheidenden Punkt vom ‚neuen Sozialisationstyp', und zwar insofern, als dass ihre Antwort auf die gesellschaftlichen Bedingungen eine andere ist. Sie reagiert durch Grandiosität, während der ‚neue Sozialisationstyp' aus Furcht vor narzisstischer Kränkung Leistungsdruck so weit wie möglich vermeidet. Typisch für ihn ist also die Abwesenheit von Leistungsanforderungen. Die Kunstturnerin hingegen weist sowohl Charakteristika des ‚neuen Sozialisationstypus' auf als auch solche des narzisstischen Charakters. „Ihre Persönlichkeitsstruktur stellt damit sozusagen ein Konglomerat aus zwei historischen

---

[4] Lotte ROSE macht an dieser Stelle deutlich, dass sie nur die übergreifenden Gemeinsamkeiten in den Persönlichkeitsstrukturen der Sportlerinnen als typisch für *die* Kunstturnerin herausstellt, während individuelle Ausprägungen außen vor bleiben. Nichtsdestotrotz erscheint es uns wesentlich, darauf hinzuweisen, dass sie nicht nur *allen* Kunstturnerinnen diese typischen Merkmale zuschreibt, sondern – sozusagen in ‚Ferndiagnose' – *konkreten* Turnerinnen ganz bestimmte ‚narzißtische Störungen' bescheinigt. So wird beispielsweise bei Anja WILHELM eine „besondere Form der ‚narzißtischen Verlagerung'" (ebd., 120) diagnostiziert, Andrea BIEGER kann nur ein „‚falsches Selbst' leben" (ebd., 247) u. Ä. m. Diese Zuschreibungen halten wir u. a. aus Gründen der wissenschaftlichen Seriosität für sehr gewagt, ganz abgesehen von der fehlenden Berücksichtigung der ‚Perspektivität' der verwendeten Quellen (vgl. z. B. ebd., 247, wo ROSE aus der Zeitschrift ‚Brigitte' zitiert und diese als Basis ihrer Bewertung nimmt).

[5] Die narzisstische Störung wird von ROSE im Anschluss an die Psychoanalyse folgendermaßen verstanden: „Im Zentrum dieser Problematik steht die Schwierigkeit, das eigene Selbst zu besetzen – die Schwierigkeit, die eigene Realität mit ihren Widersprüchen, Begrenztheiten und Schwächen angemessen wahrnehmen und sich trotzdem liebend annehmen zu können. Diese innere Not macht unfähig zu befriedigenden Beziehungen zur Außenwelt. Es kommt entweder zu einer Überbesetzung des Selbst, d. h. zu einem Typus der Objektwahl, bei dem das Selbst ‚eine wichtigere Rolle spielt als die realen Aspekte des Objektes', oder zu einer Unterbesetzung der Objektwelt, d. h. einem ‚relativen Mangel an Objektbeziehungen' überhaupt ... Die Objektwelt wird entweder nur als bestätigender Spiegel der eigenen Größenphantasien genutzt, oder das Selbst zieht sich vollständig aus ihr zurück" (ebd., 72).

Epochen dar. Sie enthält Zeichen sowohl der klassisch-bürgerlichen Adoleszenz mit ihren Zwangssymptomen wie der modernen mit ihrer narzißtischen Regressionstendenz" (ebd., 85). Als besonderes Beispiel dieser Doppelseitigkeit lässt sich nach ROSE das Phänomen der Angstlust kennzeichnen. Dieses dient, ganz modern und aktuell, der Vergewisserung des eigenen Ich in einer resonanzarmen Umwelt, benötigt aber gleichzeitig ein hohes Maß an Ich-Kompetenz.

Narzissmus ist darüber hinaus ein entwicklungsspezifisches Phänomen, das ein normales Charakteristikum der Adoleszenz darstellt. Auch hier bietet das Kunstturnen wiederum vielfältige Hilfen, indem es die Selbst-Defizite verdeckt. Gleichzeitig profitiert das Leistungssportsystem von der enormen Leistungsfähigkeit der adoleszenten Kunstturnerin, das dementsprechend deren narzisstischer Reifung mit gemischten Gefühlen gegenübersteht, da diese ein kritisches Karrieremoment darstellt (vgl. ebd., 159 ff.).

Eine besondere Verstärkung findet die Pubertätsproblematik dadurch, dass es sich um weibliche Jugendliche handelt. Diese erhalten einerseits durch den Leistungssport Zugang zur Männlichkeit, ohne dass ihre Weiblichkeit in Frage gestellt wird, andererseits enthält der weibliche Körper der Turnerin eine Reihe von Ambivalenzen.

Als weiteres Charakteristikum des weiblichen Kunstturnens sieht ROSE die narzisstische Eltern-Kind-Symbiose. Zu den bereits beschriebenen Defiziten der Turnerinnen treten nun die der Eltern, die – ebenfalls als Folge der Moderne – das Kind als narzisstische Repräsentanz nutzen, „als Substitut für einen Aspekt des – idealen oder auch gehassten – elterlichen Selbst" (ebd., 220). Für das Kind sind traumatische Auswirkungen unvermeidlich, die sich entweder in Depressionen oder aber in grandiosen Leistungen niederschlagen. Doch auch „wenn das narzißtisch besetzte Kind in einzelnen Fällen bewunderungswürdige und sensationelle Fertigkeiten an den Tag legt, so muß auch die dahinter drohende Leere und Gefühlsverarmung gesehen werden" (ebd., 223). Die Selbstliebe des Grandiosen beruht ausschließlich auf seinen außergewöhnlichen Erfolgen und Leistungen. Auch hier wird kein unabhängiges, eigenständiges Ich aufgebaut.

Als zentrales Thema der Turnerinnengeschichten erweist sich somit das des Narzissmus (vgl. ebd., 251 ff.). Die Ursachen hierfür sind, wie aufgezeigt, vielfältig. Sie liegen erstens in den Bedingungen der modernen Gesellschaft, zum Zweiten in den besonderen Problemlagen der Adoleszenz, die drittens durch die spezifischen weiblichen Ausprägungen verstärkt werden. Als viertes Moment tritt die Eltern-Kind-Symbiose hinzu. Der Leistungssport und spezieller das Kunstturnen bietet nun vielfältige Kompensationsmöglichkeiten an. Viele der aufgezeigten Defizite werden aufgefangen, so dass das Kunstturnen für die Athletin eine Reihe positiver Funktionen bereithält. Somit entsteht der Eindruck, dass Lotte ROSE das Kunstturnen durchaus positiv bewertet. Dies ist aber nur vordergründig der Fall. Die Kritik am Leistungssport ist laut ROSE nämlich durchaus gerechtfertigt. Der überwiegend negativ zu bewertende Leistungssport (vgl. ebd., 269 f.) erhält allein auf Grund der *scheinbar* positiven Wirkungen seine Berechtigung. Das Phänomen an sich ist also äußerst kritisch zu sehen, allein die Funktionalisierung des Hochleistungssports zur Kompensation gesellschaftlicher und entwicklungsbedingter Defizite legitimiert ihn. Aber selbst diese Legitimation ist widersprüchlich, denn ROSE stellt wiederholt heraus, dass die konstatierten Mangellagen nur vordergründig behoben werden. „Die inneren Entlastungen, die er (der Leistungssport; Anm. d. Verf.) bietet, sind begleitet von neuen Fesselungen. Narzißtische Kränkungen können hier zwar erfolgreich abgewehrt werden, um jedoch immer auch neue Wunden aufzureißen. Die zugrunde liegenden Selbst-Defizite werden verschoben, modifiziert, ohne jedoch endgültig aufgehoben zu werden" (ebd., 270).

Lotte ROSE bietet mit ihrer Arbeit eine Vielzahl von Ansatzpunkten, um die Faszination des Leistungssports für Kinder und Jugendliche, und gerade auch für junge Mädchen zu erklären. Eine besondere Beachtung verdienen dabei sicherlich die Analysen der entwicklungs- und mädchenspezifischen Aspekte. Hinterfragbar und zu einseitig wirkt jedoch die Beschreibung eines menschlichen Phänomens einzig aus zugrunde liegenden Mangellagen. Leistung wird hier ausschließlich auf das Kompensieren individueller Defizite (die evtl. auch gesellschaftliche Ursachen haben können) zurückgeführt. Dies wird im abschließenden Kapitel noch einmal durch den Rückgriff auf BALINT deutlich: „Alle Leistungen des Künstlers, seine Schöpfungen usw. sind in der Tat Umwege, um menschliche Objekte – d. h. Mitmenschen – zu erobern, ohne dass er zugeben muss, dass dies sein wirkliches Ziel ist" (BALINT zitiert nach ROSE ebd., 272). Dass dies in – mehr oder weniger vielen – Einzelfällen zutreffen mag, soll hier gar nicht bestritten werden. Ob es aber für alle menschlichen Leistungen entscheidend ist, erscheint durchaus hinterfragbar.

ROSE bringt die Diskussion auch unter sportpädagogischen Gesichtspunkten voran: Sie erweitert die empirische Basis, wobei sie durch qualitative Erhebungen dem subjektiven Erleben der Turnerinnen einen besonderen Stellenwert verleiht. Darüber hinaus rückt auch die lange Zeit stark vernachlässigte Geschlechtspezifik mehr ins Zentrum der Aufmerksamkeit.

Die Arbeit von Ilka LÜSEBRINK „Lebenswelten von Kunstturnerinnen – ‚Und trotzdem, es macht Spaß‘" (1997) bedient sich ebenfalls eines qualitativen Zugriffs. Absicht dieser Studie ist es, „sich den Wirklichkeitskonstruktionen der in das Kunstturnen involvierten Mädchen so weit wie möglich anzunähern und diese so adäquat wie möglich abzubilden", wohlwissend, „daß es *die Wirklichkeit* nicht gibt, sondern nur eine Vielzahl verschiedener Wirklichkeiten" (ebd., 1). Auf der Basis von teilnehmenden Beobachtungen und mit Hilfe von leitfadenorientierten Interviews soll diese Wirklichkeitsrekonstruktion methodisch bewältigt werden. Zur Untersuchungsgruppe gehörten 11 aktive und 4 ehemalige Kunstturnerinnen der nationalen deutschen Spitzenklasse im Alter zwischen 12–24 Jahren, die alle dem Bereich des Hochleistungssports zuzurechnen sind.

Der von LÜSEBRINK nicht in modischer Attitüde, sondern systematisch benutzte Begriff der ‚Lebenswelt' reicht zurück in eine phänomenologische Theorietradition, die in Form des Rückgriffs auf A. SCHÜTZ auch zur Grundlage der Strukturierung der Untersuchung gemacht wird. Im Kern geht es mit SCHÜTZ um die Rekonstruktion der subjektiven Perspektive der Kunstturnerinnen auf ihre Lebenswelt ‚Kunstturnen'. In diesem Zugriff und in der Einbeziehung von Spitzenturnerinnen bestehen deutliche Unterschiede zur Arbeit von ROSE. Diese Unterschiede setzen sich auch im Verlauf der Untersuchung fort, denn es geht nicht darum, ein theoretisch generiertes Grundphänomen wie den ‚Narzissmus' als Erklärungsfolie für das Handeln der Kunstturnerinnen auszurollen, sondern es geht zentral darum, die Sichtweisen der Kunstturnerinnen zunächst ‚zur Sprache' zu bringen und sie dann einer Ordnung zuzuführen, die den Relevanzstrukturen der beteiligten Subjekte möglichst gut entspricht. Dieses eher vorsichtig fortschreitende, beschreibend-verstehende Vorgehen hält sich mit weitreichenden Erklärungsversuchen – der phänomenologischen Tradition darin folgend – zurück. Als bedeutsam erweisen sich immer wieder die Unterschiede, die innerhalb verwandter Themengebiete bei der Interpretation herausgearbeitet werden.

So gibt es gemeinsam geteilte Relevanzen (ebd., 88 ff.) wie das Phänomen der Einzigartigkeit, die Frage nach Spaß, Anstrengung und Erfolg oder auch konkretere Bereiche wie den der Ernährung, der Gesundheit, der Beziehung von Trainer/in und Turnerin oder das Verhältnis zu anderen sozial relevanten Feldern wie Schule, Peers und Familie. Diese Themenfelder strukturieren die Lebenswelt der Kunstturnerinnen, sie determinieren sie aber nicht hinsichtlich der subjektiven Deutungen durch die Turnerinnen. Bilanzierend heißt es bei LÜSEBRINK so auch: „Abschließend ist festzuhalten, daß die Lebenswelten der Kunstturnerinnen durch Vielfältigkeit, Facettenreichtum und teilweise ambivalente Phänomene gekennzeichnet sind. Zwar darf der systemische Einfluß nicht übersehen werden, er führt jedoch nicht zu linearen Ableitungen für die konkreten Wirklichkeiten. In den Relevanzstrukturen läßt sich so beispielsweise das dominante Systemziel des Erfolgs durchaus erkennen, es ist jedoch vielfach variiert und gebrochen. Dementsprechend stehen keinesfalls ausschließlich Entbehrungen und Bedürfnisaufschub im Vordergrund, sondern auch kurzfristige Befriedigungen durch positive Erlebnisse im Training. Die Vielfältigkeit der Lebenswelten läßt zudem keine einheitliche pauschale Bewertung des Phänomens zu, sondern es können immer nur individuelle Fälle behandelt werden... Lebenswelten von Jugendlichen im Hochleistungssport sind nicht problem- und konfliktfrei, sondern berühren Chancen und Risiken. Der Sportpädagogik sollte es erstens darum gehen, diese herauszufiltern, sowie zweitens, die Chancen zu fördern und die Risiken zu minimieren" (ebd., 208 f.).

Die Untersuchung von LÜSEBRINK hält sich mit der Formulierung von pädagogischen oder anders gearteten Konsequenzen zurück, was aus einer anwendungsbezogenen Perspektive als Mangel gedeutet werden kann. Vor der Intervention sollte aber immer die genaue Analyse der Ausgangssituation stehen, und insbesondere in dieser Perspektive hat sich der phänomenologische Zugang von LÜSEBRINK als ertragreich erwiesen, da – wie in keiner anderen Untersuchung zuvor – die subjektiven Sichtweisen der Turnerinnen in den Mittelpunkt der Analyse gestellt worden sind.

Mit der Arbeit von Katharina WEISCHENBERG „Kindheit im modernen Kinderhochleistungssport" (1996) ist eine dritte Studie genannt, die sich dem Phänomen Kinderhochleistungssport auf empirische Weise anzunähern versucht. Der sehr allgemein und eher nichtssagend gehaltene Titel bedarf allerdings einer Relativierung, die auch im Untertitel vorgenommen wird. Es geht um „Untersuchungen zur alltäglichen Lebensumwelt von C- und D-Kader-Athletinnen im Kunstturnen auf der Grundlage eines konkreten Kindheitsverständnisses." Es gibt also auch hier Verwandtschaften zu den vorhergehenden Studien, indem der Fokus auf die lebensweltliche Analyse von Kunstturnerinnen gerichtet wird. Dominanter sind aber die Unterschiede. Gewählt wurde ein „multi-methodaler Ansatz" mit qualitativem Schwerpunkt (vgl. ebd., 177 ff.), in den recht unterschiedliche Instrumente wie Beobachtung, Fragebogen, Interview, Gruppendiskussion eingehen sollen[6] und zurückgegriffen wurde auf Turnerinnen im Alter von 9–12 Jahren, also eine deutlich jüngere Gruppe als den beiden anderen Studien. Der zentrale Unterschied liegt aber in der Grundkonzeption der Untersuchung.

Aus der Kritik, dass in der Diskussion um den Kinderhochleistungssport mit einem diffusen und vagen Kindheitsverständnis gearbeitet wird, entwickelt WEISCHENBERG konstruktiv die Vorstellung eines „Normkindes" und seiner Bedürfnisse (vgl. ebd., 63 ff.) sowie einer „Normumwelt des Kindes" und ihrer wesentlichen Bestandteile (91 ff.). Beides zusammen dient als Grundlage eines so bezeichneten „konkreten Kindheitsverständnisses". Kriterien für diese Normierung werden aus einer Sichtung und Interpretation der aktuellen Literatur zur Kindheitsforschung gewonnen. Auf der Basis dieser ‚Normkindheit' werden Leitfäden, Items etc. für die empirische Untersuchung entwickelt, mit dem Ziel, über die Auswertung der so gewonnenen Daten Aufschluss über die Adäquanz von ‚Normkindern' und ‚Turnerinnen im Leistungssportbereich' zu erhalten. Ein Vergleich von Übereinstimmungen und Abweichungen zwischen Norm und Datenpool führt schließlich zu folgendem Fazit: „Auch wenn die aktive Teilnahme am Hochleistungssport in mancher Hinsicht eine Chance und Bereicherung für das Leben der Befragten darstellt bzw. darstellen kann, so bestätigt doch die Fülle der ermittelten Daten, dass das hochleistungssportliche Engagement für das

---

[6] An dieser Stelle ist keine methodologische Diskussion zu führen, doch sei angemerkt, dass die Auskünfte zum eigenen Vorgehen bei WEISCHENBERG ausgesprochen fragwürdig bleiben. Die Konzeption des ‚Methodenmix', die Handhabung der einzelnen Instrumente und ihre Passung zueinander sind schwer nachvollziehbar und bedürften einer präziseren Begründung als sie in der Arbeit geleistet wird. Dazu nur ein – vielleicht oberflächlich bleibender – Hinweis: wenn qualitative Studien ihren Schwerpunkt im Verstehen von ‚Sinnzusammenhängen' besitzen, dann wirkt eine Auflistung von nahezu 200 (!) Gliederungspunkten auf 450 Seiten zur Konstruktion solcher Zusammenhänge eher befremdlich.

Leben der Kunstturnerinnen und deren Entwicklung weit mehr negative als positive Folgen hat bzw. haben kann… Die speziellen Umwelten der Befragten sind nur wenig kindgerecht, d. h. die Lebensverhältnisse der Leistungssportlerinnen sind der andersartigen Existenzform des Kindes nicht genügend angepaßt. So entsprechen die besonderen Umwelten der Kunstturnerinnen in großen Teilen nicht jenen positiven Voraussetzungen, welche benötigt werden, damit bei den Kindern eine optimale, in physischer, psychischer und sozialer Hinsicht gesunde Entwicklung gewährleistet ist" (ebd., 399 f.). Folgerichtig gelangt WEISCHENBERG zu massiven Forderungen an einen Kinderhochleistungssport, der den Ansprüchen an eine ‚Normkindheit' gerecht wird.

WEISCHENBERGS Ansatz besticht prima vista durch die Folie des Vergleichs von konkreten Ansprüchen an Kindheit und hochleistungssportlicher Realität. Ob ein solcher ‚schlichter' Vergleich aber prinzipiell überhaupt möglich ist, und falls ja, ob er so möglich ist, scheint beim zweiten Hinsehen aber mehr als fraglich, denn sowohl die Abbildung von Normen als auch die Abbildung von ‚Realitäten' (ganz zu schweigen von ihrer Relationierbarkeit) lassen sich nicht naiv im Sinne eines ‚Nullsummenspiels' praktizieren. Darüber hinaus bleibt WEISCHENBERG die Antwort darauf schuldig, mit welchem Recht sie Gewichtungen hinsichtlich des Stellenwerts von ‚Normkindheit' und ‚Hochbegabtenkindheit' (denn so kann man talentierte Turnerinnen durchaus ‚beschreiben') vornimmt. Dass sich eine ‚Normkindheit' von einer ‚Hochbegabtenkindheit' (als per definitionem Nicht-Normkindheit) unterscheidet, ist schlicht trivial – alles andere gäbe Anlass zur Beunruhigung. Konstruktiv könnte der Grundgedanke von WEISCHENBERG sich für mögliche ‚Szenarien' des Kinderhochleistungssports erweisen, in denen Vergleiche von Norm und ‚Realität' durchgeführt werden können, aber nicht um ‚Realität' zu erfassen, sondern um Möglichkeiten aufzuweisen.

Die 1996 von RICHARTZ/BRETTSCHNEIDER veröffentlichte Studie „Weltmeister werden und die Schule schaffen. Zur Doppelbelastung von Schule und Leistungstraining" stützt sich – wie die anderen Untersuchungen auch – auf ein qualitatives Forschungsdesign. Interviewt wurden 37 Jugendliche der 8. und 12. Jahrgangsstufe auf Schulen mit sportlichem Schwerpunkt. Im Zentrum der Arbeit steht die Frage nach den unvermeidlichen Doppelbelastungen von schulischen Anforderungen und hochleistungssportlichem Training und in Konsequenz die Frage nach vorfindlichen Bewältigungsmustern. Ausgehend von dem Belastungs-Bewältigungs-Paradigma von LAZARUS u. a. (vgl. ebd., 18 ff.) steht neben der Erfassung der spezifischen Belastungsformen und Bewältigungsprozesse vor allem auch die genauere Analyse von subjektiven und objektiven Ressourcen zur Verarbeitung von Belastungen im Vordergrund.

Da gerade das Problem der Vereinbarkeit von Schule und Training bei Nachwuchsleistungssportlern insbesondere auch unter pädagogischer Perspektive immer wieder Gegenstand der Diskussion um die Legitimität des Hochleistungssports von Kindern und Jugendlichen gewesen ist, erscheint die Erweiterung dieser Diskussion um einige empirische Facetten mehr als notwendig. Ähnlich wie in den anderen empirischen Studien auch, kommen RICHARTZ/BRETTSCHNEIDER zu einer differenzierteren Problemansicht. Mit Hilfe verschiedener Typologien versuchen sie, die sehr unterschiedlichen Voraussetzungen und Verarbeitungsformen der jugendlichen Leistungssportler zu systematisieren, ohne dass gleichzeitig dabei der Blick für die Unterschiede verloren geht. So ist auch nur zu verständlich, dass die Autoren in ihrem Fazit genau diese Polyvalenz des Phänomens hervorheben: „Kritiker wie Befürworter des Hochleistungssports im Kindes- und Jugendalter werden sich in Passagen dieses Buches bestätigt sehen. Tatsächlich sind die Belastungen außerordentlich und die Risiken hoch. Dennoch wird der weniger befangene Leser vor allem die schillernde Vielfalt der Lebenslagen bemerken. *Die leistungssportliche Karriere bringt Kinder und Jugendliche nicht selten in schwierige Situationen, sie verspricht andererseits Momente außergewöhnlichen Glücks. Die Gespräche mit Athletinnen und Athleten haben gezeigt, dass sie sich in imponierender Weise damit auseinandersetzen*" (ebd., 312; Hervorhebung durch d. Verf.).

Die Arbeit von RICHARTZ/BRETTSCHNEIDER kann als gutes Beispiel für den Nutzen qualitativer empirischer Forschung im Hochleistungssport dienen. Bezogen auf unsere engere Thematik ist zu sagen, dass der Bereich des weiblichen Kunstturnens nur ein kleines Segment des Gesamtdesigns ausmacht und die spezifischen Probleme des Kunstturnens auf Grund der anders gearteten Fragestellung natürlich ausgeblendet bleiben. Auch die Fokussierung auf die heute so genannten ‚Schulen mit sportlichem Schwerpunkt' filtern für uns auch relevante andere Varianten von vornherein aus, was natürlich legitim und forschungsmethodisch sinnvoll ist. Gleichwohl betrifft das Problem der Doppelbelastung von Schule und Training auch die Kunsturnerinnen auf Grund ihrer enormen Trainingsumfänge in besonderer Weise, so dass die prinzipiellen Überlegungen von RICHARTZ/BRETTSCHNEIDER hier durchaus Anknüpfungspunkte bieten können.

Abschließend sei auf ein Buch hingewiesen, das sich von den bisher vorgestellten Studien in einigen Punkten unterscheidet. Das von der amerikanischen Journalistin Joan RYAN 1995 veröffentlichte Buch „Little girls in pretty boxes. The making and breaking of elite gymnasts and figure skaters" beschäftigt sich mit der amerikanischen Szene des weiblichen Kunstturnens und Eislaufens. Die Arbeit verfolgt keinen expliziten wissenschaftlichen Anspruch, überzeugt aber durch z. T. jahrelange Recherchen und die Einbeziehung einer Vielzahl von Meinungen und Themen. Es tritt mit einem aufklärerischen Anspruch auf und nutzt die Möglichkeiten journalistischer Darstellungsformen: „What I found was a story about legal, even celebrated, child abuse. In the dark troughs along the road to the Olympics lay the bodies of the girls who stumbled on the way, broken by the work, pressure and humiliation. I found a girl whose father left the family, when she quit gymnastics at age thirteen, who scraped her arms and legs with razors to dull her emotional pain and who needed a two-hour pass from a psychiatric hospital to attend her high school graduation. Girls who broke their necks and backs" (ebd., 4). Jenseits solcher sensationsheischender Sprache enthält die Arbeit von RYAN aber auch bedenkenswerte Aspekte, und ermöglicht einen sicher gefilterten, aber auch gut recherchierten Blick auf die in Deutschland von Beteiligten häufig als ‚Mekka' gefeierte Welt des amerikanischen Kunstturnens.

Dass aber auch dort im wahrsten Sinne des Wortes nicht alles Gold ist, was glänzt, daran lässt RYAN wenig Zweifel. Zwei Ansatzpunkte machen die Arbeit auch für unsere Untersuchung interessant: zum einen veranschaulicht RYAN gut nachvollziehbar, dass gerade auch das System und die Grundeinstellung der amerikanischen Gesellschaft zu Leistungsbereitschaft und individuellem Einsatz für das Verständnis der dortigen Ausprägung des Kinderhochleistungssports unabdingbar sind. „It's about the elite child athlete and the American obsession with winning that has produced a training environment wherein results are bought at any cost, no matter how devastating" (ebd., 5). Dass die Frage danach, was Kindern zugemutet werden kann und darf, durchaus auch innerhalb ‚westlicher' Gesellschaften keine einheitliche – und schon gar nicht eine spezifisch deutsch geprägte – Antwort finden muss, zeigt das amerikanische ‚Vorbild' nachdrücklich, von einer ‚westlichen Wertegemeinschaft' ist zumindest auf dieser Ebene wenig zu spüren. Wenn der rumänische Erfolgstrainer und Goldmedaillenproduzent Bela KAROLYI in Amerika sein ‚Turncamp' angesichts des Zulaufs fast abschließen muss und vorbehaltlos auf Grund seiner erneuten Erfolge zum gefeierten Helden avanciert, dann sind die Wertigkeiten eindeutig formuliert. Ein Zitat des bekannten amerikanischen Turners Bart CONNER mag dies verdeutlichen: „We have to figure out what our goals are. If we want a team that looks nice in their uniforms, that isn't under all this stress, that isn't playing with pain, that isn't risking injuries, then we're not going to win" (ebd., 204). Zum Zweiten erhält die Studie von RYAN dadurch eine besondere Note, dass sie sehr viele thematische Facetten der ‚Lebenswelt Kunstturnen' anspricht. RYAN hat mit Funktionären, Eltern, Trainer/innen, Medizinern und Turnerinnen gesprochen und so zumindest den Versuch unternommen, unterschiedliche Perspektiven der Akteure einzubeziehen, wobei ihr Gesamtfazit eher düster und negativ ausfällt. Wie gesehen sind die bislang angesprochenen empirischen Studien in der Erfassung der Perspektiven auf die Turnerinnen eingeschränkt, über die Sichtweisen von Trainer/innen oder Eltern wissen wir in dieser Hinsicht sehr wenig. RYANs Arbeit zeigt aber, dass die Erfassung dieser Perspektiven durchaus nötig zu sein scheint, wenn man die ‚Lebenswelt Kunstturnen' in ihrer Komplexität erfassen möchte.

Die etwas ausführlichere Vorstellung einiger Untersuchungen zum Thema des Kinderhochleistungssports – unter besonderer Berücksichtigung des weiblichen Kunstturnens – erhebt natürlich keinen Anspruch auf Vollständigkeit.[7] *Leitende Auswahlkriterien waren ihre Aktualität, ihre empirische Ausrichtung und ihr Bezug zum weib-*

---

[7] Für einen ganz guten ersten Einblick in die Breite der Diskussion um den Hochleistungssport von Kindern und Jugendlichen sei verwiesen auf das Heft 1/1998 der Zeitschrift Sportwissenschaft, das sich mit dem Schwerpunkt „Sportkarrieren in Lebensläufen von Hochleistungssportlerinnen und -sportlern" befasst und dabei auch den Aspekt des Kinder- und Jugendhochleistungssport ausführlich thematisiert.

*lichen Kunstturnen.* Durch die qualitative Ausrichtung der Studien ist ohne Zweifel eine größere Nähe zu den Wahrnehmungen der betroffenen Kunstturnerinnen entstanden, wir wissen insgesamt mehr und Differenzierteres über das weibliche Kunstturnen. Trotzdem bleiben genug Fragen offen, die einer wissenschaftlichen Bearbeitung harren. So wird die interessante Frage des Verhältnisses von Nachwuchsleistungssport und der neueren pädagogischen Diskussion um Hochbegabung kaum aufgegriffen[8], Ergebnisse der neueren Kindheitsforschung finden kaum Anklang in einer eher normativ ausgerichteten pädagogischen Gewichtung des Nachwuchsleistungssports und auch die empirische Analyse einzelner Felder ist sicher noch nicht an ihrem Ende angelangt, zumal die rasanten Veränderungen der gesellschaftlichen Wirklichkeit im Grunde ständige empirische Beobachtungen erforderlich machen.

## 2.3 Fazit und Übergang

Zusammengefasst lässt sich sagen, dass es aktuell sicher mehr empirisch ausgerichtete Untersuchungen zum Kinderhochleistungssport gibt als noch vor zehn Jahren, dass auf der anderen Seite aber weiterhin Forschungsbedarf besteht. Da dieser Themenbereich aber wohl auch nicht zu den zentralen Gegenständen sportwissenschaftlicher, noch weniger sportpädagogischer Aufmerksamkeit zu zählen ist, wird sich daran wohl auch auf absehbare Zeit wenig ändern. Festzuhalten bleibt zudem auch, dass sich die Hoffnung auf Versachlichung kaum erfüllt haben dürfte, was aus unserer Sicht vornehmlich mit der Ausdehnung medialer Wirklichkeitsrepräsentationen zu tun haben dürfte.[9] Dort wo wissenschaftliche Untersuchungen für differenzierte Wahrnehmungen und vorsichtige Interpretationen plädieren, verkünden die Medien einfache ‚Wahrheiten‘, die in der Regel zu Lasten des Kinderhochleistungssports gehen.

---

[8] Eine auf der strukturellen Ebene angesiedelte Ausnahme bildet der Artikel von BRAUN (1998), der den Aspekt der sportlichen ‚Elitenbildung‘ im Vergleich Deutschland und Frankreich untersucht. Wie wenig das Verhältnis von Hochbegabung und sportlichem Talent untersucht ist, zeigt auch die Auffassung eines renommierten Psychologen, wenn er meint, dass die Förderung von sportlichen Talenten „nicht nur allgemein akzeptiert, sondern auch finanziell und ideell gestützt" wird (vgl. ROST 1991, 52). Wie kontrovers auch das Thema der sportlichen Talentförderung im Kindesalter diskutiert wird, scheint in der Hochbegabtenforschung offenbar wenig bekannt. Wie insgesamt festzustellen ist, dass die Bereiche Hochbegabung und Hochleistungssport mit Kindern und Jugendlichen offenbar wenig aktuelle Kontaktpunkte besitzen. Eine gemeinsame Diskussion wäre aber gerade auch unter einer pädagogischen Perspektive von Interesse. Sie kann – das sei an dieser Stelle bereits vermerkt – auch in unserer eigenen Untersuchung leider nicht geleistet werden.

[9] Unbestritten bleibt zudem, dass auch innerhalb wissenschaftlicher Diskurse immer wieder auf differenzierte Argumentation verzichtet wird. Wenn etwa HAAG in einer sportphilosophischen Abhandlung von der „‚Seuche‘ des Kinderhochleistungs- bzw. Spitzensports" spricht, dann wäre der eine oder andere erläuternde Satz sicher zum Verständnis hilfreich (vgl. 1995, 185). Argumente sucht man indes vergeblich, was in einer sich philosophisch verstehenden Abhandlung besonders schmerzt.

So sehr man sich dieser Mechanismen bewusst bleiben sollte, so wenig werden deshalb wissenschaftliche Annäherungen überflüssig. Obwohl wissenschaftliche Argumentation nicht allein und auch nicht primär über die gesellschaftliche Akzeptanz in Frage stehender Phänomene entscheidet, bleibt ihr dennoch nach wie vor die Funktion einer möglichst systematischen und argumentativ nachvollziehbaren Konstruktion von Wirklichkeit. Auf diese Weise liefert sie einen spezifischen und nicht zu ersetzenden Beitrag einer diskursiv herzustellenden Ablehnung oder Akzeptanz der in Frage stehenden Phänomene, hier des Hochleistungssports mit Kindern und Jugendlichen, genauer des weiblichen Kunstturnens.

Gegenstand unserer Untersuchung sind ‚Belastungen und Risiken im weiblichen Kunstturnen'. Die von uns gewählte Perspektive ist eine im weiteren Sinne sozialwissenschaftliche, die sich immer wieder auf genuin pädagogische Fragestellungen zusammenzieht. Sie unterscheidet sich damit von einer naturwissenschaftlich-medizinisch ausgerichteten Perspektive, die im Hinblick auf das immer wieder ins Feld geführte Argument der körperlichen Unversehrtheit der Turnerinnen natürlich von besonderer Relevanz ist. Diese Thematik wurde von einer Arbeitsgruppe um BRÜGGE-MANN/KRAHL in einer mehrjährigen Längsschnittuntersuchung bearbeitet (vgl. 1999). Unsere eigene Untersuchung soll diese Perspektive um die sozialwissenschaftlich relevanten Dimensionen erweitern, um auf diesem Weg ein etwas vollständigeres Bild der Lebenswelt des weiblichen Kunstturnens zu erhalten. Über das genauere Vorgehen erteilt das nachfolgende Kapitel Auskunft.

# 3 Forschungsmethode

Über die Wichtigkeit empirischer Zuwendung auch in sozialwissenschaftlichen Kontexten wurde im Einführungskapitel bereits einiges gesagt und in summa festgehalten, dass solche Zugänge im Hochleistungssport mit Kindern und Jugendlichen grundsätzlich und im weiblichen Kunstturnen speziell höchstens marginal existieren. Mit dieser Studie soll diese Lücke verkleinert werden. Es geht um die Kardinalfrage, welche Entwicklungsrisiken das weibliche Kunstturnen – auf höchster Leistungsstufe betrieben – erzeugen kann, inwieweit dieser Sport ein gesundes Wachstum, nämlich als physisches, psychisches und soziales Wachstum, verhindern oder begünstigen kann.

Um eine diesbezügliche Annäherung vornehmen zu können, ist es sicherlich notwendig, die subjektiven Perspektiven der Turnerinnen in den Blickpunkt zu rücken. Darüber hinaus sollte jedoch auch eine Hinwendung zu Personenkreisen erfolgen, die zum gesamten Lebenskontext der Turnerinnen gehören, so dass u. U. eine Perspektive gewonnen wird, die den unmittelbaren Trainingshorizont übersteigt. Zu einem solchen Kreis gehören z. B. Trainer/innen, Eltern, Lehrer/innen, Freunde u. a. Für das *Verstehen* der Perspektiven und Handlungsmuster in einem spezifischen *lebensweltlichen Kontext* ist es ebenso wichtig, sich der systemischen Bedingungen zu widmen, die nämlich Handlungslogiken immer mitkonstruieren. Eine derartige systemische Analyse wird in einem gesonderten Auswertungsschritt erfolgen. Auf Grund der leitenden Fragestellung wird ein – noch genauer zu beschreibender – qualitativer Forschungsansatz gewählt. Als Forschungstechniken kommen teilnehmende Beobachtungen und qualitativ-offene Interviews zum Einsatz.

## 3.1 Theoretischer Ansatz

Mit den Begriffen von ‚Lebenswelt‘ und ‚Verstehen‘ sind bereits wesentliche methodologische Eckpfeiler angedeutet, verweisen sie doch auf den theoretischen Hintergrund einer verstehend-beschreibenden Sportpädagogik (vgl. MEINBERG 1987; 1990; 1994²). Bildungsprozesse – auch leiblicher Art – sind in einem formalen Sinne als eine unaufhörliche Wechselwirkung zwischen einem Subjekt und der es umgebenden Welt definiert. Mit einer derartigen Auffassung – sie firmiert unter dem Ansatz einer verstehenden Soziologie – wird nicht mehr bloß der Blick auf das sich bildende Subjekt gerichtet, sondern die Strukturen, innerhalb derer Bildungsprozesse ablaufen, rücken gleichermaßen in den Vordergrund.

Einer derjenigen, der diese Doppelung von Erkenntnissubjekt und strukturellen Rahmenbedingungen grundlegend in seiner Theorie der Lebenswelt einbezogen hat, ist A. SCHÜTZ gewesen, der die bildungstheoretische Formel der Wechselwirkung von Mensch und Welt gleichsam sozialwissenschaftlich übersetzt hat.

Eine unhintergehbare Einsicht ist die, dass das Subjekt zwar in einer vorgegebenen Lebenswelt agiert, dieser aber nicht passiv ausgeliefert ist, sondern sie vielmehr aktiv mitzugestalten vermag. SCHÜTZ sieht das Subjekt als Mittelpunkt seiner Lebenswelt, die in räumlichen, zeitlichen und sozialen Aufschichtungen um dieses herum strukturiert ist (vgl. SCHÜTZ/LUCKMANN 1979; 1984). Neben der Typik spielt die Relevanz eine wesentliche Rolle innerhalb SCHÜTZ' Konzept (vgl. SCHÜTZ 1982). Jeder Mensch entwickelt nach diesem Modell ein eigenes Relevanzsystem, d. h., dass die je eigene Lebenswelt nach der jeweiligen Interessenlage in Zentren verschiedener Relevanz gegliedert ist. Diese Relevanzen sind wahrscheinlich zwar überwiegend sozial vermittelt, aber dennoch kann kein Mensch umstandslos von seinem Relevanzsystem auf das eines anderen schließen. Typiken und Relevanzen der Lebenswelten der Kunstturnerinnen und anderer zu rekonstruieren, ist somit ein zentrales Anliegen dieser Studie, gleichzeitig ist aber auch eine wesentliche Schwierigkeit damit verbunden. Denn Rekonstruktionen von Perspektiven, Einstellungen und Handlungen legen auf der forschungsmethodischen Ebene qualitative Strategien nahe (vgl. KÖNIG/ZEDLER 1995), mit denen sich ganz bewusst die spezifischen subjektiven Sichtweisen der Beteiligten einfangen lassen. Diesen Strategien ist eine ganz bedeutsame Prämisse zu eigen, nämlich jene, wonach die *Beteiligten als Expert/innen* gesehen werden, die über wesentliche Aspekte ihrer jeweiligen Lebenswelt kompetent Auskunft erteilen können. Nun kann allerdings trotz einer Annäherung an komplexe Situationen des Alltags von Trainer/innen und Turnerinnen vor diesem Hintergrund qualitativen Forschens nicht deutlich genug darauf hingewiesen werden, dass für den Forscher bei seinen Analysen eine nicht unerhebliche Grauzone verbleibt. Zum einen ist er immer Außenstehender, der keinen unmittelbaren Zugang zu den spezifischen komplexen Situationen besitzt, die er zu untersuchen beabsichtigt, so dass auch unzweifelhaft bestimmte Handlungen unverstanden bleiben können. Selbst wenn er sich um eine „temporäre Mitgliedschaft" (HONER 1993, 244) innerhalb des jeweiligen sozialen Geschehens bemüht. Wobei sich für den Kontext ‚Kunstturnen' überhaupt die Frage stellt, wie denn eine solche unmittelbare Erfahrung oder gar eine „temporäre Mitgliedschaft" aussehen könnte. Vermutlich können wir noch so detaillierte Beobachtungen anstellen, daran teilhaben werden wir nie und mehr als eine Annäherung können wir nicht erreichen.

Zum anderen ist das, was wir als Handeln im weiblichen Kunstturnen wahrnehmen, allenfalls ein kleiner Ausschnitt dessen, was generell unter ein solches Handeln fallen kann, da bereits die Betroffenen selbst innerhalb ihrer Sozialwelt selektieren und somit immer schon Konstruktionsarbeit leisten (vgl. SCHÜTZ 1971, 67 f.). Der Forscher fügt also diesen Konstruktionen der Betroffenen mindestens eine solche zweiten Grades bei. Phänomenologisch gesprochen liefern immer auch die eigenen, subjektiven Erfahrungen die Datenbasis. Im Falle von Beobachtungen sind es dann eben *Beobachtungserfahrungen*, die man macht und auf die man sich stützt und eben keine unmittelbaren Erfahrungen mit dem Gegenstand (vgl. HONER ebd., 245).

Auch die Gesprächssituation mit den Beteiligten hält keine Auflösung dieses Problems parat. Denn erfasst werden jeweils die sprachlichen Konstruktionen der Beteiligten, die über ihr Handeln Auskunft geben. Deswegen ist es wohl nicht möglich, mittels Beobachtungen und Gesprächen, welcher Couleur auch immer, bestimmte Motive festzuhalten, die vor einer Handlung entscheidend waren. Erfasst werden vielmehr – folgt man der Argumentation REICHERTZ' – immer nur jene Motive, die der Betreffende in der artifiziellen Interaktionssituation mit dem Forscher rekonstruiert. „Interviews liefern also nicht die ursprünglichen Um-zu-Motive, sondern allein interessierte Ex-Post-Deutungen des eigenen Handelns *und* dessen Bewertung unter In-Rechnung-Stellung der aktuellen Situation, der antizipierten Zuhörererwartungen und des Wunsches, sich und sein Leben in der eigenen Deutung vorzustellen und plausibel zu machen. Deshalb offenbaren Interviews *auf keinen Fall* die „wirklichen" Gründe für ein Handeln (plus Bewertung), sondern allein sinnstiftende Deutungen zu dem Thema, was ein (zur Situation, zur eigenen Identität, zur Hörererwartung) *passender Grund* für eine Handlung (und eine Bewertung) gewesen sein könnte" (REICHERTZ 1996, 90).

Aus diesen Gründen plädiert REICHERTZ für eine genaue Klärung der Forschungsfrage, um dann letztlich die Entscheidung für oder gegen die Forschungsmethode ‚Interview' zu fällen. Er billigt dieser Methode im Rahmen eines qualitativen Ansatzes nicht per se eine quasi universelle Verwendbarkeit zu (vgl. ebd., 88). Der Nutzen eines qualitativen Interviews als ein ausdrücklich standardisiertes Erhebungsverfahren, das einzig der späteren Auswertung durch den Forscher dient, liegt für ihn in der *Rekonstruktion subjektiver Sinnwelten von Handlungen*. Damit ist gleichzeitig eine grundlegende Fragestellung der empirischen Sozialforschung benannt (vgl. ebd., 89). Im Grunde wird hier mit der Methode ‚Interview' – sei sie auch noch so offen – nicht die lebensweltliche Wirklichkeit im weiblichen Kunstturnen nachgezeichnet, sondern immer „nur" Darstellungen desselben, darüber können auch die an den verschiedensten Stellen dieses Berichts auftauchenden längeren „originalen" Äußerungssequenzen nicht hinwegtäuschen.[10] Diese Zweifel und Vagheit gilt es nicht nur auszuhalten, sondern sie sind als geradezu konstitutiv für qualitatives Forschen zu be-

---

[10] Auch zu dem Aspekt der „Originalität" von Daten weiß REICHERTZ Kritisches zu sagen. Denn mit den Aufzeichnungen von Interviews und entsprechenden Transkriptionen gehen immer auch Originale verloren. Es kommt zu Unverständlichem, zu Auslassungen und zu Strukturierungen (z. B. zeitlichem Nacheinander von Äußerungen), wo die reale Situation unstrukturiert war (Gleichzeitigkeit von Äußerungen). Zumal mit den entsprechenden technischen Arrangements bestimmte Originale (wie Atmosphäre, Stimmung etc.) gar nicht erst festgehalten werden (vgl. 1996, 85).

trachten, weil sie zu anderen Perspektiven und Ansätzen regelrecht „einladen", das Diskursforum der ‚scientific community' erweitern und letztlich dem Gegenstand und den Beteiligten sukzessiv gerecht zu werden helfen. HONER weist unabhängig von ihrem ethnographischen Hintergrund zu Recht einerseits auf die Trivialität derartiger Zusammenhänge hin, allerdings mit dem Zusatz, dass andererseits genau diese Zusammenhänge in der konkreten Dateninterpretation allzu leichtfertig verloren gehen. „Üblicherweise neigen auch so genannte ‚qualitative' Forscher dazu, Darstellungen von Erfahrungen nicht zunächst einmal als *Darstellungen* von Erfahrungen, sondern sogleich und vor allem als Darstellungen von *Erfahrungen* zu deuten – und sie selber dann wieder wie Erfahrungen (statt wie Darstellungen) darzustellen. Solche Kurzschlüsse aber tragen nicht unwesentlich dazu bei, jene Pseudo-Objektivität zu perpetuieren, mit der Sozialwissenschaftler so gerne, vermeintlich ‚positionslos' alles gesellschaftliche Geschehen beobachtend, menschliche Wirklichkeit beschreiben oder gar ‚erklären' zu können glauben" (ebd., 246).

Nun könnte aus diesen Begrenzungen und kritischen Anmerkungen zu qualitativen Forschungsstrategien voreilig der Schluss gezogen werden, es handele sich bei dem Ganzen tatsächlich nur um ein Spiel, höchstens aber um eine recht grobe Annäherung an das, was später dann ganz vorsichtig als die Wirklichkeit im weiblichen Kunstturnen bezeichnet werden soll. Wozu also dann der ganze Aufwand, wozu diese schier endlosen Textsammlungen?[11] Die Antwort lautet: Weil es dennoch die einzige Möglichkeit und letztlich auch Hoffnung ist, spezifische soziale Handlungen, Motive und Interessen von Menschen zu erforschen und zu verstehen. In dieser Antwort begegnet uns abermals die Phänomenologie Alfred SCHÜTZ', genauer: die entscheidenden Eckpunkte der *Idealisierung der Vertauschbarkeit der Standpunkte und der Konkurrenz der Relevanzsysteme* (vgl. SCHÜTZ/LUCKMANN 1994, 88 f.). Der Gewinn, nicht nur für die in dieser Arbeit gewählte kommunikationstheoretische Perspektive, sondern für eine Methodologie qualitativen Forschens generell, besteht in diesen beiden Begriffswendungen dergestalt, dass wir sehr wohl annehmen dürfen, dass der Gegenüber die Dinge in der Weise erfahren würde, nähme er bloß unseren Standpunkt ein. Gleiches gilt dann auch für uns, wären wir dort, wo er ist. Wir haben wie unser Gegenüber gleichsam gelernt, dass die faktischen Unterschiede zwischen uns – z. B. bedingt durch unsere jeweilige Biographie –, uns nicht darin hindern, in konkreten, gegenwärtigen Situationen so zu handeln, „als ob wir die aktuell und potentiell in unserer Reichweite stehenden Objekte und deren Eigenschaften in identischer Weise erfahren und ausgelegt hätten" (ebd.).

Obwohl also faktische Unterschiede zwischen uns und dem Anderen bestehen, spielen diese aus pragmatischen Gründen für eine gemeinsame Sinndefinition keine

---

[11] Schließlich ergibt ein rund einstündiges Trainer/in-Interview ein Transkript von 40 Seiten Länge. Allein eine Kodierung aller Trainer/innen-Interviews nach dem Stichwort ‚System' bringt über 100 Seiten Papier. Und dies ist nur einer von ca. 20 Kodes!

Rolle. Diese Art von ‚Wir-Beziehung' ist die einzige Chance für und Hoffnung auf einvernehmliche Koordinationen, selbst wenn wir die Erfahrung machen – und auch das ist von SCHÜTZ bei seiner Strukturierung von Lebenswelt mitgedacht –, dass diese Hoffnung oft genug enttäuscht wird, die Relevanzsysteme also stark divergent erfahren werden.

Für den qualitativ Forschenden folgt daraus die Erkenntnis, dass z. B. für die Spielarten des offenen Interviews ebenfalls, eine durch unterschiedliche Relevanzsysteme geprägte Situation zu konstatieren ist, dass die Voraussetzungen für diese Forschungstechnik und die Kriterien des Gelingens aber erst vor dem Hintergrund der (idealisierten) Annahme in den Blick geraten, dass diese divergenten Relevanzsysteme dennoch einer Verständigung grundsätzlich nicht im Wege stehen. Im Falle des Misslingens eines qualitativen Interviews lautet somit die Konsequenz, in der Hoffnung auf Verständigung im folgenden Interview die gleiche Grundhaltung einzunehmen wie vor dem Misslingen, was natürlich längst nicht heißen kann, alles wieder genauso zu machen. Vielleicht ist es deswegen auch gar nicht entscheidend, ob durch Interviews „Um-zu-Motive" oder „Ex-post-Deutungen" der Trainer/innen und Turnerinnen eingefangen werden. Können denn nicht Ex-post-Deutungen der Interviewten in einem Prozess sequenzieller Verfertigung dergestalt zu kommenden Um-Zu-Motiven expandiert werden, dass diese Rekonstruktionen, die geäußerten Einstellungen, Motive und Gefühle zukünftig handlungskoordinierend werden?

WILSON jedenfalls gibt zu bedenken, „dass jeweils gegenwärtige Erscheinungen zumindest in Teilen auf der Grundlage dessen gedeutet werden, was aus den identifizierten zugrunde liegenden Mustern als Erwartung künftiger Entwicklungen ableitbar ist, und es mag sein, dass man künftige Entwicklungen zunächst abzuwarten hat, bevor man die Bedeutung jeweils gegenwärtiger Erscheinungen voll verstehen kann" (1973, 60).

Doch noch ein weiteres wird an diesen Überlegungen deutlich: Der qualitativ Forschende ist in die Pflicht genommen, seinen Forschungsweg so kenntlich wie möglich zu machen und über Annahmen und konkrete Umsetzungen Rechenschaft abzulegen, gleichwohl intersubjektive Nachvollziehbarkeit oft auch nur als hehres Ziel erscheint. Die Konstruktionsebenen Datenerhebung, Datenverarbeitung/-aufbereitung, Dateninterpretation und Datendarstellung sind deutlich zu explizieren, sollen die gewonnenen Erkenntnisse nicht allzu schnell in einen „Konstruktionsstrudel" geraten, der eher eintrübt als aufhellt. Fürwahr ein abermals hoher Anspruch.

## 3.2 Ableitungen für das qualitative Design

Die eingangs formulierte forschungsleitende Fragestellung nach den psychosozialen Belastungen und Risiken kann nun nach der Erörterung methodologischer Details mit einigen weiteren Zuschreibungen versehen werden:

Es geht um die Erfassung des subjektiven Sinns, den Turnerinnen, Trainer/innen u. a. den Handlungen in ihrer spezifischen Lebenswelt des weiblichen Kunstturnens zuschreiben. Damit ist nicht nur entscheidend, wie dieses Handeln konkret beschrieben werden kann, sondern was aus dem, was die Betreffenden rekonstruieren, als Folgerungen für zukünftige Handlungskoordinierungen gezogen werden kann. Auf diesem Wege sollte es möglich werden, für die verschiedensten Bedeutungsfacetten aus Sicht der Akteure zu sensibilisieren und womöglich umsetzungsfreundliche Beratungsstrategien z. B. in Aus- und Fortbildungsmaßnahmen abzuleiten.

Dieser Ansatz entspricht jenem Prinzip qualitativen Forschens, über das sich nicht disputieren lässt: dem Prinzip der Offenheit (vgl. HOFFMANN-RIEM 1980, 46). Danach soll eine theoretische Strukturierung solange zurückgestellt werden, bis die zu Erforschenden selbst zu einer solchen beigetragen haben (vgl. auch BOHNSACK 1993, 21 ff.). Allerdings ist aus dieser Losung nicht abzuleiten, dass der Forschungsprozess in einem theorielosen Raum verliefe – an verschiedenen Punkten ist sehr wohl ein intensiver Theoriebezug offensichtlich. Vielmehr ist mit Offenheit ein Verzicht auf eine Hypothesenbildung ex ante gemeint (vgl. FLICK 1996, 63 f.). Theorie führt dann nicht zu bereits vor der Datenerhebung bestehenden Annahmen, sondern stellt ein Kontextwissen parat. Diese Präzisierung qualitativen Forschens führt zu dem in dieser Studie bevorzugten Ansatz der *Grounded Theory* (vgl. STRAUSS 1994; STRAUSS/CORBIN 1996; GLASER/STRAUSS 1998). Die soeben diskutierte Verwendung von Theorie wird bei Strauss als „Theoretische Sensibilität" bezeichnet (ebd., 54 ff.), die dabei hilft, das umfangreiche empirische Material in Begriffen zu „denken" (vgl. auch STRAUSS 1994, 36 f.). Als Quellen kommen für den Forscher neben dem Fachwissen und den Forschungserfahrungen auch die jeweiligen persönlichen Erfahrungen in Frage. Sie alle geben dem Forscher nicht nur das „Gefühl von Freiheit" (1994, 37), sondern liefern auch Sicherheit im Umgang mit den Daten. Ohne dieses Kontextwissen gäbe es wohl kaum die begründete Hoffnung, die Datenberge überhaupt bewältigen zu können. „Das Kontextwissen ist ein wesentlicher Datenfundus, weil es nicht nur die Sensitivität bei der Theoriebildung erhöht, sondern eine Fülle von Möglichkeiten liefert, um Vergleiche anzustellen, Variationen zu entdecken und das Verfahren des Theoretical Sampling anzuwenden. Insgesamt trägt dies dazu bei, dass der Forscher schließlich eine konzeptuell dichte und sorgfältig aufgebaute Theorie formulieren kann. Seine Interpretation des Datenmaterials ist sicherlich nicht die einzig mögliche […], aber sie wird nachvollziehbar und sinnvoll sein und weiteren Ausarbeitungen und Überprüfungen an der Wirklichkeit standhalten" (ebd., 36 f.).

Mit der Betonung von persönlichen Neigungen des Forschers, ja gar dessen Temperament (vgl. GLASER/STRAUSS 1998, 54) bricht STRAUSS ganz bewusst mit der althergebrachten Lehrmeinung, „derzufolge die Forschung tendenziös wird, wenn persönliche Erfahrungen und Daten ins Spiel kommen […], derlei Maßstäbe führen dazu, dass wertvolles Kontextwissen unterdrückt wird" (1994, 36). Im gesamten Prozess und bei allen Einzelschritten wie Datenerhebung, -analyse und -darstellung ist nicht von den Personen zu abstrahieren, die diese Forschung betreiben, die immer schon Erfahrungen, Wissen und Annahmen mitbringen und nutzen. Auch BILLMANN-MAHECHA weist darauf hin, dass die Ergebnisse empirischer Sozialforschung nicht losgelöst von der Person des Forschers als immer schon sozial und kommunikativ Handelnder betrachtet werden können, ohne damit für ein „anything goes" plädieren zu wollen (vgl. 1996, 125; vgl. auch WITZEL 1996, 52 f.). Oder, um einen „klassischen" Gedanken auf diese Art von Forschung zu wenden: Die Zirkelhaftigkeit des Forschertuns zeigt sich in der dialektischen Beziehung von Interpret und erfasstem Text, von eigenen Vorannahmen und den Sichtweisen des anderen, von Vorstellung eines Sinnganzen und Detailanalyse (vgl. GADAMER 1975, 277; HABERMAS 1969, 179).

Doch wie steht es nun um die *forschungspraktischen* Ableitungen? Vom oft erhobenen und für ethnographische Studien sicherlich unabdingbaren forschungspraktischen Anspruch, „einer zu werden, wie …" (vgl. HONER 1993, 245), kann bzw. konnte das Bemühen, die Lebenswelt des weiblichen Kunstturnens zu erfassen, nie geprägt sein. Unsere Perspektive ist und bleibt somit eine Außenperspektive, die allerdings auf einen zweiten Blick ganz so ‚außen' nun doch wieder nicht ist. Denn zum einen verfügen alle Mitglieder unserer Forschungsgruppe selbst über leistungssportliche Erfahrungen – eine Forscherin gar als Turnerin, eine andere als Trampolinspringerin –, zum anderen hat LÜSEBRINK eine umfangreiche Studie zum weiblichen Kunstturnen angefertigt, die entsprechenden Erkenntnisse stellen gleichfalls eine Folie für unser Projekt dar. Mit anderen Worten: In diese Arbeit gehen bereits spezifische Erkenntnisse über das weibliche Kunstturnen ein. Wenn nun die subjektiven Sinnzuschreibungen anderer rekonstruiert werden, dann haben diese Zuschreibungen von vornherein viel weniger Eigen- oder Fremdweltliches an sich, als wenn sie aus lebensweltlichen Kontexten stammten, an denen nie wirklich teilgenommen wurde. Es existieren immer schon ‚wirkliche' Innensichten von Leistungssport, so dass man quasi verführt wird anzunehmen, man wisse bereits genügend Bescheid. Davor galt es, sich zu hüten. Doch es lässt sich aus derartigen Teilerfahrungsbeständen auch ein methodischer Vorteil beziehen, der darin besteht, dass sich gerade in Interviewsituationen schnell eine Art „gemeinsamer Sprache" entwickelt. Und tatsächlich wurde in den Interviews an mehreren Stellen auf diese Erfahrungen rekurriert. Sei es, weil wir sie als erzählgenerierende Anknüpfungspunkte z. B. für die Trainer/innen genutzt haben, sei es, weil sie ein Vertrautsein mit der Sache dokumentieren sollten oder sei es, weil die Trainer/innen selbst entsprechendes Interesse an unseren Erfahrungen bekundeten, dies sogar explizit nachfragend. Dies alles darf nicht unerwähnt bleiben, wenn die zugrunde liegende Perspektive mit ‚außen' bezeichnet wird. Dennoch gilt:

Es kann als Verdienst einer zunehmend differenzierten Diskussion um qualitative Ansätze gelten, dass ein Verständnis vom Forschungsprozess nach dem Motto des ‚going native' in den meisten Fällen als naiv zurückgewiesen werden muss. So wie es keine „natürliche" Gesprächssituation bei Interviews geben kann, selbst wenn der Gegenüber im Rahmen eines narrativen Interviews (nach SCHÜTZE) zu noch so ausgiebigen Stegreiferzählungen motiviert werden kann.[12] „‚Learning by doing' ist die pädagogische Formel, die die Situation noch am besten umschreibt. Erfolgsgarantien gibt es auch hier nicht. Es bleibt wohl ein nicht vermittelbarer ‚Rest', ein „Gespür" (STRAUSS 1994, 349) für den jeweils angemessenen Zugriff. Dies ist vielleicht unbefriedigend, aber ist diese Offenheit nicht auch ein wesentliches Merkmal von Forschung?" (THIELE 1997, 5).

Was kann nun zusammenfassend als methodologisches und forschungspraktisches Fazit gelten? Nun, es geht in dieser Studie zwar primär um Rekonstruktionen und Verstehen, so dass die zentralen qualitativen Postulate ‚Offenheit' und ‚Kommunikation' schon qua Gegenstand Voraussetzung der jeweiligen Forschungsschritte sein müssen. Daran lässt sich grundsätzlich nicht rütteln. Doch es darf gleichfalls nicht der Hinweis fehlen, dass jede Forschung auch zweckorientiert ist und deshalb durch eine

---

[12] Es sind auch deutliche Grenzen gesetzt, wenn es z. B. mit den Betroffenen in der Auswertungsphase gemeinsam die vorläufigen Interpretationen zu validieren gilt (vgl. TERHART 1995, 383 ff.). Die Interviewsituation hat für beide Seiten immer etwas Artifizielles und ist konstruiert, nicht minder gilt dies dann auch für die erhobenen Daten und den anschließenden kommunikativen Validierungsversuch (vgl. BILLMANN-MAHECHA 1996, 113 f.; REICHERTZ 1996, 88 f.). Gerade bei der Einschätzung der Bedeutung kommunikativer Validierung für die Gültigkeit von erhobenen und ausgewerteten Daten gerät zu selten in den Blick, was den zu Erforschenden in einem derartigen Prozess abverlangt wird. Von den zusätzlichen zeitlichen Anforderungen (für beide Seiten) abgesehen – denn auch hier bedarf es eines räumlich-zeitlichen Arrangements – sollen die zu Erforschenden abermals zu den wie auch immer vorgelegten Daten Stellung beziehen und wiederum möglichst authentisch Auskunft darüber geben, ob die Rekonstruktionen des Interpreten Lücken oder Unzulänglichkeiten enthalten oder ob sie ungebrochen in die folgenden Auswertungsschritte eingehen können. Der Forscher ist in diesem Validierungsprozess der Experte in methodischer und vor allem interpretativer Hinsicht, während dem zu Erforschenden die inhaltliche Expertise zugeschrieben wird. Grundlegend ist also eine asymmetrische Kommunikationsbeziehung im doppelten Sinne (vgl. MIETHLING 1986, 78 f.; ZOGLOWEG 1996, 394), die idealisierte Ansicht, Forscher und zu Erforschende könnten auf der Grundlage einer symmetrischen Kommunikationsstruktur Konsens über Daten oder deren Interpretation erzielen, wird vermieden. Doch viel ist damit noch nicht erreicht, die Frage nach dem Erkenntnisgehalt der auf dieser Grundlage validierten Interpretationen bleibt bestehen. So erscheint eine Validierung nach diesem Zuschnitt im Falle von Trainer/innen-Interviews noch machbar, doch im Falle von Turnerinnen kann dieser Versuch schnell zur Farce geraten. Besteht nicht gerade bei den Turnerinnen die Gefahr, dass sie das bereits Gesagte lediglich wiederholen? Übernehmen sie dann nicht auch schnell die Artefakte des Forschers, anstatt sie zu hinterfragen? Und ist der Forscher nicht schnell in der Situation des reinen Nachfragers? Derartige Bedenken lassen sich scheinbar schnell begründen. Denn selbst wenn man es schafft, die Turnerinnen von der Wichtigkeit eines derartigen Schrittes zu überzeugen, indem z. B. nochmals auf deren Expertise abgehoben wird, und selbst wenn die vorgelegten Vorab-Interpretationen, Paraphrasierungen oder Dimensionalisierungen verständlich gefasst oder aber extra verständlich übersetzt sind, bedarf es eines nicht geringen reflexiven, interpretativen und interaktiven Könnens der Turnerinnen, um überhaupt mit dem Forscher einen Dialog zu führen, der bloße Trivialitäten übersteigt. Der Erfolg einer kommunikativen Validierung mit Turnerinnen scheint also ungewisser als bei einer solchen mit Trainer/innen zu sein (die natürlich ebenfalls missglücken kann).

gehörige Portion strategischer Handlungen geprägt wird. Das gilt für das Interesse und die Handlungen des Forschers wie für die der zu Erforschenden. Die Dialektik beider Handlungsrationalitäten betrifft also nicht nur den Gegenstand der Forschung, sondern gleichfalls den Forschungsprozess selbst und steht im Verweisungszusammenhang zum dialektischen Verhältnis von Fremdsein und Vertrautsein (vgl. FLICK 1996, 76 f.). Der Anspruch, als Forscher möglichst offen und authentisch zu sein, die Welt von innen kennen zu lernen, mit ihr und den dort Handelnden vertraut zu werden und sie zu verstehen, kann nicht losgelöst davon betrachtet werden, dass der Forscher immer auch strategisch handelt, nach bestimmten Kriterien auswählt, beobachtet und interviewt (nämlich danach, ob all dies auch auswertbar ist; vgl. REICHERTZ 1996, 83 ff.), immer auch Dinge zurückhält und oft „quasi-kommunikativ" handelt und letztlich oft Fremder bleibt (und bleiben muss).[13] Das gilt gerade auch für das spezifische Verhältnis von Offenheit in der Erhebungsphase und Theoriegeleitetheit in der Auswertungsphase, für das WITZEL mit Blick auf den Forscher die eingängige Figur von „Dr. JEKYLL und Mr. HYDE" zitiert (vgl. 1982, 69).

Allerdings, die Handlungen der Trainer/innen und Turnerinnen sind nicht weniger von diesem dialektischen Verhältnis geprägt. Sie entscheiden selbst in der konkreten Interviewsituation, was sie an Authentizität zulassen und definieren selbst Nähe und Distanz zum Forscher. Es wiederholt sich somit die Notwendigkeit, sich als Forscher auf Grund des Wissens, dass Interviews quasi-normale Gespräche sind (vgl. HONER 1993, 249), konsequenterweise als jemand zu erkennen zu geben, der verstehen will, aber immer auch schon wissend und erfahren ist. Vielleicht ist dies genau die Haltung, die die zu Erforschenden in der Regel auch erwarten. Im Falle der Trainer/innen-Interviews zeigte sich jedenfalls sehr schnell, dass die Strategie eines sich „künstlich" Dummstellens alles andere als erfolgversprechend sein würde. Mit einer Konfrontationshaltung, mit Provokationen und mit klaren eigenen (nicht unumstößlichen) Standpunkten konnte in einigen Fällen und zu bestimmten Zeitpunkten viel eher ein Gespräch initiiert werden als durch eine zurückhaltende und abwartende Gesprächshaltung. Schließlich sollte es ja um Wissensbestände gehen, die vermutlich auch nur gegenüber Experten geäußert werden. Gegenüber den Turnerinnen war dann zwar wieder eine andere Haltung geboten, um nicht dem Eindruck eines „Forscherlehrers" Vorschub zu leisten, doch sollte man nicht glauben, Turnerinnen würden weniger sensibel künstliche Naivitäten des Forschers registrieren. Nichts anderes meint HEEG, wenn er vom *„Abschied von der eigenen Inkompetenz"* spricht (1996, 52).

---

[13] Daran ändert auch die Tatsache nichts, dass das Verhältnis von Nähe und Distanz personengebunden und damit relational ist. Es verändert sich im Laufe eines Forschungsprozesses häufig von anfänglicher Distanz hin zu größerer Nähe und Vertrautheit mit den Akteuren. In unserem Falle ließ sich eine solche Verschiebung schon an der Begrifflichkeit festmachen: anfänglich noch als ‚*die* Pädagogen' tituliert, änderte sich der Alltagssprachgebrauch der Trainer/innen in ‚*unsere* Pädagogen'.

## 3.3 Anlage und Durchführung der Untersuchung

Die konkrete Datenerhebung erfolgte durch teilnehmende Beobachtungen sowie halbstrukturierte qualitative Interviews.[14] Die Beobachtungen sollten zunächst ein Vertrautmachen mit dem Untersuchungsgegenstand ermöglichen, sie wurden genutzt, um über die partielle Teilnahme einen ersten vertieften Einblick in die Abläufe innerhalb des Kunstturnens zu erlangen, also die Strukturen, nach denen die Teilnehmer/innen dieses Feldes sich verhalten, von innen her beobachten und kennen lernen zu können. Die Außensicht auf das System wird somit durch eine bestimmte Variante der Innensicht ergänzt. Die teilnehmenden Beobachtungen dienten weiterhin zum Aufbau von Kontakten zu Turnerinnen, Trainer/innen, Eltern u. a. Diese Kontakte stellten eine wesentliche Voraussetzung für die qualitativen Interviews dar, waren aber auch Garanten dafür, dass wichtige aktuelle Informationen an uns weitergereicht wurden. Diese Art der Zusammenarbeit ist im Laufe des Forschungsprozesses immer intensiver geworden, so dass wir mittlerweile – beinahe wie selbstverständlich – in jenen Fragen konsultiert werden, zu denen wir entsprechendes Know-how beisteuern können. Die Beobachtungen wurden über die gesamte Dauer des Prozesses durchgeführt. Nach jeder Beobachtung wurden Notizen und Gedächtnisprotokolle angefertigt, die später die Gestaltung und Auswertung der Interviews mitprägten (vgl. dazu BOHNSACK 1993; STRAUSS 1998).

Das qualitative Interview wurde in Form eines Leitfadeninterviews durchgeführt. Diese Form ermöglichte einerseits die notwendige Offenheit gegenüber der je eigenen Perspektive und dem Relevanzsystem der Interviewpartner/innen, so dass die von ihnen als wesentlich erachteten Aspekte ihrer Lebenswelt erfasst werden konnten. Andererseits sicherte die Orientierung an einem Leitfaden, dass die zentrale Frage nach den Belastungen und Risiken nicht aus dem Blickwinkel geriet. Außerdem konnten spezifische Gesichtspunkte, die wir als zentral ansahen, noch vertieft werden, auch wenn sie von der/dem Interviewten selbst nicht angesprochen wurden (z. B. Ernährungs- und Gewichtsprobleme, die Kommunikation mit Trainer/innen sowie anderen Turnerinnen oder Funktionären, Wissensbestände von Trainer/innen, Beweggründe der Eltern). Eine gewisse Strukturierung der Interviews lag auch aus forschungspragmatischen Gründen nahe, da die in aller Regel restriktiv limitierten Zeitbudgets der Akteure nicht über Gebühr strapaziert werden sollten. Bezüglich der verschiedenen Untersuchungsgruppen (s. u.) waren auch unterschiedliche Leitfäden obligat. Die Kriterien für eine Leitfadenerstellung ergaben sich dabei aus der leitenden Projektfragestellung und d. h. konkret aus der Analyse der externen Systemkritik (z. B. Medien), aus der Einbeziehung relevanter Erkenntnisse aus der existierenden

---

[14] Genau genommen handelte es sich um Spielarten qualitativer Interviews, da einige halbstrukturierte Interviews derartig lange narrative Anteile besaßen, dass eine klare Zuordnung schwer fiel.

Literatur, aus den Ergebnissen der teilnehmenden Beobachtungen und aus den Einsichten der bereits erwähnten Studie mit Kunstturnerinnen des Nationalkaders (vgl. LÜSEBRINK 1997). Im Sinne der Technik einer ‚konstanten Komparation' war eine Ergänzung/Präzisierung der Leitfäden im Verlauf der Untersuchung häufiger nötig, nämlich immer dann, wenn dies eine höhere Sensibilität des Instrumentariums für die folgenden Untersuchungsphasen bedeutete (vgl. GROSS/HONER 1991, 23 f.; GLASER/ STRAUSS 1998, 107 ff.). Die Interviews wurden tontechnisch aufgezeichnet, verschriftet und in das speziell auf den Ansatz der Grounded Theory ausgerichtete Computerprogramm ATLASti eingegeben (vgl. MUHR 1994). Die so festgehaltenen Daten wurden dann in einem dreifach gegliederten Kodierverfahren (offen, axial und selektiv) ausgewertet.

Für diesen gesamten Forschungsweg ist kennzeichnend, dass Datenerhebung, Datenverschriftung und Datenauswertung nicht linear ablaufen, sondern eher zirkulär. STRAUSS nennt diese Art des zirkulären Vorgehens „Theoretical Sampling" (1991, 70) und meint damit, dass auf der Basis von schon erhobenen und ansatzweise analysierten Daten sukzessiv entschieden wird, was als nächstes zu erheben ist. Von welchen Gruppen, Interviewpartnern, Handlungen etc. kann relevantes Datenmaterial erwartet werden und welche theoretische Absicht steckt dahinter? Die weitere Datenerhebung wird also gewissermaßen von der entstehenden Theorie kontrolliert und damit dem qualitativen Kriterium der Variabilität gerecht, was angesichts des komplexen Feldes des weiblichen Kunstturnens besonders geboten erscheint. Schließlich erfolgt nach einem ersten Zugang zum Feld (Kontakt) eine Skizze desselben, die im weiteren Verlauf von Datenerhebung und Analyse verdichtet und schließlich gesättigt wird, bis eine Endfassung, ein Konzept oder eine Theorie entsteht. Dazu bedarf es auch einer intensiven Auseinandersetzung mit der entsprechenden Fachliteratur, mit der diese Endfassung abgeglichen werden kann.

Grundsätzlich zielen qualitative Untersuchungen auf Grund ihres Ansatzes (z. B. kleine Stichprobe) nicht auf eine statistische Repräsentativität, sondern eher auf das Auffinden und Herausstellen bestimmter typischer Aspekte. Generalisierungen können daher vor allem im Sinne von Existenzaussagen („es gibt …") vorgenommen werden. Eine vergleichsweise überschaubare und abgegrenzte Lebenswelt wie die des weiblichen Kunstturnens bietet aber zugleich die gute Chance, mittels einer notwendig begrenzten Anzahl von Interviews/Beobachtungen, einen tiefen und differenzierten Einblick in das gesamte Untersuchungsfeld zu erlangen. Auch aus diesem Grund bietet sich eine qualitativ orientierte Forschungsstrategie besonders an. Da nun im vorliegenden Fall alle relevanten Trainer/innen der nationalen Spitze sowie auch alle in diesem Zeitraum zur Spitze zählenden aktiven Turnerinnen interviewt wurden, ließe sich genau genommen für diese Gruppen von einer Art qualitativer Studie mit repräsentativem Sampling sprechen – eine in der Forschungslandschaft sehr seltene Ausnahme.

### 3.3.1 Teilnehmende Beobachtungen

Zu Beginn dieser Studie stand die Kontaktaufnahme mit den Trainer/innen und Turnerinnen im Vordergrund, um überhaupt das grundsätzliche Anliegen dieses Projektes zu verdeutlichen und um verständliche Befürchtungen des auf Einflussnahme von außen sehr sensibel reagierenden Feldes auf ein Minimum zu reduzieren. Diesem Zwecke diente die Teilnahme an zentralen Kaderlehrgängen, auf denen informelle Gespräche mit den Akteuren stattfanden, die aber bereits auch für erste Beobachtungen genutzt wurden.

Mit diesen Beobachtungen wurde im Februar 1996 begonnen; sie fanden am Olympiastützpunkt in Frankfurt statt. Sie wurden immer zu zweit durchgeführt, so dass zum einen verschiedene Perspektiven auf eine Sache angelegt, zum anderen aber auch unterschiedliche Beobachtungsschwerpunkte für jeden einzelnen Beobachter gesetzt werden konnten.[15] Diese Beobachtungen erstreckten sich über den gesamten Tag, begannen also früh morgens und endeten am frühen Abend. Somit waren wir nicht nur beim Training zugegen, sondern waren bei den Mahlzeiten dabei und führten zahlreiche informelle Gespräche zwischendurch. Die Beobachtungen dauerten dann zwischen drei und fünf Tagen, bis hin zu einer Woche, je nach Länge des Lehrganges. Die Beobachtungen wurden immer protokolliert, zu ihnen wurden Memos angefertigt, um relevante Themen ausfindig zu machen, die dann in Teamsitzungen der Projektgruppe zusammengetragen und diskutiert wurden.[16] Diese ersten Anhaltspunkte für bedeutungsvolle Prozesse in diesem Feld haben die Konstruktion der Interviewleitfäden entscheidend beeinflusst und dazu geführt, dass die ersten Interviews schnell angegangen werden konnten. Zwischen 1996 und 1998 wurden diese zentralen Lehrgänge insgesamt 8-mal besucht (vgl. Tab. 1).

Neben diesen Beobachtungen fanden seit März 1996 weitere, sehr intensive, mehrtägige Besuche der Heimtrainingsorte statt, an denen nach dem beschriebenen

---

[15] Gerade bei größeren Trainingsgruppen, wo an allen Geräten gleichzeitig trainiert wurde, konnte man sich aufteilen, so dass der eine das Geschehen am Stufenbarren, die andere jenes am Schwebebalken ins Visier nahm. Für nur einen Beobachter hätte allein der Versuch eine Überlastung bedeutet – wie überhaupt die Technik der Beobachtung im Falle vieler unterschiedlicher Situationen und Handlungen eine enorme Herausforderung darstellt.

[16] Eine videotechnische Aufzeichnung des zu Beobachtenden hätte für ein konkretes Geschehen sicherlich bedeutet, dass weniger Daten verloren gegangen wären. Allerdings hätte dieses Vorgehen in anderer Hinsicht ganz wesentlich eingeengt. Denn zum einen hätte es uns – die Beobachter – noch stärker exponiert, was es zu vermeiden galt, zum anderen hätten jene informellen Gespräche auf der Hallenbank, vor allem die Gespräche „zwischen Tür und Angel" mit den Trainer/innen nicht in der Form stattgefunden, wie sie letztlich stattgefunden haben. So kam also die Beobachtung mit Papier und Bleistift einerseits einer hohen Konzentrationsleistung gleich, andererseits gewannen wir dadurch Flexibilität und Freiheit für andere ‚Datenquellen'. Zudem hätten uns videotechnische Daten vor ein massives Auswertungsproblem gestellt – der Arbeitsaufwand wäre mit unseren Ressourcen einfach nicht zu leisten gewesen.

Prozedere entsprechende Beobachtungsprotokolle angefertigt wurden und die nach Möglichkeit zu weiteren Zeitpunkten wiederholt wurden.[17] Bei der Auswahl dieser Orte wurde darauf geachtet, dass all jene Stützpunkte besucht wurden, an denen sich Kaderturnerinnen und die entsprechenden Trainer/innen befanden (Berlin, Köln, Halle u. a.). Ein weiteres Prinzip dieser Auswahl war das der Ausgewogenheit von ‚Ost'- und ‚West'-Stützpunkten. Mittels dieses Ansatzes war es schließlich möglich, nicht nur ein sehr umfangreiches Datenmaterial zusammenzustellen, sondern durch die ganz verschiedenen Beobachtungssettings konnten die Turnerinnen und Trainer/- innen auch in unterschiedlichen Handlungskontexten beobachtet werden. So variierten z. B. Handlungskoordinationen der Akteure in Abhängigkeit davon, ob sie sich auf einem zentralen Lehrgang mit anderen (konkurrierenden) Akteuren oder in ihren eigenen „vier Wänden" befanden. Darüber hinaus wurden auch Vergleiche zwischen den jeweiligen Heimtrainingsorten möglich, mitsamt den spezifischen Bedingungen und Vorgaben. Denn es gibt wesentliche Unterschiede zwischen den Stützpunkten, die es zu beachten gilt, wenn von der ‚Lebenswelt' des weiblichen Kunstturnens die Rede ist. Daher erwies sich auch schnell die Tatsache als bedeutungsvoll, dass wir bei diesen Beobachtungen jeweils den gesamten Tagesablauf kennen lernen und zu großen Teilen festhalten konnten. Während unserer Besuche waren es also ‚Rundumbeobachtungen', die von den Akteuren selbst – auch bei anfänglicher Vorsicht und Zurückhaltung – zunehmend positiv aufgenommen wurden, zeugten sie doch tatsächlich von einem wahren Interesse an dem Geschehen in der Halle und nicht von einem kurzen Aufschnappen oberflächlicher Eindrücke, die eben sehr schnell verzerren können. Neben den angesprochenen unterschiedlichen Handlungen und Bedingungen rückten somit auch atmosphärische Details in den Mittelpunkt, die unentdeckt geblieben wären, hätte man sich bei den Beobachtungen auf lediglich ein paar Stunden oder nur einen Tag beschränkt. In Verbindung mit der Technik des Interviews ergab sich letztlich der große method(olog)ische Vorteil, dass genau derartige Details, an denen man als Beobachter ja „irgendwie" teilgenommen hatte, im Gespräch thematisiert werden konnten. Mit Hilfe dieser Details wurden nicht selten die dahinterliegenden, „größeren" Themen „aufgebrochen" (vgl. GLASER/STRAUSS 1998).

Als weitere Beobachtungsquellen dienten die Wettkämpfe. Begonnen wurde mit der Weltmeisterschafts-Qualifikation im März 1996 in Frankfurt/M., die letzte Wettkampfbeobachtung erfolgte im Herbst 1998 auf einem Bundesliga-Wettkampf. In der Zeit dazwischen wurden Deutsche Meisterschaften, Länderkämpfe, Jugendländerkämpfe, Welt- und Europameisterschafts-Qualifikationen, Pokalfinale und Bundesliga-Endkämpfe besucht. Damit wurden weitere besondere – für manche vielleicht

---

[17] Allerdings zeigte sich im Verlaufe des Projektes, dass dieses Beobachtungsverfahren auf Grund seiner Intensität nicht nur sehr große Datenmengen lieferte, sondern gleichfalls enorme Ressourcen verlangte. Schließlich wurden dann aus pragmatischen Gründen einige Stützpunkte lediglich einmalig besucht.

die wichtigsten – Handlungskontexte im weiblichen Kunstturnen fokussiert. Die Besonderheiten dieser Kontexte (vgl. dazu Kap. 4.2) sollten den bisherigen Datensatz weiter „sättigen" und z. B. Aspekte des Arrangements, der Rituale, der Atmosphäre, der Emotionen u. dergl. näher bringen.

*Tab. 1: Teilnehmende Beobachtungen*

| Veranstaltungsart | Spezifikation | Dauer |
|---|---|---|
| Kaderlehrgänge (A/B) | 8 (Frankfurt/M) | 3–5 Tage |
| Heimtrainingsorte | **einmalig:** an 11 verschiedenen Orten<br>⇒ 6 in den ‚alten' Bundesländern<br>⇒ 5 in den ‚neuen' Bundesländern | 2-3 Tage |
| | **mehrmalig:** an 3 (von 11) Orten | |
| Wettkämpfe | WM-Qualifikation<br>EM-Qualifikation<br>Deutsche Meisterschaften<br>Deutschlandpokal<br>DTB-Pokal<br>Bundesliga-Vorkämpfe/Finale<br>Jugend-Länderkämpfe | eintägig |

## 3.3.2 Qualitative Interviews

Wie erwähnt, musste aus methodologischer Sicht die Entscheidung für eine bestimmte Form des qualitativen Interviews zwischen den Polen größtmöglicher Offenheit und notwendiger thematischer Eingrenzung erfolgen. Denn so plausibel sich die relevanten Themen aus den leitenden Projektfragestellungen zu ergeben schienen, war doch schon in der Planung klar, dass es immer auch um lebensweltliche Beschreibungen der unterschiedlichsten Couleur oder umfangreiche Biographieverläufe und damit auch um ungewisse Interviewverläufe gehen würde.[18]

---

[18] Neben der erwähnten gesprächsgenerierenden Funktion ist von biographischen Erzählpassagen bekannt, dass von ihnen weit mehr zu erwarten ist als ein bloßes „Abhaken" biographischer Stationen oder Verläufe. Vielmehr strukturiert der Interviewte seine Eingangserzählung, er verdichtet (aus Zeitgründen) den Stoff, ist aber gleichzeitig bemüht, den Scopus seiner Erzählung dem Gegenüber plausibel und nachvollziehbar zu präsentieren. SCHÜTZE spricht von Zugzwängen und Verstrickungen des Erzählens, die es dem Erzähler entscheidend erschweren, die „wirklichen" Gründe für bestimmte Handlungen oder Sichtweisen zu verschleiern (vgl. 1977; vgl. auch KOHLI 1978, 23), und HOFFMANN-RIEM nimmt ganz ähnlich an, dass jegliches Kalkül des Interviewten – wie z. B. Darstellungen aus Gründen der Selbstaufwertung – als solches auch identifizierbar wird (vgl. 1984, 15).

Die Wahl fiel dann schließlich auf *Leitfaden*-Interviews (vgl. FLICK 1996, 84 ff.; GLINKA 1998; LAMNEK 1989, 65 ff.; MEUSER/NAGEL 1991, 448 ff.)[19], die zwischen einer und eineinhalb Stunden (in einem Fall zwei Stunden) dauerten und die gerade zu Beginn längere narrative Anteile besaßen. „Eine leitfadenorientierte Gesprächsführung wird beidem gerecht, dem thematisch begrenzten Interesse des Forschers an dem Experten wie auch dem Expertenstatus des Gegenübers. Die in der Entwicklung eines Leitfadens eingehende Arbeit schließt aus, daß sich der Forscher als inkompetenter Gesprächspartner darstellt. So wird verhindert, daß der Experte es früher oder später bereut, in das Gespräch eingewilligt zu haben. Die Orientierung an einem Leitfaden schließt auch aus, daß das Gespräch sich in Themen verliert, die nichts zur Sache tun, und erlaubt zugleich dem Experten, seine Sache und Sicht der Dinge zu extemporieren. Ausnahmen bestätigen die Regel" (MEUSER/NAGEL 1991, 448).

Insgesamt wurden 23 aktive Turnerinnen, 7 ehemalige Turnerinnen, 18 Trainer/innen und 14 Eltern in dem Zeitraum von Mai 1996 bis Februar 1999 interviewt (vgl. Tab. 2). Die Auswahl begründet sich wie folgt:

## *Aktive Kunstturnerinnen (n = 23)*

Da ausschließlich der Hochleistungssport von Interesse ist, gehörten die Turnerinnen einem Förderkader des DTB an. Die aktive Teilnahme am Hochleistungsturnen bot den Vorteil, dass durch biographische Ereignisse – wie z. B. die Umbruchsituation beim Ausstieg – bedingte Perspektiveänderungen nicht vorlagen, so dass die Rekonstruktionen der Innensicht von aktuell Involvierten garantiert wurde. Die bereits am Pädagogischen Seminar durchgeführte Untersuchung zu den Lebenswelten von Kunstturnerinnen hatte gezeigt, dass durchaus reflektierte Äußerungen zu erwarten sein würden, die einerseits auf negative Erfahrungen rekurrierten, aber auch persönliche Gewinne hervorheben würden. In einer ersten Forschungskonzeption waren Interviews mit Turnerinnen angedacht, die nicht jünger als 15/16 Jahre sein sollten. Es zeigte sich jedoch schnell, dass der Einbezug von jüngeren Turnerinnen sehr wohl differenzierte und zusätzliche Perspektiven und Ansichten versprach, so dass abweichend von der ersten Konzeption (Forschungsantrag) auch Turnerinnen ab dem 11. Lebensjahr einbezogen wurden.

---

[19] Die Bezeichnung ‚Leitfadeninterview‘ ist dabei ebenso unscharf wie die Bezeichnung ‚qualitatives Interview‘ überhaupt (vgl. LAMNEK 1989, 68 f.). Oft verbergen sich dahinter nämlich ganz unterschiedliche und spezifische Vorgehensweisen und Zielsetzungen, die zu bestimmten Typen von Leitfadeninterviews geführt haben. So unterscheidet z. B. FLICK in ein problemzentriertes (WITZEL), fokussiertes (MENTON/KENDALL), halbstandardisiertes (GROEBEN/SCHEELE), ethnographisches (SPRADELEY) und in ein Experten-Interview nach MEUSER/NAGEL (vgl. 1996, 94 ff.).

### Ehemalige Kunstturnerinnen (n = 7)

Die ehemaligen Turnerinnen waren zum Zeitpunkt der Interviews zwischen 17 und 24 Jahre alt und gehörten in ihrer aktiven Zeit ebenfalls einem Förderkader des DTB an, zählten also auch zur nationalen Spitze. Diese ehemaligen Turnerinnen waren zwar einerseits gezwungen, rückblickend auf eine Lebenswelt zu reflektieren, die sich von ihrer jetzigen – evtl. erheblich – unterschied, jedoch könnten gerade diese, mit einem gewissen zeitlichen Abstand versehenen Perspektiven interessante zusätzliche Erkenntnisse bieten. Einer außerhalb des Systems stehenden Person ist es zudem grundsätzlich leichter möglich, Kritik zu äußern, weswegen gerade ehemalige Turnerinnen auf Grund ihrer Position und ihrer Erfahrungen zu zentralen Ressourcen des Systems werden könnten. In Form der aktuellen Aktivensprecherin im DTB ist dies z. Z. der Fall.

### Trainer/innen (n = 18)

Sie sind natürlich für die Turnerinnen Schlüsselfiguren, die täglich viele Stunden mit ihren Athletinnen verbringen, sie sind aber auch wichtige Akteure für das System schlechthin – sie stellen sozusagen Schnittstellen dar. Es sind gerade die Trainer/innen, die im Zentrum einer externen Kritik stehen und standen und die in der Vergangenheit wenig Chancen bekamen, Stellung zu beziehen bzw. ihre eigene Position differenziert zu explizieren. Zudem ist hier eine Klientel angesprochen, die in vielerlei Hinsicht Handlungsweisen und Handlungssituationen tagtäglich und über viele Jahre arrangieren, woran sich deshalb praktische Beratungsfunktionen anknüpfen lassen sollten (vgl. Kap. 6). Interviewt wurden zehn Männer und acht Frauen. Von den 18 interviewten Trainer/innen arbeiten 11 in den neuen Bundesländern, 7 in den alten.

### Eltern (n = 14)

Die Eltern sind ähnlich enge, i. d. R. die engsten Bezugspersonen für die Turnerin, so dass sie auch erheblich in die Karriere ihrer Tochter involviert sind bzw. waren. Auch sie sehen sich darüber hinaus immer wieder mit Anschuldigungen konfrontiert, in denen ihnen Übereifer und Verantwortungslosigkeit attestiert wird. Die Sicht der interviewten Eltern war auch unabhängig davon äußerst interessant, da sie aus nächster Nähe die Entwicklung ihrer Tochter mitverfolgt haben und über familiäre Beanspruchungen des leistungssportlichen Engagements Auskunft geben konnten.

### Weitere Interviews

Im Sinne qualitativer Forschungsmaximen wurde die Möglichkeit einer Einbeziehung weiterer Personen offen gehalten. So sollte es im Laufe der Untersuchung möglich sein, zusätzliche Gesprächspartner/innen einzubeziehen, wenn sie denn zur Welt des Kunstturnens Wesentliches beizutragen hätten oder z. B. in bereits geführten

Interviews mit Turnerinnen/Trainer/innen ein entsprechender Hinweis erfolgen würde – gemeint sind wichtige Physiotherapeut/innen, Ärzte, Mitarbeiter/innen an den Stützpunkten, Erzieher/innen, Funktionäre, Lehrer/innen, Freundinnen oder der Freund.

Der *Ablauf dieses Samplings* war dergestalt, dass nach jedem Interview und einer anschließenden ersten Besprechung desselben in der Forschungsgruppe entschieden wurde, welches Interview als nächstes anzugehen war. Somit fand ein Wechsel zwischen Datenerhebung und erster Datenstrukturierung bzw. Datenauswertung statt – geradeso, wie es in der Grounded Theory gefordert wird. Allerdings zeigte der Forschungsalltag und die sich zunehmend vertiefenden

*Tab. 2: Qualitative Interviews*

| Interviews | Anzahl |
|---|---|
| Aktive Turnerinnen | 23 |
| Ehemalige/Drop-Outs | 7 |
| Trainer/innen | 18 |
| Eltern | 14 |
| Andere | 3 |
| Total | 65 |

Kenntnisse und Erfahrungen von den sehr begrenzten Zeitbudgets im weiblichen Kunstturnen, dass dieser ‚Zick-Zack'-Kurs der Datenerhebung nicht in idealer Weise eingehalten werden konnte. Schließlich wurden während der Besuche der Heimtrainingsorte und der Kaderlehrgänge in Frankfurt/M. von uns gleich mehrere Interviews geführt, weil ansonsten zusätzliche und aufwändige Vereinbarungen mit den jeweiligen Interviewpartner/innen nötig gewesen wären. In manchen Fällen, vor allem aber nach entsprechenden Wünschen – wurden Trainer/innen an ihrem Wohnort interviewt; gleiches galt für die ehemaligen Turnerinnen sowie die Eltern.

Die Interviews mit den Turnerinnen fanden aus pragmatischen Gründen größtenteils am Ort des sportlichen Geschehens statt, also in Räumen, die sich in der Nähe der Halle befanden. In der Halle selbst wurden keine Interviews geführt. In wenigen Fällen – nämlich auf Kaderlehrgängen – konnten die Turnerinnen auf ihrem Zimmer interviewt werden. In drei Fällen wurden Gruppeninterviews zu je 2 bis 3 Turnerinnen geführt, um innerhalb der Technik des qualitativen Interviews eine zusätzliche Variante in der Hoffnung zu erhalten, dass die Turnerinnen in einem stärker ergänzenden und vielleicht auch enthemmtcren Gesprächsverlauf Themen dichter ausgestalten, als das in einem Zweiergespräch der Fall ist (vgl. MANGOLD 1960). Die Erfahrungen mit derartigen Gruppengesprächen sind ganz unterschiedlich ausgefallen. Es zeigte sich, dass es sehr stark von den Persönlichkeiten der Turnerinnen abhängig war, ob die erhofften gegenseitigen Ergänzungen tatsächlich erfolgten oder genau das Gegenteil eintraf: nämlich gemeinsame Zurückhaltung bis hin zu gemeinsamem Schweigen.

Zu Beginn der Interviews standen die angesprochenen Narrationen, die eben jene biographischen Verläufe von Turnerinnen, Trainer/innen-Karrieren und Eltern beinhalteten, insbesondere Entscheidungsprozesse für diesen Sport, Ausbildungseinzelheiten sowie Sichtweisen über Handlungen, Planungen, Einstellungen und Motive. Zusammen mit den obligatorischen demographischen Details ließen sich mehr oder weniger lange Berufs- und Lebensgeschichten als Gesprächseinstiege initiieren (15 Minuten und mehr). Die Trainer/innen nahmen diese Angebote, die vermutlich auf Grund des hohen Freiheitsgrades gleichfalls ‚unverdächtig' erschienen, bereitwillig an. Es waren also übliche Intervieweinstiege, die erst einmal weitere Zugänge hervorbrachten und für beide Kommunikationsrollen im Sinne eines ‚warming up' Entlastungen in einer immer schon artifiziellen Interaktionssituation bedeuteten. Derartiges ist mittlerweile zur Genüge beschrieben worden – qualitativer Forschungsalltag eben (vgl. BAUER u. a. 1996, 81 f.; LAMNEK 1989, 66 f.; MIETHLING 1986, 89 ff.; SCHÖNKNECHT 1997, 91 f.).

Nach diesen Einstiegspassagen, teilweise aber auch schon währenddessen wurden dann häufig von den Interviewten selbst die im Leitfaden geplanten Themen angesprochen. Im Falle der Turnerinnen-Interviews darf gleichfalls nicht verschwiegen werden, dass die entsprechenden Leitfadenthemen verstärkt vom Interviewer inszeniert werden mussten, ohne freilich in eine Haltung des ‚Abarbeitens' oder gar ‚Abfragens' zu verfallen (vgl. zu Nutzen und Chancen von Leitfäden WITZEL 1985, 236 f.). Dieses Phänomen erklärt sich größtenteils aus dem Umstand, dass die Turnerinnen auf Grund ihrer Alters zum einen über einen längeren Biographieverlauf schlechterdings nicht viel erzählen können und zum anderen ein entsprechendes Reflexionsvermögen und vermutlich auch -interesse erst im Werden ist. Biographisches hat hier also einen ganz anderen Stellenwert als bei den Trainer/inneninterviews (vgl. LENZ 1991, 55 ff.).

Die jeweiligen Konkretionen der Leitfäden befinden sich im Anhang, auf sie wurde in der konkreten Interviewsituation per Karteikarte zurückgegriffen.

### 3.3.3 Zur Auswertung

Alle Interviews wurden verschriftet, die Transkriptionsregeln sind im Anhang aufgeführt. Sie erfolgten in gröberer Anlehnung an die „Halbinterpretative Arbeitstranskription" (HIAT) von EHLICH/REHBEIN (vgl. 1976, 26 f.).

Für das Einbinden von Interviewpassagen in den abschließenden Text wurden zum Zwecke besserer oder bequemerer Rezeption zusätzliche partielle sprachliche „Glättungen" vorgenommen. Aus forschungsethischen Gründen wurde die Verwendung von Originalzitaten aus den Interviews auf ein Minimum beschränkt. Alle Namen wurden abgeändert, so dass entsprechende Rekonstruktionen anhand der verwendeten Namen nicht möglich sind. Es wurde z. T. sogar auf Informationen – z. B. biographische Details – verzichtet, damit Anonymität gewährleistet blieb. Denn das untersuchte Feld ist sehr gut überschaubar und die Gefahr groß, dass selbst bei noch so ausgeklügelten (und vorgenommenen) Anonymisierungsschritten eben jene Anonymität verloren geht, wenn zu viele Details über die jeweilige Person aus den Interviews zusammengetragen werden können.

Für die Auswertung der Daten wurden die Verfahrensschritte der ‚Grounded Theory' herangezogen, wie sie von STRAUSS (1994), STRAUSS/CORBIN (1996) und GLASER/ STRAUSS (1998) vorgelegt werden. Die Entscheidung für die Grounded Theory hatte ganz wesentlich mit dem uns sehr nahe liegenden erkenntnistheoretischen Hintergrund zu tun, vor dem STRAUSS und sein früher Wegbegleiter GLASER ihre Forschungen betrieben haben bzw. betreiben. Dieser Hintergrund ist bereits beschrieben worden (vgl. Kap. 2.2), hier seien mit SCHÜTZ und MEAD/BLUMER (Symbolischer Interaktionismus) lediglich die wichtigsten Protagonisten erwähnt.[20]

Für die Auswertung waren das offene, axiale und selektive Kodieren unter Berücksichtigung des Kodierparadigmas maßgeblich (vgl. STRAUSS 1994, 56 ff.; STRAUSS/ CORBIN 1996, 78 f.), wobei sich eine Nähe zu der formulierenden und reflektierenden Interpretation nach BOHNSACK zeigte (vgl. 1993, 132 ff. und 177 ff.).

### *Offenes Kodieren*

Entsprechend der „Vorlage" wurde bereits sehr früh mit einem ersten, offenen Kodieren begonnen. Ziel war es, relevante Themen oder Konzepte ausfindig zu machen, die vorerst am Rande des Transkripts notiert und dann in das von MUHR entwickelte Software-Programm ATLASti eingegeben wurden (vgl. 1994, 317 ff.). In der Diktion STRAUSS' ist dies ein Aufbrechen von Daten (siehe unten).

Diese Kodierung erfolgte meist nicht Zeile für Zeile, sondern es wurde die zweite Möglichkeit offenen Kodierens nach STRAUSS /CORBIN favorisiert, wonach nämlich Sätze oder gar ganze Abschnitte kodiert werden können (vgl. 1996, 53 f.). Der Scopus der jeweiligen Passage sollte mit einem paraphrasierenden oder aber mit einem „natürlichen" („In-Vivo"-) Kode so treffend wie möglich bezeichnet werden (vgl. STRAUSS 1994, 64; STRAUSS/CORBIN 1996, 50). Nichts grundsätzlich anderes schlägt

---

[20] GLASER und STRAUSS haben in den sechziger und siebziger Jahren anhand der Untersuchungen von Interaktionsverläufen sehr ausgiebige und anschauliche Beispiele für eine gegenstandsverankerte Theoriebildung (Grounded Theory) geliefert (vgl. Awareness of Dying 1965, dt. Interaktion mit Sterbenden 1974; The Discovery of Grounded Theory 1967). Die Forschungswege beider trennten sich in späteren Jahren und STRAUSS entwickelte ein eigenes Kodierkonzept (vgl. Qualitative Analysis for Social Scientists 1987, dt. 1991 und 1994). STRAUSS lieferte dabei 1987 (Qualitative Analysis for Social Scientists, dt. 1991) eine Alternative zum Kodierkonzept GLASERs (Theoretical Sensitivity, 1978), der sich dadurch wiederum zu einer Schrift gegen STRAUSS/CORBIN motiviert sah (Emergence versus Forcing. Basics of Grounded Theory Analysis, 1992). Der Streit entzündete sich damals an der entscheidenden Frage nach dem Stellenwert theoretischen Vorwissens für den Forschungsprozess. STRAUSS hielt ein solches Wissen für notwendig und nicht hintergehbar, GLASER hingegen sah vor allem in dem Kodierparadigma STRAUSS' einen Akt des Aufzwingens (forcing der Daten) und postulierte, dass es sich den Daten möglichst ohne solchen Wissens zu nähern gilt.
Dass letztcres Verfahren für die vorliegende Untersuchung ausscheiden und vielmehr ein theoriegeleitetes Vorgehen nach STRAUSS resultieren musste, ist ebenfalls schon erwähnt worden.

BOHNSACK VOR, wenn er von einer „formulierenden Interpretation" spricht, durch die Oberbegriffe, Überschriften oder Themen mit dem Ziel hervorgebracht werden, Texte zu strukturieren (vgl. 1993, 133).

Doch neben einer bloßen Benennung ging es beim offenen Kodieren der Interviews gleichermaßen um die Ausprägungen der gefundenen Konzepte und damit um eine Beschreibung der Eigenschaften und Dimensionen, die per Memo festgehalten wurden. So wurde z. B. ein Kode wie ‚Gesundheit' oder ‚Ernährung' daraufhin dimensionalisiert, welche spezifischen Ausprägungen, Vorkommnisse u. dergl. von den Akteuren rekonstruiert werden. Es bot sich zudem der Vergleich an, welches Verständnis von ‚Gesundheit' darüber hinaus denkbar erscheint oder welche externen Sichtweisen immer wieder vorkommen (Mediensicht, Alltagssicht). Damit war dann schon Nähe zu dem folgenden Kodierschritt – dem axialen Kodieren – hergestellt, was deutlich werden lässt, dass die hier zu besprechenden Kodierschritte fließende Übergänge aufweisen. Auch das alles geht auf den Kodieransatz STRAUSS'/CORBINS zurück oder ist zumindest dort angedeutet: „Offenes Kodieren ist der Analyseteil, der sich besonders auf das Benennen und Kategorisieren der Phänomene mittels einer eingehenden Untersuchung der Daten bezieht. Ohne diesen ersten grundlegenden analytischen Schritt könnten die weiterführende Analyse und die anschließende Kommunikation nicht stattfinden. Während des offenen Kodierens werden die Daten in einzelne Teile aufgebrochen, gründlich untersucht, auf Ähnlichkeiten und Unterschiede hin verglichen, und es werden Fragen über die Phänomene gestellt, wie sie sich in den Daten widerspiegeln. Durch diesen Prozess werden die eigenen und fremden Vorannahmen über Phänomene in Frage gestellt oder erforscht, was zu neuen Entdeckungen führt" (1996, 44).

Zu jedem Interview wurde ein kurzes Memo angefertigt, in dem das jeweilige Setting und Besonderheiten (Ereignisse und Handlungen) festgehalten wurden, die allein aus dem Transkript nicht zu entnehmen waren bzw. sind. Danach wurden die Leitfäden überarbeitet und die nächsten Interviews angegangen, so dass sich ansatzweise der von STRAUSS geforderte „Zick-Zack-Kurs" der Datenauswertung ergab (vgl. 1994, 46) – mit der Einschränkung, dass diese Abfolge aus organisatorischen Gründen nicht immer eingehalten werden konnte. ATLASti half dann, diese ersten Kodierungen zu extrahieren und isoliert zu bearbeiten, ohne allerdings den Gesamtkontext aus den Augen zu verlieren – ein forschungsökonomischer Aspekt, der mit der Anzahl der vorliegenden Transkripte immer bedeutungsvoller wurde. Neben einer Art ‚Textstellen-' oder ‚Zitatverwaltung' ist es mit diesem Programm möglich, komplexere Netzwerkstrukturen anzulegen, die entsprechend dem Kodierparadigma STRAUSS' Relationen wie ‚Bedingungen', ‚Kontext', ‚Strategien' und ‚Konsequenzen' zwischen den gefundenen Kodes und Kategorien textlich und graphisch wiedergeben (vgl. STRAUSS/CORBIN 1996, 78 ff.). Für Teamarbeiten, in denen in der Regel auch größere Datenmengen anfielen und bei denen es sich um Interpretationsgemeinschaften, also mehrere hermeneutische Zirkel handelt, erhält ein Programm wie ATLASti enorme Bedeutung (auch im Sinne einer Expertenvalidierung, vgl. ORTMANN 1996, 159 f.; FLICK 1994, 356 f.; KLUTE 1996, 161 ff.).

## *Axiales Kodieren*

Der Verfahrensschritt des axialen Kodierens diente der Verbindung der Konzepte und führte zu weiteren Differenzierungen. BOHNSACK spricht an dieser Stelle von „reflektierender Interpretation" und stellt ganz ähnlich die Bedeutung eines Bezugsrahmens des Interpreten als Gegenhorizont heraus, auf dessen Grundlage die Reflexionen des Interpreten überhaupt erst an Distanz gewinnen (vgl. 1993, 134 f.), „d. h. wir entwickeln jede Kategorie (Phänomen) in Bezug auf die ursächlichen Bedingungen, die zu dem Phänomen führen, in Bezug auf die spezifischen dimensionalen Ausprägungen dieses Phänomens hinsichtlich seiner Eigenschaften, in Bezug auf den Kontext, auf die benutzten Handlungs- und interaktionalen Strategien, die im Lichte des betreffenden Kontexts eingesetzt werden, um auf das Phänomen zu reagieren, damit umzugehen und es zu bewältigen und bezüglich der Konsequenzen jeder ausgeführten Handlung/Interaktion. Ferner setzen wir beim axialen Kodieren die Suche nach zusätzlichen Eigenschaften jeder Kategorie fort und notieren die dimensionalen Ausprägungen jedes Ereignisses, Geschehnisses oder Vorfalls" (STRAUSS/CORBIN 1996, 93).

Die eigentliche, substanzielle Ausgestaltung der Kategorien erfolgt somit durch die Daten selbst. Dieses Vorgehen ist nicht mit einem Zuordnen von Textstellen zu klar festgelegten (theoretischen) Kategorien zu verwechseln – wie etwa bei MAYRINGS qualitativer Inhaltsanalyse (vgl. 1995; vgl. auch BÖHM 1994, 130).

Diese neue Zusammenstellung der bisherigen Konzepte wurde immer wieder anhand von Interviewpassagen belegt – sozusagen „als ein konstantes Wechselspiel zwischen Aufstellen und Überprüfen" (STRAUSS/CORBIN 1996, 89).

Um beim konkreten Beispiel des Kodes ‚Gesundheit' zu bleiben, galt es in diesem Kodierschritt z. B. zu analysieren, wie sich dieser Kode systematisieren und klären lässt, welche ursächlichen Bedingungen für das ‚Phänomen' auszumachen sind, ob es spezifische Strategien seitens der Trainer/innen und Turnerinnen im Umgang mit diesem ‚Phänomen' gibt und wie es sich mit kontextuellen Besonderheiten verhält. Gibt es z. B. Zeitpunkte zu denen dieses Thema und die entsprechenden Handlungskonsequenzen besondere Bedeutung erlangen?

Im Folgenden wird dazu ein Auszug aus einem der zahlreichen Memos, die zu den Kodes angelegt wurden, geliefert. Es ist wohlgemerkt ein Arbeitsmemo, das Grundlage für weitere Analysen war und hier lediglich einen Eindruck für den Vorgang axialen Kodierens wiedergeben soll.

## Kode ‚Gesundheit‘

### 1. Systematisierungs- und Klärungsansatz:

*Eine Systematisierung auf der Basis des paradigmatischen Modells von* STRAUSS/ CORBIN *erfordert zunächst die Benennung des (zentralen) Phänomens. Entgegen der bisherigen Bezeichnung der Kategorie mit dem Begriff ‚Gesundheit‘ erscheint der Begriff ‚gesundheitliche Beeinträchtigung‘ sinnvoller. So lässt sich besser eine Beziehung zu ursächlichen Bedingungen, Konsequenzen etc. herstellen. Im Gegensatz zum Begriff ‚Verletzungen‘ sind zudem Gesundheitsbeeinträchtigungen wie z. B. Krankheiten, psychische Probleme etc. nicht ausgeschlossen. Wichtig ist, dass die ursächlichen Bedingungen nicht zwangsläufig zu einer gesundheitlichen Beeinträchtigung führen, sondern ‚lediglich‘ das Risiko erhöhen. Umgekehrt ist Gesundheit nicht herstellbar, d. h. es kann immer nur nach Möglichkeiten gesucht werden, das Verletzungsrisiko zu minimieren, ohne dass jemals ein Nullrisiko erreicht werden kann (so weisen auch einige Trainer/innen darauf hin, dass Verletzungen zum Sport dazugehören). Die Komponente ‚Zufall‘ (Pech) ist zudem nicht kontrollierbar.*

### 2. Ursächliche Bedingungen – Aussagen von Trainer/innen
*(paraphrasiert und/oder im Original):*

*2.1 Das Material hat Einfluss auf die Belastung z. B. der Gelenke (Schwingboden versus Betonboden) und damit auf die Gesundheit.*

*2.2 Alter: „mit fast 21 sind kleine gesundheitliche Probleme normal“; die Belastbarkeit ist bei den Grundschulkindern höher als während der Pubertät.*

*2.3 Ein zu hohes Gewicht erhöht die Verletzungsgefahr, das betrifft einerseits die langfristig zu hohen Belastungen, die zu Schädigungen führen können, andererseits wird das Training anstrengender, so dass eine höhere Ermüdung vorhanden ist, aus der Konzentrationsprobleme und damit Verletzungsgefahren resultieren.*

*2.4 Insgesamt bedingen ungünstige körperliche Voraussetzungen gesundheitliche Beeinträchtigungen; aufgrund der mangelhaften Talentauswahl innerhalb des DTB finden sich zunehmend solche Mädchen/junge Frauen in den Kadern; damit erhöht sich auch insgesamt das Risiko.*

*2.5 Von ganz entscheidender Bedeutung ist das Trainer/innenhandeln: von den meisten Trainer/innen wird ihre Verantwortung für die Gesundheit der Turnerinnen betont; diese zeigt sich auf unterschiedlichen Ebenen:*

*a) Der/die Trainer/in bestimmt die methodischen Wege sowie z. B. die Anzahl von Wiederholungen, die notwendig für eine gewisse Sicherheit und damit als Unfallprophylaxe entscheidend sind.*

b) *Der/die Trainer/in ist auch verantwortlich für einen systematischen Aufbau der konditionellen/athletischen Grundlagen, die als Verletzungsprophylaxe dienen.*

c) *Man benötigt Fingerspitzengefühl in Bezug auf die – auch individuell zu diffe-renzierende – Belastungssteuerung; kritisiert wird zudem das ‚Schrubbertrai-ning' nach dem Motto: „Viel hilft viel"; die Bedeutung von Erholung wird an-gesprochen.*

d) *Das Trainer/innenhandeln wird aber auch von Rahmenbedingungen bestimmt, z. B. von einer schlechten Ausbildung; diese beeinträchtigt das Trainer/innen-handeln negativ und führt zu erhöhten Verletzungsgefahren.*

*2.6 Von vielen wird die Notwendigkeit einer guten medizinischen und physiothe-rapeutischen Betreuung angesprochen und die augenblickliche Qualität je nach Stützpunktausstattung als zufrieden stellend bis kritikwürdig bezeichnet.*

*2.7 Ganz allgemein wird die ‚Normalität' von Verletzungen im Sport dargestellt; Ver-letzungen gehören zum Sport dazu und sind in diesem Sinne alltäglich; es wird der Vergleich zu anderen Sportarten gesucht, bei denen die Gefahr bedeutend größer ist.*

### 3. Handlungs- und interaktionale Strategien:

*Verletzungen fordern ein spezifisches Trainer/innenhandeln.*

*3.1 Verletzungen sind zu akzeptieren; dies ist Voraussetzung, um die Turnerinnen dahingehend zu unterstützen, dass sie (psychisch) gestärkt aus der Verletzung he-rausgehen können; zu wünschen wäre mehr Gelassenheit angesichts dieses The-mas statt voreiliger Aktionismus.*

*3.2 Wichtig ist Geduld auf der Trainer/innenseite und das Verschieben der Leis-tungserbringung auf das nächste Jahr; u. U. müssen Zielvorstellungen korri-giert/zeitlich verschoben oder gänzlich aufgegeben werden.*

*3.3 Sofortmaßnahmen am Unfallort sowie ggf. die Einbeziehung von Ärzten ist sehr bedeutsam; es wird darauf verwiesen, dass die Trainer/innen selbst den Grad einer Verletzung einschätzen können.*

*3.4 Teiltraining ermöglichen, um die verletzte Turnerin weiterhin zu integrieren; ggf. Trainingsverbot bei zu großer Eigenmotivation der Turnerin.*

*3.5. Eine Verletzung kann – falls sie länger andauert oder zum ‚falschen' Zeit-punkt geschieht – zum Kaderausschluss führen; dies hat natürlich Konsequenzen für die Motivation der Turnerin und ggf. für die Fortführung der Karriere. Neben den Handlungs- und interaktionalen Strategien von Trainer/innenseite können hier also auch Einwirkungen von Seiten des Verbandes auftreten. Stichwort: „der Verband vergisst schnell seine verletzten Turnerinnen, auch wenn sie vorher die Kastanien aus dem Feuer geholt haben".*

## 4. Konsequenzen

*4.1 Im Extremfall führen Verletzungen bzw. gesundheitliche Probleme zur Beendigung der Karriere. Folgende Differenzierungen lassen sich festhalten:*

a) *Ein Ausstieg kann prophylaktisch erfolgen, wenn z. B. Ärzte auf die Gefahr einer langfristigen Schädigung hinweisen, die Trainer/innen z. B. aufgrund von Gewichtsproblemen ein Karriereende nahe legen.*

b) *Ein Karriereende kann auch dann angeraten werden, wenn eine Verletzung eine extrem lange Pause nach sich zieht, so dass ein Wiederanschluss kaum noch möglich erscheint.*

c) *Verletzungen können in Kombination mit anderen Faktoren – z. B. dem Alter – zum Karriereende führen.*

d) *Eine Verletzung evtl. verbunden mit dem Karriereende kann ggf. einen tiefen biographischen Einschnitt für die Turnerin bedeuten. So ist nicht nur der Verbleib im Kader/am Stützpunkt zu klären, sondern in Einzelfällen stehen Wohn- und Schulwechsel und damit verbundene Folgeprobleme an.*

*4.2 Verletzungen ziehen Pausen nach sich, die unterschiedliche Auswirkungen haben können. Verletzungen verhindern Leistungen, da sie 1. das Training unterbrechen und 2. einen Wettkampfstart verhindern können.*

*4.3 Es wird darauf hingewiesen, dass ein Karriereende aufgrund von Verletzungen einen Einfluss auf die Bewertung der Karriere hat. So gibt es Turnerinnen, die trotz eines verletzungsbedingten Karriereendes ein positives Fazit ziehen. Hier ließe sich die Frage stellen, ob schwere und vor allem die Spätfolgen – so es sie denn gibt – einen Einfluss auf die Bewertung haben.*

*4.4 Trainer/innen sehen sich auch als ‚Bremser', weil sie z. B. bei zu hohem Gewicht eine Trainingsreduzierung oder bei Verletzungen ein Trainingsverbot durchsetzen. Sie sind sich ihrer Verantwortung bewusst, wissen aber auch um ihre Gratwanderung angesichts spezifischer Anforderungen und Erwartungen des Systems.*

## 5 Differenzierungsversuche/Kontext

*Die Konsequenzen sind auch von den Kontexten des Phänomens abhängig. Es ist somit bedeutsam, dass gesundheitliche Beeinträchtigungen keinen Tatbestand an sich darstellen, sondern entscheidend von Bewertungen abhängen. Diese können erheblich zwischen Insidern und Außenstehenden differieren. Während schnell von außen der Eindruck entsteht, die Turnerinnen seien eigentlich ständig verletzt, nehmen die Aktiven selbst andere Zuschreibungen vor. Allerdings können diese Bewertungen auch zwischen den Insidern differieren, also z. B. zwischen Trainer/innen und Turnerinnen. Eine weitere Schwierigkeit, vornehmlich für die Trainer/innen besteht darin, dass Schmerz und Verletzung nicht korrespondieren müssen, andererseits ausschließlich die Turnerinnen Auskunft geben können. Daraus resultiert die Notwendigkeit, den Turnerinnen grundsätzlich zu glauben, bedeutet aber auch, dass es zum Phänomen einer vorgetäuschten Verletzung kommen kann. Aus den Turnerinneninterviews wird deutlich, dass wiederum gerade jene Situationen höchst negativ erlebt werden, in denen einer Schmerzbekundung keinen Glauben seitens des/der Trainer/in geschenkt wird. Die Trainer/innen beschreiten also nicht nur eine Gratwanderung zwischen angemessener Belastung und Überlastung, sondern auch hinsichtlich des Vertrauensverhältnisses zu ihren Turnerinnen.*

*5.1 Art der gesundheitlichen Beeinträchtigung:*

*a) Verletzung (Überlastung/Unfall): Interessant erscheint hier, dass die Anzahl traumatischer Ereignisse eher gering zu sein scheint im Vergleich zu Überlastungserscheinungen. Im öffentlichen Blickpunkt stehen jedoch überwiegend spektakuläre Stürze und Verletzungen.*

*b) Krankheit*

*c) Psychische bzw. psychosomatische Beeinträchtigungen, z. B. Essverhaltensstörungen bis hin zu Bulimie oder Anorexia nervosa*

*5.2 Schwere der gesundheitlichen Beeinträchtigungen*

*a) ‚Wehwehchen‘*

*b) Kleine Probleme, die keine Leistungsbeeinträchtigung bedeuten (Hautabschürfungen)*

*c) Bagatellverletzungen (Prellungen)*

*d) Verletzungen, die sofortiges Trainingsverbot nach sich ziehen (Muskelzerrungen, Gelenkverletzungen)*

*5.3 Zeitlicher Aspekt*

*a) Zeitpunkt der gesundheitlichen Beeinträchtigung (Vorbereitungsphase, Wettkampfphase, Karrierehöhepunkt)*

*b) Dauer der g. B.: hat enormen Einfluss auf die Motivation und damit auf den weiteren Karriereverlauf. Auch wenn traumatische Erscheinungen gravierender anmuten, sind diese häufig irgendwann behoben, während Überlastungserscheinungen ‚zermürbender‘ sein können, da sie eine ständige, mehr oder weniger schwere Beeinträchtigung darstellen.*

*c) Häufigkeit der g. B.: variiert von Turnerin zu Turnerin und scheint etwas mit Belastungsverträglichkeit zu tun zu haben.*

*d) Zeitliche Differenz zwischen g. B. und Auftreten der Symptome: im Grundschulalter entstandene Schädigungen wirken sich erst zeitlich versetzt für das Turnen negativ aus.*

### Selektives Kodieren

Für die Beschreibung dieses abschließenden Kodierprozesses setzen selbst STRAUSS/ CORBIN, die ansonsten dem Suchenden eher hoffnungsvoll ein amerikanisches „you can make it" vermitteln, ein auffallendes Satzzeichen:

„Nach einer Zeit (wahrscheinlich Monate) des Sammelns und Analysierens von Daten stehen Sie jetzt der Aufgabe gegenüber, Ihre Kategorien zu einer Grounded Theory zu integrieren!" (ebd., 94).

Ihr Ausrufezeichen steht für die Erfahrung, dass selbst „gestandene" Forscher Schwierigkeiten mit diesem letzten Schritt haben, geht es doch um nicht weniger, als die Datenauswertung in eine schlüssige und womöglich spannende Pointe zu überführen. Im Zentrum steht zum Zwecke der Theoriebildung die Integration der Konzepte und Kategorien in eine Kernkategorie; es geht um die Offenlegung des ‚roten Fadens', um Validierung und Sättigung der Kategorien (vgl. ebd., 95).

An dieser Stelle soll bereits vorweggenommen werden, dass unser Auswertungsverfahren über weite Strecken lediglich in Anlehnung an die Grounded Theory erfolgt. So wie in der ersten Phase des Kodierens keine so genannte ‚Zeile für Zeile-Analyse' vorgenommen wurde, gibt es an dieser Stelle auch keine Kernkategorie, die sich eindeutig aus den Daten extrahieren ließe. Was es allerdings gibt, sind sehr wohl mehrere relevante Kategorien, die ausfindig gemacht werden können. Zu Beginn und im Verlauf der Untersuchung haben geradezu eine ganze Reihe von Kategorien grundsätzlich für eine Kernkategorie kandidiert, doch sowohl die Daten selbst – und die Geschichte, die sie „erzählen" (vgl. STRAUSS/CORBIN 1996, 97) –, als auch die auf den Gegenstand des weiblichen Kunstturnens gemünzten theoretischen Überlegungen führten dazu, nicht ‚zwanghaft' auf eine Kernkategorie stoßen zu müssen. Auch dies ist eine Erkenntnis, die sich aus dem Forschungsalltag und dessen pragmatischen Implikationen ergibt.

Als letzter Hinweis zu dem Auswertungsverfahren soll gelten, dass mit der Explikation der Kodierschritte insgesamt etwas analytisch getrennt wurde, was faktisch zusammen gehört, zumindest aber nicht linear abläuft.

# 4 Die Welt des weiblichen Kunstturnens: Systemdeutungen

Die Darstellung der Ergebnisse beginnt also mit Systemdeutungen, was angesichts der leitenden Forschungsfrage erklärungsbedürftig erscheint. Denn im Zentrum sollte doch wohl weniger eine Art Systemanalyse, sondern eher die Rekonstruktionen der Akteure von ihrer Lebenswelt stehen. Doch die Datenerhebung und die ersten Vorabauswertungen selbst haben uns gezeigt, dass sich systemische Perspektiven und Deutungen nicht umschiffen lassen, sondern eine entsprechende Berücksichtigung für das Verständnis lebensweltlicher Bezüge unabdingbar ist. Wer im und über Hochleistungssport forscht und dabei einen sozialwissenschaftlichen Ansatz favorisiert, der wird – so sehr sein Anliegen um die in diesem Feld Agierenden kreist – die - anzutreffenden Systembedingungen dieses spezifischen und sehr ausdifferenzierten gesellschaftlichen Bereichs nicht ausklammern können. Die Sichtweisen und Handlungen der Akteure, vornehmlich der Trainer/innen und Athlet/innen, werden entscheidend von nicht hintergehbaren Vorgaben mitgeprägt. Eine Erkenntnis, die beinahe banal anmutet, die jedoch nicht immer die entsprechende Berücksichtigung bei dem Bemühen findet, die Innensichten der Handelnden zu rekonstruieren und zu analysieren. Oft bleibt das zugrunde liegende System mit seinen Bedingungen gewissermaßen als eine diffuse Größe im Hintergrund, und dies, obwohl die Betroffenen selbst immer wieder die große Bedeutung derartiger Vorgaben betonen.

Es lässt sich dabei unterscheiden in lang- und kurzfristige Vorgaben. Diese Vorgaben haben sich oftmals über längere Zeiträume ausgebildet und werden dementsprechend in der Sicht der Betroffenen quasi als selbstverständlich zu ihrer Sportart dazugehörig wahrgenommen und erst dann (wenn überhaupt) problematisiert, wenn es ans Detail geht. So ist es z. B. sowohl für die Kunstturn-Trainer/innen als auch für die Turnerinnen grundsätzlich unproblematisch, einer oft sehr rigiden Nominierungspraxis des Verbandes und/oder des NOKs zu entsprechen und in direkter Konsequenz beim täglichen Tun immer wieder die Punktwertigkeit des jeweiligen einzuübenden Turnelements vor Augen zu haben. Das bringt der Hochleistungssport eben so mit sich, und das ist auch in anderen Sportarten sehr ähnlich. Diese Systemvorgaben rücken allerdings dann in den Mittelpunkt einer sehr kritischen bis hin zu einer ablehnenden Betrachtung, wenn derartige Nominierungspraxen Paradoxien offenbaren, sie nicht mehr einsichtig bleiben und für die Akteure an handlungskoordinierender Funktion verlieren. Es kommt zu Konflikten auf der System-Akteursebene. Beispiele hierfür sind unklare Normierungskriterien, wie sie u. a. bei der Qualifikation zur Einzel-Weltmeisterschaft in Puerto Rico vorlagen. Hier wurden zunächst zwei starke Geräte als Voraussetzung für die Qualifikation vorgegeben, während dann tatsächlich gute Leistungen an nur einem Gerät entscheidend waren, wie mehrere Trainer/innen berichteten. Eine Turnerin erzählt, dass zunächst vier Startplätze für eine internationale Meisterschaft vorgesehen waren. Als sie sich jedoch – für die Verantwortlichen offenbar erwartungswidrig – qualifizierte, wurde ihr Startplatz an einen Turner – mit besseren Chancen – vergeben.

Neben diesen eher überdauernden Vorgaben sind jene zu nennen, die vergleichsweise kurzfristiger Art sind, aber gerade deswegen oft sehr schnell und unmittelbar die Handlungspraxen der Akteure beeinflussen. Zu einer solchen systemischen Vorgabe zählte im weiblichen Kunstturnen die Anhebung des Startalters der Turnerinnen für internationale Einsätze auf 16 Jahre. Eine aus mehreren Gründen vielfach, aber eben nicht von allen begrüßte Veränderung, die sofort Auswirkungen auf Trainings-, Wettkampf- und auch Karriereplanungen hatte und hat. Gerade in diesem Fall zeigte sich, dass eine systemische Vorgabe unabhängig von ihrer Entstehung die Handlungspraxis der Akteure entscheidend mitkoordiniert – und dies manchmal sogar an erster Stelle. Vor diesem Hintergrund ist es geradezu verwunderlich, dass in sozialwissenschaftlichen Forschungsarbeiten zum Hochleistungssport die systemischen Bedingungen eher marginal behandelt werden (vgl. als Ausnahme BETTE 1984 (a), 1984 (b), 1989, 1999; SCHARENBERG 1992). Eine Hinwendung zu systemischen Betrachtungen in wissenschaftlichen Analysen zum Hochleistungssport sollte dazu beitragen, dass ein tieferes Verständnis von den Perspektiven und Handlungsmotiven der Akteure und somit auch von ihren Belastungen und Risiken möglich wird.

Für den Kinder- und Jugendhochleistungssport findet diese Verknüpfung von Systemebene und Akteurebene eine Zuspitzung, weil es Heranwachsende sind, die Außergewöhnliches leisten und hier ein System gefragt ist, in dem man sich *verantwortungsvoll* um das Wohl seiner Akteure kümmert. Es ist somit auch kein Zufall, dass gerade dieser Bereich immer wieder heftige, kontroverse und leider auch zu häufig pauschalisierende Diskussionen heraufbeschwört. Das weibliche Kunstturnen ist hierfür ein Paradefall – und das tatsächlich nicht ganz zufällig, ist doch im Kunstturnen eine Verquickung beider Ebenen zu konstatieren, die vermutlich ihresgleichen sucht. Ein oft bemühtes Beispiel: Das von den Turnerinnen und Trainer/innen zu bewältigende Zeitmanagement verlangt höchste Anforderungen an Strukturierung und Disziplin und das tagtäglich in, aber auch außerhalb der Halle. Die zu trainierenden und von übergeordneten Instanzen festgelegten, sich aber auch immer wieder verändernden Fertigkeiten sind komplex und kompliziert. Mit der Einübung muss im Kindesalter begonnen werden und im Grunde bedarf es einer ständigen Wiederholung und Verfeinerung bis zum Karriereende. Dieses Ende kommt im Vergleich zu anderen Sportarten sehr schnell, Turnerinnen jenseits des 20. Lebensjahres findet man im Spitzensport nur vereinzelt. Kunstturnkarrieren sind kurz und erfahren eine beinahe einzigartige Verdichtung. Denn Leistungshöhepunkt und Karriereende liegen oftmals eng beieinander, die Spanne entspricht nicht selten einem Olympiazyklus.

Schnell leuchtet ein, dass eine Beschäftigung mit Motiven, Handlungen und Sichtweisen der Akteure nicht von diesem zum großen Teil auch systemisch bedingten Phänomen der Zeitknappheit abstrahieren kann. Die Diskussion um das internationale Startalter der Turnerinnen und schließlich die bereits oben erwähnte Festlegung auf das Alter von 16 Jahren pointieren diesen Zusammenhang.

Überraschend war und ist nun weniger die prinzipielle Unzertrennbarkeit von System- und Akteurebene, sondern vielmehr der Nachdruck, mit dem vor allem die Trainer/innen in den von uns geführten Interviews und informellen Gesprächen die Systembedingungen immer wieder thematisierten. So unterschiedlich die jeweiligen Beschreibungen und Zuschreibungen auch gewesen sein mögen, allen war eine durchweg negative Konnotation zu eigen, so ganz nach dem Sinne: Wir Trainer/innen sind das schwächste Glied in einer Kette bestehend aus internationalen Vorgaben, den eigenen Verbandspolitiken und pauschalisierenden Außenkritiken, so dass uns kein Handlungsspielraum verbleibt, wir ständig eingeschränkt werden und im Grunde reagieren, wo es zu agieren gelte.

Diese besondere Betonung der Systemebene ist verständlich und auch nur allzu menschlich, werden Probleme doch dadurch entpersonalisiert oder aber an die vermeintlich maßgeblich verantwortlichen Systemträger (z. B. den Präsidenten des DTB) delegiert. Das System ist schuld, man selbst entlastet sich von persönlicher Verantwortung. Wenn z. B. der Verband das Problem der Doppelbelastung von Schule und Hochleistungstraining nicht strukturell zu lösen in der Lage ist, dann kann auch die einzelne Trainer/in daran nichts ändern. Defizite und Unzulänglichkeiten bleiben somit diffus und nicht selten anonym, die Frage nach den persönlichen Fähigkeiten und Kompetenzen wird weitgehend ausgeblendet. Der gleiche Mechanismus ist am Werke, wenn Funktionäre die Ursachen für ausbleibende Erfolge in den mangelnden Kompetenzen der Trainer/innen ausfindig gemacht zu haben glauben, sie die eigene Beteiligung an diesem komplexen Geschehen negieren und als Gegenmaßnahme beispielsweise die Rekrutierung osteuropäischer Erfolgs-Trainer/innen favorisieren. Eine ebenso beliebte wie erfolglose Konsequenz.

Es zeigt sich bereits in diesem kurzen Überblick, dass der Zusammenhang von System- und Akteurebene einer detaillierteren Zuwendung bedarf und scharf zu trennen ist zwischen dem, was alltagssprachlich häufig naiv unter System und Systembedingungen verstanden wird, und was die Sozialwissenschaft zu dieser Thematik beizutragen hat. Denn hinter dem Begriff des ,Systems' steht eine Theorie, eben eine Systemtheorie, mit deren Hilfe im Folgenden eine differenzierte Sichtweise auf und Analyse von den Bedingungen und Handlungsstrukturen im Hochleistungssport erfolgen soll.[21] Daran ist – noch einmal – die Gewissheit verknüpft, dass ein Verstehen eines Milieus, wie hier nun jenes des Kunstturnens, und der in diesem Feld Handelnden über einen rein personalen Zugang nicht oder höchstens unzureichend möglich ist. Dieser sich bereits hier angedeuteten Verquickung von System- und Akteursebene wird in den folgenden Gliederungspunkten Rechnung getragen. Zu Beginn werden die im Vergleich zu anderen gesellschaftlichen Kontexten unterschiedlichen und nicht hintergehbaren systemischen Bedingungen und Besonderheiten des Hochleistungssports diskutiert (4.1). Zusammen mit einer Beschreibung der spezifischen Systemlogik und der Kennzeichnung ausdifferenzierter Handlungsstrukturen (4.2) werden diese Bedingungen schließlich auf das weibliche Kunstturnen gebrochen (4.3). Aus diesen Überlegungen sollen dann in einem weiteren Schritt Ableitungen resultieren, die Handlungsmöglichkeiten betreffen und damit Beratungsdimensionen erstmals zu skizzieren helfen (4.4). Da mit diesem Kapitel wie eingangs erwähnt auf eine Verquickung von System- und Akteursebene Bezug genommen wird, ist es nur schlüssig und konsequent, wenn bereits unter der Perspektive von Systemdeutungen erste Hinweise auf die Sichtweise der Akteure von dem System, in dem sie agieren, zugelassen werden – auch wenn sich die Bedeutung dieser Verquickung natürlich erst zusammen mit den anschließenden und umfassenden Akteursdeutungen (Kap. 5) verfertigt. Es sind dann an dieser Stelle eben erste Hinweise auf die Bedeutung systemischer Vorgaben aus Akteurssicht (Kap. 4.4.1).

## 4.1 Bedingungen und Besonderheiten des Hochleistungssports

Es versteht sich, dass eine so komplexe Theorie wie die Systemtheorie, z. B. LUH-MANNscher Prägung, hier nicht als Ganzes behandelt werden kann, sondern dass lediglich zentrale Implikationen den Blick auf das System Hochleistungssport leiten sollen, um dann als weitere Spezifikation Ableitungen für den Kinder- und Jugendhochleistungssport und schließlich für das weibliche Kunstturnen formulieren zu können.

Der Sinn der Bildung von Systemen besteht darin, dass durch sie Komplexitäten, die als Ganzes die menschliche Aufnahme- und Verarbeitungskapazität übersteigen, in bestimmten ausgegrenzten Bereichen erfasst und verarbeitet werden können. Der jewei-

---

[21] In enger Auslegung der systemtheoretischen Terminologie dürfte nicht von dem System Kunstturnen, sondern höchstens von dem System Hochleistungssport gesprochen werden. Das Kunstturnen wäre demnach eine Art Subsystem, Milieu oder Institution (vgl. SCHIMANK 1996, 245 ff.). Im Folgenden ist diese begriffliche Unterscheidung einfachheitshalber aufgehoben. Wichtig ist es nun, eine solche Begriffsunterscheidung an den Stellen mitzudenken, wo die Trainer/innen von System oder Systembedingungen in einer alltagssprachlichen Wendung sprechen. Dies ist häufig etwas ganz anderes als das, was die Systemtheorie mit diesen Begriffen impliziert. Der jeweilige Kontext macht allerdings recht deutlich, welcher Gebrauch des Begriffs ‚System' vorliegt.

lige Bezugspunkt einer systemischen Betrachtung liegt außerhalb des Systems und ist in der Relation zwischen System und Umwelt auszumachen. Systeme stabilisieren geradezu eine Differenz zwischen sich und der Umwelt, ohne freilich die gemeinsame, sinnhaft und symbolisch vermittelte Basis negieren zu können. Systeme fungieren als Regulativ zwischen dem, was anfällt und dem, was verarbeitet werden kann. Damit rücken für das System und seine Funktionalität jeweils *Identität* und *Ordnung* in den Mittelpunkt, so wie das System immer nur im Zusammenhang mit seiner jeweiligen Umwelt zu erfassen ist. „In der Bestimmung des Systems wird also das Nichtdazugehörige als Umwelt immer schon mit gedacht und mithin in der Auseinandersetzung des Systems mit seiner Umwelt das grundlegende Problem gesehen. Denn die spezifische Problematik seiner Umwelt macht für ein bestimmtes System überhaupt erst erkennbar, welche interne Systemstruktur zu welchen Zwecken und mit welchen Stabilisierungs- und Veränderungschancen funktional sein kann" (WILLKE 1982, 37). Neuere Überlegungen zur Systemtheorie haben sich noch mehr darauf verpflichtet, diese Beziehungen von System und Umwelten zu prüfen und trachten mit einer Hinwendung zu den Akteuren in diesen Systemen danach, die ehemals analytische Isolierung von Einzelsystemen ganz zu überwinden (vgl. SCHIMANK 1996, 204 ff.).

BETTE nahm nun vor rund 15 Jahren noch an, dass der Spitzensport ein System im Werden sei, weil „Rollenvorstellungen noch nicht eindeutig und klar erfasst sind – wie etwa bei Lehrern oder vergleichbaren Rollenträgern – und Interpretationsspielräume die unterschiedlichsten Akteure und Handlungsstrategien ‚zulassen'" (1984, 19), was mit einer funktionalen Ausprägung von Systemen anscheinend nur schwer vereinbar ist. Mittlerweile ist die systemische Ausdifferenzierung des Hochleistungssports sicherlich weit vorangeschritten, obwohl in Vorwegnahme der Analysen der Sicht der Trainer/innen im Kunstturnen die von BETTE genannten unterschiedlichen Handlungsstrategien immer noch zu existieren scheinen. So beklagen z. B. Trainer/innen vor allem mangelnde professionelle Abstimmungen, die die verschiedensten Subsysteme (DTB – Landesverbände – Stützpunkte) durchziehen und eine Brisanz parat halten, die schließlich von den Trainer/innen als Belastungen ihres Alltags wahrgenommen werden. Belastungen, die häufig weit schwerer wiegen als die, die tagtäglich in der Halle mit den Turnerinnen und an den Geräten anfallen.

Folgt man dennoch der Argumentation, dass der Hochleistungssport ein System im obigen Sinne ist, das sich von anderen Systemen abzugrenzen bemüht, dann muss sich auch ein spezifischer Systemcode ausfindig machen lassen. BETTE hat diesen als den von *‚Sieg/Niederlage'* oder genauer: von ‚überlegender/unterlegener Leistung' herausgearbeitet (vgl. z. B. 1989, 171 ff.) – sicherlich ein schnell nachvollziehbares Bemühen. Geht es allerdings an die Frage nach der unverwechselbaren Funktion des Hochleistungssports für den gesellschaftlichen Kommunikationsprozess – dies ist nämlich eine weitere entscheidende systemtheoretische Prämisse – dann arbeitet BETTE eine wichtige Grenze im Prozess der Ausdifferenzierung des Spitzensports als ein autonomes System heraus: „Es scheint, daß der Sport keine für den gesamtgesellschaftlichen Reproduktions-Prozess unverzichtbare Funktion ausübt, sondern seine Systemqualität vornehmlich als Leistungsträger für andere Sozialbereiche gewinnt" (ebd. 169).

Im Gegensatz z. B. zum politischen, wissenschaftlichen oder ökonomischen System ginge nichts Existenzielles verloren, verzichtete man auf den Spitzensport, was aber nicht heißt, dass der Spitzensport für andere Teilsysteme keinen Gewinn brächte. Doch die Teilsysteme könnten auch gut ohne ihn bestehen, selbst wenn wiederum spezifische Ausprägungen dieser Teilsysteme verloren gingen. So gäbe es weiterhin eine einflussreiche Medienlandschaft, selbst wenn einzelne Printmedien oder Fernsehsender, die den Spitzensport als Zugpferd vorgespannt haben, spürbare Einbußen hinzunehmen hätten oder im Extremfall sogar ganz verschwinden würden. BETTE spricht davon, dass das System Hochleistungssport extrem abhängig von anderen dominanteren Symbolsprachen wie Geld, Macht und Wissen ist und wohl auch bleiben wird (vgl. ebd. 170) und präzisiert die Grenzen der Ausdifferenzierung wie folgt: „Der Sport stellt einen in der bisherigen Diskussion übersehenen Sonderfall für die Etablierung eines Funktionssystems dar, das kein gesamtgesellschaftliches Primat für die Abarbeitung einer Funktion ausprägen konnte" (ebd. 170).

Aus systemtheoretischer Sicht ist der Hochleistungssport gewissermaßen ein Zwitter; einerseits lässt sich keine eigenständige gesamtgesellschaftliche Funktion ausdifferenzieren, andererseits handelt es sich dennoch und immerhin um ein erfolgreiches, viel beachtetes und oft auch hoch geachtetes gesellschaftliches Teilsystem. Um diese Stellung besser begreifen und genauer konturieren zu können, macht es Sinn, die Prämissen des Hochleistungssports unter die Lupe zu nehmen.

## 4.2 Die Systemlogik und die ausdifferenzierten Handlungsstrukturen von Training und Wettkampf

Will man die zentralen Indikatoren des Systems Hochleistungssport benennen, kommt man auf die oft zitierte Trias von Leistung, Wettbewerb und Erfolg, die auch für andere komplexe Systeme moderner Gesellschaften zutrifft (z. B. Ökonomie). Im Spitzensport findet sie ihr Pendant im olympischen Motto des ‚citius, altius, fortius' und steht damit für das radikale Prinzip der Leistungssteigerung und -verbesserung. Ein Prinzip, das längst nicht mehr kritiklos unseren Sozialbereich prägt – mit Bezug auf den Kinder- und Jugendhochleistungssport hat es dies übrigens niemals getan – sondern das zunehmend nach Stoppregeln untersucht wird, weil immer kleinere Leistungsverbesserungen mit immer mehr Aufwand erreicht werden. Lassen sich die entsprechenden Steigerungsversuche überhaupt noch legitimieren (Stichwort: Leistungsmanipulation vs. Moral des Sports)? Oder kommt es nicht immer häufiger zu Paradoxien innerhalb des Systems selbst, zu denen im Grunde kein Korrelat in anderen Systemen existiert? Denn während z. B. im ökonomischen System nach dem

Motto, mit einem geringen Aufwand einen maximalen Ertrag zu erzielen, immer auch die Kostenfrage gestellt wird, scheint eine entsprechende Rückversicherung im Hochleistungssport allzu schnell verloren zu gehen.[22] BETTE spricht in diesem Kontext davon, dass „spitzensportliches Handeln infolgedessen immer voraussetzungsvoller, riskanter und konsequenzreicher aus[fällt]" (1989, 165). Dennoch, die Maxime der Steigerung bleibt virulent, sie ist der Antriebsmotor für das System, und sie sorgt dafür, dass der Spitzensport kein eigenweltliches, von anderen gesellschaftlichen Subsystemen gänzlich zu unterscheidendes Unterfangen ist, das seine eigenen, vermutlich auch noch hehren Gesetzmäßigkeiten festschreibt. Vielmehr mehren sich die Anzeichen dafür, dass der Sport als ein vergleichsweise junges, sich ausdifferenzierendes System ganz ähnliche Entwicklungsschritte durchläuft, wie sie die tradierteren Systeme (z. B. Wissenschaft, Ökonomie, Politik) bereits hinter sich haben. PLESSENER hat in einem ganz ähnlichen Kontext die Wendung vom Sport als Spiegelbild der Gesellschaft geprägt. Jedenfalls scheint der Hochleistungssport beinahe alles von seiner beinahe urwüchsigen und häufig auch liebenswürdigen Naivität verloren zu haben. Stattdessen sind radikale Professionalisierungstendenzen auszumachen, die zwar nach wie vor unter dem von BETTE bezeichneten originären Systemcode ‚überlegener/unterlegener Leistung' zu fassen sind (vgl. 1989, 168 ff.) – einem Code, der dem System Hochleistungssport die Leitdifferenz ‚Spannung' einbringt und damit ein hohes Maß an Autonomie gegenüber anderen Systemen garantiert –, die aber andererseits eine immer stärkere Abhängigkeit von externen dominanten Symbolsprachen wie Geld und Macht offenbaren (die Entwicklung im Profifußball ist diesbezüglich ein Paradefall). Zwar sind Steigerung und Wettbewerb verständlicherweise die Säulen des Systemcodes von überlegener und unterlegener Leistung, doch die Funktion der an diesen Code geknüpften Leitdifferenz ‚Spannung' für den gesellschaftlichen Kommunikationsprozess verfertigt sich erst im Verbund mit den Fragen nach Vermarktung, Gewinn und Präsentationsmöglichkeiten. Erst damit entscheidet sich die qualitative Ausprägung des Systemcodes und damit letztlich die des jeweiligen Events. Im Extremfall können selbst Sportarten oder sportliche Ereignisse aus dem gesellschaftlichen Kommunikationsprozess ausgeschlossen bleiben, die sehr wohl und vielleicht sogar beispiellos die Maximen von Steigerung, Wettbewerb und auch Erfolg verinnerlicht haben (und z. B. den Erfolgskriterien des NOKs entsprechen), aber eben für Vermarktung und Präsentation wenig taugen, zumindest aber von den verantwortlichen Funktionsträgern (Firmenmanagern, Werbemanagern) in dieser Weise wahrgenommen werden (z. B. Sportschützen).

Die Gefahr für jene Sportarten im Spitzensport, die weder Erfolge im Sinne der internen Systemvorgaben vorzuweisen haben, noch als besonders medial vermittelbar gel-

---

[22] Es dürfte klar sein, dass ‚Kosten' im ökonomischen System etwas anderes bedeuten als die Kosten, die im Hochleistungssport mit Kindern und Jugendlichen anfallen (können). Hier ging es lediglich um ein grundsätzliches Prinzip von Handlungskoordinierungen.

ten, kann düster erahnt werden. Das weibliche Kunstturnen steht auch hier irgendwie dazwischen. Es ist eine Sportart, die sehr wohl vermittelbar ist, die Berichterstattungen in erfolgreichen oder aufstrebenden Turnnationen wie den USA, Frankreich oder England sind dafür ein Beleg.[23] In Deutschland hingegen fehlt der Erfolg, so dass in Konsequenz die Medienpräsenz marginal bleibt, sich höchstens auf Themen beschränkt, die durch pauschalisierende Ausarbeitungen/Recherchen andere Spannungsmomente zu enthalten scheinen als die des Erfolges oder der Leistung. In der Vergangenheit waren dies vornehmlich Themen wie Ernährung/Magersucht, Kinderarbeit/Fron (z. B. Rückenschädigungen) und Inhumanität/nicht kindgerechter Sport. Themen also, die allesamt mit stark negativ konnotierten Spannungsmomenten ausgestattet sind, weil diese in den Symbolsprachen anderer sozialer (Umwelt-)Systeme wie z. B. dem der ‚Familie' ebenso negativ belegt sind. Medien greifen solche Diskrepanzen nach dem Motto auf: Wenn das „Kinderturnen" schon nicht für eine Erfolgspresse im Sinne sportlicher Leistung taugt, dann liefert es zumindest kleine Sensationen. Man mag diesen Zustand gerade seitens der Verantwortlichen im weiblichen Kunstturnen beklagen, wichtig bleibt die Erkenntnis, dass der Hochleistungssport mit Kindern und Jugendlichen – zumindest in unserem Kulturkreis – niemals ein konkurrierendes System wie ‚Familie' mit seinem originären Code ‚Liebe' ersetzen kann. Sehr große Legitimationsprobleme wären die Folge. Aber noch etwas fällt auf: Allzu schnell werden die Symbolsprachen des Hochleistungssports mit Kindern und Jugendlichen und anderer sozialer Systeme als disparat gegenüberstehend wahrgenommen – und das nicht nur von den Medien. Interessant wäre nun die Frage, ob im Falle kontinuierlicher Erfolge im weiblichen Kunstturnen eine journalistische Trendwende einträte und dann jene publizistischen Potenziale ausgeschöpft würden, die diese Sportart nachgewiesenermaßen bereithält.

Zusammenfassend gilt: Der Hochleistungssport kann als ein System mit einem eigenen Code gelten, der die für den gesellschaftlichen Kommunikationsprozess entscheidende funktionale *Leitdifferenz ‚Spannung'* ausgeprägt hat. Er ist und bleibt allerdings abhängig von den Symbolsprachen anderer etablierter Systeme.

Im Folgenden soll nun mit Blick auf das weibliche Kunstturnen genauer untersucht werden, inwiefern sich im Hochleistungssport die Ausdifferenzierungen zu einem autonomen System vollzogen haben bzw. sich immer noch vollziehen.

Der von BETTE herausgearbeitete Leistungscode von *‚Sieg-Niederlage'* soll im Folgenden als auch für das weibliche Kunstturnen maßgeblich angenommen werden. So

---

[23] In den USA zeigte sich nach einer intensiven Medienpräsentation des Kunstturnens im Rahmen der Olympischen Spiele 1984, dass sich diese Sportart auch kommerziell vermarkten lässt (vgl. SCHARENBERG 1992, 189 f.). In Deutschland sind hierfür lediglich vereinzelte, auf sehr viel Eigeninitiative beruhende Ansätze auszumachen. Eine entsprechende Strategie des Verbandes scheint nicht zu existieren, obwohl die interne Ausdifferenzierung von Funktionsrollen wie die eines Sportdirektors oder eines Pressewartes entsprechende Zuweisungen nahe legen würden.

wie in anderen Sportarten auch, führt dieser Code zu Siegerinnen und Verliererinnen oder – in systemtheoretischer Sprache: es kommt zu Positiv-Negativ-Unterscheidungen. Dieser Code ist nicht immer trennscharf und endet nicht selten in Paradoxien, zu denken ist z. B. an das schwierige Verhältnis von Leistungsstreben und Fairness als einem moralischen Code (Dopingproblematik). Doch neben einer solchen mangelnden Trennschärfe, die im Kinder- und Jugendhochleistungssport immer besondere Brisanz enthält und für eine komplexe Verstrickung von System und Umwelt steht, sind im Kunstturnen selbst und damit systemimmanente Überlappungen hinsichtlich des Leistungscodes auszumachen. Denn wie konstituiert sich die Leistung einer Turnerin im Wettkampf, was wird bewertet, was wird von einem Publikum honoriert? BETTE spricht grundsätzlich von der Leitdifferenz ‚Spannung‘ als Erlebniskorrelat, das dem Hochleistungssport Autonomie garantiert. Daher werden bewusst solche Spannungserlebnisse, die auf der Unvorhersehbarkeit des Ausganges des Ereignisses basieren, hergestellt und systemisch ausdifferenziert. Es gibt ein komplexes und vielseitiges Wettkampfsystem, es gibt Meisterschaften, es gibt Shows etc. Olympische Spiele oder Weltmeisterschaften, die regelmäßig, aber eben nicht in jedem Jahr stattfinden, stellen gewissermaßen Kulminationspunkte solcher Arrangements dar, an denen eine breite Öffentlichkeit teilhat. Die Bedeutung derartiger Ereignisse besteht dabei nicht ausschließlich in dem Hervorbringen von Siegern und Verlierern, sondern es sind die dem jeweiligen Wettkampfgeschehen immanenten Spannungsmomente, die das „real-life-event" (vgl. ebd., 174) zu einer Ressource verfertigen, die im Augenblick des Teilnehmens die alltägliche Beschleunigung von Vergangenheit und Zukunft aufzuheben hilft. Für BETTE ein seltenes Gut in hochkomplexen Gesellschaften, die immer weniger Möglichkeiten für ein intensives, emotionsgeladenes und positiv besetztes Spannungserleben bieten (vgl. ebd. 175). So werden im Kunstturnen die auf die Winzigkeit von 70–90 Sekunden beschränkten Turnelemente bei einer Kür der Turnerin auf dem *Schwebe*balken paradoxerweise zu einer Ewigkeit und zur Spannung par excellence – für Turnerin und Publikum. Die Betrachtung und Analyse dieses Ereignisses nur unter der Perspektive von Sieg und Niederlage, die im Wettstreit unterschiedlicher Turnerinnen ausgemacht werden, wäre defizitär. Denn als Komplementärdimension rückt neben dem bloßen Gewinnen auf Grund eines im Vergleich zu anderen Turnerinnen höher zugewiesenen Punktwertes durch die Punktrichterinnen ein Spannungsmoment in den Blickpunkt, das sich aus der Frage des Publikums ergibt, ob die, in der Regel immer auch ganz persönlich auf die Turnerin abgestimmte Kür auf dem Schwebebalken ohne ‚Absteiger‘ geturnt wird oder nicht. Der Balken wird zur sprichwörtlichen Grat„Wanderung" – 10 cm breit und fünf Meter lang –, in ihr heben sich Zeit und alltagsweltliche Routine und letztlich auch tradierte Wertmaßstäbe (Gewinn/Verlust; Sinn/Unsinn) auf. Das Geschehen ist emporgehoben, einzigartig und erfüllt eine von Vielen nachgefragte Funktion. Die Reaktionen des Publikums im Falle des ‚Absteigers‘ der Turnerin vom Balken, eine Art Aufstöhnen, oder im Falle des Gelingens, eben der Applaus, paraphrasieren diesen Zusammenhang und lassen sich zumindest nicht direkt auf den Code von Sieg und Niederlage im Sinne eines Wettstreits zwischen Athletinnen zurückführen. Zumal der jeweilige Punktwert des Gezeigten vom Publikum manchmal überhaupt nicht gewusst wird und es nicht selten zu unversöhnlichen Beurteilungen z. B. von Kampfrichterinnen und Publikum kommt, was im Umkehrschluss natürlich nicht meint, dass die Vergabe von Punkten und eine vermeintlich objektive Verteilungsgrundlage von Sieg und Niederlage kein großes Spannungs-Potenzial enthielte – schließlich geht es um Wettkampfsport. Hier soll nur dafür plädiert werden, dass der Leistungscode im Kunstturnen mitsamt seiner Leitdifferenz Spannung „semantische Überlappungen" (ebd., 173) enthält. Auf Grund der Komplexität und der hohen Schwierigkeitsgrade der Bewegungsabläufe im Kunstturnen ist dieser Sportart ein Spannungsmoment immanent, das sich nicht messen lässt und das auch nicht gemessen werden müsste. Im Bodenturnen verdeutlicht sich eine solche Überlappung an den geforderten und immer wieder zu Interpretationsdifferenzen führenden Komplementärkompetenzen von Athletik/Akrobatik und Kunst/Anmut und pointiert sich schließlich in der Frage, ob man denn nun ein „Kinder"- oder Frauenturnen fördern soll. Das Phänomen Swetlana BOGUINSKAJA – eine Turnerin, die jenseits der 20 Jahre durch Ausstrahlung und Anmut und weniger durch ihre Athletik und der Schwierigkeit ihrer Übungen das Publikum und viele Turnerinnen gleichermaßen faszinierte – speist sich aus solchen Überlappungen.

Die dargelegte Trennschwäche des Leistungscodes im Kunstturnen ist alles andere als ein Nachteil oder gar Versäumnis, sie ist für sich auch nicht problematisch – im Gegenteil, sie eröffnet dieser Sportart, ihren Akteuren und Rezipienten gleichermaßen ganz unterschiedliche Optionen. Doch diese gilt es denn auch zu nutzen, Einseitigkeiten zu vermeiden, womit nun die Handlungsstrukturen und -strategien angesprochen sind, die sich im Kunstturnen ausdifferenziert haben bzw. sich ausdifferenzieren.

Zunächst einmal unterscheidet sich das Kunstturnen hinsichtlich des Rahmens, in dem die unterschiedlichsten Handlungen ablaufen nicht von anderen Leistungssportarten/-disziplinen. Dieser Rahmen wird gesteckt durch die „institutionalisierten Situationen" (vgl. BETTE 1989, 181) von *Training und Wettkampf*. Erst die enge Verquickung und das sequenziell aufeinander Bezogensein von Training und Wettkampf ermöglicht eine Leistungsentwicklung, die nicht zufällig verläuft, die vielmehr langfristig planbar wird und deren output – nämlich der Erfolg – wiederholbar und bestenfalls vorhersagbar wird. Trotz aller Unwegsamkeiten, die diese Situationen immer wieder parat haben, verspricht erst eine Systematisierung von Training und Wettkampf Kontrolle und Sicherheit.

Wie tief dieser Glaube und die an ihn geknüpften Hoffnungen in unserem Denken verhaftet sind, entblößte die fast schon empörte Suche danach, warum z. B. Kenianer oder Äthiopier zu so herausragenden Leistungen auf den längeren Laufstrecken fähig sind, obwohl – zumindest in der Vergangenheit – viele allem anderen, bloß nicht einem systematischen und ausgeklügelten Trainings- und Wettkampfsystem gefolgt waren oder gefolgt zu sein schienen. Denn vielleicht – so manche Befürchtung – war gerade jenseits von Tartanbahn und intensiver trainingswissenschaftlicher Betreuung im afrikanischen Hochland eine viel erfolgreichere Systematisierung am Werke als die, die man bis dato favorisierte. Auf jeden Fall musste eine Erklärung her. Egal ob genetische Disposition, günstige Höhenlage oder der täglich lange Weg zur Schule, eine Systematisierung lag mit Sicherheit zu Grunde – ob nun bewusst oder unbewusst – weil nämlich nicht sein kann, was nicht sein darf.

Derartige Haltungen und Zuschreibungen sind im Folgenden immer mitzudenken, wenn es um die Kennzeichnung des Verhältnisses von Training und Wettkampf geht. Erst dadurch wird Praxis reflektiert, erst dadurch lassen sich Unzulänglichkeiten ausfindig machen, erst dadurch werden Neubestimmungen möglich.

In üblicher Betrachtung entspricht das Training der Ebene der Vorbereitung (input) und der Wettkampf jener des Vollzugs (output) von Leistung, die dann wieder zum input des Trainings wird etc. Auf beiden Ebenen prägen sich unterschiedliche Rollen und Interaktionsformen aus. Kommt es z. B. in der Trainingsgruppe zu einem intensiven Erarbeiten von Turnelementen und somit zu ausgeprägten Beziehungsmustern der Athletinnen untereinander und zwischen jeder einzelnen Turnerin und der Trainer/in, stehen die Turnerinnen in der Wettkampfsituation unter einem hohen Konkurrenzdruck, den sie zum größten Teil allein vor einem Publikum zu meistern haben, in der Regel sind die Eltern zugegen, Funktionäre verfolgen das Geschehen, die vertraute Trainingshalle und die vertrauten Geräte sind fern, kurzum: die Turnerin befindet sich in einer extrem exponierten Situation, in der sie gleich mehrere Kompetenzen offenbaren muss/soll. Das Training soll nun auf diese Situation vorbereiten und erhält im Leistungssport auch erst mit Blick auf solche Wettkampfsituationen seinen Sinn. Alltagssprachlich findet dieser Zusammenhang Ausdruck in der Rede vom Wettkampf als „Salz in der Suppe". Im Wettkampf kann das Erlernte gezeigt werden, im Wettkampf nimmt die Öffentlichkeit teil an der Einzigartigkeit der Turnerin, im Wettkampf lösen sich die Mühen, Anstrengungen und auch Entbehrungen des täglichen Trainings auf, im Wettkampf erhält man den Anreiz für das zukünftige Training (vgl. BETTE 1989, 181 f.).

Entscheidend ist nun, dass das Training neben der Zuspitzung auf Wettkämpfe hin eine eigene Dignität besitzt – und das vor allem für Kinder und Jugendliche. Eine Klassifizierung dergestalt, dass Wettkämpfe alles, Trainingssituationen also nur das notwendige Übel seien, wird der engen Verknüpfung von Training und Wettkampf aus Sicht der Turnerinnen nicht gerecht. So ist von Turnerinnen immer wieder zu hören, dass z. B. gelungene Teileelemente, vor allem Flugteile die erstmalig bewältigt („gehangen") werden, Momente des Erlebens darstellen, die einen sehr hohen Stellenwert einnehmen und häufig den zentralen Motivationsschub für die nächsten Trainingseinheiten ausmachen. Es sind also nicht bloß die Wettkampferfolge, sondern bereits kleinere Erfolge im Training, die den Turnerinnen Erfahrungen exklusiven Könnens ermöglichen. Diesen Möglichkeiten einen geringen Stellenwert zuzuschreiben, käme aus Sicht der Motivationspsychologie und mit Blick auf die gesamte Leistungsentwicklung der Turnerinnen und damit konkret auf den Erfolg im Wettkampf einer ausgelassenen Chance gleich. Aus einer pädagogischen Sicht wäre gar das Prinzip Verantwortung in Frage gestellt, weil wesentliche Facetten einer positiven Persönlichkeitsentwicklung der Turnerinnen wie Erfahrungen einer hochspezialisierten Körperlichkeit oder ein ausgeprägtes Urteils- und Reflexionsvermögen unberücksichtigt blieben. Zumal betont werden soll, dass die beschriebene Chance leicht genutzt werden kann, weil der aus Trainingserfolgen resultierende Motivationsreiz für die Turnerinnen latent immer schon angelegt ist. Es gilt die Rahmenbedingungen für solche positiven Erfahrungen der Turnerinnen herzustellen und die tägliche Trainingsarbeit auf diese Potenziale hin zu prüfen.

Bei der Betrachtung von Trainingssituationen fällt nun weiter auf, dass dem Gefüge Turnerin-Trainer/in ein ausdifferenziertes und effektives Interaktionsmuster zu Grunde liegt. Die Aufgabenverteilungen scheinen eindeutig und eingespielt zu sein, das sprachliche Handeln reduziert sich auf das Notwendigste, oftmals wird es durch nonverbales Handeln, durch Gestik und Mimik – z. B. in Situationen des Korrigierens am Gerät – ersetzt. Routinen haben sich entwickelt. Dadurch wird Handeln in diesen Situationen nicht zufällig und träge, sondern kalkulierbarer und dynamischer. Denn gerade im Kunstturnen herrscht auf Grund der Komplexität des zu Erlernenden und einer begrenzten Karrieredauer der Turnerin permanente Zeitknappheit. Wenn von außen all zu schnell das Beziehungsgefüge von Turnerin und Trainer/in im Sinne einer radikalen und sehr einseitigen Rollenverteilung von Lehrendem/Lehrender und Lernender kritisiert wird, so ist bei genauerer Analyse des Systems Kunstturnen zu betonen, dass dieses asymmetrische Gefüge für das Ziel der Leistungssteigerung und des Erfolgs funktionell ist und im Übrigen von den Akteuren selbst – das meint vor allem auch von den Turnerinnen – per se noch nicht problematisiert wird. Freilich lässt sich daraus genauso wenig ableiten, dass dieses Gefüge auf Grund seiner Effektivität vor Schwierigkeiten gefeit sei – im Gegenteil: gerade Effektivität wird konterkariert, wenn Effektivität im Training eine zu enge Auslegung erfährt und z. B. lediglich auf Belastungszeiten, Wiederholungen und Umfänge reduziert wird. So ist es sehr wohl effektiv, wenn der Turnerin mit Hilfe von Erläuterungen der Trainer/in und womöglich unter Verwendung von Videoaufzeichnungen das eigene motorische Handeln transparent gemacht wird, auch wenn dafür vordergründig Zeit für die eigentlichen Ausführungen verloren zu gehen scheint. Das Nachvollziehen und Verstehen des eigenen Tuns ist lerntheoretisch betrachtet eine wichtige, wenn nicht unentbehrliche qualitative Note im Training, die u. U. so manche Übungswiederholung überflüssig machen kann. Auch für diesen Zusammenhang gibt es eine Alltagswendung, die da heißt, „weniger ist manchmal mehr". Das Beziehungsgefüge Turnerin-Trainer/in auf Prozesse des Verstehens und des Verständnisses zu überprüfen, kommt dabei also keiner selbstgefälligen Sozialpädagogisierung gleich, sondern hier ist auch aus einer systemischen Sicht ein Garant für Erfolg benannt. Es handelt sich demnach keinesfalls um einen Luxus für oder gegen den man sich entscheiden könnte: vielmehr geht es darum, eine Kompetenz zu nutzen, die bei vielen Jugendlichen immer schon ausgeprägt ist, über die sie auch selbst Auskunft geben können. Ist dies nicht gegeben, so ist es Aufgabe des Trainers/der Trainer/in, diese Kompetenz möglichst schnell zu fördern. Die Auffassung BETTES, wonach „Kommunikation auf der unmittelbaren Handlungsebene des Sports keine besonders wichtige Bedeutung" habe (1989, 185) und wenn vorkommend, dann lediglich dem Primat des Erfolges unterliege, gilt es an dieser Stelle zu relativieren, wird doch dadurch eine Trennung von strategischer und kommunikativer Handlung heraufbeschworen, wo auch ein Einklang möglich wäre. Sind die Interaktionsrollen von Turnerin und Trainer/in auch noch so asymmetrisch, ficht dies noch längst nicht die Bedeutung gemeinsamer Aushandlungsprozesse an. Folgende Äußerung einer Turnerin mag dies am Beispiel des Problem-Potenzials von Wettkampf und Coaching verdeutlichen und gleichzeitig ein Defizit im Trainer/innenhandeln andeuten:

> „Naja, und auch die Trainer/innen, die wollen unbedingt, dass wirs schaffen, ich mein die Turnerinnen wollen das auch, dass wir das schaffen, aber dann, wenns mal nicht klappt, dann meckert die Trainer/in gleich rum, und sie sagt dann, also mitten im Wettkampf sagt sie das dann, ja du musst das besser machen. Ich mein, ist klar, dass sie das sagt, aber dann sagt sie noch, jetzt musst du dich mal ein bisschen anstrengen, sonst schaffen wir das nicht. Das macht einen ja auch als Turnerin fertig im Wettkampf, da angemeckert zu werden. Ich würd es besser finden, wenn die Trainer/in das halt ordentlich sagt, im gemäßigten Ton, also nicht gleich rummeckert" (599–610).[24]

Diese Äußerung gibt nicht nur Auskunft über eine Art der Mündigkeit und Selbsterkenntnis der Turnerin, sondern lässt gleichfalls erahnen, dass *Freiwilligkeit* in spitzensportlichen Handlungsfeldern eine Conditio sine qua non darstellt. Sie selbst sind es schließlich, die Erfolg haben wollen. Der Wettkampf, auf dem sie ihr Können präsentieren, bei dem sie für wenige Minuten im Rampenlicht stehen, sich selbst als erhöht erfahren und im Augenblick ihrer Kür Vergangenheit und Zukunft aufheben, ist zweifellos ein Höhepunkt in ihrem Leben. Ein Höhepunkt, der zwar von anderen und häufig auch von ihnen selbst nach bestimmten Messkriterien bewertet wird, tatsäch-

---

[24] Die zitierten Passagen sind zwar sprachlich geglättet, jedoch handelt es sich immer noch um gesprochene Sprache, die sich von Schriftsprache deutlich unterscheidet. Die zunächst ungewohnte Ausdrucksweise spiegelt also nicht in erster Linie individuelle Eigenheiten wider, sondern genau diese genannte Differenz.
Die in Klammern angegebenen Zahlen beziehen sich auf entsprechende Zeilen innerhalb des Interview-Transkripts.

lich aber nur zum Teil messbar ist. Nur diesem Teil Bedeutung beizumessen und also spezifische Erfolgkriterien anzulegen, kommt der großen Gefahr gleich, die Erfahrungsvielfalt eines Wettkampfes um wesentliche Facetten zu beschneiden, dem Höhepunkt seine Erhöhung zu nehmen und somit eine wichtige Antriebsquelle für weiteres leistungssportliches Training abzubremsen bzw. ganz zum Stillstand kommen zu lassen. Gerade der Leistungssport mit Kindern und Jugendlichen verlangt nach einem weiter gefassten Erfolgsbegriff und verbietet Verabsolutierungen. Ließen sich die hohen Investitionen der Turnerinnen mit Hilfe eines engen und rigiden Erfolgscode verstehen? Sind die sicherlich hohen Anforderungen, die von den Turnerinnen erbracht werden und die von Außenbeobachtern immer wieder als ,übermenschlich' tituliert werden, aus direktiven Anleitungen durch Trainer/innen und/ oder Eltern ableitbar? Beide Fragen sind jetzt schon bloß rhetorisch.

Neben der Freiwilligkeit ist das Moment der *Eigenmotivation* (s. o.) für leistungssportliches Handeln nicht minder von Bedeutung. Eine Erkenntnis, die auch die Trainer/innen betonen, allerdings oft versehen mit dem Zusatz, dass es unheimlich schwer sei, als Lehrender diesen Prozess bewusst zu unterstützen bzw. gar in Gang zu setzen. Diese Schwierigkeit ist nur allzu verständlich, sind doch die Motivlagen der Turnerinnen, obwohl sie alle in dem System Hochleistungssport agieren und in ihrem Handeln zentral auf die Erfolgscodierung fokussiert zu sein scheinen und z. T. auch sind, beileibe nicht identisch. Zum einen wird unter Erfolg nicht selten etwas Unterschiedliches gefasst (z. B. ein zehnter Platz, ein erstmals gestandener Sprung oder die erste fehlerfreie Kür), zum anderen rücken aus der Sicht der Turnerinnen neben der Erfolgscodierungen je nach Typ noch weitere Facetten in den Mittelpunkt der jeweiligen Motivstruktur (Interesse an künstlerischer Darstellung, an vielseitigen Bewegungsformen, an körperlicher Verausgabung, an sozialen Beziehungen). Hinzu kommt die Tatsache, dass sich Motivstrukturen verlagern können und gerade im Karriereverlauf von Turnerinnen unterschiedliche Schwerpunkte eine Rolle spielen. Schließlich durchleben die Turnerinnen in ihrer Karriere sowohl den Wandel von der Kindheit zur Jugend, als auch von der Jugend zum Erwachsenenalter – zumindest im Idealfall.

Prinzipiell gilt, dass objektiv vorhandene Belastungen so lange als bewältigbar angesehen werden, wie das eigene Tun mit ,Sinn' gefüllt werden kann. Diese Einsicht mag trivial klingen, doch bleibt zu bedenken, dass solcher Sinn nicht verschrieben und von außen auferlegt werden kann. Den Sinn müssen die Kunstturnerinnen immer wieder – wenn auch mit Hilfe anderer – selbst herstellen und dies angesichts einer Konkurrenz von zahlreichen Alternativen, die sie täglich durch Peers vorgelebt bekommen. Aus Sicht der in Deutschland vorfindlichen Rahmenbedingungen ist bezogen auf die Persönlichkeitsentwicklung der Aktiven und ihrer sportlichen Karriere deshalb auch aus einer systemischen Sicht die Konsequenz zu formulieren, einer frühzeitigen und weitgehenden Verengung der Motivstruktur entgegenzuwirken oder positiv gewendet, den Aufbau einer breiten Motivstruktur zu unterstützen, als auch –

und das wäre Aufgabe des Verbandes und insbesondere der Trainer/innen, – realistische Leistungsvorgaben festzusetzen. Wer seine Motivation auf eine enge Auslegung eines Erfolgscodes baut, der wird bei entsprechenden Misserfolgserlebnissen über keine alternativen Ressourcen zur Fortführung seines Tuns verfügen und geht schlimmstenfalls dem System verloren. Wer zudem die Erfolgskriterien so hoch ansetzt (oder glaubt, sie systembedingt so hoch ansetzen zu müssen!), dass ein Scheitern fast vorprogrammiert ist, der wird sich über entsprechende Ausfalls- oder Misserfolgsquoten nicht wundern dürfen.

Eine noch grundsätzlichere Überlegung ist anzuführen: So sehr die Akteure in einem ausdifferenzierten System auch auf einen spezifischen Code (wie hier jetzt auf ‚Erfolg‘) eingeschworen zu sein scheinen, schaffen sie sich in ihren ebenso spezifischen Rahmenbedingungen ihre eigenen Nischen und Spielregeln und prägen Besonderheiten aus, die sie nicht mit ihren Mitakteuren teilen (vgl. Kap. 5.1). Denn jeder Akteur – also jede Turnerin und auch jede Trainerin/jeder Trainer – bleibt immer ein Individuum mit eigenen, unverwechselbaren Absichten und Strategien, die zwar sicherlich von systemischen Rahmenbedingungen und Kontexterfordernissen beeinflusst werden, sich aber nicht in ihnen erschöpfen. Hierin liegt im Üübrigen eine große Problematik für systemtheoretische Analysen, die in eine Beratungsfunktion für das betroffene Feld – weibliches Kunstturnen – einfließen sollen. Es gibt nicht *die* Situation, die über alle Beteiligten hinweg zu einer gemeinsamen Rahmung führt. Wer diese Ebene ausblendet, wird die Problematik notwendig verfehlen bzw. übertrieben verzerren. Unterschiede bestehen nicht nur zwischen Peking, Houston und Berlin, sondern auch zwischen Leipzig, Bergisch-Gladbach, Frankfurt und Greven. Unter dieser Voraussetzung sind auch alle Verallgemeinerungen fragwürdig, die vor allem durch den Einfluss der Medien immer wieder suggeriert werden. Es ist eine genaue Analyse vor Ort notwendig, bevor man zu Interventionsmaßnahmen greift. Dies gilt insbesondere auch für verbindliche Vorgaben des Systems, gemeint ist damit z. B. die Problematik von Zentralisierungsmaßnahmen, die immer wieder mal virulent wird. So sehr solche Maßnahmen unter dem Blick einer Erfolgscodierung Sinn zu machen scheint, so sehr wird man mit ihnen genau das Gegenteil erreichen, wenn dadurch die Sensibilität für den Einzelfall verloren geht. Aus Gesprächen mit den Turnerinnen, den Trainer/innen und auch den betreffenden Eltern ist immer wieder hervorgegangen, dass ein Verlassen des heimatlichen Kontextes für bestimmte Turnerinnen erhebliche Konsequenzen gehabt hätte und die Gefahr von Unzufriedenheit bis hin zu Drop-Out-Fällen als sehr hoch eingeschätzt wurde.

Um dies deutlich zu betonen: Solche Maßnahmen können funktionieren und auch von allen Betreffenden unterstützt werden – auch dafür gibt es aktuelle Beispiele –, doch dies muss genau und das meint: für jeden Fall geprüft und abgestimmt werden. Interventionsmaßnahmen, die ohne einen solchen Abgleich von oberer Ebene angeordnet werden, sind auch unter Systemgesichtspunkten nicht das, was wünschenswert erscheint. Folgende Aussage einer Trainerin/eines Trainers mag stellvertretend für viele andere stehen, wobei nicht verschwiegen werden soll, dass es auch andere Auffassungen zu diesem Thema gibt:

„In unserem System ist es sicherlich nur denkbar, regional zu arbeiten oder sagen wir mal in Bundesländern oder in Bundesstützpunkten oder wie auch immer. Man kann bei uns nicht zentralistisch arbeiten, das ist schon, ich weiß nicht zehn-, fünfzehn-mal versucht worden, zu verschiedenen Etappen, und es ist eigentlich immer gescheitert, ganz einfach, weil die Rahmenbedingungen einfach nicht so zu gestalten waren, wie es notwendig war, und ich halte es auch nach wie vor für einen großen Fehler, wenn man also sagt, so, ab morgen tritt bei uns der große Zentralismus wieder in Kraft, und alles nach x oder alles nach y oder wo auch immer, dann machen wir das. Das wird bei uns nicht funktionieren, also man muss sicherlich mehr regionale Stützpunkte haben, die gegeneinander, sag ich jetzt mal, konkurrieren, die durch die Konkurrenz sich ein bisschen hochschaukeln, ist einfach in unserem förderalistischen System auch gar nicht denkbar, noch mal zentralistisch zu arbeiten" (1698–1755).

Wenn sich nun zwangsläufig das Postulat ergibt, sich vor pauschalen Zuschreibungen und Maßnahmen zu hüten und im Gegensatz dazu die spezifische Fallanalyse zu favorisieren, so soll mit Blick auf die obige Äußerung der Turnerin zum Thema von Wettkampf und Coaching dennoch eines mit Sicherheit festgehalten werden: nämlich die Unsinnigkeit – ja die Tautologie – einer Äußerung wie: „ja du musst dich mal ein bisschen anstrengen" (s. o.) oder noch pointierter einer Sichtweise der Art: „die wollen ja gar nicht". Solche Äußerungen bekunden entweder eine mangelnde Kenntnis der tatsächlich vorhandenen Motive der Turnerin für ihr hochleistungssportliches Tun oder aber eine Systemlogik, die auf einen sehr engen Erfolgscode ausgelegt ist, nur die Punktwerte und Platzierung, aber keine Stoppregeln kennt und nicht mit der auf einen breiteren Erfolgscode basierenden Systemlogik übereinstimmt, die dem Leistungssport mit Kindern und Jugendlichen zu eigen sein sollte.

## 4.3 Besonderheiten und Bestandsaufnahme des weiblichen Kunstturnens

Im zurückliegenden Abschnitt wurden mit der Erfolgscodierung im Leistungssport und den spezifischen Handlungssituationen von Training und Wettkampf wesentliche Säulen des Systems ‚Hochleistungssport' gekennzeichnet und auf das weibliche Kunstturnen kritisch und folgenreich gewendet. Im Folgenden soll dieser Schritt weiter präzisiert werden, indem vorerst Grenzen einer systemischen Ausdifferenzierung aufgezeigt werden. Anschließend soll für das weibliche Kunstturnen ein Anforderungsprofil besprochen werden.

## 4.3.1 Grenzen der systemischen Ausdifferenzierung im Kunstturnen

Training und Wettkampf sind im Leistungssport wie beschrieben wichtige und ausdifferenzierte Situationen, in denen bestimmte, routinisierte Handlungsmuster ablaufen und spezifische Rollenfunktionen übernommen werden. Das Zustandekommen dieser Situationen ist demnach nicht zufällig, sondern organisiert. Training und Wettkampf sind intentional auf einen Erfolgscode hin ausgerichtet und werden kontinuierlich aufrechterhalten (vgl. Bette 1989, 186). In Wettkampfsituationen gibt es beispielsweise zu diesem Zwecke ein ausgeklügeltes Regelsystem, das festlegt, was erlaubt ist und darüber wacht, wie der Erfolgscode umgesetzt wird. Dadurch entsteht für alle Akteure, für Athlet/innen, Trainer/innen, Funktionäre, aber auch für das Publikum, die Medien, die Sponsoren eine Bestimmtheit, auf deren Basis es dann möglich wird, eine Situation wie die des Wettkampfes herzustellen, in der der Ausgang des Geschehens prinzipiell wieder offen und scheinbar zufällig wird. Erst wenn ein für alle geltender Rahmen geschaffen wird, kann ausgeschlossen werden, dass Sieg und Niederlage durch Maßnahmen und/oder Handlungen zu Stande gekommen sind, auf die nicht alle im gleichen Maße Zugriff hatten (z. B. illegale und illegitime Mittel). Bette spricht daher von Wettkämpfen als Interaktionssysteme, „die für eine Entscheidungsfindung unter künstlichen, regelhaften Bedingungen ausdifferenziert worden sind" (187) und bezeichnet sie schließlich als „sozial definierte Konkurrenzsituationen" (ebd.). Das Ziel ist letztlich – auch wenn dies nach unseren üblichen Maßstäben von gesellschaftlichem Zusammenleben stark negativ klingen mag – Ungleichheit herzustellen und an diesem Zustandekommen von Ungleichheit als Zuschauer ein großes Interesse zu haben, so lange es spannend, weil scheinbar nicht vorhersagbar bleibt. Die negative Konnotation dieser Ungleichheit geht verloren angesichts der formalen Gleichheit der Athlet/innen vor und im Wettkampf. Es zählt nur das Leistungsprinzip, keine Geburts- oder Standeskriterien (vgl. Bette 1989, 189). Dadurch entsteht eine gegenüber anderen gesellschaftlichen Handlungsfeldern seltene Transparenz. Darin liegt die Einzigartigkeit des Wettkampfes, ja die Einzigartigkeit des Sports. Um dieses Moment auf Dauer zu garantieren, gilt es, die künstliche Regelhaftigkeit leistungssportlicher Handlungen selbst wieder zu sichern. Dazu dienen z. B. Schiedsrichter, dazu zählen aber gleichfalls Kampfrichter/innen. Solange sich nun leistungssportliche Handlungen nach eindeutigen Kriterien hierarchisieren lassen – wie dies z. B. beim 100-m-Sprint der Fall ist – gibt es keine Probleme. In dem Moment aber, wo Leistungen, wenn auch nur partiell, mit der Logik von Messinstrumentarien nicht mehr eingefangen werden können, ist die formale Gleichheit und damit auch die seltene Transparenz dieses Handelns gefährdet. Und genau dieser Umstand trifft auf das Kunstturnen zu. Denn die von den Turnerinnen präsentierten künstlerischen oder ästhetischen Qualitäten, die im Übrigen von den Zuschauern hoch honoriert werden[25] und die so manche Trainer/in,

---

[25] Man denke nur an die Zuschauermenge bei Schaukämpfen oder vergleichsweise beim Schaulaufen im Eiskunstlaufen am letzten Tag der Meisterschaften.

aber auch viele Turnerinnen aufgewertet wissen möchten, lassen sich nur sehr ungenügend mit rationalen Instrumentarien erfassen und messen. Die Attraktivität dieser Qualitäten beruht ja sozusagen auf einer Wahrnehmung von Anmut und Schönheit, für die es keine Übersetzungen gibt und die sich als sehr persönliche Darbietungen schwer vergleichen lassen. Sie werden zu unverwechselbaren Insignien der jeweiligen Turnerin, sie bleiben es oftmals sogar, nachdem die Athletin bereits die Bühne des Leistungssports verlassen hat und gehören fortan zum Bestand kollektiver Erinnerung.

Dieses Phänomen erklärt die empörten Zuschauerreaktionen bei niedrigen Punktwerten für eine dargebotene Leistung, die in der Wahrnehmung der Zuschauer einen ausgesprochen hohen Stellenwert einnimmt. In diesen Momenten offenbart sich die Rigidität und Paradoxie von Bewertungskriterien gleichermaßen. Hier versagen die rationalen Sicherungsmechanismen des Systems. Hier gibt es keine kausalen Eindeutigkeiten mehr, hier wird Handeln nicht mehr erwartbar. Derartige Unstimmigkeiten sind auf verschiedenen Ebenen auszumachen: auf jener der Kampfrichter/innen genauso wie auf jener der Trainer/innen und schließlich auch der Turnerinnen. Intensive Beobachtungen des Wettkampfverhaltens von Turnerinnen zeigen häufiger, dass die Athletinnen nach Beendigung ihrer Pflicht/Kür sowohl den Tisch der Kampfrichter/innen ignorieren als auch die Anzeigetafel, der sie den Punktwert ihrer Leistung entnehmen könnten. Zum einen wissen sie vermutlich selbst ziemlich genau, was ihre Leistung wert ist, doch zum anderen wissen sie wohl immer auch um die latente Gefährdung der erwähnten formalen Gleichheit bei einem Bewertungsverfahren, das Irrationalitäten enthalten muss.[26] Wozu dann noch erwartungsvollen Blickes sein oder sich gar zu einer Siegespose verleiten lassen?

Im Männerturnen gibt es diese Posen u. a., weil die Bewertungskriterien auf Grund des geringen künstlerisch-ästhetischen Anteils der Übungen auch weniger Unstimmigkeiten enthalten. Vielleicht ist diese Art der Reaktion vieler Turnerinnen geradezu ein kompensatorischer Umgang mit dieser Lücke im systemischen Ausdifferenzierungsprozess. Was den Turnerinnen durch diese Lücke verloren geht, kann nur erahnt werden. Hier möge man nur an ein krasses Gegenbeispiel denken: an eine Läuferin, die sich im Moment der Überquerung der Ziellinie nicht nur ihres Sieges, sondern ihrer vollbrachten Leistung vollständig gewahr wird, in dem sie für einen Bruchteil einer Sekunde auf die Uhr blickt, die für sie und alle anderen eine jeder Verdächtigung erhabene Zeit anzeigt. Was man dann sehen kann, ist ein Erleben von Hervorgehobenheit und Einzigartigkeit – häufig eingefangen von einer Kamera und ebenso häufig und vergebens übersetzt im anschließenden Interview. Mit dieser Beschreibung verdeutlicht sich auch das bereits erwähnte Gefährdungspotenzial für die Turnerinnen, das dadurch entsteht, dass Wettkämpfe, aber auch Trainingssituationen zu

---

[26] Vermutlich – so möchte man spitzfindig anmerken – wissen sie auch um den verlangsamten Blick der alternden Kampfrichter/innen und um jenes Bewertungskriterium, wonach die richtige Farbe des Turnanzuges der jeweiligen Turnnation entscheide (letzteres ist einer Trainer/in-Äußerung entlehnt).

rigide an Sieg und Gegnerschaft ausgerichtet werden. Wenn Kunstturnerinnen ihr Handeln sehr früh stringent den sehr engen Bewertungskriterien des Systems unterwerfen, können sie eben auch sehr schnell enttäuscht werden oder positiv formuliert: mit Hilfe eines weiten Erfolgscodes und auch eines realistischen Anspruchsniveaus können Frustrationen und Motivationseinbrüche vermieden werden, die die strukturellen Bewertungsparadoxien im weiblichen Kunstturnen allzu leicht parat halten können. Nur wenn die Vielseitigkeit eines Erfolgsbegriffes im Denken und Handeln gefördert wird, besitzt man gewissermaßen auch einen Puffer gegenüber den Schwächen des eigenen Systems und letztlich ein Potenzial für Leistungssteigerungen. Die Rolle und die Bedeutung des Trainers/der Trainerin, aber auch die Schwierigkeit für einen solchen Prozess soll mit folgender Trainer/in-Äußerung hier nur erwähnt werden (vgl. ausführlich Kap. 5.3).

„Und dann kommen die Anforderungen. Den code de pointage haben sie jetzt so angehoben, dass viele Mädchen sich fragen, ich weiß nicht, ob es hier in dem jungen Bereich schon so ist, aber die fragen sich, wieso, warum soll ich da überhaupt noch turnen, wenn mein Ausgangswert der Übung, jetzt lag er bei 9,6 oder 9,7, im nächsten Jahr geht mir das D-Teil in die Wertung mit rein, das heißt, dann hab ich einen Ausgangswert von 9,0, was soll denn das? Und ich bin fast am Ende meiner Entwicklung, das weiß ich. Da ich 9,0 Ausgangswert habe, krieg ich ne 8,0 für die Übung, wo soll ich denn da überhaupt noch die Möglichkeit haben, mal eingesetzt zu werden oder so? Da geht's ja weiter, ja, dass also die Anforderungen an die Aktiven unwahrscheinlich gestiegen sind von der Seite her. Und immer weniger Turnerinnen, ich muss es mal sagen, mit Sicherheit weltweit Mannschaften, die sich um den Platz 8 bis 10 bewegen, na, dort wird es meiner Ansicht nach Riesen-Motivationsprobleme geben, wie sollen wir das überhaupt packen, mit dem Code, und teilweise ist er nun schon wieder entschärft worden, ja, hier und dort sind da so ein paar Dinge schon wieder reingenommen worden, die man eben vorher abgeschafft hatte. Sind viele Unlogiken drin in dem Code de pointage, die die Mädchen natürlich auch mitkriegen, ja, und wer dann dort ein bisschen erwischt wird, wer seine Übung ein bisschen einseitig aufgebaut hat, das bringt natürlich dann für uns Riesenprobleme mit, ja, wie sollst du jetzt die Mädchen bei der Stange halten? Das geht dann ... bis zu Motivationsproblemen sofort rein" (696–775).

Neben der (unverschuldeten?) Schwäche der Bewertungskriterien im Kunstturnen sind noch weitere Grenzen der Ausdifferenzierung auszumachen. Sozialsysteme haben die Eigenschaft, für die Erwartungen an die eigenen Akteure so genannte „Bremszonen" einzurichten (vgl. BETTE 1989, 195). Mittels solcher Zonen soll es möglich werden, dass die gestellten Erwartungen entlang eines Kontinuums erfüllt werden können, um somit ihre Erfüllung wahrscheinlicher zu machen. Wenn z. B. ein

Weltrekord für das renommierte Leichtathletikmeeting in Zürich, also zu einem Zeit-*punkt* X angekündigt wird, steigt eben das Risiko, dass diese Erwartungen aus welchen Gründen auch immer nicht erfüllt werden. Die Chancen steigen jedoch, wenn eine solche Ankündigung sich auf mehrere Sportfeste im Zeit*raum* Y erstreckt. Für die Autonomie von Systemen ist es entscheidend, dass das Handeln und die Ereignisse in ihnen so koordiniert werden, dass Anschlusshandlungen möglich werden, die den Fortbestand des Systemcodes garantieren. Deswegen kommt es zu solchen Handlungssituationen wie die von Training und Wettkampf, deswegen gibt es im Leistungssport Trainingspläne, gibt es Mikro-, Meno- und Makrozyklen, in denen Leistungen vorbereitet und entwickelt werden. Auf derartige Strukturen zu verzichten oder sie durch überhöhte Erwartungen zu konterkarieren, würde bedeuten, Anschlusshandlungen zu gefährden, schlimmstenfalls unmöglich zu machen und in letzter Konsequenz, den Untergang des Systems zu provozieren.

Für das Kunstturnen stellt sich nun das Problem, dass im Vergleich zu anderen spitzensportlichen Bereichen kaum ‚*Bremszonen*' vorhanden sind, in denen eine Entlastung von systemisch bedingten hohen Erwartungdrucken stattfinden könnte. Ist erst mal das internationale Startalter von 16 Jahren erreicht, gibt es de facto kein Zeitkontinuum mehr, entlang dessen man eine dosierte Leistungsentwicklung betreiben könnte. Die Phase der Höchstleistung fällt mit dem Erreichen des internationalen Startalters zusammen. Von diesem Zeitpunkt an sind alle großen internationalen Wettkämpfe (Europameisterschaften, Weltmeisterschaften, Olympische Spiele) Höhepunkte, die selten sind – selbst wenn man als optimistisches, oberes Wettkampfalter das 20. Lebensjahr der Turnerinnen nimmt. Diese Höhepunkte können aus Sicht der Systemlogik nicht ausgelassen werden, noch können sie den Stellenwert eines ‚Vorbereitungswettkampfes' einnehmen. Dieser Luxus geht dem Kunstturnen auf Grund extremer Zeitknappheit verloren. Vor dem Hintergrund von Zeitknappheit und hohen Anforderungen wird das Kunstturnen zu einer risikoreichen Sportart im Hinblick auf das Erfüllen existierender Erwartungen und Zielvorstellungen. So wirken sich z. B. Verletzungspausen im Kunstturnen, selbst wenn sie im Vergleich zu anderen Sportarten nicht häufiger auftreten (vgl. Studie von BRÜGGEMANN u. a.), ungleich fataler aus – u. U. kann für eine Spitzenturnerin eine Verletzung zum ungünstigen Zeitpunkt das Verpassen eines, wenn nicht gar des entscheidenden Höhepunktes der Karriere bedeuten.

Das weibliche Kunstturnen hat jedoch noch einen weiteren Nachteil gegenüber anderen Leistungssportarten. Die zunehmende Ausdifferenzierung des Leistungssports hat in den letzten 10, 15 Jahren wesentliche Verstärker für den Erfolgscode im Sport hervorgebracht. Es ist nicht mehr allein die Verteilung von Sieg und Niederlage, die über das Moment der Spannung die Logik des Leistungssports bestimmt und die Athleten zu kontinuierlichen Motivationsleistungen anhält, sondern finanzieller Gewinn in direkter (Sponsorengelder, Werbung, Prämien) oder indirekter Art (erleichterter Berufszutritt nach Beendigung der Karriere) sowie ein über Medien zugeschriebenes hohes Sozialprestige sind zu Charakteristika leistungssportlicher Szenen geworden –

natürlich mit markanten Unterschieden hinsichtlich der Verteilungshäufigkeit und -höhe derartiger Gratifikationen.

Im weiblichen Kunstturnen fehlen diese Verstärker fast vollständig. Siegesprämien werden kaum bezahlt, Sponsoren halten sich fern und die mediale Präsentation dieser Sportart ist verkümmert, großes Sozialprestige also über diesen Weg unwahrscheinlich. So etwas wie eine langfristige Existenzsicherung ist durch Kunstturnen nicht möglich, was für die Autonomiebestrebungen und -ansprüche des Systems und seiner Akteure nicht ohne Folgen bleiben kann. Die beschriebene Schwäche im Ausdifferenzierungsprozess des Kunstturnens macht es nicht nur aus einer pädagogischen Sicht obligat, jene Umwelten in die eigene Logik zu integrieren, die sich z. B. für den Punkt der Existenzsicherung maßgeblich verantwortlich zeichnen. Gemeint ist im Falle der Turnerinnen das Verhältnis von Schule, Ausbildung und Leistungssport. Hinterginge man beispielsweise die Bedeutung von Schule in unserem Gesellschaftssystem dadurch, dass dem Hochleistungssport beinahe ausschließliche Priorität eingeräumt werde, schlüge dies in letzter Konsequenz auf das Kunstturnen selbst stark negativ und systemgefährdend zurück, weil die Klientel verloren ginge. Eine Warnung an all jene, die voreilig und vor allem zu kurz gedacht einen Schulabgang, einen längerfristigen Schulausstieg oder einen Ausbildungsverzicht favorisieren, um mehr Zeit und Energie in den Sport investieren zu können. So sehr dies aus der Perspektive von Trainer/innen und auch Turnerinnen wünschenswert erscheint, wäre es für das Kunstturnen in Deutschland mit Sicherheit der Untergang.

Die untersuchten Akteure wissen um diese Zusammenhänge, es gibt kaum jemanden, der in dieser ausschließlichen Form seinen Sport denkt, und in einigen Stützpunkten sind auch gute Ansätze einer gelingenden Koexistenz von Schule und Leistungssport erkennbar, dennoch soll diese strukturelle Besonderheit – vielleicht ist es auch im Vergleich zu anderen Sportarten ein struktureller Nachteil – deutlich betont werden. Es klingt trivial, bleibt aber treffend: Erst wenn diese Merkmale zur Kenntnis genommen werden, lassen sich aus ihnen stabilisierende Konsequenzen für das System ableiten. Keinesfalls darf eine ‚Teufelsspirale‘ der folgenden Art derartige strukturelle ‚Nachteile‘ noch verschärfen: Permanente Zeitknappheit durch eine Doppelbelastung von Schule und Leistungssport und hoher Erwartungsdruck führen dazu, dass Verschärfungen im Training stattfinden und die wenigen Kompensationsmöglichkeiten zusätzlich beschnitten werden. Der (einseitige) Ruf nach einer Entlastung von schulischen Anforderungen wird laut. Es kommt zu Konfrontationen mit Eltern, Turnerinnen und Lehrer/innen. Das ausdifferenzierte Zusammenspiel von Training und Wettkampf gerät durcheinander, indem der rigide Erfolgscode des Wettkampfs zu stark auf die Trainingsprozesse zurückschlägt. Die Folge sind zu hohe Belastungen für die Kunstturnerinnen und u. U. gar ein Leistungsabfall oder eine Leistungsblockade, auf die dann womöglich nochmals mit Druckerhöhung reagiert wird, so dass sich dieses Missverhältnis immer weiter hochschaukelt. Es kann dann auf Grund dieser Verschärfung zu quasi kompensatorischen Sichtweisen der folgenden Art kommen: „Ich brauche eigentlich keine Wettkämpfe, mir reicht das Training" (O-Ton). Die fatale Konsequenz für das System wird offensichtlich, die Systemcodierung verliert für diese Turnerinnen an Gültigkeit. Man hat genau das Gegenteil von dem bewirkt, was man verbessern wollte – nämlich die Leistung.

### 4.3.2 Das Anforderungsprofil im weiblichen Kunstturnen

Wie könnte nun in Zusammenfassung der bisherigen Überlegungen ein Anspruchsprofil für das weibliche Kunstturnen aussehen? Wie lassen sich die Rahmenbedingungen verdeutlichen, unter denen weibliches Kunstturnen in der Bundesrepublik abläuft? Und schließlich: Welche Anforderungen hat eine Kunstturnerin zu erfüllen? Mit diesen Fragen stehen nicht nur die strukturellen Bedingungen und die individuellen Karrieren der Turnerinnen und darauf bezogen das Trainer/innenhandeln zur Disposition, sondern gleichfalls die internationale Konkurrenzfähigkeit sowie Konsequenzen für den Deutschen Turnerbund und das Bundesinnenministerium – erinnert sei daran, dass die finanzielle Unterstützung an bestimmte Leistungserwartungen geknüpft ist.

Die Anforderungen innerhalb des weiblichen Kunstturnens lassen sich in vier relevante Bereiche unterteilen (s. Abb. 1). Der erste Block *,Weltmeister werden (I)'* betrifft den sportlichen Bereich und lässt sich damit unmittelbar einsichtig als wesentliche Komponente benennen. Hochleistungssport ist auf maximale sportliche Erfolge ausgerichtet, also den Olympiasieg bzw. den Weltmeisterinnentitel.[27] Das System Hochleistungssport setzt dabei auf die Strategie der Maximierung, es ist ein nach oben offenes System ohne interne Stoppregeln, welches immer mehr und bessere Leistungen fordert.

Die Besonderheit für das weibliche Kunstturnen in der Bundesrepublik liegt jedoch darin, dass es sich nicht allein oder auch nur überwiegend auf diesen Bereich konzentrieren kann, sondern Abstimmungen mit anderen Bereichen zu treffen hat. So müssen die Kunstturnerinnen nicht nur hervorragende sportliche Leistungen erbringen, sondern sie befinden sich gleichzeitig in einer Lebensphase, in der wesentliche Grundsteine für die weitere berufliche Biographie gelegt werden. Auch die Anforderungen der *Schule (II)* sind also zu erfüllen, was zu hohen zeitlichen Belastungen führt. Dies zieht gleichzeitig für den Bereich des Sports einen Wettbewerbsnachteil gegenüber einer Vielzahl anderer Nationen nach sich.

Eine besondere Beachtung erfährt gerade in unserer Gesellschaft auch der dritte Block *,Gesundheit erhalten (III)'*. Vom weiblichen Kunstturnen wird erwartet, dass

---

[27] Die Bezeichnungen „Weltmeister werden" und die „Schule schaffen" sind der Veröffentlichung von RICHARTZ/BRETTSCHNEIDER (1996) entliehen, die eine Untersuchung zur Situation von Kindern und Jugendlichen der Schulen mit sportlichem Schwerpunkt in Berlin, die aus den ehemaligen Kinder- und Jugendsportschulen (KJS) der DDR hervorgegangen sind, durchgeführt haben.

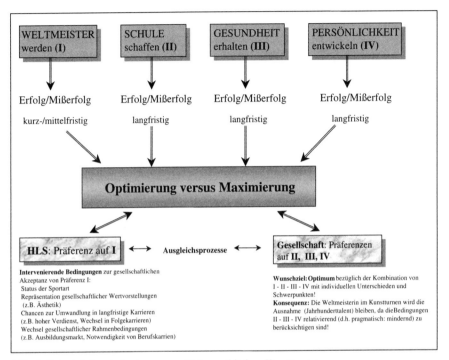

*Abb. 1: Prinzipielles Anforderungsprofil im weiblichen Kunstturnen.*

es die Gesundheit der Turnerinnen, wenn schon nicht verbessert, so doch wenigstens erhält bzw. nicht beeinträchtigt. Insbesondere die Öffentlichkeit legt hier einen Schwerpunkt und das Image des weiblichen Kunstturnens wird in erheblichem Maße durch die vermuteten gesundheitlichen Schädigungen bestimmt. Eine wesentliche Bedingung für die Akzeptanz und Förderung einer Sportart von staatlicher Seite liegt also im Nachweis gesundheitlicher Unbedenklichkeit, und dies erst recht dann, wenn es sich bei den Athlet/innen um Kinder und Jugendliche handelt.

Der vierte Aspekt betrifft die *Persönlichkeitsentwicklung (IV)* der Athletinnen. Neben der körperlichen spielt also auch die psycho-soziale Unversehrtheit eine entscheiden- de Rolle, wobei es hier sicherlich nicht nur um die Abwendung negativer Verläufe geht, sondern durchaus um die Förderung und Unterstützung einer positiven Ent- wicklung. Dieser vierte Block steht in engem Zusammenhang mit den drei erstge- nannten und es lassen sich hier vielfältige Wechselwirkungen vermuten. So könnten beispielsweise sportliche Erfolge auch die Persönlichkeitsentwicklung positiv beein- flussen, bei zu hohen Kosten für diese Karriere, z. B. durch den Verlust sozialer Kontakte zu Gleichaltrigen, aber auch negative Konsequenzen im psycho-sozialen

Bereich entstehen. Gesundheitliche Beeinträchtigungen wie z. B. langwierige Verletzungen haben in aller Regel auch psycho-soziale Auswirkungen. Auch zwischen den anderen Blöcken sind selbstverständlich Wechselwirkungen vorhanden. So können die schulischen Leistungen einerseits unter der vorhandenen Zeitknappheit leiden, andererseits scheinen sich die im sportlichen Bereich relevanten Eigenschaften wie Disziplin, Zielstrebigkeit und Ehrgeiz auch in Bezug auf die schulischen Anforderungen wiederzufinden. Die Beispiele machen deutlich, dass hier *gegenseitige Beeinflussungen* sowohl *in positiver wie auch negativer Form* möglich sind.

Alle vier Blöcke erlauben eine Bewertung der Zielerreichung, wobei der Grad der Messbarkeit von Erfolg bzw. Misserfolg erheblich variiert. So lässt sich in den Blöcken I. und II. relativ klar feststellen, ob die anvisierten Ziele erreicht worden sind. Olympiasieg und Weltmeisterinnentitel lassen sich ebenso unzweifelhaft ‚schwarz auf weiß' dokumentieren wie ein Schulabschluss.

Im dritten Block ist dies auf Grund unterschiedlicher Interpretationsmöglichkeiten des Gesundheitsbegriffs bereits schwieriger. Erschwerend kommt hier außerdem hinzu, dass sich gesundheitliche Folgen des Hochleistungssports einerseits erst sehr spät, also lange nach Abschluss der Karriere zeigen können. Andererseits ist es häufig problematisch, die genaue Ursache einer gesundheitlichen Beeinträchtigung auszumachen, so dass keine kausale Zuschreibung auf den Leistungssport möglich ist. So sind beispielsweise Wirbelsäulenprobleme bei über 30-jährigen auch in der ‚normalen' Bevölkerung keine Seltenheit. Ob nun ausgerechnet evtl. auftretende Rückenschmerzen bei ehemaligen Kunstturnerinnen auf deren leistungssportliche Vergangenheit zurückzuführen sind, ist oftmals nicht zu entscheiden.

Vollständig problematisch wird jedoch die Bewertung der vierten Kategorie, da sich kaum Kriterien hinsichtlich einer erfolgreichen bzw. „erfolglosen" Persönlichkeitsentwicklung ausmachen lassen. Hier sind vermutlich nur negative Abgrenzungen im Sinne eines Ausschlusses von extremen oder gar pathologischen Persönlichkeitsentwicklungen möglich.

Interessant ist auch eine Betrachtung der zeitlichen Ausrichtung innerhalb der unterschiedlichen Blöcke. Während Sportkarrieren kurz- bis mittelfristige Perspektiven aufweisen, sind im Gegensatz dazu alle anderen Bereiche langfristig orientiert, d. h. hier wird das gesamte Leben, die gesamte Biographie in den Blick genommen. Aus diesen verschiedenen zeitlichen Verläufen resultieren eine Reihe unterschiedlicher Konsequenzen. So wird innerhalb des Hochleistungssportsystems in aller Regel unter zeitlichem Druck gearbeitet, es zeigen sich – gerade in Sportarten wie dem weiblichen Kunstturnen – Verjüngungstendenzen, und das System versucht, auf Grund der Zeitknappheit so viele zeitliche Ressourcen wie möglich aus anderen Teilsystemen abzuziehen, so z. B. aus dem schulischen Bereich.

Gleichzeitig eröffnet sich die häufig gestellte Frage danach, wie denn angesichts der begrenzten zeitlichen Dauer der Sportkarriere ein so hoher Aufwand gerechtfertigt werden kann. Die Kunstturnerinnen selbst deuten das in Bezug auf das Lebensalter sehr frühe Karriereende für sich übrigens vielfach in positiver Weise um: so verbleibe ihnen noch ein relativ großer Abschnitt ihrer Jugend, den sie, frei von sportlichen Verpflichtungen, so verbringen können, wie gleichaltrige Nicht-Leistungssportler/innen auch. Insofern kann das frühe Karriereende in der subjektiven Perspektive der Turnerinnen also durchaus eine positive Wendung erhalten (vgl. LÜSEBRINK 1997, 78 ff.).

Insgesamt gesehen liegen von Seiten des Hochleistungssports und von Seiten der Gesellschaft unterschiedliche Strategien vor. Während das Hochleistungssportsystem auf Maximierung mit klarer, sogar ausschließlicher Präferenz auf den ersten Block ausgerichtet ist, findet sich auf der anderen Seite eine Optimierungsstrategie, die zunächst die bestmögliche Abstimmung zwischen den Blöcken II, III und IV anzielt. Auch sportlicher Erfolg kann durchaus erwünscht sein, jedoch nur als Ergebnis einer optimalen Kombination aller Blöcke, wobei allerdings individuell unterschiedliche Schwerpunkte gesetzt werden können, also unterschiedliche Wege der Verwirklichung dieser Kombination möglich sind. Das Ziel „Weltmeister werden" wird damit allerdings deutlich relativiert, denn eine Berücksichtigung aller Bereiche muss sich als Beeinträchtigung für den sportlichen Bereich auswirken. Es gilt eben nicht, Weltmeister *um jeden Preis* zu werden, sondern gleichzeitig müssen schulische, gesundheitliche und psycho-soziale Erfordernisse angemessen berücksichtigt werden. Dies führt in der Konsequenz zwangsläufig zu einer verminderten sportlichen Konkurrenzfähigkeit im internationalen Vergleich.

Die gesellschaftliche Akzeptanz einer hochleistungssportlichen Schwerpunktsetzung hängt darüber hinaus von verschiedenen intervenierenden Bedingungen ab, die jedoch im Falle des weiblichen Kunstturnens in der Bundesrepublik eher negativ zu veranschlagen sind. So ist sowohl der *Status* des weiblichen Kunstturnens als relativ gering anzusehen als auch die Chance, die Kunstturnkarriere *langfristig nutzen* zu können – im Gegensatz zu einer Sportart wie Tennis. Ebenso erfordern die *aktuellen gesellschaftlichen Rahmenbedingungen,* man denke nur an die Arbeitsmarktsituation, mehr denn je eine erfolgreich abgeschlossene Schullaufbahn.

Auffälligerweise zeigen sich z. T. erhebliche Unterschiede in der öffentlichen Wahrnehmung und Bewertung zwischen einzelnen Sportarten, selbst wenn diese relativ große strukturelle Ähnlichkeiten aufweisen. Dies kann am Beispiel des Eiskunstlaufens verdeutlicht werden. Diese Sportart ist in vielerlei Hinsicht mit dem weiblichen Kunstturnen vergleichbar, beispielsweise was das häufig kritisierte niedrige Einstiegs- und Hochleistungsalter angeht sowie die großen Trainingsumfänge. Doch selbst ein in diesen Ausmaßen unvergleichlicher Skandal wie der um Karel FAJFR führte bei den nachfolgenden Deutschen Meisterschaften keineswegs zu einer kritischen oder gar negativ gefärbten Berichterstattung, und das, obwohl die Deutsche Meisterin gerade einmal 14 Jahre alt war. Dies könnte auch ein Hinweis dafür sein, dass sich einmal in der Öffentlichkeit verfestigte Bilder nur schwer und in ausgesprochen langwierigen Prozessen verändern lassen. Eine für das weibliche Kunstturnen zugegebenermaßen eher unerfreuliche Erkenntnis, die schnell zu der Frage führt, wie denn die Betroffenen, also die Trainer/innen, Turnerinnen, Eltern etc. mit diesem Phänomen umgehen könnten. Wie steht es um Einflussmöglichkeiten in Dingen der Außendarstellung und Präsentation?

Für das Ziel „Weltmeister werden" stellt also die aktuelle Situation in der Bundesrepublik hinsichtlich des weiblichen Kunstturnens eher *schlechte Ausgangsbedingungen* zur Verfügung. Jedoch lässt sich durchaus auch auf der „Haben-Seite" etwas verbuchen, u. a. dass die deutschen Kunstturnerinnen in aller Regel über einen hohen formalen Bildungsgrad verfügen, und das gerade auch im Vergleich zu einer Reihe anderer Nationen. Die aus der Sicht des Systems Kunstturnen negative Bilanz könnte aus der Perspektive der Athletinnen somit durchaus anders aussehen (vgl. Abb. 2).

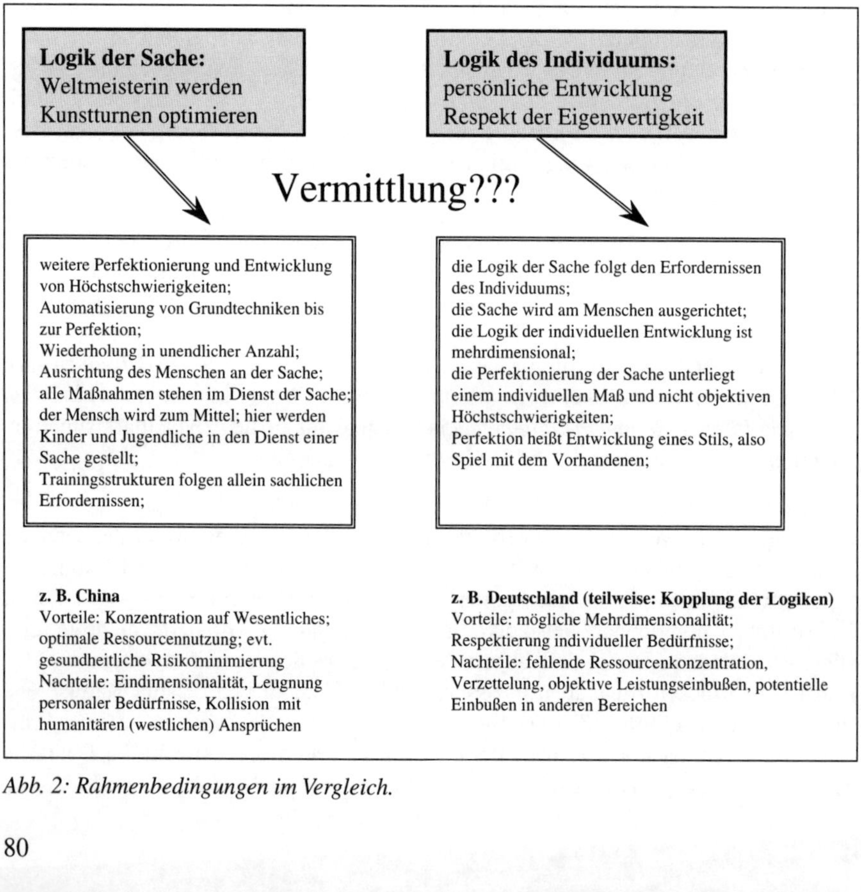

---

**Logik der Sache:**
Weltmeisterin werden
Kunstturnen optimieren

**Logik des Individuums:**
persönliche Entwicklung
Respekt der Eigenwertigkeit

## Vermittlung???

weitere Perfektionierung und Entwicklung
von Höchstschwierigkeiten;
Automatisierung von Grundtechniken bis
zur Perfektion;
Wiederholung in unendlicher Anzahl;
Ausrichtung des Menschen an der Sache;
alle Maßnahmen stehen im Dienst der Sache;
der Mensch wird zum Mittel; hier werden
Kinder und Jugendliche in den Dienst einer
Sache gestellt;
Trainingsstrukturen folgen allein sachlichen
Erfordernissen;

die Logik der Sache folgt den Erfordernissen
des Individuums;
die Sache wird am Menschen ausgerichtet;
die Logik der individuellen Entwicklung ist
mehrdimensional;
die Perfektionierung der Sache unterliegt
einem individuellen Maß und nicht objektiven
Höchstschwierigkeiten;
Perfektion heißt Entwicklung eines Stils, also
Spiel mit dem Vorhandenen;

**z. B. China**
Vorteile: Konzentration auf Wesentliches;
optimale Ressourcennutzung; evt.
gesundheitliche Risikominimierung
Nachteile: Eindimensionalität, Leugnung
personaler Bedürfnisse, Kollision mit
humanitären (westlichen) Ansprüchen

**z. B. Deutschland (teilweise: Kopplung der Logiken)**
Vorteile: mögliche Mehrdimensionalität;
Respektierung individueller Bedürfnisse;
Nachteile: fehlende Ressourcenkonzentration,
Verzettelung, objektive Leistungseinbußen, potentielle
Einbußen in anderen Bereichen

*Abb. 2: Rahmenbedingungen im Vergleich.*

# 4.4 Ableitungen

Die systemischen Analysen und Überlegungen sollen nun stärker als bisher daraufhin geprüft werden, inwiefern sie sich systemstabilisierend gestalten lassen und wo diesbezüglich Beratungsmöglichkeiten bestehen. Hinter einem solchen Vorgehen steht die Auffassung, dass es trotz noch so verbindlicher Rahmenbedingungen, in denen man handeln muss, möglich ist, diese Bedingungen immer auch mitzugestalten und – wenn nötig – abzuändern. Das Handeln der Akteure wird niemals ganz von systemischen Bedingungen determiniert, auch wenn es nahe liegend erscheint, erst einmal solche Bedingungen für Missstände verantwortlich zu machen und eine Art der Entpersonalisierung zu betreiben. Das ist menschlich, negiert aber das Primat der eigenen Handlung. Der Fokus wird im Folgenden auf die *Handlungsmöglichkeiten der Trainer/innen* als diejenigen gerichtet sein, die vornehmlich für die täglichen Handlungskoordinierungen in der Halle verantwortlich sind. In einem ersten Schritt (4.4.1) werden die Aussagen der Trainer/innen zu den von ihnen wahrgenommenen systemischen Bedingungen dargestellt, um diese dann in einem zweiten Schritt (4.4.2) nach kritischer Prüfung in veränderte oder prononciertere Handlungsansätze münden zu lassen. Die Sichtweise anderer Akteure auf die systemischen Rahmenbedingungen des Kunstturnens, so z. B. die der Eltern spiegeln sich in den Interviewdaten nur marginal wider. Systemische Aspekte geraten bei ihnen immer dann in den Blick, wenn spezifische Probleme auftauchen, genauer: die Tochter Probleme hat. In diesen Fällen kommt es zu Schuldzuweisungen, dann steht das System mitsamt seinen impliziten Bedingungen zur Disposition. Diese Sichtweisen der Eltern zu spezifischen und problematischen Anlässen sind natürlich ernst zu nehmen, weil die Eltern selbst für das Kunstturnen eine ganz entscheidende ‚Umwelt' darstellen, mit der es zwingend zu kooperieren gilt. Das fängt mit den Fahrten zum Trainingsort an und hört mit der Erörterung von Zentralisierungsfragen auf. Dennoch wird der Schwerpunkt auf die Trainer/innen als diejenigen gesetzt, die in dem fokalen System Kunstturnen maßgeblich agieren und sich für die Bedingungen in diesem System immer mit verantwortlich zeichnen – dies macht einen entscheidenen Unterschied aus.

## 4.4.1 Die Perspektiven der Trainer/innen

Zu Beginn sei nochmals erwähnt, dass Systeme als Regulativ zwischen dem fungieren, was anfällt und dem, was verarbeitet werden kann. Damit rücken für die Funktionalität des Systems Identität und Ordnung in den Mittelpunkt. Betrachtet man nun vor dieser Folie die Trainer/innen-Sicht auf das weibliche Kunstturnen, dann ergeben sich doch deutliche Relativierungen in Form heterogener Rollenvorstellungen und Interpretationsspielräume, die auch unterschiedliche Handlungsstrategien parat zu halten scheinen. Ob diese Sichtweisen einem Abgleich mit der Realität standhalten, ob sie also ‚wahr' sind oder nur rein subjektive Legitimationsversuche darstellen, ist zweitrangig. Allein die Tatsache, dass die Trainer/innen die Funktionalität des

Systems z. T. sehr negativ wahrnehmen, hat eine Bedeutung für sich, weil doch diese Wahrnehmungen von wichtigen Entscheidungsträgern, die an dieser Funktionalität immer mitarbeiten, auf eben diese Funktionalität selbst negativ zurückschlagen.[28] Es wäre also unsinnig, zu sagen, diese Sichtweisen spielten eigentlich keine Rolle, weil es ja nur Sichtweisen seien, die der Realität nicht entsprächen. Denn zum einen wird diese Realität, von der z. B. andere Funktionsträger meinen könnten, die Trainer/innensichtweisen abstrahierten von dieser, von den Trainer/innen mitbestimmt und zum anderen räumt man mit so einem Hinweis das Problem der Unzufriedenheit wichtiger Akteure nicht aus der Welt – selbst wenn es Argumente dafür zu geben scheint, dass es sich um verzerrte Perspektiven handelte.

In qualitativen Forschungsdesigns ist es wie beschrieben sehr selten, dass auf Grund der vielen unterschiedlichen Fälle, die erhoben werden, auch nur annähernd statistische Repräsentativitäten möglich werden. Bei den interviewten Trainer/innen zeigt sich hingegen ein breiter Konsens hinsichtlich der Bewertung des weiblichen Kunstturnens als System. Es handelt sich dabei um negative Bewertungen, die fast grundsätzlich in Frage stellen, ob das Kunstturnen überhaupt als ein System gelten kann, das für die Akteure funktionale, komplexitätsreduzierende Alternativen anzubieten in der Lage ist – sei dies nun für die Trainer/innen selbst oder aber für die Turnerinnen. Am Pointiertesten kommt das in einer Äußerung vor, wonach im Falle des Kunstturnens eigentlich von einem „Nicht-System" zu sprechen ist. So defizitär seien die Strukturen, zu hoch die heterogenen Anforderungen an die Trainer/innen. Im Mittelpunkt derartiger Kritik steht beinahe ausnahmslos der nationale Verband, der angeblich unprofessionell arbeite, eine gemeinsame Linie mit den Trainer/innen vermissen ließe und der hohe Kommunikations- und Kooperationsbarrieren errichte. Wenn neben den klar negativen Systemperspektiven überhaupt positive Konnotationen zu vernehmen sind, so betreffen sie die Ebene der Landesverbände und/oder der einzelnen Stützpunkte. Dort scheint es nach Auffassung vieler Trainer/innen eher möglich, mittels unkonventioneller Maßnahmen und eines persönlichen Engagements zu effektivem Handeln zu kommen – das betrifft übrigens auch den Umgang mit den Medien.

Es kann im Einzelnen unterschieden werden in Kritikpunkte, die mit konkreten Tätigkeiten zu tun haben wie z. B. *Kommunikation, Kooperation und Koordination.* Allesamt Tätigkeiten, die nur ungenügend zu Stande kommen, z. B. Absprachen mit dem Verband, Einigung in Nominierungsfragen und -standards oder ein schneller und einheitlicher Informationsfluss. Auf Grund derartiger Defizite komme es immer wieder zu Paradoxien. So werde der Leistungssport einerseits offiziell begrüßt, andererseits konterkariere man von Funktionärsseite diese Losung durch unterschiedliche Haltungen in Fragen der Unterstützung (z. B. finanzieller Art) und der Nominie-

---

[28] Wichtig ist an dieser Stelle nochmals der Hinweis, dass es einen großen Unterschied gibt zwischen dem, was die Trainer/innen in ihren Äußerungen unter ‚System' verstehen und was die Systemtheorie mit diesem Begriff zu fassen versucht.

rungskriterien. In diesem Zusammenhang ist auch die Rede von Verantwortung, die von oberster Stelle ausbleibe – ein Zustand, der auch von den Turnerinnen seismographisch aufgenommen werde und bei ihnen die Sichtweise entstehen ließe, dass es irgendwo nicht ihr Verband, nicht ihre Funktionäre seien.

„Da gibt's in unserem tollen Staat auch keinen, der hilft. Wenn man gesagt hätte, ‚guck dir mal ne Athletin, die war in einem WM-Finale. Pass mal auf Mädchen‘, wenn's überhaupt ginge, wenn sie überhaupt mitgespielt hätte, wenn das ein profihaftes Management wäre, müsste man sagen, ‚komm her, jetzt müssen wir mal schaffen, dass wir bei Olympia noch mal einen Finalplatz erreichen‘, sagen wir mal. Hat's auch noch nie gegeben. ‚Komm abgesprochen, du kannst die paar Monate nachholen‘ oder was weiß ich, ‚kostet uns 12 000 Mark, hier liegen die. Machst du mit?‘ So was ja, macht doch keiner. […] Gut, das sollen auch keine Schuldzuweisungen sein oder so, aber wenn es ein profihaftes Management wäre, wie eben z. B. auf Männerseite, weil die eben, die trainieren zweimal, da ist es eben ne ganz andere Sache dahinter. Ja, da ist es eben das Ausstellungsstück des DTB, dann würde man so was vom Management her eher machen als eben bei den Turnerinnen" (195–218).

Unter dem Stichwort ‚*Funktionsheterogenität*‘ verbergen sich Äußerungen, die beklagen, dass man als Trainer/in zunehmend Aufgaben zu bewältigen habe, die nicht in den eigentlichen Zuständigkeitsbereich fielen und für die man sich nicht genügend ausgebildet sehe (vgl. Kap. 5.3). Man sei oft ‚Mädchen für alles‘ und könne eine effektive Leistungsentwicklung nicht im notwendigen Umfange verfolgen. Derartige Sichtweisen sind stark retrospektiv und idealisierend geprägt nach dem nicht unerwarteten Motto: früher war alles besser strukturiert und organisiert. Heutzutage müsse man von der Sichtung, über die Betreuung in allen Belangen bis hin zum Hochleistungstraining alles alleine leisten. Diese ‚früher-heute‘-Sicht ist charakteristisch für beinahe jedes Interview, für die ehemaligen Ost-Trainer/innen hält sie jedoch besondere Brisanz parat und stellt geradezu den roten Faden dar, an dem sie ihre negativen Bewertungen anknüpfen. Vor dem Hintergrund der Bedeutung und der Organisation des Kunstturnens in der ehemaligen DDR ist dies eine nur allzu verständliche Haltung. Gleiches gilt für die Beurteilung der Anstellungsverhältnisse und der Absicherung der Trainer/innen (Stichwort: Einjahresverträge) sowie für den Vergleich mit den Bedingungen in anderen Ländern. Die Sichtweisen nehmen dann schon nostalgische Form an. Dabei stellen einige Trainer/innen durchaus fest, dass andere, anscheinend erfolgreichere Verhältnisse wohl kaum auf unser Gesellschaftssystem übertragbar seien (z. B. die in Rumänien oder in China), andererseits klingt diesbezüglich immer auch ein bisschen Wehmut mit. Bei anderen aufstrebenen West-Nationen (Frankreich, Spanien) glaubt man erkannt zu haben, dass dort an einem Strang gezogen werde, man entsprechend investiere und eine Ähnlichkeit zum alten Sichtungs- und Ausbildungssystem (Zentralisierung) der DDR auszumachen sei. In diesen Ländern könne man größere Umfänge „fahren", die Rollenverteilungen seien klarer strukturiert, mehr Personal und mehr Geld vorhanden. Die USA nehmen in diesem Kontext eine exponierte Stellung in der Wahrnehmung der Trainer/innen ein, dort scheint – pointiert ausgedrückt – das turnerische Paradies zu sein oder genauer: das Paradies für Trainer/innen im Kunstturnen. Auch wenn bisher betont wurde, dass die Wahrnehmungen der Trainer/innen eine Qualität für sich darstellen, die ersteinmal zur Kenntnis genommen werden muss, will man nicht an den Akteuren „vorbeiberaten", sei hier dennoch ebenso erwähnt, dass während der gesamten Studie kein Fall eines Trainers/einer Trainerin im deutschen Kunstturnen bekannt wurde, der oder die z. B. wegen Erfolglosigkeit den Job verloren hätte.

Das Thema der Ressourcen wird gleichfalls im Sinne eines Mangelzustandes diskutiert. Gemeint ist neben fehlendem Geld (für Trainer/innen, Lehrer/innen, Erzieher/innen) auch die manpower, die seitens des Verbandes ungenügend gestellt werde und zu einer mangelnden Unterstützung der Hochleistungsschiene im DTB führe. Dies betreffe sowohl mögliche Kontakte zu Sponsoren als auch den professionellen Umgang mit und die Nutzung der Medien. Überhaupt wird sehr schnell mehr Professionalität vom Verband eingeklagt und das Prinzip der Ehrenamtlichkeit in Frage gestellt. Man wünscht sich eine Art Management, das verstärkt die Belange des Hochleistungssports im Blick hat. Denn mit mehr Professionalität erreiche man schließlich auch mehr Effektivität und am Ende mehr Erfolg. Das Denken in so genannten Zyklen (z. B. Olympiazyklus, also Vierjahreszyklus) müsse verstärkt und die zentralen Lehrgangsstrukturen überprüft werden. Derartige Maßnahmen hätten nicht nur etwas mit der schon erwähnten gemeinsamen Linie zu tun, sondern auch mit einer Magnetwirkung für zukünftige Spitzenturnerinnen und deren Eltern, sich doch dieser Sportart zu verschreiben und dies letztlich mit Stolz zu tun. Dazu zwei Äußerungen unterschiedlicher Trainer/innen:

> „Also ich seh momentan wirklich eine Lösung, um im Kunstturnen – das gilt für Männer ganz genauso – wieder an die Anschlussleistungen heranzukommen und das heißt *professionelles* (betont) Arbeiten. Im Turnen ist ein bisschen schwerer, die Leistung zu erzielen als in anderen Sportarten. Ja, dass man sich wirklich auf diese Dinge konzentriert, wie wir's theoretisch vorhatten oder vorhaben. Man muss zwei Stützpunkte so ausbauen und so konzentrieren und denen die Möglichkeit und Bedingungen geben, dass dann die Diskussion, die jetzt noch geführt wird, wo jeder oder mehrere eigentlich den Stützpunkt selber machen wollen, weil sie ansonsten Athleten abgeben müssten, das müsste sich erübrigen. [...] Aber es ist nichts getan worden, um in X oder in Y solche Voraussetzungen zu schaffen, dass also dort das automatisch als Anziehungspunkt, als Magnet wirkt. Und die zwei Zentren, die müssen sich jetzt selbst hochtreiben, aber darüber bin ich im Widerspruch zu dem, was ich so gelesen habe. Es muss noch eine koordinierende Person, anerkannte Person oder ein Gremium geben, was auch festlegt" (948–1161).

„Und dann dürfte es auch nicht so sein, so ein Gegeneinander in den einzelnen Vereinen, wie es das eben in der Vergangenheit gab. Das war ja ein einziger Hickhack, und ich denke, eigentlich war das mehr oder weniger ein – wie soll ich jetzt sagen – ein Gerangel der Funktionäre, was sich auf dem Buckel der Turnerinnen ausgetragen hat, so würd ich das mal sagen. Schön wäre natürlich so eine systematische Linie, die eben auch von den Funktionären, von oben angefangen kommt, das wäre günstig, aber das wird sicher nicht erreichbar sein" (1053–1128).

Das Verhältnis von *Schule/Ausbildung* und Hochleistungssport wird von den Trainer/innen – von ganz wenigen Ausnahmen abgesehen – als ein sehr spannungsreiches beschrieben. Hier macht man zu Recht den Hauptkonkurrenten um das knappe Gut Zeit aus und glaubt zumindest für kurze Phasen, Verschiebungen zugunsten des Sports zulassen zu müssen. Ansonsten fehlten wichtige Umfänge, könne man die Turnerinnen und Trainer/innen nicht genügend entlasten, um Erfolg zu produzieren. Ohne eine solche Verschiebung z. B. in Form von Schulstreckung, teilweiser Fächerentlastung, organisierter Nachhilfe werde man im internationalen Vergleich nie konkurrenzfähig sein. Erfolge seien dann nicht planbar, sondern höchstens Zufall.

Mit der Beschreibung wesentlicher Sichtweisen der Trainer/innen zu ihrem System sind in hohem Maße subjektive Argumentationen erwähnt worden – dem liegt, wie oben dargelegt, eine wichtige method(olog)ische Funktion zu Grunde. Es ist herauszustellen, dass diese Auffassungen der Trainer/innen zum Kunstturnen als System nicht mit dem zusammenfallen, was vorher mit systemtheoretischen Überlegungen gemeint war. Natürlich gibt es Berührungspunkte. Doch wenn sich die Systembedingungen des Kunstturnens in dem erschöpften, wovon die Trainer/innen reden, dann müsste wohl die Frage gestellt werden, ob es denn überhaupt ein System – jetzt in theoretischer Sicht – geben kann, das so negativ geartet ist. Wie ließe sich dann noch ein spezifischer und für alle geltender Code verfolgen? Und wie ließe sich dann jener Clou erklären, der nämlich auch in den Sichtweisen steckt: dass man sich und die Leistungen der Turnerinnen nämlich trotz der angeblich so schlechten Bedingungen für Leistungsturnen in Deutschland noch recht nah an der internationalen Spitze glaubt?

„Gerade in unserem System ne, dieses eigentlich Nicht-System, ist, wenn man sich mal ein bisschen zurücksetzt als Insider und sagt, was die immer noch auf die Beine stellen, das ist ja eigentlich, vielleicht nicht in einer ganzen Übung, aber doch viele Übungsteile turnen die genauso wie die Weltspitze, nur denen fehlen ein, zwei Superschwierigkeiten noch, aber ansonsten haben die so das gleiche Niveau" (896–903).

Haben letztlich die beschriebenen Bedingungen ursächlich mit Hochleistungen viel weniger zu tun? Oder bedarf es all dieser angedeuteten Veränderungen und Optimierungen, um den lediglich relativ geringen Leistungsunterschied aufzuholen, sozusagen ein großer Aufwand für ein wenig mehr an Qualität? Diese Fragen bleiben in dieser Studie unbeantwortet, weil sie eine intensive Analyse der Prozesse zwischen den einzelnen Subsystem im Kunstturnen implizieren. Aufgabe hier ist es aber, die Sichtweisen der primären Akteure nachzuzeichnen und zu verstehen, um pädagogische und psychologische Beratungsleistungen abzuleiten – unabhängig davon, ob die Sichtweisen nun wahr oder falsch sind. Denn sie bezeichnen zuallererst wahrgenommene Defizite von zentralen Akteuren und helfen zusammen mit den systemtheoretischen Überlegungen, jene Chancen herauszupräparieren, die genutzt werden können und müssten, um das Handeln im Kunstturnen pädagogisch verantwortbar und gleichzeitig erfolgreich (in leistungssportlicher Wendung) zu gestalten. Von diesen Chancen handelt das nächste Kapitel.

### 4.4.2 Pädagogischer Kontext und systemische Funktionalität – Handlungsansätze

Es ist im Kunstturnen in der Bundesrepublik, so viel hat die bisherige Analyse hervorgebracht, nicht möglich, die ganz unterschiedlichen Handlungsmuster und Rollendefinitionen an rigiden systemtheoretischen Maßstäben auszurichten und z. B. einen einseitigen Erfolgscode zu favorisieren. Dafür sind die Verflechtungen des Systems Hochleistungssport – zumal mit Kindern und Jugendlichen – mit anderen relevanten Systemumwelten zu eng. Ein weiteres Beispiel: Für das System Kunstturnen scheint es in enger Auslegung des Erfolgscodes ausreichend zu sein, sich um jene Athleten zu kümmern, die noch aktiv sind und somit für die Reproduktion sorgen. Jedoch das Interesse und die Sensibilität für jene, ja immer noch jungen Turnerinnen zu verlieren, die ihre Karriere beendet haben, die also bereits sehr früh auf etwas sehr Elementares ihres bisherigen Lebens verzichten müssen und über entsprechende Verarbeitungsschritte und Kompensationen noch nicht verfügen, käme einer sehr schlechten Signalwirkung für potenzielle Nachfolgerinnen und – ganz entscheidend – deren Eltern gleich. Hier ist also nicht nur aus pädagogischer Sicht, ein *‚sanfter‘ Ablösungsprozess,* wenn nicht gar eine Art der *Nachbetreuung* seitens der Verantwortlichen (Trainer/innen und Funktionäre) anzustreben. Dies ist eben auch eine Besonderheit dieser Sportart. Es wird abermals deutlich, dass es in letzter Konsequenz für die Akteure selbst keine verbindlichen Systembedingungen und -vorgaben geben kann, die das Handeln im Kunstturnen eindeutig und widerspruchsfrei koordinieren könnten. Sondern an den Bedingungen, unter denen Kunstturnen betrieben wird, arbeiten sie selbst vor Ort immer und ganz entscheidend mit. Mit anderen Worten: Neben allen Nominierungsvorgaben, Mittelverteilungen und Standortvor- bzw. -nachteilen entscheiden jene individuellen Kontextbedingungen über das Gelingen dieser Sportart, die man selbst tagtäglich in der Halle und darüber hinaus schafft. Von dieser Aufgabe, von diesem Anspruch gibt es keine Entlastung – somit erfährt die bisherige systemtheoretische Perspektive eine Ergänzung durch akteurstheoretische Auffassungen (vgl. SCHIMANK 1996, 204 ff. u. 270 ff.).[29]

Vor dem Hintergrund dieses Ansatzes wird es nun möglich, die bisherigen analytischen Betrachtungen und die Selbstauskünfte der Trainer/innen aufzuheben und in zentrale Themen zu überführen, an denen es gemeinsam zu arbeiten gilt. Hier werden diese Themen lediglich ausgewiesen, die konkreten Umsetzungsschritte sind an anderer Stelle ausgearbeitet (vgl. Kap. 6.4).

Es ergeben sich folgende relevante Aspekte, die mittels der angeführten Stichworte stärker auszuarbeiten sein werden:

Es geht um das *Ausloten der Chancen* für die Ausgestaltung eines existierenden systemischen Rahmens bis hin zu seiner Veränderung durch das eigene Handeln (Aktivität statt Ohnmacht). Dazu gehört ein Wissen um die strukturellen Besonderheiten und Grenzen des Kunstturnens. Die Klientel sind Kinder und Jugendliche/ junge Erwachsene, so dass vor allem die Konsequenzen eines rigiden Erfolgscodes bedacht werden müssen. Hinsichtlich der Beziehung von Zeitknappheit und Erfolgsnachweisen und unter Berücksichtigung der erwähnten Mess- und Gratifikationsproblematik ist das Kunstturnen eine ,risikoreiche' Sportart.

Einen weiteren Schwerpunkt stellen die *strukturellen Verflechtungen*, aber auch Einzigartigkeiten von Training und Wettkampf dar. Der Blick wird damit gerichtet auf Relativierungen der spezifischen Handlungsabfolgen und Rollendefinitionen, auf den Stellenwert eines weit gefassten Erfolgscodes für die Motivation und Leistungsentwicklung (vor allem im Training) und auf die Erfahrungen eines exklusiven Könnens und einer eindeutigen Handlungslogik in einer Zeit gesellschaftlicher Unbestimmtheit.

Die Bedeutung von ,*Bremszonen*' sind nicht deutlich genug hervorzuheben, um Paradoxien zu vermeiden und eine Entlastungen von hohen Erwartungsdrucken zu garantieren. In diesem Kontext spielt ein realistisches Anspruchsniveau eine tragende Rolle. Gleichzeitig erfolgt der Hinweise darauf, dass keine Fokussierung auf Teilaspekte sportlichen Handelns (Perfektion) erfolgen soll, die andere wichtige Motivationen überlagern könnte. Fehlertoleranz und Gelassenheit sind als Ressource eines Konfliktmanagements zu betrachten.

---

[29] Besonders anschaulich bespricht SCHIMANK die Unterschiedlichkeit, aber auch die Nähe von systemtheoretischen und akteurstheoretischen Analysen am Beispiel des Dopings im Hochleistungssport. Danach gilt in systemtheoretischer Wendung, „daß der Leistungssport Doping als deviantes Handeln strukturell katalysiert" (1996, 213), weil durch solche Maßnahmen der selbst induzierte hohe Anspruch an sportliche Leistungen – in Form von Steigerungen – erfüllt und eine Entlastung von derartigen hohen gesellschaftlichen Erwartungen erfolgen kann. Aus einer akteurstheoretischen Sicht stellt sich Doping dagegen als so genanntes ,Prisoner's dilemma' der Sportler dar (vgl. ebd. 214 f.): Weil der eine nicht weiß, ob der andere sich dopt, dopt er sich, um nicht in Nachteil zu geraten (daher auch die häufig zu vernehmende Äußerung von Leistungssportlern, dass sie natürlich gegen Doping sind, aber sie doch sicher gestellt wissen möchten, dass die Konkurrenz ebenfalls auf Doping verzichtet).

Die Komplexität des Feldes verlangt die Berücksichtigung der je typischen *Kontext-bedingungen* vor Ort. Nötig sind Fallanalysen, die vor vorschnellen Verallgemeine-rungen und Handlungsschritten gefeit sind.

Eine Maßnahme, die gewissermaßen quer zu allen anderen liegt, betrifft eine *Professionalisierung von Kommunikationsstrukturen* auf allen Ebenen (Turnerin/Turnerin; Trainer/in/Turnerin; Trainer/in/Trainer/in; Turnerin/Verband; Trainer/in/Verband; Verband/Verband).

# 5 Die Welt des weiblichen Kunstturnens: Akteursdeutungen

Standen im letzten Kapitel systemische Bedingungen der Welt des weiblichen Kunstturnens im Mittelpunkt, so wird im folgenden Kapitel die Blickrichtung zumindest partiell verschoben. Es sind die unterschiedlichen Akteure, die innerhalb einer spezifischen sozialen Welt, wie sie das weibliche Kunstturnen darstellt, handeln und sich bewegen. Sie tun dies in Kenntnis oder Unkenntnis, unter Beachtung oder Umgehung von Rahmenvorgaben, die die Lebenswelt selbstverständlich immer auch mit konstituieren, aber durchaus nicht determinieren. Diesen Akteuren und Akteurinnen des weiblichen Kunstturnens gilt nun die Aufmerksamkeit. Ihren Auffassungen, ihren Perspektiven, ihren Relevanzstrukturen ist im Folgenden genauer nachzugehen, auch um ein besseres Verständnis der Relation von Systembedingungen und Akteursstrukturen zu bekommen. Erstaunlicherweise hält sich das wissenschaftliche Interesse für die handelnden Individuen, mit Ausnahme der Kunstturnerinnen, bislang in engen Grenzen (vgl. 2.2), während umgekehrt das öffentliche Interesse auf die Akteure und Akteurinnen fokussiert ist.

Für eine Untersuchung, die Beschreiben und Verstehen der Welt des weiblichen Kunstturnens zum Kern ihres Vorgehens erhebt, stellt die Einbeziehung der Akteursperspektiven demgegenüber eine unabdingbare Notwendigkeit dar. Natürlich kann es sich dabei aus prinzipiellen erkenntnistheoretischen Gründen nur um ,Deutungen' unsererseits handeln. Bei aller Nähe zum Untersuchungsfeld und trotz unterschiedlicher und differenziert erhobener und ausgewerteter Daten, *die* Wirklichkeit des weiblichen Kunstturnens oder *die* Sicht der Akteure und Akteurinnen bleibt einer konstruktivistischen Herangehensweise (und wohl auch jeder anderen) verschlossen. Dennoch ermöglichen die von uns unternommenen Deutungen einen – wie wir hoffen – genaueren Einblick in das Feld und ein besseres Verständnis der in diese Lebenswelt ,verstrickten' Personen. Diese ,Verstricktheit' ist auch als Ursache dafür zu betrachten, dass unsere Deutungen nie allein auf der Rekonstruktion einer einzigen Perspektive beruhen können. Wenn etwa Trainer/innen über ihre Beziehung zu den Athletinnen sprechen, dann betrifft dies sicher auch die Lebenswelt der Kunstturnerinnen oder der Eltern. Wenn Karrieren von Kunstturnerinnen rekonstruiert werden, dann wird man die Sicht von Trainer/innen oder Eltern schwerlich ausblenden können. Dieses „Dickicht der Lebenswelt" (vgl. MATTHIESEN 1983), das man beschreiben, nicht aber entwirren kann, es sei denn um den Preis seiner Zerstörung, markiert eine prinzipielle Grenze des analytischen Purismus.

Im Unterschied zu anderen qualitativen Untersuchungen haben wir den Versuch unternommen, alle relevanten Akteursgruppen in unsere Analyse einzubeziehen, da nur so die Vernetzung der Perspektiven und Handlungsstrukturen deutlich werden kann. Im Zentrum unserer Erhebungen standen die Kunstturnerinnen, die Eltern und die Trainer/innen[30], deren Lebenswelten – wie sich zeigen wird – in erheblichem Maße durch das Kunstturnen strukturiert werden. Der Blick auf diese Akteursgruppen macht aber auch sofort deutlich, dass es sich um sehr *unterschiedliche Personengruppen* handelt. Sie werden mit unterschiedlichen Ansprüchen und Anforderungen konfrontiert, stehen in unterschiedlichen Abhängigkeiten, befinden sich in unterschiedlichen biographischen Phasen u. v. a. m. Da uns diese Unterschiede wichtig sowohl im Hinblick auf die konkreten Situationsbeschreibungen als auch im Hinblick auf weitergehende Verstehensversuche sind, ergibt sich für die Ausarbeitung die Aufgabe, diese Unterschiede präsent zu halten. Auf der anderen Seite soll aber auch nicht vollständig auf das Verfolgen von Ähnlichkeiten verzichtet werden, wie sie sich beispielsweise in der Rekonstruktion von Relevanzstrukturen der Akteursgruppen ergeben. Die nachfolgenden ‚Akteursdeutungen' konzentrieren sich also immer auf eine konkrete Akteursgruppe, reflektieren dabei aber bei Bedarf auch auf die Perspektiven der Mitagierenden.

Zunächst wird dazu im nachfolgenden Abschnitt die Gruppe der Kunstturnerinnen genauer in den Blick genommen (5.1). Da es sich ausnahmslos um ehemalige und aktuelle Aktive der nationalen Spitzenklasse handelt, erscheint hier die Beschreibung ihrer Karrieren und die Rekonstruktion wesentlicher Relevanzen besonders interessant, da hinsichtlich dieser ‚seltenen Spezies' häufig auf oberflächliche oder verzerrende Informationen zurückgegriffen wird. Noch ärger ist die Situation in der Gruppe der Eltern (5.2). Zwar erfährt man immer wieder einiges über das Image solcher ‚vom Ehrgeiz zerfressenen' und auf die Kompensation eigener Defizite versessener Zeitgenossen und -genossinnen durch die Medien, die Mühe einer systematischen Annäherung an die Lebenswelt der Eltern von Spitzenturnerinnen hat bislang aber unseres Wissens

---

[30] Nicht nur der Vollständigkeit halber sei hier noch einmal auf die ‚relevanten Anderen' verwiesen, die allerdings nicht mehr als eigene Gruppe in der Analyse erscheinen. Die Auswertung dieser Gespräche und die Einbeziehung relevanter Beobachtungen fließen – aus forschungspragmatischen Gründen – in Form von Hintergrundinformationen in die weitere Analyse ein. Sicher ließe sich auch die Frage stellen, ob tatsächlich ‚alle relevanten Gruppen' in die Untersuchung einbezogen worden sind. Was ist etwa mit Medienvertretern, Funktionären, Lehrern oder Ärzten? Hier ist zum einen auf die Begrenzung unserer eigenen Ressourcen hinzuweisen, zum anderen aber auch auf den sicher unterschiedlichen Grad der Einbezogenheit in die von uns untersuchte ‚Lebenswelt'. So wenig wir uns als Forscher/innen in dieser Lebenswelt befinden, so wenig tun es z. B. die Medienvertreter/innen oder Lehrer/innen.

noch niemand auf sich genommen.[31] Diese Lücke möchte unsere Darstellung vor allem auf der eher deskriptiven Ebene ein wenig verkleinern. Die Gruppe der Trainer/innen schließlich (5.3) steht immer wieder im Zentrum kritischer Auseinandersetzungen, da sie als zentrale personale Schnittstelle die anonymen Anforderungen des Systems in alltägliche Trainingspraxis umsetzen. Über ihre Beweggründe, Tätigkeiten und Ambitionen ist aber ebenfalls wenig bekannt, so dass auch hier die erste Aufgabe im deskriptiven Bereich liegt. Als ‚Profis' verfügen sie aber auch über bestimmte Voraussetzungen, unterliegen bestimmten (u. a. auch pädagogischen) Anforderungen, erfüllen bestimmte Funktionen und entwickeln bestimmte Strategien im Rahmen ihrer Systemaufgaben. Diese gilt es ausfindig zu machen und zu verstehen, um daraus auch Konsequenzen für mögliche Beratungsangebote abzuleiten.

## 5.1 Turnerinnen als Akteure: zwischen uneingeschränktem Spaß und notwendigen Investitionen

Innerhalb der Studie wurden 23 aktive Kunstturnerinnen interviewt. In der Regel handelte es sich dabei um Einzelinterviews (n = 16), in drei Fällen fanden Gruppengespräche mit gleichzeitig zwei bzw. drei Turnerinnen statt. Dies erwies sich teilweise als fruchtbar, da sich die Turnerinnen gegenseitig ergänzten, Themen erweiterten und vertieften, indem sie auch miteinander ins Gespräch kamen. Die interviewten Turnerinnen waren zwischen 11 und 17 Jahren alt. Sie gehörten alle Förderkadern des Deutschen Turnerbundes bzw. der Landesturnverbände an. Der größte Teil der Mädchen zählte zum sog. ‚Perspektivkader Sydney 2000', mehr als die Hälfte hatte bereits Einsätze in der Nationalmannschaft bzw. der Juniorinnennationalmannschaft zu verzeichnen. Die Interviewten gehörten also zu den besten Turnerinnen der Bundesrepublik. 11 von ihnen lebten in den neuen Bundesländern, 12 in den alten. Insgesamt trainierten sie in acht verschiedenen Stützpunkten bzw. Vereinen. Nähere Charakterisierungen z. B. hinsichtlich der Schullaufbahn oder der familiären Situation sollen an späterer Stelle erfolgen.

Neben diesen noch aktiven Athletinnen waren auch sieben ehemalige Turnerinnen in die Untersuchung einbezogen. Sie waren zum Zeitpunkt des Interviews zwischen 17 und 24 Jahren alt mit einem deutlichen Schwerpunkt auf 17 bis 18 Jahren. Damit

---

[31] Mit Ausnahme der bereits in 2.2 angesprochenen Arbeit der Amerikanerin RYAN. Sie widmet in ihrer Darstellung den Eltern von Spitzenturnerinnen und -eiskunstläuferinnen ein eigenes Kapitel (vgl. 1996, 141 ff.). Hier gilt es allerdings zu bedenken, dass die gesellschaftlichen Rahmenbedingungen in den USA und Deutschland von erheblichen Differenzen gekennzeichnet sind, was einen Vergleich schwierig macht. RYAN gelangt in ihrer Studie zu sehr viel drastischeren Auskünften hinsichtlich des Elternverhaltens als es uns auf der Basis unseres Materials möglich ist. Sie bestätigt damit eher das gängige Bild der überehrgeizigen Eltern.

hatte ein Großteil ihre sportliche Laufbahn erst vor kurzer Zeit beendet, der längste Zeitraum seit dem Ausstieg aus dem Kunstturnen lag sieben Jahre zurück. Auch diese Turnerinnen gehörten in ihrer aktiven Zeit der nationalen Spitze im Kunstturnen an. Bis auf eine Turnerin waren alle Mitglied der Nationalmannschaft und starteten bei internationalen Meisterschaften. Die Interviewten trainierten in ihrer aktiven Zeit an fünf verschiedenen Stützpunkten, zwei von ihnen in den neuen Bundesländern, fünf in den alten.

Die Differenzierung nach alten und neuen Bundesländern scheint auf den ersten Blick angesichts des Alters der Akteurinnen wenig relevant, zumindest weniger bedeutsam als z. B. bei den Trainer/innen. Dem ist jedoch nur z. T. zuzustimmen. Zwar hat ein großer Teil der Mädchen die deutsche Wiedervereinigung kaum bewusst erlebt – die jüngsten waren noch im Vorschulalter –, dennoch finden sich erstaunlich viele Hinweise auf dieses historische Ereignis und seine Folgen. Möglicherweise sind zum einen die Veränderungen gerade im Sportbereich und hier speziell für die neuen Bundesländer besonders gravierend. Dies zeigt sich z. B. in den massiven Veränderungen in der Trainingssituation der Turnerinnen oder auch in den schulischen Belastungen. Zum anderen hat bis heute – wie in vielen anderen Lebensbereichen auch – keine vollständige Angleichung von neuen und alten Bundesländern stattgefunden. Die Bedingungen unter denen die Mädchen trainieren, zur Schule gehen etc. differieren nach wie vor entlang des Kriteriums neue vs. alte Bundesländer.

Insgesamt verliefen die Interviews mit den aktiven Turnerinnen z. T. problematisch und schwierig im Hinblick auf die Grundsätze qualitativer Forschungsstrategien. Vor allem wenn es darum ging, die Oberflächenstrukturen zu verlassen und Themen im Sinne qualitativer Interviews tiefergehend zu eruieren, stießen die Interviewer häufig an Grenzen. Einige mögliche Gründe für diese Problematik sollen hier kurz angerissen werden.

Zum einen handelte es sich bei den Interviewten um relativ junge Mädchen zwischen 11 und 17 Jahren. Das vorhandene Reflexionsniveau ist daher wohl in der Regel nicht mit dem Erwachsener zu vergleichen. Dabei sollten zwei Aspekte unterschieden werden. Zum einen entwickelt sich die Reflexionsfähigkeit gerade im Verlaufe des Jugendalters noch stark. Aber auch der Wunsch und das Bedürfnis vor allem nach Selbstreflexion nimmt erst in dieser Lebensphase Form an. Dies wurde u. a. bei Fragen nach der Biographie der Mädchen offensichtlich. Ein mit älteren vergleichbares biographisches Empfinden und biographische Konstruktionen waren bei den Mädchen – im Gegensatz zu den ehemaligen Kunstturnerinnen – kaum anzutreffen. Damit gerät ein zweiter Aspekt in den Blickpunkt: Offenbar erlaubt die Eingebundenheit in ein relativ abgeschlossenes System nur bedingt, über eben dieses System zu reflektieren, wahrscheinlich noch verstärkt dadurch, dass die Mädchen bis dahin noch wenig bzw. – wenn man hier von einer bestimmten Art und Weise zu leben spricht – noch gar nichts anderes kennen gelernt haben. Dieser Eindruck verstärkt sich, wenn man zum Vergleich die Interviews mit den – zum Teil gleichaltrigen oder nur wenig älteren – ehemaligen Kunstturnerinnen heranzieht. Sie haben das System Hochleistungssport verlassen und eine andere Möglichkeit der Lebensführung kennen gelernt. Darüber hinaus können sie ihr bisheriges Leben in mindestens zwei Abschnitte unterteilen: ihre aktive Kunstturnzeit und die Zeit danach. Diese beiden Phasen sind durch einen eindeutigen Schnitt, nämlich den Ausstieg aus dem Kunstturnen, voneinander getrennt. Damit haben sie im Gegensatz zu den noch aktiven Turnerinnen die Möglichkeit, ihr Leben entlang dieser Abschnitte biographisch zu betrachten und zu ordnen sowie auf der Folie des Neuerlebten über das Damals-Erlebte nachzudenken und dieses ggf. zu bewerten.

Damit soll den aktiven Kunstturnerinnen die Möglichkeit und Fähigkeit zu solchen Reflexionen und auch Bewertungen nicht vollständig abgesprochen werden, denn sie leben nicht in einer totalen Institution und es existieren durchaus Vergleichsfolien, z. B. zwischen verschiedenen Trainer/innen, zwischen dem Verhalten verschiedener Erwachsener mit unterschiedlichen Rollen (Eltern, Lehrer/innen, Trainer/innen, Verwandte, Verbandsfunktionär/innen, Physiotherapeut/innen etc.). Ihre Erfahrungen über andere Lebensformen sind jedoch begrenzt und schränken damit – gerade grundsätzliche – Reflexionen ein. So bekundet beispielsweise ein Teil der Kunstturnerinnen auf die Frage danach, ob sie etwas vermissen, z. B. das, was andere „normale" Jugendliche erleben, dass sie dies auf Grund fehlender Kenntnis und Erfahrungen nicht beurteilen könnten

Hier zeigen sich also Grenzen qualitativer Forschungsstrategien bzw. qualitativer Interviews. Nichtsdestotrotz nahmen nahezu alle Interviews einen Verlauf, der es unseres Erachtens noch gestattete, sie als qualitativ zu kennzeichnen und einer Auswertung zu unterziehen. Die nachfolgend dargestellten Ergebnisse bestätigen unserer Meinung nach diese Einschätzung.

Die Kunstturnerinnen stellen in einem gewissen Sinne die zentralen Akteure der Untersuchung dar: Nicht nur, dass sie diejenigen sind, die im Endeffekt die sportliche Leistung erbringen und damit die entscheidenden Protagonistinnen im System Hochleistungssport sind. Darüber hinaus gilt gerade ihnen die öffentliche Sorge im Allgemeinen sowie die im Spezielleren pädagogische. Es ist das Wohl der Mädchen, um das heftige Diskussionen geführt werden, die Angst um ihre Unversehrtheit leitet die Argumentationen. So gesehen stehen die Kunstturnerinnen sicher im Zentrum. Wie die folgenden Kapitel zeigen werden, ist dies allerdings nur in einer Hinsicht zutreffend. Wenn man nämlich an Veränderungen in der Lebenswelt Kunstturnen interessiert ist, konkret also Verbesserungen für die Kunstturnerinnen erreichen will, dann stehen andere Akteure im Zentrum. So richten sich Beratungsstrategien eher an solche Rollenträger/innen, die stärkeren Einfluss auf die konkrete Gestaltung der Lebenswelten haben, wie z. B. die Trainer/innen oder auch Funktionär/innen des DTB und übergeordneter Organisationen. In dieser Hinsicht sind die Kunstturnerinnen also nicht die zentralen Protagonistinnen, auch wenn die angestrebten Veränderungen vor allem ihre Situation verbessern sollen.

### 5.1.1 Internationale Karrieren bundesdeutscher Kunstturnerinnen

Die folgenden Ausführungen sollen eingeleitet werden durch die Darstellung der internationalen Karrieren bundesdeutscher Kunstturnerinnen. Im Gegensatz zu allen weiteren Analysen handelt es sich bei diesem ersten Schritt um eine Betrachtung von außen, während später die Interviewaussagen und damit die subjektiven Perspektiven der in das Kunstturnen Involvierten die Analysebasis darstellen. Es geht also zunächst einmal darum, auf der Basis einer ausgewählten Stichprobe von Kunstturnkarrieren objektive Befunde zusammenzustellen. Diese sollen eine Grundlage für die folgenden Überlegungen darstellen, in denen es vor allem darum gehen wird, die Relevanzen der Turnerinnen herauszufiltern. Damit diese nicht in einem luftleeren Raum stehen, erscheint es sinnvoll, quasi Eckdaten und Rahmenbedingungen ihres leistungssportlichen Engagements zu benennen. Hier wären sicher auch andere Daten als die der internationalen Einsätze denkbar. Jedoch stellen diese u. E. einen interessanten Abgleich zu den subjektiven Perspektiven dar, gerade wenn man die Bedeutung des übergeordneten Systems des Hochleistungssports nicht aus den Augen verlieren will.

Der folgenden Analyse liegen die internationalen Karrieren von Kunstturnerinnen in den Jahren 1992 bis 1997 zu Grunde. Einbezogen wurden alle bundesdeutschen Kunstturnerinnen, die in dieser Zeit bei internationalen Meisterschaften (im ‚Seniorinnenbereich') gestartet sind, also bei Europa- und Weltmeisterschaften sowie Olympischen Spielen. Der gewählte Fokus auf internationale Karrieren orientiert sich an einem sehr hohen Standard. Damit korrespondiert er mit den Kriterien, die von den für die Organisation, Koordinierung und Finanzierung des Hochleistungssports zuständigen politischen und sportpolitischen Gremien angelegt werden.

Herangezogen wurden die bundesdeutschen Teilnehmerinnen bei internationalen Kunstturnmeisterschaften der Jahre 1992 bis 1997. Ihre Karrieren wurden dann ggf. in die Vergangenheit zurückverfolgt, so dass die gesamten internationalen Einsätze jeder einzelnen Turnerin in den Blick genommen werden konnten. Der früheste internationale Start der einbezogenen Kunstturnerinnen findet sich im Jahr 1989.

*Tab. 3: Internationale Karrieren 1992–1997 (EM, WM, OL)*

| | |
|---|---|
| Turnerinnen mit internationalen Einsätzen | n = 23 |
| Offene Karrieren | n = 2 |
| Abgeschlossene Karrieren | n = 21 |

Insgesamt starteten im untersuchten Zeitraum 23 bundesdeutsche Turnerinnen bei internationalen Meisterschaften. Zwei Turnerinnen konnten bei der Auswertung nicht weiter berücksichtigt werden, da sie ihre Laufbahn 1997 noch nicht abgeschlossen hatten. Der Analyse liegen also die Daten von 21 Kunstturnerinnen zu Grunde (s. Tab. 3).

Die Turnerinnen waren bei ihren Starts zwischen 15 und 22 Jahren alt, wobei der erste Einsatz im Durchschnitt mit 15,81 Jahren erfolgte. Für einen Teil dieser Mädchen war dies gleichzeitig die letzte Nominierung (s. u.), durchschnittlich endeten die internationalen Karrieren vor Vollendung des 17. Lebensjahres, dauerten also nur wenig länger als 1 Jahr (s. Tab. 4).[32]

*Tab. 4: Beginn, Ende und Dauer der internationalen Karrieren*

|         | 15 J. | 16 J. | 17 J. | 18 J. | 19 J. | 20 J. | 21 J. | 22 J. | Durchschnitt |
|---------|-------|-------|-------|-------|-------|-------|-------|-------|--------------|
| Beginn  | 10    | 6     | 4     | 1     |       |       |       |       | 15,81 J.     |
| Ende    | 2     | 6     | 9     | 3     |       |       |       | 1     | 16,90 J.     |
| Dauer   |       |       |       |       |       |       |       |       | 1,09 J.      |

7 der untersuchten Turnerinnen wurden lediglich einmal eingesetzt, 4 kamen auf 2 Einsätze, 6 starteten 3-mal und 3 Turnerinnen 4-mal. Eine Turnerin nahm 7-mal an internationalen Meisterschaften teil. Dies bedeutet, dass die Turnerinnen im Durchschnitt auf knapp 2,5 Einsätze bei internationalen Meisterschaften kamen (s. Tab. 5).

Zu berücksichtigen ist in diesem Zusammenhang, wie viele internationale Meisterschaften in dieser Zeit stattfanden, d. h. welche Einsatzmöglichkeiten überhaupt existierten. Tab. 6 zeigt, dass die Anzahl zwischen einem und drei Wettkämpfen im Jahr variierte. Insgesamt fanden zwischen 1989 und 1997 16 bzw. 17 internationale Meisterschaften statt.[33]

Betrachtet man nun die Ausbeute der Turnerinnen in Form von Titeln, Medaillen und Teil-

*Tab. 5: Anzahl internationaler Einsätze (EM, WM, OL)*

| Anzahl Turnerinnen | Anzahl internationale Einsätze |
|--------------------|--------------------------------|
| 7                  | 1                              |
| 4                  | 2                              |
| 6                  | 3                              |
| 3                  | 4                              |
| –                  | 5                              |
| –                  | 6                              |
| 1                  | 7                              |
| **Durchschnitt**   | **2,48**                       |

---

[32] 1996 wurde das Mindeststartalter bei internationalen Meisterschaften von 15 auf 16 Jahre angehoben. Damit verschiebt sich der Beginn der internationalen Karrieren nach hinten, was zu einer weiteren Verkürzung der internationalen Karrieren führen könnte.

[33] Im Jahr 1990 fanden zwei Europameisterschaften statt, eine Einzel- und eine Mannschaftsmeisterschaft. Der Deutsche Turnerbund entsandte jedoch nur zu einem der Wettkämpfe Turnerinnen, daher wird die Anzahl hier mit ½ angegeben.

*Tab. 6: Anzahl internationaler Meisterschaften pro Jahr*

|  | EM | WM | OL | Summe |
|---|---|---|---|---|
| 1989 | 1 | 1 |  | 2 |
| 1990 | 1/2 |  |  | 1/2 |
| 1991 |  | 1 |  | 1 |
| 1992 | 1 | 1 | 1 | 3 |
| 1993 |  | 1 |  | 1 |
| 1994 | 1 | 2 |  | 3 |
| 1995 |  | 1 |  | 1 |
| 1996 | 1 | 1 | 1 | 3 |
| 1997 |  | 1 |  | 1 |
| **Summe** | **5/6** | **9** | **2** | **16/17** |

*Tab. 7: Internationale Erfolge*

|  | Anzahl |
|---|---|
| Turnerinnen | 21 |
| Einsätze | 52 |
| Titel | 0 |
| Medaillen | 0 |
| Finalplätze | 2 |

nahmen an Gerätefinals, so zeichnet sich folgendes Bild ab (vgl. Tab. 7): Von 21 Turnerinnen mit insgesamt 52 internationalen Einsätzen in den Jahren 1989 bis 1997 konnten keine Titel oder Medaillen errungen werden. In 2 Fällen erreichten bundesdeutsche Turnerinnen Gerätefinals bei Weltmeisterschaften.[34]

Verallgemeinert man diese Daten und ergänzt sie um einige Zusatzinformationen, dann ergibt sich folgendes Bild der Karrieren bundesdeutscher Kunstturnerinnen:

- Die Kunstturnerinnen beginnen mit ca. 6 Jahren ein sportartspezifisches Training.
- Dieses Training wird bzgl. Umfang und Intensität kontinuierlich gesteigert bis zu 5 bis 6 Trainingstagen pro Woche.
- Die Turnerinnen durchlaufen die verschiedenen Förderkader des DTB bis hin zum B-Kader.
- Mit durchschnittlich 15,81 Jahren findet der erste Einsatz bei einer internationalen Meisterschaft statt.

---

[34] Diese Bilanz wird auch durch die beiden nicht berücksichtigten Turnerinnen nicht verbessert.

- Bis hierhin haben die Turnerinnen fast 10 Trainingsjahre hinter sich, davon wahrscheinlich ca. 8 Jahre Leistungstraining.
- Die internationalen Karrieren enden im Durchschnitt vor Vollendung des 17. Lebensjahres, nämlich mit 16,90 Jahren.
- Sie haben also im Schnitt 1,09 Jahre gedauert.
- Insgesamt haben die Turnerinnen durchschnittlich 2,48 Einsätze bei internationalen Meisterschaften gehabt.
- Keiner dieser Einsätze hat zu einem Titel oder einer Medaille geführt.

Auf der Basis dieser äußeren Betrachtung lässt sich abschließend bilanzieren, dass bundesdeutsche Turnerinnen einen enormen Einsatz für einen *objektiv* gesehen geringen Gewinn erbringen.

Hingewiesen sei hier noch einmal auf die Prämisse eines sehr engen und hoch angelegten Fokus auf ausschließlich internationale Meisterschaften. Inwiefern diese objektive Bilanz sich mit den subjektiven Perspektiven der Turnerinnen deckt, darüber sollen die nachfolgenden Kapitel Auskunft geben. Angesichts der vorliegenden Daten stellt sich selbstverständlich die Frage nach dem ‚Warum' einer Kunstturnkarriere. Welche Relevanzen liegen dem Engagement nicht nur der Kunstturnerinnen, sondern z. B. auch der Eltern, die ihre Kinder diesen Sport ausführen lassen, zu Grunde? *Die objektiven Daten sagen also noch nichts über das subjektive Erleben der Karriere aus.* So ist es durchaus möglich, dass der einmalige Einsatz bei einer internationalen Meisterschaft für eine Turnerin ein ausgesprochenes Highlight und den Höhepunkt einer subjektiv befriedigenden Laufbahn darstellen kann.

### 5.1.2 Relevanzstrukturen von Turnerinnen

Relevanzstrukturen etwa von Wahrnehmungs- und Handlungsprozessen im Rahmen lebensweltlicher Analysen herauszuarbeiten, ist eine wesentliche Aufgabe einer phänomenologisch orientierten Forschungstradition.[35] Die Kenntnis solcher Strukturen und Gemeinsamkeiten vertieft das Verständnis für die untersuchten Lebenswelten und bietet Orientierungs- und Systematisierungschancen. Dies sollte allerdings nicht zur Einseitigkeit führen, denn bei allem Orientierungs- und Systematisierungsstreben, bei allem Verständnis für eine anwendungsorientierte Pragmatik, darf der Blick für Unterschiede nicht verstellt werden. Wissenschaftliche Untersuchungen machen die Welt nicht immer einfacher, im Gegenteil, häufig führt eine wissenschaftliche Be-

---

[35] Hinter den hier eingeführten Begriffen stecken selbstverständlich eine Reihe theoretischer Vorannahmen, die an dieser Stelle aber nicht weiter expliziert werden sollen. Kernstück dieser Annahmen ist die Sozialphänomenologie von A. SCHÜTZ (1981; 1982), die ihrerseits nicht unerheblichen Einfluss auf die Entwicklung der qualitativen Sozialforschung hatte und nach wie vor hat. Wer an den genaueren Zusammenhängen interessiert ist, sei z. B. auf die ausführliche Studie von GRATHOFF (1989) verwiesen. Was die Einbeziehung sozialphänomenologischer Theoriestücke in die vorliegende Studie betrifft vgl. LÜSEBRINK 1997, 17 ff.

trachtung zur Komplexitätssteigerung und Differenzierung der Perspektiven. Das gilt auch für die vorliegende Untersuchung. Denn trotz rigider systemischer Einbindungen und vermeintlich eindeutiger Codierungen imponieren auch in unserem Untersuchungsfeld die Akteure durch stark variierende individuelle Ausprägungen ihrer Relevanzsysteme. Diese Erkenntnis ist nicht neu, bereits die Sozialphänomenologie hat auf den subjektiven Charakter wesentlicher Relevanzen hingewiesen, gleichwohl ist diese Erkenntnis es wert, immer wieder in Erinnerung gerufen zu werden. Das gilt besonders nachhaltig in einem Feld, das durch Reglementierungen, externe Vorgaben und hierarchische Steuerung sehr eindrucksvoll die Bedeutsamkeit überindividueller Systemvorgaben demonstriert. Systemtheoretische Untersuchungen des Hochleistungssports (vgl. BETTE 1984; 1984a; 1995; 1999) haben immer wieder nachdrücklich und zu Recht gerade diese Aspekte hervorgehoben. Und doch versteht man auch das System Hochleistungssport genauer, wenn man die Eigenwilligkeit der handelnden Akteure explizit mit ins Kalkül zieht.[36] Auch die Systembedingungen des Hochleistungssports mit Kindern und Jugendlichen haben nicht die Möglichkeit, gleichsam ungefiltert in die Köpfe der Akteure (seien es nun Trainer/innen, Kunstturnerinnen oder Eltern) einzudringen, um auf diese Weise Systemkonformität zu ‚fabrizieren'. Wie die Auskünfte der Trainer/innen der ehemaligen DDR zeigen, war noch nicht einmal das wesentlich rigider strukturierte Fördersystem der DDR zu solchen Vereinnahmungen in der Lage. Es bietet sich also an, die Akteursperspektive, die auf Unterschiede, Differenzierungen und individuelle Filterungen verweist, bei allen Systematisierungs- und Orientierungswünschen nicht einfach auszublenden. Solche Einseitigkeit führt nur zu Pauschalisierungen und Simplifizierungen von komplexen Zusammenhängen, die letztlich weder das Verständnis noch mögliche Interventionen erleichtern. Die von uns untersuchten Akteure haben genau diesen Zusammenhang bestätigt, und bei aller nicht zu leugnenden Bedeutsamkeit systemischer Rahmenbedingungen, darf doch die Strukturierungsfunktion der Akteure nicht unterschätzt werden. Unser eigenes Vorgehen versucht diesem Anspruch dadurch gerecht zu werden, dass system(theoret)ische Gesichtspunkte eigens und ausführlich thematisiert wurden (vgl. Kap. 4) und andererseits nun die Akteursperspektiven ausführlich dargestellt werden. Diese Rekonstruktion der Akteursperspektiven kann aber aus Gründen der Übersichtlichkeit nicht in der wünschenswerten Akribie auf individuelle Differenzen zugreifen, so dass es bei diesem generellen Hinweis bleiben muss. Es war eine für unsere eigenen Deutungsmuster grundlegende Einsicht, die sich sowohl aus

---

[36] Um möglichen Missverständnissen vorzubeugen: dieser Dialektik ist sich natürlich auch die Systemtheorie bewusst. Die Frage ist nicht entweder System oder Individuum (übrigens auch nicht entweder System oder Lebenswelt!), sondern die Relationierung – systemtheoretisch gesprochen – beider ‚Systeme'. Der Blick auf Akteurtheorien kann da durchaus hilfreich sein. In diesem Sinn meint auch SCHIMANK: „Ein angemessenes Verständnis der modernen Gesellschaft [...] kann nur gewonnen werden, wenn beide Perspektiven immer wieder aufeinander bezogen werden, um einander wechselseitig die blinden Flecken zu zeigen" (1996, 208).

unseren Interviews wie auch aus den intensiven teilnehmenden Beobachtungen ergab, dass die Kombination von Systembedingungen, Kontextvariablen und Akteursrelevanzen zu Konstellationen führt, die alle pauschalisierenden Betrachtungen ad absurdum führt. Resultat einer solchen Einschätzung ist beileibe nicht die Beliebigkeit der Betrachtungen, sondern, wie sich zeigen wird, ein behutsamer Strukturierungsversuch, der sich der ‚Eigenwilligkeit' der untersuchten Akteure durchaus bewusst bleibt.

Eine weitere einleitende Bemerkung scheint gerade in Hinblick auf die Darstellungen unter 5.1 angebracht. Unser Anliegen war es, die interviewten Turnerinnen selbst ausführlich zu Wort kommen zu lassen und auch in der Analyse deutlich zu machen, dass der gemeinte Sinn der Jugendlichen ernst genommen wird (vgl. MOLLENHAUER 1980, 109). Daher werden ihre Äußerungen auch nicht in eine bereits vorgefertigte Theorie eingeordnet. MOLLENHAUER unterscheidet in diesem Zusammenhang zwischen zwei Formen der Argumentation, der „substantiellen" und der „formalisierenden". „Substantielle Argumentation nenne ich eine solche, die mit einer bereits ausgearbeiteten Theorie operiert (als Beispiel ließe sich an die psychoanalytische Theorie denken), deren Sätze man bereits für relativ gut bestätigt hält und nun in einer Untersuchung gesammeltes empirisches Material einer entsprechenden Deutung unterwirft, oder anders, die Theorie auf eine neue Bewährungsprobe stellt. Davon unterscheide ich eine formalisierende Argumentation; das ist eine Argumentation, die versucht, soweit es irgend geht, sich solcher substantieller Unterstellungen, wie sie in bestimmten Theorien formuliert sind, zu enthalten, um gerade hinter *das* zu kommen, was die Besonderheit der Argumentation des befragten Jugendlichen (oder wer immer es sei) ausmacht" (1980, 104). Sollten also – auf den ersten Blick zu Recht – bestimmte theoretische Anbindungen wie z. B. nahe liegender Weise an die Frauen- oder Geschlechterforschung vermisst werden, so basiert dies also auf einer begründeten theoretischen ‚Abstinenz'. Damit sollen die einleitenden Bemerkungen abgeschlossen und zur inhaltlichen Darstellung übergegangen werden.

‚Arbeit oder Freizeitspaß', ‚Freude oder Fron'?, dies sind die Schlagworte, zwischen denen sich die Argumente um den Kinder- und Jugendhochleistungssport bewegen. Die Antworten der Kunstturnerinnen sind eindeutig uneindeutig: da fallen Begriffe wie ‚Begeisterung' und ‚Spaß', aber ebenso sprechen sie von ‚Arbeit' und ‚Schuften'. Jedoch ist es im Gegensatz zu der extern geführten Diskussion niemals nur Arbeit und Schuften, manchmal nahezu uneingeschränkter Spaß und meistens eine Kombination aus beiden Facetten.

Für einen Teil der Mädchen ist das Kunstturnen *fast ausschließlich positiv besetzt.* Sie sind mit Begeisterung bei der Sache und hochmotiviert. Mit den Worten einer ehemaligen Turnerin lässt sich die zu Grunde liegende Motivation folgendermaßen beschreiben: „Ich find Turnen einfach immer noch total schön einfach. Es begeistert mich einfach…" (546–547). Worauf sich im Einzelnen die Begeisterung richtet, was genau den Mädchen Spaß macht, das variiert sowohl inter- als auch intraindividuell z. T. erheblich. Nachfolgend soll dieser Aspekt weiter aufgeschlüsselt werden, um unter anderem auch die Möglichkeiten deutlich zu machen, die die Sportart Kunstturnen beinhaltet.

Insgesamt lassen sich die von den Turnerinnen genannten Motive in drei Blöcke unterteilen. Zum Ersten finden sich Aspekte, die den Körper und die Bewegung betreffen, zum Zweiten geht es um unterschiedliche Facetten von Leistung und Erfolg und zum Dritten lassen sich verschiedene soziale Beziehungen nennen.

Hinsichtlich des ersten Blocks ist es zunächst die Bewegung ganz allgemein, die für die Mädchen positiv besetzt ist. Die meisten berichten von einem ausgesprochen starken Bewegungsdrang, dem Bedürfnis nach und der Freude an körperlicher Betätigung. Es lassen sich jedoch auch noch Spezifizierungen finden, die gerade innerhalb der Sportart Kunstturnen von besonderer Bedeutung sind. So lässt sich einmal die Akrobatik vom gymnastischen Bereich differenzieren. Während also auf der einen Seite die Athletik gefragt ist, steht auf der anderen Ästhetik und Eleganz – beides gekoppelt mit hohen koordinativen Anforderungen. Hier wird bereits deutlich, dass unterschiedliche Turnerinnen durchaus unterschiedliche Präferenzen haben können. Darüber hinaus deutet der Aspekt der Vielseitigkeit darauf hin, dass für einen Teil der Mädchen gerade die Kombination verschiedenster Anforderungen und damit die Komplexität der Sportart bzw. der Abwechslungsreichtum einen besonderen Reiz ausmacht. Der damit verbundene hohe Anspruch wird als Herausforderung gesehen. Auch das hohe Maß an Körperkontrolle, die Fähigkeit selbst komplizierteste Bewegungen mit einer hohen Präzision ausführen zu können, ist von Bedeutung. Als letzter Punkt aus diesem Komplex lässt sich die körperliche Verausgabung nennen. Hier tritt eine weitere Facette in den Vordergrund. Natürlich ist Kunstturnen im Hochleistungsbereich mit Anstrengung und auch häufig Überwindung vor besonders harten oder auch angstbesetzten Anforderungen verbunden. Jedoch hinterlässt gerade die erfolgreiche Auseinandersetzung und die damit einhergehende körperliche Verausgabung ein Gefühl der Zufriedenheit.

Im zweiten Block geht es um verschiedene Facetten von Leistung und Erfolg, die selbstverständlich ein zentrales Moment innerhalb des Hochleistungssports darstellen. Der Spaß am Turnen, vor allem an einem derart intensiven und umfangreichen Training wie es die interviewten Mädchen absolvieren, steht in einem engen Zusammenhang mit daraus resultierenden Erfolgen. Der Einsatz muss in einer bestimmten Weise entlohnt werden. Unter Erfolg sind dabei nicht nur Wettkampferfolge wie das Erringen einer Meisterschaft zu verstehen. Von entscheidender Bedeutung sind neben diesen ‚großen‘ auch vielfältige ‚kleine‘ Erfolgserlebnisse innerhalb des Trainings. Hier findet sich auch ein enger Zusammenhang zum Aspekt des Erlernens neuer Elemente, der von den Kunstturnerinnen immer wieder betont wird. Gerade das Kunstturnen scheint hier eine Sportart zu sein, die in diesem Bereich ganz besondere

Möglichkeiten bietet, da im Gegensatz zu vielen anderen Sportarten auch auf einem hohen Niveau immer wieder neue Bewegungen erlernt werden bzw. erlernt werden können. Neben dem Erlernen einzelner Elemente ist auch deren Kombination und Aneinanderreihung zu Verbindungen und ganzen Übungen motivierend.

Darüber hinaus lässt sich ganz allgemein das Moment des Leistens nennen. Leistung zu erbringen, ist also ganz grundsätzlich mit der Möglichkeit von persönlicher Befriedigung verbunden und zwar unabhängig von dem jeweiligen Feld, in welchem geleistet wird. Von Relevanz kann jedoch die Tatsache sein, dass die Kunstturnerinnen Leistungen auf einem sehr hohen und damit nur von wenigen erreichten Niveau vollbringen. Dementsprechend lässt sich abschließend für diesen Motivblock anführen, dass für einen Teil der Turnerinnen die mit ihren sportlichen Leistungen verbundene Einzigartigkeit, das Gefühl etwas Besonderes zu sein, von Bedeutung ist.

Der dritte und letzte Komplex betrifft nun wiederum einen völlig anderen Bereich. Ein wesentlicher Aspekt für die Motivation kann das Vorhandensein und die Qualität der innerhalb des Kunstturnens existierenden sozialen Beziehungen sein. Dies ist angesichts der enormen zeitlichen Investitionen nicht weiter verwunderlich. Die sozialen Beziehungen lassen sich in drei Richtungen ausdifferenzieren. Neben den Trainingspartnerinnen sollte man sicher nicht die Bedeutung von Aktiven des anderen Geschlechts unterschätzen, vor allem wenn die Mädchen ein bestimmtes Alter erreicht haben. Von ganz entscheidender Bedeutung gerade auch für längerfristige Karriereverläufe sind sicher die Beziehungen zu Trainerinnen und Trainern.

Wie bereits angedeutet, ist nun *nicht* davon auszugehen, dass bei *allen* Mädchen *alle* aufgeführten Aspekte eine Rolle spielen, sondern es lassen sich unterschiedliche Kombinationen und Schwerpunkte finden. Grundsätzlich ist es aber bemerkenswert, dass die Sportart Kunstturnen die Möglichkeit für eine Vielzahl unterschiedlicher Anreize eröffnet. Das Spektrum ist hier sicherlich als relativ breit gefächert anzusehen, wobei die Darstellung vermutlich noch nicht einmal Anspruch auf Vollständigkeit erheben kann.

Diese Facetten – bzw. ein Teil davon – sind also gemeint, wenn die Turnerinnen davon sprechen, dass ihnen das Kunstturnen ‚Spaß' macht. Für einen Teil der Mädchen scheint dies nahezu ohne Einschränkungen, das Kunstturnen auszumachen. Andere haben nicht – ggf. nicht mehr – diese eindeutig positive Sicht, die Turnerinnen machen Abstriche, es gibt durchaus negative ‚Begleiterscheinungen', die die Begeisterung mehr oder weniger stark trüben. Der Weiterführung der Karriere liegen dann verstärkt *Kosten-Nutzen-Rechnungen* zu Grunde: was hat man bisher investiert, wo liegen mögliche zukünftige Gewinnchancen, hat man erreicht, was man erreichen wollte und könnte, lassen sich Verluste kompensieren oder abschreiben etc.? Als negativ empfundene Aspekte werden als *notwendige Investitionen* bei der Verwirklichung der angestrebten Ziele angesehen. „Wer das eine möchte, muss das andere mögen", so drückt es eine der interviewten Turnerinnen komprimiert aus. Die Mädchen sind also bereit, für das Erreichen ihrer Ziele auch Dinge in Kauf zu nehmen, die ihnen keinen uneingeschränkten Spaß machen.

Neben diesen Kosten-Nutzen-Rechnungen scheint es auch so etwas wie einen Gestaltschließungszwang zu geben:

> „Wie gesagt, es hätte mir irgendwas gefehlt, wenn ich so früh schon aufgehört hätte. Irgendwas fehlte, weil der Durchbruch war eigentlich noch nicht da, die Gedanken kamen eigentlich erst, als ich sagen konnte, ich gehör zur Nationalmannschaft. Ich weiß nicht, auch wenn da nicht die Erfolge oder so, so extrem dahinter standen, aber es hört sich ja irgendwie auch toll an, da hab ich gesagt, ab jetzt könntest du dann irgendwann mal entscheiden, wann du aufhörst" (1353–1360).

Diese ehemalige Turnerin bringt sehr deutlich zum Ausdruck, dass Gedanken an ein Karriereende erst ab einem bestimmten Zeitpunkt tatsächlich von Relevanz sind. Erst als sie ein bestimmtes Ziel erreicht hat – in diesem Fall die Nominierung für die Nationalmannschaft –, entsteht der Eindruck, dass die Karriere ‚rund' ist. Das Begonnene zu Ende bringen, ist damit auch eine wesentliche Komponente.

Darüber hinaus spielt noch ein weiterer Aspekt eine zentrale Rolle, nämlich die im Verlaufe der Karriere ausgebildete und verinnerlichte Haltung bzw. Einstellung der Kunstturnerin. So antwortet eine 13-jährige bezogen auf die alltägliche Selbstdisziplinierung des Hingehens zum Training und der Frage nach einem möglichen Wegbleiben für einen Tag:

> „Nee, das ist eigentlich wie, wenn man aufgibt ein bisschen so, als wenn man sich sagt, ach, das ist mir egal, was die da alle machen, die können ja alle hingehen, ich nicht, da ist dann alles hin irgendwie, nee, das mach ich nicht" (303–309).

Es ist ein bisschen wie Aufgeben, der Anfang vom Ende, sich gehen lassen, würde man Training ausfallen lassen, weil man keine Lust hat. Was hier durchscheint, ist eine typische Grundeinstellung: Kunstturnerinnen zeichnen sich durch ein hohes Maß an Disziplin aus. In der Aussage der Turnerin wird deutlich, dass sie im Verlaufe ihrer Karriere so etwas wie ein Abkommen mit sich selbst abgeschlossen hat. Dies muss nicht bewusst erfolgt sein, aber die Turnerin fühlt sich diesem Abkommen offenbar verpflichtet. Niemand zwingt sie zum Kunstturnen, sie zwingt sich höchstens selbst.

Hier zeigt sich natürlich auch die stark sozialisierende Wirkung des Systems Hochleistungssport, das genau an dieser Form der verinnerlichten Selbstdisziplin interessiert ist. Damit stellt sich aber die grundsätzliche Frage, wann eine Entscheidung noch als ‚freie' zu kennzeichnen ist, und wann eben nicht mehr, da sie ‚lediglich' das Ergebnis mehr oder weniger massiver externer Einflüsse oder negativ ausgedrückt: Zurichtungen ist. Diese Frage stellt sich aber nicht allein hinsichtlich des Hochleistungssportsystems oder spezieller des Kunstturnens, sondern ist auf eine Vielzahl von

Lebensbereichen, in denen erzogen und sozialisiert wird, zu übertragen. Prinzipiell finden sich in der Familie, in der Schule usw. also vergleichbare Prozesse. Die Frage nach Fremd- oder Selbstbestimmung ist also keinesfalls leicht zu beantworten. Vielmehr sieht man sich hier einem ausgesprochen komplexen Sachverhalt gegenüber (vgl. Kap. 5.3.3).

Lediglich eine der interviewten Turnerinnen ließ sich nicht in diese Typologie einordnen. Ihre Relevanzstrukturen waren also weder durch ‚uneingeschränkten Spaß' noch durch ‚Kosten-Nutzen-Rechnungen' gekennzeichnet. Sie war zunächst nicht in der Lage, überhaupt Motive für ihr sportliches Engagement zu nennen:

> „F: Was ist es dann, wenn so ein bisschen das Risiko dabei ist bei der Sportart, was dich trotzdem da hält, beim Kunstturnen?
> I: Weiß ich nicht, ist einfach so. Ich weiß auch nicht.
> F: Irgendwas muss dich ja motivieren, dass du jeden Tag in die Halle gehst.
> I: Ja, vielleicht Freizeit verschwenden oder so. Freizeit.
> F: Und wie ist das so mit dem Spaßfaktor in der Sportart?
> I: Naja, meistens ist schon ganz, wenn wir was Neues lernen oder so, ist das ganz witzig, aber so, wenn man das schon kann, dann macht das nicht mehr so viel Spaß.
> F: Das heißt, da ist auch viel Routine schon drin?
> I: Ja.
> F: Und relativ wenig Neues?
> I: Ja das muss dann alles sichergestellt werden.
> F: Hat das so, wenn ihr jeden Tag in die Halle geht und trainiert, hat das so ein bisschen was mit Arbeiten, kann man sagen, das ist arbeitsähnlich?
> I: Ja, das ist Schuften" (142–166).

Für diese Turnerin ist Kunstturnen also eine „sinnvolle Tätigkeit für die Zeit" (571), wie sie an anderer Stelle noch einmal angibt und damit deutlich machen will, dass sich mit Hilfe des Kunstturnens freie Zeit sinnvoll füllen lässt. Dort stellt sich auch heraus, dass genau dies ihr offenbar Schwierigkeiten bereitet. Das Kunstturnen hilft ihr, den Anteil an zu füllender Freizeit zu reduzieren und damit ein für sie bestehendes Problem zu lösen oder zumindest zu minimieren.

Zwar gibt sie auf Nachfrage an, dass es auch manchmal Spaß macht, nämlich dann, wenn etwas Neues gelernt wird. Dieser positive Aspekt wird jedoch sogleich wieder relativiert: etwas Neues lernt man nicht so häufig, die meiste Zeit dient der Festigung des bereits Erlernten und „dann macht das nicht mehr so viel Spaß" (153–155). Als logische Konsequenz hat sie „mindestens ein- bis zweimal in der Woche" überhaupt keine Lust, zum Training zu gehen (187).

Im Gegensatz zu anderen interviewten Turnerinnen, die sich gerade in einer Krise befanden und über einen Ausstieg nachdachten, liegt dieser Turnerin eine Beendigung ihrer Karriere aber völlig fern, obwohl sie – in einem anderen Zusammenhang – betont: „... aber ich kann jederzeit sagen, ich hör auf und dann ist natürlich Schluss" (134–136). Sie scheint sich also nicht in einer momentanen Sinnkrise zu befinden. Vielmehr vermittelt sie den Eindruck, als sei ihre regelmäßige Trainingsunlust Normalität, als hätte sie niemals mit Begeisterung geturnt und auf dieser Basis dann auch die negativen Begleiterscheinungen akzeptiert. Das Kunstturnen ist weder besser noch schlechter als jede andere Betätigung – Hauptsache es verbraucht Zeit –, was angesichts der wenig positiven Einschätzung des Kunstturnens ausgesprochen fatalistisch für ein noch sehr junges Mädchen erscheint.

Die Interpretation dieses Interviews warf im Forschungsteam viele Fragen auf und führte zu nur wenigen Antwortversuchen. Ist es möglich, dass ein junges Mädchen in unserer Gesellschaft mit solch einer Grundeinstellung freiwillig Hochleistungssport betreibt – und dies offenbar noch gegen den Willen ihrer Eltern, die beide in Sorge um die Gesundheit ihrer Tochter waren? Ist es denkbar, dass ein Mensch einerseits enorme Energie für die täglichen Belastungen des Hochleistungstrainings aufbringt, ihm andererseits aber die Energie fehlt, Alternativen der Freizeitgestaltung anzudenken und aus dem Leistungssport auszusteigen?

Wie ist darüber hinaus diese konkrete Situation zu bewerten? Ist es akzeptabel, dass Kinder oder Jugendliche Leistungssport betreiben, ohne sich dafür zu begeistern, ohne Spaß daran zu haben? Oder muss man froh sein, dass dieses Mädchen ein Betätigungsfeld wie den Leistungssport gefunden hat, weil sie ansonsten nicht in der Lage wäre, ihre Freizeit überhaupt zu füllen?

Zur weiter gehenden Analyse wären in diesem Einzelfall sicher noch Zusatzinformationen notwendig gewesen, die wir aber auf Grund mangelnder Zeit und Kapazitäten nicht mehr erheben konnten. Grundsätzlich bleibt festzuhalten, dass er einen weiteren Beleg dafür darstellt, dass die Variationen in diesem Feld sehr groß sind und Verallgemeinerungen nicht weiterhelfen.

Im weiteren Verlauf soll nun der Frage nachgegangen werden, welche Einflussfaktoren für die grundlegenden Relevanzen von Bedeutung sind. Was führt dazu, dass die Mädchen mit ,uneingeschränktem Spaß' bei der Sache sind? Welche Ursachen führen demgegenüber eher zu Kosten-Nutzen-Rechnungen? Welcher Art sind die ,negativen Begleiterscheinungen'? Was wird von den Turnerinnen als Investition angesehen und zu welchen Investitionen sind sie darüber hinaus bereit, um die positiven Aspekte auch weiterhin erleben zu können? Welches sind die Schattenseiten, die Gegenpole der oben beschriebenen Anreize? Und inwiefern kann das Fehlen bzw. die negative Ausgestaltung einzelner Elemente der Motivstruktur den uneingeschränkten Spaß schmälern? Damit sind verschiedene Blickrichtungen auf die grundlegende Frage des Forschungsprojekts, nämlich die nach Belastungen und Risiken im weiblichen Kunstturnen aus pädagogischer Sicht, gestellt.

Die folgenden Einflussfaktoren haben sich als zentrale Komponenten herauskristallisiert:

- Karrieredauer
- Schulische Beanspruchung und Investitionen
- Zeitliche Beanspruchung
- Soziale Gewinne und Investitionen
- Investitionen im Bereich der Ernährung
- Gesundheitliche Investitionen

Diese Faktoren sollen in den folgenden Teilkapiteln genauer analysiert werden.

### 5.1.2.1 Karrieredauer als Einflussgröße

Die Karrieredauer scheint eine entscheidende Einflussgröße hinsichtlich der zu Grunde liegenden Relevanzen darzustellen. Im Gegensatz zu dem in Kap. 5.1.1 verwendeten Begriff der internationalen Karriere, der den sehr engen Rahmen internationaler Meisterschaftsteilnahmen umspannte, liegt den folgenden Ausführungen ein deutlich weiterer Begriff zu Grunde. Unter Karriere wird also in diesem Abschnitt die gesamte Zeit des kunstturnerischen Engagements vom ersten Kontakt bis zur Beendigung der aktiven Zeit verstanden. Im Folgenden werden verschiedene Laufbahnstationen und -phasen unterschieden und deren qualitative Ausgestaltung genauer untersucht.

Charakteristisch für den *Karrierebeginn* scheint es zu sein, dass er *schleichend* vonstatten geht. Über erste spielerische Zugänge erfolgt eine Sichtung der Talentierten und eine Weiterführung zu ersten turnspezifischen, aber immer noch spielerisch inszenierten Übungsformen. Umfänge und Intensitäten werden zunächst moderat gesteigert.

Grundsätzlich lassen sich zwei verschiedene Zugangsweisen differenzieren, zum einen die überwiegend in den neuen Bundesländern durchgeführten gezielten Talentsichtungen, die allerdings nicht mehr so umfassend und systematisch ablaufen wie noch zu DDR-Zeiten. Dementsprechend werden viele potentielle Talente gar nicht erst entdeckt. In den alten Bundesländern dominiert hingegen eine Form des Einstiegs bei der die Mädchen zunächst am Eltern-Kind- bzw. allgemeinen Kinderturnen teilnehmen und von dort zum Kunstturnen weitergeleitet werden.

In beiden Fällen kann man vermutlich nur bedingt davon sprechen, dass die Eltern der Zugang zum Kunstturnen waren oder allenfalls in einem trivialen Sinne: natürlich geht kein 4- bis 6-jähriges Kind alleine in die Turnhalle und meldet sich beim Turnen an. Die Funktion der Eltern liegt primär darin, ihre Kinder zum Kinderturnen zu bringen oder eben nicht, d. h. überhaupt keine Bewegungsaktivitäten zu starten oder evtl. eine andere Sportart zu wählen, was in diesem Alter aber eher ungewöhnlich sein dürfte. Nach dem Einstieg ins Kinderturnen muss für den Beginn der Karriere erstens das Talent entdeckt und zweitens auch an die nachfolgenden Instanzen weitergeleitet werden. Auch hier ist natürlich das Einverständnis der Eltern und häufig bereits ein verstärktes Engagement – z. B. in Form von Fahrdiensten – erforderlich. Die aktive Weiterleitung von Eltern, die ihr Kind selbst für begabt halten, scheint an dieser Stelle eher die Ausnahme zu sein. Eine typische Einstiegssituation wird nachfolgend von einer Trainer/in geschildert:

> „F: Ja, und wie isses umgekehrt, dass Sie sich Kinder anschaun und sagen, ,och, hätts du nicht mal Lust und du bist talentiert', die Eltern dann sagen: ,Nichts, auf keinen Fall Kunstturnen.'
>
> I: Hm, die Skepsis ist eigentlich immer da auch bei den Kindern, die wir auswählen und denen wir also sagen, also ihr könntet das vielleicht mal machen. Halte ich auch für ne sehr gesunde Sache, denn auch die Eltern von solchen Kindern müssen erst mal in den Leistungssport reinwachsen, sie wissen ja gar nicht, auf was sie sich einlassen, die kennen sich gar nicht aus, die haben vielleicht die Vorurteile, wie sie bei uns vorherrschen, die kennen sich in der Sportart nicht aus und natürlich können wir denen, sag ich jetzt mal, alles erzählen, aber die müssen eigentlich auch erst reinriechen und uns ist es eigentlich auch recht, wenn die Eltern kritisch sind, die Kinder wachsen in den Sport rein und die Eltern wachsen mit rein" (267–282).

Die Eltern wachsen also ganz ähnlich ins Kunstturnen hinein wie die Kinder selbst, wobei sie in der Regel im Sinne ihrer Kinder handeln, denn in dieser Phase dominiert eindeutig der Spaß an der Sache. Und welche Eltern möchten den Kindern schon Spaß und Selbstbestätigung nehmen (vgl. 5.2.1.1)?

Ein weiteres typisches Merkmal von Kunstturnkarrieren ist der oben bereits angedeutete sehr frühe Beginn: Das sportartspezifische Training setzt bereits im Alter von ca. 6 Jahren ein. Dies scheint seine Begründung zunächst quasi in der ,Natur der Sache' zu finden: Man muss so früh anfangen, da die Anforderungen so hoch sind und ansonsten nicht bewältigbar. Die kunstturnspezifischen konditionellen und koordinativen Grundlagen lassen sich in einem höheren Alter kaum noch aufbauen bzw. nachholen. Unter Systemgesichtspunkten erscheint der frühe Beginn also zwingend und logisch. Untergründig gibt es aber noch andere Aspekte, die eine Rolle spielen. Das frühe Einstiegsalter bringt eine ganze Reihe weiterer Vorteile mit sich:

Zunächst einmal gestaltet sich der Zugang umso unproblematischer, je früher er erfolgt. Die Kinder haben einen enormen Bewegungsdrang und dieser wird kunstturnspezifisch gewendet und genutzt. Darüber hinaus verhindert eine frühe Bindung ans Turnen anderweitige Orientierungen. Es existiert noch keine Konkurrenz durch andere Sportarten, da diese ein höheres Einstiegsalter aufweisen. Wenn dies erreicht ist, dann ist die Entwicklung im Turnen bereits so weit vorangeschritten, dass ein freiwilliger Wechsel wenig attraktiv erscheint. Anders steht es mit dem ,unfreiwilligen'

Wechsel der doch nicht ausreichend Talentierten, die dann häufig eine gute Grundlage für andere Sportarten vorweisen können. Schließlich scheint auch bedeutsam zu sein, dass die frühe Einbindung in relativ geschlossene Institutionen kaum zulässt, dass sich der Wunsch nach etwas anderem entwickelt. Dies lässt sich bei den interviewten Mädchen vor allem in den ersten Jahren ihrer Karriere feststellen. Konkurrierende Interessen entstehen in größerem Umfang häufig erst mit ca. 15 Jahren. Das muss gar nicht als Defizit erfahren werden – möglicherweise kann es das nicht einmal – und selbst objektiv gesehen gar kein Defizit sein, wenn man z. B. dem häufig auftauchenden Argument: ‚Besser als auf der Straße rumtreiben' folgt.

Diese letztgenannten Aspekte werden offiziell kaum angeführt, auch die Trainer/innen erwähnen sie nur am Rande, gleichwohl wird man ihnen Plausibilität und Funktionalität kaum absprechen können. Fraglich ist, ob sie bewusst eingesetzt werden, vor allem da diese Entwicklungen von ganz anderen Nationen mit ganz anderen gesellschaftlichen Bedingungen (z. B. Rumänien) evoziert worden sind.

Trotzdem erscheint der Blick auf ein anderes Szenario interessant: Wie sähe die Situation aus, wenn Kunstturnen auch erst mit 10 Jahren begonnen würde bei entsprechender Verlängerung der Kunstturnkarriere bis z. B. 25 Jahre? Die Rekrutierung wäre sicherlich wesentlich schwieriger, weil schon andere Hobbys (z. B. Musizieren) eine Rolle spielen, andere Sportarten attraktiver sein könnten, die Entwicklung der Kinder, was die Haltung/Einstellung (‚Wohlstandskinder') angeht vielleicht schon zu ‚verkorkst' ist. Man erkennt: Der frühe Karrierebeginn bringt einige Vorteile mit sich, nicht nur in der ‚Natur der Sache' liegende.

Die *erste Phase* der Karriere ist vor allem durch Spaß am Kunstturnen gekennzeichnet. Ein Ausstieg oder Rückzug an dieser Stelle ist genau aus diesem Grunde bereits schwierig; die Erfahrungen sind fast ausschließlich positiv, was natürlich einer inneren Logik folgt: Auf relativ basalem Niveau haben Talentierte in aller Regel keine Schwierigkeiten, sonst wären es eben keine Talente. Am Anfang steht also immer die ‚Leichtigkeit des Seins'. Die Mädchen sind erfolgreich in Training und Wettkampf und dieser Erfolg macht Spaß und motiviert ungeheuer. So begeben sie sich immer tiefer in das Kunstturnen hinein. Motivationsschwankungen treten nur selten und in geringem Umfang auf, Motivationslöcher sind in der Regel schnell überwunden und gleichen eher vorübergehenden ‚Launen'. Je nach Grad des Talents und sicher auch des Übungseifers kann diese Spanne des Erfolgs recht lange andauern, bis die Turnerin dann auf einem Niveau angelangt ist, wo ernsthafte Konkurrenz auf den Plan tritt und sich die Erfolge nicht mehr automatisch einstellen.

In dieser *zweiten Phase* kommen ggf. Misserfolgserfahrungen hinzu, das Lernen der schwierigen Teile wird mühsamer, langwieriger und anstrengender, der Zeitaufwand wird insgesamt größer. Dies basiert zum einen auf dem höheren Trainingsalter und dem damit zusammenhängenden höheren Leistungsniveau: immer kleinere Fortschritte bedürfen eines immer größeren Aufwandes – das gilt nicht allein für das

Kunstturnen. Auch das biologische Alter hat in dieser zweiten Phase einen ungünstigen Einfluss: Körpergröße und Körpergewicht entwickeln sich in einer für die Anforderungen des Kunstturnens negativen Richtung. Das Last-Kraft-Verhältnis verschlechtert sich, die Ausführung einzelner Elemente wird ebenso mühsamer wie das Durchturnen ganzer Übungen. Eine ehemalige Turnerin beschreibt die mit den körperlichen Veränderungen einhergehende Situation folgendermaßen:

> „Das war auch ein Grund, warum ich aufgehört hab. Ein ziemlich großer, weil mein Körper nicht mehr Turnerinnenmaß entsprochen hat, schon lange nicht mehr, aber ich persönlich bin da nicht mit klargekommen. Das war auch das Motiv von der X [...], die war auch im B-Kader früher, die hat gemerkt, dass die kleineren nachkommen und einfach mit ihren Maßen, ganz einfach einem davon hüpfen. Wenn man die am Boden sieht, ich hab dann nur noch Akro von den Kleinen gesehen, da hab ich gedacht, Wahnsinn, das bringst du einfach nicht mehr oder nicht mit so ner Leichtigkeit. Ich hab unbewusst Angst gekriegt und dann doch vorgebeugt und dann aufgehört. Man merkt das einfach, man kann nicht mehr so. Gut, es gibt Ausnahmen, aber auch zum Beispiel, als ich aus A-Stadt die Y gesehen habe, das war bei irgendwelchen Deutschen Meisterschaften, das fand ich so faszinierend, was die am Boden geturnt hat, und dann hab ich gesagt, nee, mit deinem Körper" (856–870).

Die Situation verschärft sich für viele Turnerinnen noch zusätzlich durch die mit Eintritt in die Pubertät auftretenden Gewichtsprobleme (s. u.).

Nun sind Eigenschaften wie Biss, Durchhaltevermögen und Disziplin gefragt. Wer so weit gekommen ist, wird aber nicht so leicht von heute auf morgen aussteigen, wenn es phasenweise nicht so läuft wie gewünscht. In dieser zweiten Phase werden also im Gegensatz zum ‚Spaßargument' der ersten Phase eher Kosten-Nutzen-Rechnungen herangezogen: Was hat man bisher investiert? Wo liegen mögliche zukünftige Gewinnchancen? Ist die Karriere bereits ‚rund'? Hat man erreicht, was man erreichen wollte und könnte? Lassen sich Verluste kompensieren oder abschreiben?

Mit den Worten einer 15-jährigen Kunstturnerin klingt das dann so:

> „… ich weiß nicht mehr, was ich früher gedacht hab, warum ich das machen wollte. Aber jetzt bin ich schon so weit gekommen, jetzt mag ich einfach noch nicht aufhören" (543–549).

Der Anfang ist diffus, verschwommen; niemand beginnt offenbar eine Kunstturnkarriere im Sinne eines Plans. Im Verlaufe der Zeit klinkt die Turnerin dann unspürbar in bestimmte Schienen ein, die ein Aussteigen nicht ohne weiteres möglich machen, ganz im Sinne einer Pfadabhängigkeit (vgl. BETTE/SCHIMANK 1995, 107 ff.). Auch der oben bereits angesprochene Gestaltschließungszwang findet sich in diesem Zitat erneut wieder. Die Turnerin hat offenbar Vorstellungen über einen idealen Karriereverlauf und diese sind noch nicht verwirklicht.

In dieser zweiten Phase finden sich verstärkt Motivationswellen. Die meisten Mädchen berichten davon, dass sie bereits ernsthaft über einen Ausstieg nachgedacht haben. Solche Gedanken kommen prinzipiell in Sinnkrisen, d. h. in Momenten, wo das eigene Tun nicht mehr mit der notwendigen Legitimierung versehen werden kann. Reflexionsprozesse setzen dann ein, wenn Normalität unterbrochen wird, was in diesem Fall konkreter meint, wenn der ‚normale‘ Karriereverlauf im Sinne einer Fortentwicklung, eines Aufstiegs gestört wird.

In der zweiten Phase der Karriere machen zudem viele Turnerinnen eine weitere Erfahrung, die sie bis dahin nicht kannten: Misserfolge im Wettkampf. Nicht nur, dass sie jetzt vermehrt auf ernsthafte Konkurrenz treffen und sich damit z. B. keine Fehler mehr erlauben können. Auch die Erwartungen – sowohl eigene als auch externe – steigen mit der Bedeutsamkeit der Wettkämpfe. Während die Trainer/innen bei Nachwuchswettkämpfen eher geneigt sind, Patzer noch hinzunehmen, erwarten sie von den ‚älteren‘ Turnerinnen, dass diese ihre Trainingsleistungen optimal im Wettkampf umsetzen.

Aber auch die eigenen Erwartungen der Turnerinnen sind häufig so hoch, dass sie mit Fehlern nur schwer leben können. Ein überzogenes Anspruchsniveau sowohl von externer Seite als auch von den Turnerinnen selbst führt in dieser Phase der Karriere oft – und z. T. unnötigerweise – zu Problemen. Hinzu kommt ein weiteres, durchaus kunstturnspezifisches Phänomen: In dieser Sportart herrscht eine ausgesprochene Tendenz zum Perfektionismus (vgl. THIELE 1999). Dies erklärt sich zunächst aus der Struktur der Sportart, die darauf ausgerichtet ist, Bewegungen so perfekt wie möglich auszuführen, und das nicht nur, um maximale Wertungen zu bekommen, sondern auch zur Vermeidung von Verletzungen und Unfällen. Dieser Perfektionismus hat also durchaus seinen Sinn! Er wird jedoch dann kontraproduktiv – und das ließ sich vielfach beobachten –, wenn er übersteigert wird. Dann führt er nämlich zu einer extrem verbissenen Trainingseinstellung, die jeden Fehler verteufelt und dessen produktive Komponente nicht mehr sieht. Wird diese Haltung zu einer grundsätzlichen, über das Training hinaus reichenden, dann resultieren weitere Probleme:

> „Ja also, es ist so, dass wenn ich was mache, dann mache ich es richtig und das ist überhaupt mein Problem. Ich habe mit total vielen Sachen aufgehört und es ist auch so, dass wenn ich jetzt wieder mit irgendwas anfangen will, das dann richtig machen will" (984–987).

Wenn immer nur das Beste gut genug ist, dann resultiert, dass vieles aufgegeben oder auch gar nicht erst versucht wird, wenn diese Perspektive nicht oder nur schwer erreichbar erscheint.

Eine andere Gefahr liegt in der Ausweitung dieser perfektionistischen Haltung auch auf andere Bereiche als die Turntechnik, nämlich z. B. auf die Figur. Dass dann massive Probleme mit der eigenen Körperlichkeit entstehen können, ist offensichtlich.

Ein weiteres Charakteristikum der Kunstturnkarrieren ist ihr *frühzeitiges Ende*, wie schon in Kap. 5.1.1 für die internationalen Karrieren dargestellt wurde. Auf der Basis der oben vorgenommenen Typisierung ist das Karriereende – wenn nicht Verletzungen ausschlaggebend sind und es also quasi ‚unfreiwillig' ist – auf eine negative Bilanz der Kosten-Nutzen-Rechnung zurückzuführen. Auffällig ist der Umgang sowohl von Turnerinnen- als auch von Trainer/innenseite mit der Thematik des sehr frühen Endes mit ca. 16 bis 17 Jahren. Für beide Gruppen scheint dieser Zeitpunkt Normalität zu sein. Die Turnerinnen antizipieren ihn beispielsweise bereits frühzeitig in ihrer Laufbahn (vgl. LÜSEBRINK 1997, 84 f.). In den Aussagen der Trainer/innen finden sich in diesem Zusammenhang eine ganze Reihe von Paradoxien, auf die kurz eingegangen werden soll:

Einerseits sind Trainer/innen selbstverständlich an der Fortführung der Karriere der von ihnen betreuten Turnerin interessiert, denn nur so können sie Erfolg nachweisen. Wie BETTE (1984, 33) überzeugend dargestellt hat, liegt ein zentrales Problem der Trainer/innenrolle darin, dass sie nur indirekt, über die Leistungen ihrer Athlet/innen ihre eigene Leistung darstellen können. Sie sind also in diesem Sinne extrem abhängig von ihren Athlet/innen. Auch hinsichtlich der internationalen Konkurrenzfähigkeit erscheint es kaum sinnvoll, wenn zu internationalen Meisterschaften jeweils nahezu nur Neulinge entsandt werden, da die Erfahrenen ihre Karriere bereits beendet haben (s. Tab. 2). Darüber hinaus verweisen die Trainer/innen auf die positiven Effekte älterer Kunstturnerinnen – z. B. BOGUINSKAJAS – für das Image des Kunstturnens.

Andererseits wird von den Kunstturntrainer/innen die drop-out-Problematik bzw. das Problem extrem kurzer Karrieren bundesdeutscher Turnerinnen kaum wahrgenommen, wie das folgende Zitat nahezulegen scheint:

> „I: Es ist also auch in der Vergangenheit, wenn ich das jetzt mal so Revue passieren lasse, immer so gewesen, dass wir etwa immer ein bis maximal zwei Leute pro Jahrgang hatten und die aber auch durchgezogen haben praktisch bis zum Ende der internationalen Karriere. [...] Also die Ausfälle, Drop-Outs oder so gibt es eigentlich in dem Sinne, wenn überhaupt, dann nur in den Einstiegsjahren.
>
> F: Das heißt so bis acht?
>
> I: Ja, höchstens, würde ich sagen, wahrscheinlich noch früher" (193–207).

Nach Aussage dieser Trainer/in existieren also gar keine drop-outs. Das ist umso verwunderlicher, als dass nur kurze Zeit vor dem geführten Interview zwei Nationalturnerinnen eben dieser Trainer/in ihre Karriere beendeten: Die erste war 15 Jahre alt, die zweite 17. Dies lässt nun unterschiedliche Interpretationen zu: Möglicherweise ist der Trainer/in die Problematik durchaus bewusst, er/sie wollte sie aber vor dem Interviewer verbergen. Eine andere Möglichkeit besteht darin, diese Erkenntnis auch vor sich selbst zu verbergen, da sie ansonsten die eigene Arbeit und das große Engagement zu stark in Frage stellen würde und damit bei Trainer/innen zu einer Sinnkrise führen könnte. Vielleicht ist es aber auch so, dass diese Mädchen tatsächlich nicht als drop-outs angesehen werden. Vielleicht ist ein Mädchen mit 17 im Kunstturnen kein drop-out? Vielleicht waren die konkreten Umstände derart, dass eine erfolgreiche Karrierefortführung – aus welchen Gründen auch immer – nicht denkbar war und somit wird der Ausstieg nicht als vorzeitiger klassifiziert? Vielleicht sind die Trainer/innen ja schon zufrieden, wenn sie es schaffen, dass ihre Turnerinnen bis zum ersten internationalen Einsatz dabei bleiben?

Hier lassen sich sicher verschiedene Interpretationsansätze finden. Festzustellen ist in jedem Fall eine Tendenz, die Turnerinnen sehr früh ,abzuschreiben' und stattdessen auf den starken Nachwuchs zu verweisen, der jedoch ebenfalls mit Eintritt in die internationale Karriere wieder mehr oder weniger uninteressant wird. Beispielhaft lässt sich dies am ,starken Nachwuchs' des Jahrgangs 1980 darstellen, in den der DTB große Hoffnungen gesetzt hat.

Zum ,starken Nachwuchs' des Jahrgangs 1980 zählten 6 Turnerinnen (s. Tab. 8), von denen man hoffte und erwartete, dass sie auch international ansprechende Leistungen erzielen könnten. Im Jahr 1997, die Mädchen waren also 17 Jahre alt, waren nur noch zwei von ihnen aktiv. Alle anderen hatten ihre Karrieren bereits beendet: nach 1 bis 2 internationalen Einsätzen, im Alter zwischen 15 und 17 Jahren. Die Gründe für die Karriereenden waren vielfältig, nichtsdestotrotz erscheint die Situation sowohl hinsichtlich der Leistungserwartungen des DTB (und übergeordneter Institutionen) als auch hinsichtlich der von Turnerinnen und Trainer/innen getätigten Investitionen wenig erfreulich.

*Tab. 8: Internationale Karrieren der Turnerinnen des Jahrgangs 1980*

| Name | Beginn (Alter) | Ende (Alter) | Internationale Einsätze (Anzahl) |
|---|---|---|---|
| G. Hofmann | 16 J. | offen | 2 |
| Y. Pioch | 15 J. | offen | 5 |
| K. Kühnert | 15 J. | 15 J. | 1 |
| S. Pimperl | 16 J. | 16 J. | 1 |
| A. Werries | 17 J. | 17 J. | 1 |
| N. Ziehfreund | 15 J. | 16 J. | 2 |

Zusammenfassend lässt sich sagen, dass für Mädchen, die sich noch in der ersten Phase ihrer Karriere befinden, nahezu uneingeschränkter Spaß ihre Beziehung zum Kunstturnen kennzeichnet, während sich die Relevanzen in der zweiten Phase zu Kosten-Nutzen-Rechnungen hin verschieben. Allerdings ist die Karrieredauer nicht die einzige Einflussgröße auf die grundlegenden Relevanzen, so dass hier durchaus Relativierungen durch andere Faktoren möglich sind.

Interessant erscheint in diesem Zusammenhang noch der Hinweis auf eine Studie BLOOMS (1985), der für die Entwicklung von Talenten (in den unterschiedlichsten Bereichen) drei – und nicht wie hier zwei – Phasen unterscheidet: Initiation, Entwicklung und Perfektion. Die ersten beiden Phasen lassen sich in ihrer Ausgestaltung durchaus mit den Erkenntnissen der vorliegenden Studie vergleichen. Die dritte Phase ist durch Expertentum und hohe Kompetenz gekennzeichnet. Der Nutzen übersteigt in dieser Phase eindeutig die Kosten, es wird sozusagen von den Investitionen der vorangegangenen Phasen profitiert. Es stellt sich also die Frage, ob die Turnerinnen auf Grund der kurzen Karrieren um diese sehr lohnende dritte Phase gebracht werden.

### 5.1.2.2 Schulische Beanspruchung und Investitionen

Wenn eine bessere pädagogische Betreuung von Hochleistungssportler/innen angemahnt wird, dann ist damit häufig der schulische Bereich fokussiert. Dass diese Studie unter ‚pädagogisch' mehr versteht, ist offensichtlich. Allerdings bleibt die Bedeutung der schulischen Ausbildung unangetastet. Sowohl das in Kap. 4.3.2 vorgestellte Anforderungsprofil als auch andere Studien (vgl. u. a. RICHARTZ/BRETT-SCHNEIDER 1996; BRETTSCHNEIDER/KLIMEK 1998; HUG 1998) machen die durch Schule und Leistungssport hervorgerufene Doppelbelastung offensichtlich. Dies hängt sicher nicht nur mit der hohen zeitlichen Beanspruchung der beiden Bereiche zusammen – darauf wird im folgenden Kapitel noch ausführlicher eingegangen –, sondern auch damit, dass beide leistungsorientiert ausgerichtet und darüber hinaus von hoher Relevanz für die Jugendlichen sind.

Bevor die Deutungen der Kunstturnerinnen zu dieser Thematik betrachtet werden, erscheint es wiederum sinnvoll, zunächst die ‚objektiven' Rahmenbedingungen in Form einer Situationsbeschreibung voranzustellen:

Von den 23 interviewten Mädchen besuchen 20 das Gymnasium, die übrigen 3 die Realschule. Die jüngsten sind in der 6. Klasse, die ältesten in der 11. Jahrgangsstufe. Zwei der drei Realschülerinnen sind zunächst auf dem Gymnasium gewesen, dann aber zur Realschule gewechselt. Die 11 Mädchen aus den neuen Bundesländern besuchen aus den ehemaligen Kinder- und Jugendsportschulen (KJS) hervorgegangene sportbetonte Schulen.

Die sieben ehemaligen Turnerinnen haben alle das Gymnasium besucht, wobei dies für fünf der Mädchen die aktuelle Situation zum Zeitpunkt des Interviews darstellte.

Eine der Interviewten hatte sowohl das Abitur als auch eine nachfolgende Ausbildung abgeschlossen und stand bereits im Berufsleben. Eine weitere hat ihre Schullaufbahn vorzeitig abgebrochen.

Die aktiven Turnerinnen weisen aktuell überwiegend gute, z. T. sehr gute Schulleistungen auf. Lediglich vier berichten von größeren Problemen: Bei der ersten haben diese Schwierigkeiten zu dem oben angesprochenen Wechsel auf die Realschule geführt, eine zweite führt ihre Probleme auf den mit einem Umzug verbundenen Schulwechsel zurück. Zum Zeitpunkt des Interviews scheint sich die Situation jedoch bereits wieder entspannt zu haben. Zwei Mädchen beklagen, dass sie nicht genügend Zeit haben, um die wachsenden Anforderungen im schulischen Bereich bewältigen zu können. Eine fünfte Turnerin wiederholt zur Zeit die 10. Klasse, da sie im Vorjahr auf Grund ihres sportlichen Engagements einen enormen Unterrichtsausfall zu verzeichnen hatte. Dies wird von ihr selbst jedoch nicht problematisiert.

Den vollen Stundenplan absolvieren nur fünf der interviewten Mädchen aus den alten Bundesländern, alle anderen nehmen Unterrichtsbefreiungen in Anspruch. Die Schülerinnen der sportbetonten Schulen können einen Teil ihres Sportunterrichts zu Trainingszwecken nutzen. Sie haben auch den Vorteil, dass ihr Stundenplan auf das Training abgestimmt ist, so dass sie in der Regel zweimal täglich trainieren können. Auch berichtet ein Teil dieser Schülerinnen, dass sie nur selten Hausaufgaben aufbekommen. Diese lassen sich in der Regel innerhalb einer Stunde am Abend erledigen. Nur zwei Mädchen, die eine sportbetonte Schule besuchen, erzählen von großen zeitlichen Belastungen durch Hausaufgaben und Lernen (s. o.). Sie benötigen täglich ca. 2–3 Stunden, meistens ab 20.00 Uhr abends. Offenbar existieren auch zwischen den sportbetonten Schulen – in die Untersuchung waren drei verschiedene einbezogen – erhebliche Differenzen.

Aber auch die Turnerinnen aus den alten Bundesländern nutzen größtenteils – bis auf die fünf oben erwähnten – schulische Vergünstigungen. Unterrichtsbefreiungen betreffen dabei in erster Linie den Sportunterricht, z. T. weitere Fächer wie Kunst, Musik, Hauswirtschaft oder auch Politik. Diese Schülerinnen müssen darauf hoffen, dass solche Fächer in Randstunden liegen, also entweder in den ersten beiden oder aber in den letzten Stunden. Nur dann lohnt sich in der Regel die Durchführung einer Trainingseinheit, da zwischen Schule, Turnhalle und Wohnung mehr oder weniger große Wegstrecken zurückzulegen sind. Die Unterrichtsbefreiung ist zudem häufig von der Zustimmung der Schulleitung abhängig, so dass hier entsprechende Gespräche von den Trainer/innen zu führen sind.

Hausaufgaben sind von den Mädchen in vollem Umfang zu erledigen. Dies findet – je nach Trainingszeit – mittags und/oder abends statt. An einigen Trainingszentren existieren zudem Teilzeitinternate, d. h. die Mädchen können dort nicht nur zu Mittag essen, sondern erhalten auch Betreuung und Unterstützung für ihre schulischen Aufgaben.

Der Schule wird sowohl von den Turnerinnen als auch von Trainer/innenseite eine hohe Bedeutsamkeit zugeschrieben. Damit stellt sie für die Trainer/innen allerdings auch den „Hauptknackpunkt" (1202) für eine erfolgreiche Arbeit dar. Ein großer Teil der Trainer/innenaussagen zum Thema Schule stellt folglich Kritik an den in der BRD bestehenden Systembedingungen dar, die eigentlich keine sportlichen Leistungen auf höchstem Niveau zulassen.

Die Doppelbelastung aus Schule und Leistungssport wird auch von einem Teil der Mädchen als enorm empfunden. „Ja also, es ist schon ziemlich anstrengend, find ich, weil ja so am Tagende, dann ist man ja auch schon fertig, weil die ganze Schule kommt noch dazu…" (156–158). Dies kann bis hin zu konkreten Überforderungsgefühlen gehen:

„Ich mein, vor der Wettkampfzeit ist ja klar, dass alles stressig wird, bloß nachher kommen auch die ganzen Klassenarbeiten und Kurzkontrollen und so, und dann noch bis um sieben Uhr Training, ich weiß nicht, wie man das schaffen soll" (910–913).

Dementsprechend denken einige der Mädchen darüber nach, ob denn der von ihnen angezielte Schulabschluss mit dem Trainingsaufwand vereinbar ist.

„Also, ja, im Moment, da konzentrier ich mich erst mal mehr aufs Turnen, weil Schule hab ich eigentlich keine Probleme, nicht so große, und mit dem Schulabschluss weiß ich nicht, wie das wird, ob das dann mit dem Turnen und ein Abi zu viel wird oder so, weil da geht das Turnen unter, wenn ich Abi mache, da muss ich erst mal sehen, wie das ist" (160–164).[37]

Verschärft wird die Problematik noch dadurch, dass der Einstieg in die internationale Karriere – das Mindeststartalter liegt bei 16 Jahren – etwa gleichzeitig mit dem Eintritt in die Oberstufe stattfindet, ein Beispiel für die unter 5.3.4 detailliert dargestellte Risikoakkumulation.

Allerdings zeigen sich durchaus Differenzen. So gibt es auch Mädchen, die sich nicht übermäßig oder gar nicht belastet fühlen. Hier scheint zum einen das Alter eine Rolle zu spielen: Mit zunehmendem Alter erhöhen sich sowohl die schulischen als auch die sportlichen Anforderungen. Auch der für gute schulische Leistungen notwendige Aufwand ist von Bedeutung. Mädchen, denen das Lernen sehr leicht fällt und die

---

[37] Interessanterweise wird das Problem der Unvereinbarkeit von Kunstturnen und Schule bzw. Abitur ausschließlich von Mädchen aus den neuen Bundesländern angeführt, die sportbetonte Schulen besuchen. Auf Grund der relativ geringen Zahl – fünf der interviewten Mädchen äußern sich in dieser Richtung –, sind verallgemeinernde Schlussfolgerungen sicher nicht möglich. Allerdings könnte hier ein Ansatzpunkt für weitere Nachfragen gegeben sein, die z. B. Schwachstellen im Aufbau der sportbetonten Schulen ausfindig machen könnten.

damit trotz geringen Aufwandes sehr gute Leistungen erzielen, fühlen sich folglich auch nicht so belastet.

Wenn eine Unvereinbarkeit von Schule bzw. Abitur und sportlichen Höchstleistungen von den Mädchen prognostiziert wird, ergibt sich natürlich die Frage, wo sie ihre Prioritäten setzen. Typisch scheint in diesen Fällen eine *Phaseneinteilung* zu sein: Häufig wird zunächst das Erreichen eines großen sportlichen Ziels, wie die Teilnahme an Olympischen Spielen, ins Zentrum gesetzt. Sollte dies nicht mit der Schule zu vereinbaren sein, dann wird über einen zeitweiligen Schulverzicht, z. B. für ein Jahr nachgedacht. Damit wird der angestrebte Schulabschluss zwar ggf. zeitlich nach hinten verschoben, aber in aller Regel nicht aufgegeben. Die Bedeutung eines qualifizierten Schulabschlusses für ihre weitere Zukunft und die gleichzeitige Bedeutungslosigkeit ihrer turnerischen Leistungen für ihren beruflichen Werdegang ist allen Mädchen klar. Für eine größenmäßig nicht abschätzbare Anzahl von Mädchen führt die erlebte Unvereinbarkeit zur Beendigung der Kunstturnkarriere: „Die beiden, die jetzt abgegangen sind, die in meiner Klasse waren, die sind wegen der Schule abgegangen. Die sind nicht hinterhergekommen, das war zu anstrengend" (42–44), berichtet eine der Interviewten.

Allerdings sind auch die von den Turnerinnen getätigten sportlichen Investitionen hoch, so dass der schulische Abschluss nicht bei allen uneingeschränkte Priorität genießt. Bereits oben wurde von zwei Mädchen berichtet, die vom Gymnasium auf die Realschule gewechselt sind. Insgesamt lassen sich verschiedene Fragen anschließen: Ist der Verzicht auf die gymnasiale Ausbildung akzeptabel? Oder sollte man einen Realschulabschluss nicht derart abwerten? Stellt der Schulwechsel überhaupt eine Folge der sportlichen Belastungen dar? Profitieren die Mädchen nicht umgekehrt auch im schulischen Bereich von ihrem sportlichen Engagement – wie dies von den Trainer/innen immer wieder behauptet wird – dadurch, dass sie Eigenschaften wie Disziplin und Ehrgeiz ausbilden? Ist es weiterhin akzeptabel, dass der Schulabschluss ein Jahr nach hinten verschoben wird, um ein sportliches Highlight erleben zu können? Oder spielt es für die berufliche Biographie keine gravierende Rolle, ob die Schulausbildung um ein Jahr verlängert wird? Wiederholen nicht unzählige Schüler/-innen während ihrer Schullaufbahn eine Klasse, und das aus weitaus banaleren Gründen als z. B. der Teilnahme an Olympischen Spielen?

Abschließend lässt sich bilanzieren, dass die *schulischen Leistungen der Kunstturnerinnen insgesamt eher überdurchschnittlich* sind, wobei die Frage offen bleiben muss, ob dies ein Resultat von selektiven oder sozialisatorischen Prozessen darstellt. Die Doppelbelastung aus Schule und Leistungssport wird allerdings von vielen als ausgesprochen hoch erlebt. Hier sind offenbar Belastungsgrenzen erreicht, die dazu führen, dass der Spaß am Kunstturnen auf Grund von Überforderungsgefühlen gemindert wird. Nahezu uneingeschränkten Spaß können sich vor allem die Mädchen erhalten, die trotz geringer zeitlicher Investitionen gute Schulleistungen erbringen.

### 5.1.2.3  Zeitliche Beanspruchung

Eng verknüpft mit der schulischen Thematik bzw. mit der Doppelbelastung aus Schule und Leistungssport ist die Frage nach den zeitlichen Beanspruchungen der Turnerinnen.

Die interviewten Kunstturnerinnen trainieren an 6 Tagen in der Woche. Einzige Ausnahme ist ein Mädchen, deren Eltern auf einen weiteren freien Tag bestehen, damit ihre Tochter sich erholen kann. Normalerweise ist der Sonntag der trainingsfreie Tag. Dieser steht den Mädchen also zunächst als vollständig freier Tag zur Verfügung, ohne schulische und sportliche Verpflichtungen und Belastungen, es sei denn, es stehen Wettkämpfe oder Lehrgänge an. Von dieser Regel weicht ein Verein ab: Dort trainieren die Turnerinnen am Sonntag und haben stattdessen am Montag frei.

Wenn möglich, wird zweimal täglich trainiert. Das funktioniert jedoch nur dann, wenn die schulischen Verpflichtungen entsprechend organisiert sind (s. o.). Insgesamt trainieren die interviewten Mädchen zwischen 24 und 30 Stunden pro Woche. Hinzu kommen 28–35 Schulstunden, so dass ein Gesamtumfang von 55–60 Stunden pro Woche resultiert. Nicht einberechnet sind dabei die Wegzeiten, der zeitliche Aufwand für Hausaufgaben, Wettkämpfe und Lehrgänge, Arztbesuche etc. Der Tag bzw. die Woche der Turnerinnen ist also stark verplant und bietet kaum noch Freiraum für andere Aktivitäten, wie Tab. 9 exemplarisch aufzeigt. Lediglich der trainingsfreie Tag eröffnet hier ggf. Möglichkeiten.

*Tab. 9: Exemplarische Tagesabläufe von Kunstturnerinnen an verschiedenen Trainingszentren.*

| Zeit | | | | | |
|---|---|---|---|---|---|
| 6.00–7.00 | Aufstehen | | | Aufstehen | Aufstehen |
| | | Austehen | Aufstehen | Fahrtzeit | |
| 7.00–8.00 | Fahrtzeit | | | | |
| | | Fahrtzeit | Fahrtzeit | | |
| 8.00–9.00 | | | | Training | Schule |
| 9.00–10.00 | Schule | Schule | Schule | | |
| 10.00–11.00 | | | | | |
| 11.00–12.00 | | | | Schule | Training |
| 12.00–13.00 | | | | | Mittagessen/ Freizeit |
| 13.00–14.00 | Fahrtzeit | Fahrtzeit | | Mittagessen | |
| | | Mittagessen | Fahrtzeit | | |
| 14.00–15.00 | Mittagessen | Hausaufgaben | Mittagessen | | Schule |
| 15.00–16.00 | Hausaufgaben | Fahrtzeit/ | Hausaufgaben | Schule | |
| | Fahrtzeit | Freizeit | Fahrtzeit | | |
| 16.00–17.00 | | | | | |
| 17.00–18.00 | Training | Training | Training | Training | Training |
| 18.00–19.00 | | | | | |
| 19.00–20.00 | Fahrtzeit | Fahrtzeit | Fahrtzeit | Fahrtzeit/ Freizeit | Abendessen |
| 20.00–21.00 | Abendessen | Abendessen | Abendessen | Abendessen | Freizeit |
| | | Freizeit/ | Freizeit/ | | |
| 21.00–22.00 | Hausaufgaben | Hausaufgaben | Hausaufgaben | Hausaufgaben | |

Wie erleben nun die Mädchen selbst diese zeitliche Beanspruchung? Auch hier müssen wieder Differenzierungen vorgenommen werden. Das Spektrum der Aussagen reicht von „nichts vermissen" bis hin zu mangelnder Freizeit als Ausstiegsgrund. Auch aus der knappen Zeit resultierende Hektik und Stress können sich negativ auf die Motivation auswirken. Wird dies von den Mädchen so erlebt, dann stellt der hohe zeitliche Aufwand eine weitere notwendige Investition beim Erreichen der angestrebten Ziele dar.

Der folgende Auszug macht das Dilemma deutlich, in dem sich viele der Mädchen befinden und das auch von den Trainer/innen beklagt wird:

> „F: Bist du zufrieden mit dem, wie es so im Moment abläuft?
> I: Ja.
> F: Oder könnte es besser laufen?
> I: Vielleicht ein bisschen mehr Freizeit.
> F: Heißt das, du möchtest weniger trainieren?
> I: Nee, das auch nicht, aber das ist immer so knapp mit der Schule und dem Training" (579–585).

Die Turnerin hätte also gern mehr Freizeit und weniger Hektik, aber nicht weniger Training. Setzt man den schulischen Aufwand als konstant, ist dieses Dilemma also nicht zu lösen, sondern muss ausgehalten werden.

Wie verbringen die Turnerinnen nun die ihnen verbleibende freie Zeit außerhalb von Schule und Kunstturnen? Hier lässt sich eine Rangfolge erstellen: Zunächst werden schulische Arbeiten erledigt, also Hausaufgaben, eventuell Versäumtes nachgearbeitet sowie für Klausuren gelernt. Erst danach beginnt die wirklich freie Zeit, die dann primär zur Erholung genutzt wird und erst in zweiter Linie für Unternehmungen. Die tatsächlich freie Zeit wird also eher passiv als aktiv verbracht, damit auch häufiger allein als in Gemeinschaft und in diesem Fall eher mit der Familie als mit Gleichaltrigen. Hier gilt es allerdings zu differenzieren. Die freie Zeit an Wochentagen wird von den Internatsschülerinnen natürlich eher mit Gleichaltrigen verbracht, während die Mädchen, die in ihren Familien leben, auch mit dieser ihre Abende verbringen. Damit stellt das Internat die Möglichkeit zur Verfügung, freie Zeit mit Peers zu verbringen, was den Interessen der Mädchen z. T. entgegenkommt (vgl. auch RICHARTZ/BRETT-SCHNEIDER 1996, 179 ff.). Dies gilt – und damit ist eine zweite Differenzierung angesprochen – vorwiegend für die älteren Mädchen, die zunehmend dazu tendieren, ihre Freizeit mit Gleichaltrigen zu verbringen.

### 5.1.2.4 Soziale Gewinne und Investitionen

Damit ist bereits eine weitere Einflussgröße angesprochen, nämlich die sozialen Beziehungen der Kunstturnerinnen. Diese lassen sich grundsätzlich in drei Richtungen ausdifferenzieren: Zunächst einmal stellt die Familie eine zentrale soziale Ressource dar, daneben die Beziehungen zu Gleichaltrigen und Trainer/innen.

Betrachtet man die *familiäre Situation* der Kunstturnerinnen, so ist es zunächst notwendig, eine grundlegende Unterscheidung dahingehend vorzunehmen, ob die Mädchen in ihren Familien leben oder aber im Internat. Eine dritte Möglichkeit sind Gastfamilien, auf die dann ausgewichen wird, wenn kein Internat vor Ort ist und von denen sich ein besserer Ausgleich für den Verlust der familiären Einbettung erhofft wird. Von den insgesamt 30 interviewten Turnerinnen leb(t)en 15 während ihrer aktiven Zeit ausschließlich in ihrer Herkunftsfamilie, 3 verfügen über Erfahrungen in Gastfamilien und 12 verbrachten zumindest einen Teil ihrer Karriere im Internat. Dass es sich bei letztgenannten ausschließlich um Mädchen aus den neuen Bundesländern handelt, verwundert bei näherem Hinsehen nicht weiter. Zunächst einmal existieren im Osten mehr Internate, die tatsächlich über eine optimierte Infrastruktur verfügen. Für diese aus den ehemaligen Kinder- und Jugendsportschulen hervorgegangenen Einrichtungen gilt, dass Wohnen, Schule und Training tatsächlich so eng aneinander gekoppelt sind, dass eine zeitliche Entlastung durch den Wegfall von Wegstrecken erfolgt. Neben diesem Vorteil besteht zudem für die Internatsschülerinnen die Chance, dass sie einer vergleichsweise großen, alters- und leistungshomogenen Gruppe angehören, so dass sie einerseits ihre Freizeit mit Gleichaltrigen verbringen können, andererseits in Training (und Schule) keine Einzelkämpferinnen sind. Dass dies nicht quasi automatisch der Fall ist bzw. welche sozialen Folgeprobleme an die Internate gekoppelt sind, darauf wird weiter unten ausführlicher eingegangen.

Für die vergleichsweise geringere Anzahl an Internaten im Westen gilt, dass sie in der Regel bereits Defizite in ihren Rahmenbedingungen aufweisen. So gilt beispielsweise für das Internat in Frankfurt am Main, dass zwar Wohnen und Training unter einem Dach sind, jedoch weder eine räumliche Anbindung an eine Schule noch überhaupt eine Kooperation vorhanden ist. In Stuttgart besteht ebenfalls die Möglichkeit einer Internatsunterbringung, jedoch sind hier Schule, Wohnen und Training räumlich getrennt. Eine Kompensation wird durch Fahrdienste und ein Teilzeitinternat – sprich: Hausaufgabenbetreuung – im Trainingszentrum versucht.

Neben diesen Differenzen in der grundlegenden Organisationsstruktur zwischen alten und neuen Bundesländern zeigt sich aber noch ein weiterer relevanter Unterschied: Dieser liegt in der Akzeptanz des Internatsangebots durch die Akteure des Feldes. Beispielhaft sollen hier die Trainer/innen herausgegriffen werden, während die Turnerinnen weiter unten zu Wort kommen. Die Trainer/inneneinstellungen scheinen prinzipiell von drei wesentlichen Aspekten bestimmt zu werden: Zum ersten sind dies Traditionen bzw. Erfahrungen mit Internaten. Während der Osten über eine langjährige Tradition mit Kinder- und Jugendsportschulen verfügt und die dort gesammelten Erfahrungen tendenziell positiv sind, lässt sich für den Westen nichts dergleichen konstatieren. Nicht nur, dass Internate ganz allgemein in den alten Bundesländern nahezu keine Tradition haben, auch die im Kunstturnen gesammelten Erfahrungen – als prototypisch ist hier wohl die wechselvolle Geschichte des Turninternats Frankfurt zu nennen – sind tendenziell eher negativ zu bewerten. Das hängt sicher zum Teil mit Fehlern zusammen, die speziell im Bereich des weiblichen Kunstturnens gemacht wurden. In den alten Bundesländern besteht jedoch darüber hinaus grundsätzlich das Problem, dass die Strukturen der Sportverbände föderalistisch ausgerichtet sind, Zentralisierungen diesen Strukturen also widersprechen (vgl. BETTE 1984a). Sie führen dazu, dass die Vereine zu Zulieferern für die großen Zentren ,degradiert' werden. Dieses Problem lässt sich durch die Einrichtung mehrerer Zentren nur graduell reduzieren. Als Folgeproblem steht dann eine Verkleinerung der Stützpunkte an, was u. a. größere finanzielle Aufwendungen nach sich zieht.[38]

Eine zweite Komponente, die die Akzeptanz von Internaten beeinflusst, ist die eigene aktuelle Situation der Trainer/innen: Würden sie bei einer Zentralisierung zu den ,Gewinner/innen' oder zu den ,Verlierer/innen' zählen, also in die Rolle der oben angesprochenen Zulieferer abgeschoben?

Als drittes wird von den Trainer/innen auch die Situation und die Meinung der von ihnen betreuten Kunstturnerinnen berücksichtigt. Sind die Turnerinnen überhaupt bereit, ihre Familie und ihren Heimatverein zu verlassen und sind darüber hinaus die Trainer/innen der Auffassung, dass die Mädchen auch mit dieser gravierenden Veränderung zurecht kommen?

Damit ist bereits der Blickwinkel der Turnerinnen angesprochen. Ähnlich wie bei den Trainer/innen existiert hinsichtlich der Akzeptanz von Internaten eine breite Palette von Auffassungen. Während sich ein Teil der Internatsschülerinnen sehr wohl fühlt, berichten andere davon, dass sie lieber zu Hause wären, während eine dritte Gruppe tatsächlich das Internat verlassen hat und in die eigene Familie zurückgekehrt ist. Ebenso verhält es sich mit den Turnerinnen, die in ihren Familien leben und nach einem möglichen Wechsel in ein Internat gefragt wurden: Hier reicht das Spektrum von einer prinzipiellen Offenheit bis hin zur kategorischen Ablehnung, selbst wenn dies mit einem Karriereende und der Aufgabe von gesteckten sportlichen Zielen einherginge. Im mittleren Bereich finden sich Mädchen, die das Verlassen der Familie als allerletzte Möglichkeit in Erwägung ziehen würden, um das Kunstturnen nicht aufgeben zu müssen. Für die Verantwortlichen des Verbandes kann – auch angesichts der Knappheit an Talenten – hieraus nur die Folgerung gezogen werden, dass der Wechsel in ein Internat *allein von der Situation und der Entscheidung der Turnerinnen selbst* abhängig gemacht werden kann. Dem vielfach sehnsüchtigen Blick auf die Zentralisierungen in der ehemaligen DDR, die jetzt auch von einer Reihe westeuropäischer Turnnationen wie Frankreich und Spanien scheinbar erfolgreich übernommen worden sind, ist also mit Vorsicht und wohlbegründeter Skepsis zu begegnen.

---

[38] Das Problem der Delegation war allerdings auch in der ehemaligen DDR durchaus vorhanden, jedoch haben hier wohl rigidere Mechanismen gegriffen. Zum Zeitpunkt der Untersuchung wies lediglich eine ehemalige KJS erhebliche Probleme auf. Diese Schule wurde bei der Umwandlung privatisiert, so dass zu ihrem Besuch 300,– DM Schulgeld sowie 1050,– DM Internatskosten pro Monat erforderlich sind. Damit war sie für die interessierten Turnerinnen unerschwinglich.

Denn es lassen sich nicht ohne weiteres extern erfolgreiche ‚Systeme' in eine Gesellschaft mit ihren je eigenen spezifischen Bedingungen implementieren. Die – u. a. angesichts der oben zitierten Turnerinnenäußerungen – zu erwartenden negativen Begleiterscheinungen sollten nicht unterschätzt werden.

Neben dieser grundsätzlichen Frage nach der Lebens- bzw. Wohnsituation der Turnerinnen soll noch kurz auf das gängige Vorurteil der überehrgeizigen Turneltern eingegangen werden.[39] Auch hinsichtlich der Elterneinstellungen zum Kunstturnen berichten die Turnerinnen (und auch die Trainer/innen) von einem sehr breiten Spektrum. In der Regel werden die guten sozialen und materialen Unterstützungsleistungen der Eltern hervorgehoben und auf deren Bedeutung hingewiesen. Vereinzelt wird auch von der Angst einzelner Elternteile um die Gesundheit ihrer Kinder berichtet und dem daraus resultierenden Wunsch nach einer Beendigung der Karriere. Ebenso finden sich vereinzelte Äußerungen hinsichtlich eines zu großen Ehrgeizes und damit einhergehenden Drucks von Seiten der Eltern oder einzelner Elternteile. Dies kann offenbar zum Teil dazu führen, dass vorhandene Ausstiegswünsche der Tochter nicht so ohne weiteres akzeptiert werden und damit eine zumindest vorübergehende Karriereverlängerung erreicht wird. Ob dies von längerfristigem Erfolg gekrönt sein kann, ist auf der Basis der vorhandenen Daten nicht zu klären. Dass im Gegensatz dazu elterlicher Druck genau zum Sinken der vorhandenen Motivation und damit – neben anderen Gründen – zu einem vorzeitigen Karriereende beitragen kann, dafür gibt es zumindest ein Beispiel innerhalb der Untersuchungsgruppe:

> „Ich würd nie so wie meine Mutter, immer so Druck ausüben, weil dann bringt das gar nichts, dann hören die einfach auf, das ist einfach so, weil irgendwann, da wächst dir das echt über die Ohren und dann hat man keine Lust mehr. Ich glaub sogar auch, dass das ein Grund dafür war mit" (614–619).

Betont wird von den Mädchen immer wieder die hohe Bedeutsamkeit der Familie als Rückhalt und soziale wie moralische Unterstützung angesichts der hohen Belastungen. Dies gilt vor allem in Zeiten, in denen die Turnerinnen mit besonders kritischen und schwierigen Situationen konfrontiert sind. Hier ist die Gewissheit einer uneingeschränkten familiären Unterstützung von besonderer Relevanz.

Eine weitere Komponente sozialer Beziehungen ist das *Verhältnis zu Gleichaltrigen*. Die Darstellung der zeitlichen Eingebundenheit der Turnerinnen gibt bereits einen ersten Hinweis darauf, dass nur wenig frei verfügbare Zeit für ein Zusammensein mit Peers vorhanden ist. In der verplanten Zeit treffen die Mädchen natürlich auch auf Gleichaltrige, wobei hier wiederum zwischen den Mädchen, die eine sportbetonte Schule besuchen und denen, für die das nicht zutrifft, differenziert werden muss.

---

[39] Genauere Ausführungen zur familiären Situation finden sich dann in Kap. 5.2, in welchem die Elternrelevanzen thematisiert werden.

Letztere haben in der Schule Kontakt zu Mitschüler/innen, im Training sind sie mit mehr oder weniger vielen Trainingspartnerinnen zusammen, wobei sich diese beiden Gruppen in der Regel nicht überschneiden. Für die Mitschülerinnen ist außerhalb des Unterrichts wenig Zeit, die Abende werden, wie bereits oben angesprochen, in der Regel in der Familie verbracht. Selbst die Zeit vor und nach dem Unterricht sowie in den Pausen ist häufig durch die an den Randstunden eingeschobenen Trainingseinheiten äußerst knapp, so dass hier kein ausführlicher Kontakt möglich ist. Es verbleiben also fast ausschließlich die Trainingspartnerinnen für intensivere Beziehungen.

Die Schülerinnen der sportbetonten Schulen sind auch innerhalb ihrer Klasse ausschließlich mit Sportler/innen zusammen, möglicherweise auch mit anderen Turnerinnen, mit denen sie dann ebenfalls trainieren. Nimmt man noch die freie Zeit im Internat, z. B. abends hinzu, so besteht hier die größte Chance, relativ viel Freizeit mit denselben Peers zu verbringen. Das kann einerseits als Vorteil gewertet werden (vgl. auch RICHARTZ/BRETTSCHNEIDER 1996, 179 ff.), andererseits beschränkt sich die Gleichaltrigengruppe damit ausschließlich auf Sportler/innen und ist folglich von vornherein in ihrer Vielfalt stark eingeschränkt.

Ein Gewinn der sportbetonten Schulen kann auch darin liegen, dass – wie oben bereits angesprochen – durch die Zusammenführung von Talenten aus einem größeren Umfeld eine relativ große alters- und leistungshomogene Trainingsgruppe vorhanden ist. In kleineren Vereinen und Zentren stehen dem oft Einzelkämpferinnen gegenüber, die in keinen altershomogenen Verband eingebunden sind.

> „Ja, also ich hab auch oft nur mit meiner Trainer/in trainiert, vor allem vormittags war da kein anderer in der Halle, nur ich und meine Trainer/in. Das ist nicht sonderlich motivierend, wenn du alleine in der Halle stehst" (194–196).

Die Chancen auf den Aufbau von Freundschaftsbeziehungen sind also von vornherein unterschiedlich ausgeprägt.

Interessant ist ein Blick auf die weitere Karriere, in deren Verlauf sich die Möglichkeiten sozialer Peer-Kontakte zum Teil radikal verändern können, wie der folgende Gesprächsauszug mit zwei Internatsschülerinnen (A und B) verdeutlicht:

> „F: Und ist es dir letztes Jahr auch so gegangen, dass du gedacht hast so nach den Ferien, mein Gott, eigentlich, warum machst du das eigentlich alles hier?
> A: Ach nee, nee, letztes Jahr nicht. Nein, letztes Jahr hat es ja noch Spaß gemacht und so, aber dieses Jahr, ach, ich weiß nicht, seitdem die hier alle runter sind, da macht mir das überhaupt keinen Spaß mehr.
> F: Wer runter?

A: Na ja, meine Freundin. Dann ist jetzt noch eine aus der 6. Klasse runtergegangen und so. Na ja.

F: Also hast du quasi so deine engeren Bekannten, von früher auch oder was sind das für Bekannte, die hast du also so alle verloren?

A: Mhm.

B: Na. in der Schule sehen wir sie.

A: Na, in der Schule sehe ich sie.

F: Sind die runtergegangen jetzt, weil sie fertig waren/

B: Die mussten/

F: oder sind die runtergegangen, weil sie Schluss gemacht haben?

A: Die mussten gehen.

F: Ach, die waren nicht mehr gut genug oder wie?

B: Ja, die haben die Leistung nicht geschafft.

F: Aha. Und dann sind die vom Internat runtergegangen. Jetzt bist du quasi noch übrig geblieben von der Truppe, die dann …

B: Über hier.

F: Bei dir ist es genauso?

A: Wir waren 15 Mann und so und jetzt bin ich und X noch. Zwei Mann sind wir jetzt nur noch.

B: Wir waren damals 16, ich bin noch hier.

A: Damals haben wir uns gekloppt dann, wer die Beste ist und jetzt sind wir froh, wenn wir noch zwei drauf bleiben, die sich kennen so" (16–42).

Hier werden verschiedene Aspekte deutlich: Zum einen die hohe Relevanz der Trainingspartnerinnen als Freundinnen, zum Zweiten die motivationale Bedeutung der Trainingsgruppe für die Fortführung der Karriere und zum Dritten die durch die Selektion bedingte ‚Ausdünnung‘ eben dieser Trainings- und Freundinnengruppe im Laufe der Zeit. Verschärft wird dieser Verlust an sozialen Beziehungen dadurch, dass kaum eine Möglichkeit besteht, neue soziale Kontakte zu knüpfen. Außerhalb des Trainings fehlt hierfür die Zeit, innerhalb der Trainingsgruppe kommen nur selten – durch Vereinswechsel – neue Mädchen hinzu. Im Extremfall verbleibt schließlich eine einzige Turnerin und hier zeigt sich auch, wie gering im Endeffekt die Wahrscheinlichkeit des Durchkommens ist. Die Schwundquoten – und das gilt sicher nicht nur für dieses Beispiel – sind enorm: 2 von 15 bzw. 1 von 16 Mädchen sind nach 6 bzw. 8 Jahren auf dem Sportinternat noch übrig. Für die Mädchen der sportbetonten Schulen besteht ggf. noch die Möglichkeit, die Kontakte in der Schule aufrechtzuerhalten. Aber selbst dies ist nicht zwingend, da mit dem Abbruch der Sportkarriere teilweise auch ein Schulwechsel verbunden ist, z. B. weil die Jugendlichen in ihre Familie und damit an einen anderen Wohnort zurückkehren. Es wird auch nicht immer gern gesehen, wenn die Abbrecher in den Klassen verbleiben: Hier wird die Gefahr gesehen, dass diese andere hinterher ziehen könnten.

Bilanzierend lässt sich festhalten, dass sich die engsten Freundschaftsbeziehungen der Turnerinnen – quasi zwangsläufig – in den Trainingsgruppen finden, wenn nicht existierende Konkurrenz oder ein Einzelkämpferinnenstatus dies verhindern. Diese Beziehungen sind allerdings immer von der Gefahr eines plötzlichen Abbruchs als Folge eines Ausstiegs aus dem Kunstturnen bedroht.

Von entscheidender Bedeutung für die zu Grunde liegenden Relevanzen sind weiterhin die *Beziehungen zu den Trainer/innen*. Das ist nicht weiter verwunderlich, wenn man den Umfang der zeitlichen Interaktion zwischen Turnerinnen und Trainer/innen zu Grunde legt: Sie verbringen in der Regel mehr als 20 Stunden in der Woche miteinander, sie sehen sich nahezu täglich und das zum Teil über viele Jahre hinweg.

Im Folgenden wird schwerpunktmäßig auf angesprochene Probleme eingegangen, ohne dass damit der Eindruck entstehen sollte, dass die Trainer/in-Turnerin-Beziehungen vor allem durch Mangellagen und Defizite gekennzeichnet sind. Auch hier findet sich wiederum ein breites Spektrum von unterschiedlich gefärbten Beziehungskonstellationen.[40]

Von den Turnerinnen angesprochene Probleme liegen auf drei verschiedenen Ebenen: Auf der Ebene der alltäglichen Interaktion besteht natürlich immer die Möglichkeit, dass es zu mehr oder weniger gravierenden Spannungen kommt. So wird von den Turnerinnen z. B. negativ vermerkt, wenn eine Trainer/in ihre schlechte Laune an den Turnerinnen auslässt.

„Dann würd ich am liebsten auch zurückscheißen. Naja manchmal stimmts schon, warum die mich anschnauzt, aber manchmal stimmts eben nicht, weil wenn man in die Halle kommt, wird rumgeschnauzt. Dann würd ich am liebsten zurückschnauzen" (197–200).

Auch konkrete Ereignisse können zu Streitigkeiten führen, wie z. B. als überzogen empfundene Wiegeprozeduren, schlechte Trainings- oder Wettkampfleistungen o. Ä.

Auf einer weiteren Ebene kann die Trainer/in-Athletin-Beziehung durch prinzipielle Probleme gestört sein. Das ist z. B. dann der Fall, wenn das Verhältnis von der Turnerin als zu statisch erlebt wird. So fällt es einigen Trainer/innen schwer, die Interaktion entsprechend dem Heranwachsen und der Entwicklung ihrer Turnerin vom Kind zur jungen Frau dynamisch zu verändern und anzupassen.

Ein grundsätzliches Problem liegt auch dann vor, wenn Trainer/in und Turnerin unterschiedliche Prioritäten setzten und unterschiedliche Ziele verfolgen:

---

> „Ja also ehrlich, für mich war das beim Turnen eigentlich egal, welche Leistung, es hat mir einfach Spaß gemacht und im Nachhinein wurde eigentlich der größere Wert auf die Leistung gesetzt, was eigentlich dann nicht mehr so viel Spaß gemacht hat, also weil man dann immer das und das schaffen muss. Also, das ist besser, wenn ich irgendwas schaffen wollte, wie z. B. am Anfang, ich wollte diesen Leistungsstand erreichen, den die anderen auch hatten, dadurch wurde ich auch viel besser und nicht so mit Druck" (1562–1570).

Die zitierte Turnerin verweist zunächst darauf, dass für sie nicht die Leistung von zentraler Bedeutung war, diese aber so stark in den Mittelpunkt gerückt wurde, dass dadurch ihr Spaß am Turnen gemindert wurde. Im weiteren Verlauf der Aussage wird dies insofern relativiert, als dass zwar das Dazulernen und damit durchaus auch Leistung eine Rolle gespielt haben, jedoch geht es um selbstgesetzte Ziele gegenüber extern gesetzten – schaffen wollen vs. schaffen müssen – und als Folge um negativ erlebten externen Druck.

Für eine erfolgreiche Zusammenarbeit und Fortführung der Karriere wäre es bei dieser ehemaligen Turnerin sinnvoll und notwendig gewesen, den Wettkampferfolg nicht so stark in den Vordergrund zu rücken und daraus resultierenden Druck von ihr wegzunehmen. Denn genau mit diesem Druck kam sie nicht zurecht und blieb in der Regel hinter ihren Leistungsmöglichkeiten zurück. Das Verhältnis zur Trainer/in wurde immer spannungsreicher, da diese ihre Ziele nicht erfüllt sah und den Druck noch weiter verstärkte (vgl. Kap. 4.3.1). So endete die Karriere der Turnerin mit gerade 17 Jahren und in ihrer eigenen Wahrnehmung vorzeitig.

Auf einer dritten Ebene soll ein Bereich angesprochen werden, der sowohl von einem Teil der Turnerinnen als ausgesprochen problematisch gekennzeichnet wird, als auch auf der Basis der durchgeführten Beobachtungen als defizitär gekennzeichnet werden kann: gemeint ist die Wettkampfbetreuung. Eine zentrale Schwierigkeit auf Trainer/innenseite besteht darin, den systemisch bedingten Erfolgsdruck nicht ungefiltert an die Turnerinnen weiterzugeben (s. Kap. 4). Das gilt für die Trainingssituation, aber natürlich ebenso für den wesentlich spannungsgeladeneren und damit sicher schwieriger zu bewältigenden Wettkampf.

Im Folgenden sollen einige zentrale Betreuungsprobleme veranschaulicht werden:

> „… und was mich da geärgert hat, das war meine erste große Meisterschaft, ne, und meine Trainer/in, sie hat fest damit geplant, dass ich mich fürs Finale am X-Gerät qualifiziere, ne, und da war irgendwie nicht mein Tag, ne, [...] und ich hab also ganz knapp verpasst das Finale und also meine Trainer/in war ziemlich sauer und es hat sich keiner um mich gekümmert, weil es mir ja wirklich so schlecht ging, weil ich so viel verturnt habe. Das hat mich auch geärgert" (507–514; 520–525).

Ein erster Knackpunkt liegt also in den häufig überzogenen Erwartungen bzw. in einem unrealistisch hohem Anspruchsniveau der Trainer/innen (s. auch Kap. 5.1.2). Enttäuschungen auf beiden Seiten sind damit quasi vorprogrammiert und die Chance, dass die Teilnahme an einem großen Wettkampf, auf den viele Jahre hintrainiert wurde, zu einem positiven Erlebnis wird, ist stark reduziert.

Dieser Erwartungsdruck wird bei internationalen Meisterschaften noch durch Funktionäre erhöht:

„Dann nach meiner Übung, ich bin sofort weggerannt, ich musste erst mal meine Mutter, ich musste mich erst mal irgendwo ausheulen, weil ich war echt völlig fertig danach. Aber ich mein, dann kam noch der Herr Funktionär ja und scheißt mich auch noch zusammen, … direkt danach kommt so ein … ich, ich wusste gar nicht mehr, was ich machen sollte. Ich wär am liebsten sofort nach dem Wettkampf nach Hause gefahren …“ (737–744).

Dass damit nicht einer zu lässigen Einstellung gegenüber Wettkämpfen das Wort geredet werden soll, das deutet sich in beiden zitierten Passagen an. Es ist keinesfalls so, dass es den Turnerinnen egal ist, wie sie geturnt haben. Es geht ihnen schlecht, und das nicht allein, weil sie externen Zurechtweisungen ausgesetzt sind, sondern weil sie selbst unglücklich über ihre Leistungen sind. Dieser Aspekt soll später noch einmal aufgegriffen werden.

Zunächst aber soll es im Rückgriff auf die erste zitierte Passage um eine weitere Problematik gehen: Obwohl die Turnerin sich nicht gut fühlt, erhält sie von ihrer Trainer/in keinerlei Unterstützung. Wenig professionell lebt diese ihre negativen Emotionen aus und überlässt die Turnerin sich selbst. Kein Einzelfall, wie sowohl das nachfolgende Zitat aus einem anderen Interview als auch unsere Wettkampfbeobachtungen bestätigen:

„Das war auf Wettkämpfen, da hab ich mich immer so einsam gefühlt, wenn die Trainer/in einfach weggegangen ist und gar nichts mehr, das sieht man öfters auch bei großen Wettkämpfen, bei anderen Nationen. Aber ich mein, wenn ich gut war, dann brauch ich nicht unbedingt jemanden, dann kann ich das auch alleine (lacht)“ (217–221).

Dem ist eigentlich nichts mehr hinzuzufügen. Wettkampfbetreuung kann sich sicherlich nicht auf ein Mitfreuen am Erfolg der Turnerinnen beschränken, während sie mit Misserfolgen alleine fertig werden müssen.

Weitere Kritikpunkte lassen sich aus der folgenden Passage herausfiltern:

> „Naja, und auch die Trainer/innen, die wollen unbedingt, dass wirs schaffen, ich mein die Turnerinnen wollen das auch, dass wir das schaffen, aber dann, wenns mal nicht klappt, dann meckert die Trainer/in gleich rum, und sie sagt dann, also mitten im Wettkampf sagt sie das dann, ja du musst das besser machen. Ich mein, ist klar, dass sie das sagt, aber dann sagt sie noch, jetzt musst du dich mal ein bisschen anstrengen, sonst schaffen wir das nicht. Das macht einen ja auch als Turnerin fertig im Wettkampf, da angemeckert zu werden. Ich würd es besser finden, wenn die Trainer/in das halt ordentlich sagt, im gemäßigten Ton, also nicht gleich rummeckert" (599–610).

Neben dem ‚Allein-gelassen-werden' wird also auch eine unsachliche Auseinandersetzung mit gemachten Fehlern kritisiert, vor allem wenn dies auch noch mitten im Wettkampf erfolgt. Ob die Trainer/in sich davon einen Motivationsschub für die nachfolgenden Geräte erhofft oder einfach nur nicht in der Lage ist, ihre Emotionen zu kontrollieren, muss hier offen bleiben. Die interviewte Turnerin würde jedenfalls mit einem besseren Gefühl in die Wettkämpfe gehen, wenn die Trainer/in „nicht gleich rummeckert, dann würde es vielleicht auch besser sein in Wettkämpfen" (610–612).

In allen Auszügen wird ein Aspekt deutlich: Nicht nur die Trainer/innen sind an fehlerfreien Übungen interessiert, sondern selbstverständlich auch die Turnerinnen. Eine Aussage wie: „jetzt musst du dich mal ein bisschen anstrengen" (606) erscheint in höchstem Maße widersinnig, wenn man bedenkt, dass die angesprochene Turnerin seit vielen Jahren fast täglich mehrere Stunden trainiert, um sich auf Wettkämpfe vorzubereiten. Kann die Trainer/in wirklich allen Ernstes unterstellen, dass Fehler im Wettkampf auf mangelnde Anstrengung zurückzuführen sind bzw. es vor dem nächsten Gerät einer Aufforderung zu nicht erhöhter oder besonderer, nein: einem bisschen Anstrengung bedarf? Oder handelt es sich lediglich um eine unüberlegte Aussage? Vorsicht ist an dieser Stelle natürlich auch geboten, weil es sich bei dem Zitat um die Wiedergabe einer Trainer/innenäußerung durch eine Turnerin handelt, sich also der tatsächliche Wortlaut kaum nachprüfen lässt. Dies ist insofern aber hier unbedeutend, als dass in diesem Zusammenhang allein entscheidend ist, was bei der Turnerin ankommt. Dass es darüber hinaus kein Einzelfall ist, wenn Trainer/innen auf mangelnde Anstrengung verweisen, zeigt ein weiterer Auszug:

> „F: Was passiert denn, wenn man versagt? Was passiert danach?
>
> I: Dann wird man angemeckert von den Trainer/innen: ‚Ja, das kommt davon, weil du das auch im Training nicht richtig machst, du strengst dich ja gar nicht an' und so was" (1949–1952).

Wie weit die Reaktionen der Trainer/innen im Extremfall reichen, darüber gibt das folgende Zitat Auskunft:

> „Zum Beispiel als wir in X-Land waren beim Wettkampf, da war ich nur mit ihr allein und dann (stöhnt) war ich dann verletzt, und da hat sie erstmal zwei, drei Tage gar nicht mehr mit mir geredet oder in Y-Land auch, da habe ich scheiße geturnt, da fühlt sie sich in ihrer eigenen Person angegriffen […], da hat sie geschlagene zwei Tage nicht mehr mit mir geredet, also gar nicht guten Morgen" (204–211).

Die Turnerin interpretiert hier wohl ganz zutreffend, dass das Problem ihrer Trainer/in darin liegt, Misserfolge geradezu als persönliche Beleidigung aufzufassen.

Dass neben diesen Kritikpunkten ebenso eine gute Wettkampfbetreuung hervorgehoben wird, darauf wurde bereits oben verwiesen. Positiv von den Turnerinnen bewertet wird in diesem Zusammenhang ein ruhiges, ausgeglichenes Trainer/innenverhalten, dass zunächst einmal Sicherheit gibt und nicht zusätzliche Angst erzeugt. Darüber hinaus betonen die Turnerinnen, dass sie angesichts von Fehlern selbst enttäuscht und unzufrieden genug sind und daher keiner zusätzlichen Dämpfer von Trainer/innenseite bedürfen. Hier kommt es eher darauf an, über die erlebte Enttäuschung hinwegzuhelfen, aufzubauen und für das Kommende zu motivieren.

Bilanzierend lässt sich feststellen, dass Investitionen im sozialen Bereich, z. B. die stark eingeschränkten Möglichkeiten von Peer-Kontakten, über eine positive Ausgestaltung der real möglichen Beziehungen relativiert werden können. Familiärer Rückhalt sowie eine gute Trainings- und Wettkampfatmosphäre, die vor allem durch die Trainingsgruppe und die Beziehung zur Trainer/in bestimmt werden, sind hier von entscheidender Bedeutung. Grundsätzlich machen gerade die von den Turnerinnen angeführten Kritikpunkte deutlich, dass auf Grund der besonderen Trainer/in-Turnerin-Konstellation bestimmte Gefahren vorhanden sind. Da dieses Verhältnis durch das Alter der Kunstturnerinnen zwangsläufig eine Asymmetrie aufweist, besteht – wie in allen anderen Interaktionen zwischen Kindern/Jugendlichen und Erwachsenen – die Gefahr des Machtmissbrauchs. Damit sollen gar nicht massive Verletzungen der Unversehrtheit angesprochen werden, sondern vielmehr der alltägliche Umgang zwischen Trainer/in und Turnerin. Viele Beispiele lassen hier die Frage aufkommen, ob sich die Trainer/innen auch gegenüber erwachsenen Athletinnen so verhalten würden? Oder anders ausgedrückt: Welchen der Turnerinnen ist es möglich, sich ihren Trainer/innen gegenüber in vergleichbarer Weise zu verhalten wie dies umgekehrt geschieht und in welchem Moment würde dies als grobe Unhöflichkeit gewertet?

### 5.1.2.5 *Investitionen im Bereich der Ernährung*

Die Gewichts- und Ernährungsproblematik stellt ein häufig diskutiertes Thema dar, wenn es um Gefahren im weiblichen Kunstturnen geht. Dies ist ein Grund, warum es im Folgenden ausgesprochen ausführlich behandelt wird. In diesem Teilkapitel wird

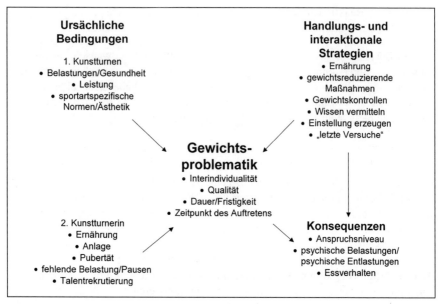

*Abb. 3: Paradigmatisches Modell zur Gewichtsproblematik.*

beispielhaft eine sehr enge Orientierung an der ‚Grounded Theory' verfolgt und an Hand des von STRAUSS/CORBIN (1996) entwickelten ‚paradigmatischen Modells' (vgl. ebd., 78 ff.) eine akribische Analyse des zu Grunde liegenden Phänomens vorgenommen (vgl. Abb. 3). Damit sollen auch die Möglichkeiten und Grenzen dieser Methode verdeutlicht werden, die hinsichtlich der anderen Kodes nicht bis ins letzte weiterverfolgt wurde, zum einen, weil nicht jeder Kode dafür geeignet erschien, zum anderen weil sich teilweise eine eher übergeordnete Perspektive als gewinnbringender erwies. Diese einleitenden Worte sollen auch erläutern, warum sich die ‚Textsorte' des vorliegenden Kapitels deutlich von denen der anderen Abschnitte unterscheidet.

Ganz allgemein lässt sich zunächst festhalten, dass die Anforderungen der Sportart Kunstturnen nur bestimmte Varianzen hinsichtlich Körpergewicht (und -größe) zulassen. Die Einhaltung dieses Optimalgewichts ist auf Grund verschiedener Faktoren potenziell mit Problemen verbunden. Damit wird sie zu einer zentralen Problematik in diesem Lebensbereich.

Unter der *Gewichtsproblematik* sind die im Kunstturnen vorhandenen Schwierigkeiten im Zusammenhang mit der Einhaltung eines optimalen Körpergewichts zu verstehen. Es geht also um die *äußerlich sichtbare* bzw. *messbare* Abweichung des konkreten Körpergewichts von einem sportartspezifischen Optimalgewicht. Gewichtsprobleme hängen dabei nicht unbedingt mit der Ernährung zusammen (s. u.). Die Regulation erfolgt jedoch fast ausschließlich bzw. schwerpunktmäßig über die Ernährung.

Von der Gewichtsproblematik lässt sich die *Ernährungsproblematik* differenzieren. Bei dieser geht es um das dahinterliegende, eher *unsichtbare* Essverhalten. Hier spielen verstärkt *innere, psychische* Vorgänge eine Rolle. Es könnte also durchaus eine Ernährungsproblematik in Form von Essverhaltensstörungen vorliegen, ohne dass ein äußerlich sichtbares oder auch messbares Gewichtsproblem vorhanden ist.

Unter Systemgesichtspunkten, also ausschließlich am sportlichen Erfolg orientiert, ist damit die Gewichtsproblematik von entscheidender Relevanz, während das Ernährungsverhalten zweitrangig ist; d. h. so lange Gewicht und Leistung stimmen, ist das konkrete Ernährungsverhalten nicht von Bedeutung. Der pädagogische Fokus ist demgegenüber eher auf die Ernährungsproblematik gerichtet, da hier die Person der Turnerin im Zentrum steht.

Die Aussagen von Trainer/innen und Turnerinnen deuten zunächst einmal auf die *grundsätzliche Bedeutsamkeit* der Thematik hin, insofern dass eine unabdingbare Voraussetzung für Top-Leistungen im Kunstturnen ein optimales Körpergewicht ist und sich dies nicht quasi ‚von selbst' einstellt bzw. erhält. Es muss also – ganz allgemein formuliert – Beachtung finden. Gleichzeitig wird jedoch auch deutlich, dass der Umgang mit der Thematik so einfach nicht ist. Es ist einerseits von zentraler Bedeutung, andererseits insofern problematisch, als dass es keine simplen und eindeutigen Lösungen gibt (dazu später mehr). Über die grundsätzliche Bedeutsamkeit hinaus sind jedoch noch Differenzierungen vorzunehmen.

Zum einen muss interindividuell, also zwischen den verschiedenen Turnerinnen differenziert werden. Es gibt offenbar Turnerinnen, die nie Probleme haben, während andere einen ständigen und trotzdem oft aussichtslosen ‚Kampf' führen. Diese Typisierung hat nicht zwangsläufig etwas mit unterschiedlichem Ernährungsverhalten zu tun, d. h. es besteht kein monokausaler Zusammenhang zwischen Ernährungsverhalten und Körpergewicht.

Daran schließt sich eine weitere Differenzierung an, die von Trainer/innenseite zunächst an der äußeren Erscheinung festgemacht wird. Gemeint sind extreme Ausprägungen, die von der grundsätzlichen Problematik getrennt werden. So weist eine Trainer/in darauf hin, dass die deutschen Turnerinnen in den letzten Jahren sicher nicht durch Magersucht aufgefallen sind, sondern eher durch das Gegenteil.

„Wenn Sie in unsere Halle kommen, also das hat nichts mit Magersucht zu tun, was Sie da sehen. Das sind sogar für uns schon teilweise zu doll proportionierte Mädchen…" (1041–1044).

Die Trainer/in verbleibt hier auf der Gewichtsebene, also bei der äußeren Erscheinung. Der Magersucht stellt er zu dicke Mädchen gegenüber und nicht solche mit normalem Essverhalten o. Ä. Es geht also eindeutig um die äußere Erscheinung bzw. das Gewicht und nicht um das dahinter liegende (unsichtbare) Essverhalten.

Die von uns durchgeführten Beobachtungen gehen in eine ähnliche Richtung, was die äußere Erscheinung, also die Gewichtsproblematik angeht. Allerdings ist nicht eindeutig festzustellen, wie diese äußere Erscheinung zustande kommt, und was für ein konkretes Ernährungsverhalten dahinter steckt. Nach unserer Einschätzung ist jedoch der Trainer/innenansicht zuzustimmen, dass die Problematik extremer Essverhaltensstörungen in der öffentlichen Darstellung überhöht wird. Es existieren lediglich vereinzelte Hinweise auf Mädchen, die offenbar stark gefährdet waren/sind, an Bulimie oder Magersucht zu erkranken.

Eine weitere Differenzierung betrifft die Auftretensdauer von Gewichtsproblemen. So unterscheidet eine Trainer/in zwischen permanenten Problemen im Gegensatz zu kurzfristigen. Unter letzterem versteht sie, dass eine Turnerin „innerhalb von einer Woche 4, 5 Kilo aufgepackt hatte, die dann aber auch wieder in 3 Wochen runter hatte" (1345–1346). Dieses Phänomen wird von ihr als „Frustfraß" (1340) bezeichnet, z. B. nach einer verpassten Qualifikation oder einem verturnten Wettkampf.

Auch der Zeitpunkt des Auftretens von Gewichtsproblemen ist unterschiedlich. Grundsätzlich können diese zunächst während der aktiven Zeit auftreten oder danach. Längerfristige Gewichtsprobleme als Folge permanenter Essstörungen finden sich nach der Auffassung einer Trainer/in ‚erst' nach Beendigung der Karriere. Dies führt sie auf das „Nachholen wollen oder angebliche Nachholen wollen von irgendwelchen Versäumnissen" (1360–1361) zurück.

Hier schließen sich verschiedene Fragen an: Zunächst entlastet das Auftreten der Gewichtsprobleme ‚erst' nach der Karriere die Trainer/innen natürlich nicht automatisch von ihrer (Mit-)Verantwortlichkeit, jedenfalls dann nicht, wenn ein direkter Zusammenhang zur aktiven Zeit besteht. Darüber hinaus weisen verschiedene Trainer/innen darauf hin, dass die Mädchen ein vernünftiges Ernährungsverhalten lernen sollen und ihnen dieses durch das Kunstturnen nahe gebracht wird. Wenn das tatsächlich der Fall wäre, dann dürften auch nach der Karriere keine Essverhaltensprobleme auftreten, zumindest keine längerfristigen oder gar permanenten. Der Hinweis der Trainer/in auf das „Nachholen ..." legt zudem die Vermutung nahe, dass sie unter Problemen lediglich die des übermäßigen Essens und daraus resultierendes Übergewicht fasst. Der gegenteilige Fall wird von ihr hier offenbar nicht mitgedacht.

Worin liegen nun die einzelnen *Ursachen* für die Gewichtsproblematik? Sie lassen sich prinzipiell in zwei große Blöcke einteilen: Zum einen handelt es sich um Bedingungen, die durch die spezifischen Anforderungen des Kunstturnens entstehen. Dies sind jedoch keineswegs immer völlig eindeutige oder gar durch die ‚Natur der Sache' vorgegebene Bedingungen. Auch sie enthalten Variationsmöglichkeiten – was sich auch an den Trainer/innenaussagen festmachen lässt – und sind z. T. beeinflussbar. Zum zweiten geht es um Bedingungen, die eher die Sportlerinnen betreffen, also diejenigen, die sich den Anforderungen der Sportart stellen und ihre konkrete Situation. In der Person der Kunstturnerin und in ihrem Umfeld lassen sich also Faktoren verorten, die als ursächliche Bedingungen auf die Gewichtsproblematik wirken.

In Bezug auf den ersten Block ist zunächst einmal der Bereich der sportartspezifischen *Belastungen* und damit eng zusammenhängend die Sorge um die *Gesundheit* der Turnerinnen zu nennen. Dies ist auch das von den Trainer/innen eindeutig in den Vordergrund gestellte Argument für die Einhaltung eines bestimmten Körpergewichts. Im Kunstturnen treten auf Grund der Absprünge und vor allem Landungen aus z. T. sehr großen Höhen enorme Belastungsspitzen auf. Diese sind auch abhängig vom Körpergewicht der Turnerin. Eine Gewichtsreduktion führt also zu einer Reduzierung der Belastung, was positive gesundheitliche Effekte nach sich zieht. Allerdings scheint die Maxime: ,je leichter, desto besser für die Gesundheit' zu undifferenziert. Es ist nicht allein das Gewicht entscheidend, sondern vielmehr das Verhältnis von Muskelmasse zur Restmasse. Eine große Muskelmasse bedeutet demnach zwar zunächst einmal mehr Gewicht, stellt aber andererseits die notwendige Basis zur Verfügung, um den passiven Bewegungsapparat zu entlasten und vor Schädigungen zu schützen. Entsprechend weisen auch einige Trainer/innen darauf hin, dass ihnen die kräftigen, athletischen Typen lieber sind, da sie deutlich belastungsverträglicher sind als die sehr dünnen Turnerinnen mit wenig Muskelmasse.

Weiterhin sollte man bedenken, dass diese Gründe zwar für ein möglichst niedriges Gewicht sprechen, aber sie geben keine Auskunft darüber, wo genau dieses zu liegen hat. Auch die Aussagen darüber, um wie viel denn das Optimalgewicht überschritten werden könne, ohne dass Probleme entstehen, differieren erheblich. Während für eine Trainer/in „jedes Gramm" (1027) zählt, sind es bei einer anderen zwei Kilogramm – „wenn ich also ständig mit, sag ich mal, 2 Kilo zu viel trainiere, kommen schon sehr schnell ein paar Tonnen Belastung pro Tag zusammen" (1314–1316) –, für eine dritte sind wiederum erst „3–4 Kilo Übergewicht" (916–917) von Relevanz. Diese Aussagen machen u. E. deutlich, dass es sich bei der genauen Festlegung eines Optimalgewichts lediglich um eine *Scheinpräzision* handelt.

Das Optimalgewicht und die Toleranzen der Überschreitung scheinen auch noch von weiteren Faktoren abhängig zu sein: Offenbar spielt der ,Turnerinnentyp' eine Rolle, da athletische Turnerinnen mit einer relativ großen Muskelmasse besser ein paar Kilo zu viel verkraften können als die zierlichen. Daneben ist auch die Trainingsphase von Bedeutung. Während der Vorbereitungsphase mit hohen konditionellen Anteilen und wenig Gerättraining kann es sogar günstig sein, wenn die Turnerinnen ein etwas höheres Gewicht haben, um größere Trainingseffekte zu erzielen. Das Gerättraining hingegen verlangt wiederum nach einem niedrigeren Gewicht. Dass schließlich das Wettkampfgewicht noch unterhalb des Trainingsgewichts liegen sollte, hat demgegenüber wohl eher ästhetische Gründe (s. u.).

Insgesamt gesehen ist es natürlich nachvollziehbar, dass keine genauen Werte zum Optimalgewicht angegeben werden können, denn neben den bereits genannten Faktoren spielt für die Gesundheit z. B. auch noch eine Veranlagung (hinsichtlich Verletzungsanfälligkeit) eine Rolle, die Technik ist von Bedeutung und neben der Muskelmasse natürlich auch die intra- und intermuskuläre Koordination etc. Das Problem liegt jedoch in einer anderen Richtung, nämlich in der *fehlenden Differenzierung zwischen sportartspezifischen Notwendigkeiten und persönlichen Präferenzen* bzw. zwischen einem sportartspezifischen Optimalgewicht und einem individuellen Idealgewicht. Diese Problematik wird unten noch einmal aufgegriffen.

Hinsichtlich der gesundheitlichen Folgen werden zwei Argumentationsrichtungen verfolgt: Zum einen wird darauf verwiesen, dass ein ständiges ‚Übergewicht‘ zu permanent überhöhten Belastungen und damit mittel- und langfristig zu Verschleißerscheinungen führt. Zum anderen zieht ‚Übergewicht‘ eine raschere Ermüdung bzw. koordinative Probleme nach sich, da bestimmte (Teil-) Bewegungen nicht ausreichend schnell durchgeführt werden können. Damit erhöht sich die Unfallgefahr.

Weniger häufig werden die gesundheitlichen Gefahren eines zu geringen Gewichts von den Trainer/innen angesprochen. Bereits oben wurden Trainer/innenhinweise zitiert, die in Richtung auf eine geringere Belastungsverträglichkeit sehr dünner, zierlicher Mädchen im Vergleich zu den eher kräftigen, athletischen zielten. Wenn ein sehr niedriges Gewicht auf Hungern zurückzuführen ist, bestehen zudem gesundheitliche Gefahren durch Mangelernährung. Darüber hinaus sind Essverhaltensstörungen immer mit psychischen Beeinträchtigungen verbunden.

Ein optimales Gewicht ist weiterhin Voraussetzung für maximale *Leistungen*. Auf Grund der Anforderungen der Sportart ist ein möglichst gutes Last-Kraft-Verhältnis von entscheidender Bedeutung, d. h. neben der Erhöhung der Kraft spielt auch die Reduzierung des Gewichts eine Rolle.

Dieser Leistungsaspekt lässt sich einerseits noch weiter ausdifferenzieren (s. u.), andererseits findet sich natürlich auch hier weder ein monokausaler Zusammenhang zwischen Gewicht und Leistung noch lassen sich wiederum ein eindeutiges Gewicht bzw. genaue Toleranzen festlegen.

Die Leistung kann folgendermaßen über das Gewicht beeinflusst werden: Ein zu hohes Gewicht erhöht erstens die Gefahr gesundheitlicher Beeinträchtigungen und verhindert dadurch Top-Leistungen. Es beeinflusst zweitens das Last-Kraft-Verhältnis in negativer Richtung und verhindert damit einerseits die Ausführung bestimmter Elemente, andererseits das Durchturnen ganzer Übungen auf Grund von Kraft(-ausdauer)-problemen. Darüber hinaus erschwert es zum Dritten das Training, macht es anstrengender und wirkt sich damit negativ auf Leistungsfortschritte aus. Viertens führt es zu Abzügen in der Bewertung. Dies könnte einerseits durch eine gewichtsbedingte geringere Dynamik geschehen:

> „Also natürlich sind sie dann schwerfälliger. Wenn ich schwerfälliger bin, dann kommt das wertungsmäßig in das Kriterium sicherlich ‚fehlende Dynamik, fehlende Amplitude‘“ (1464–1469).

Es könnten hier allerdings auch ästhetische Aspekte eine Rolle spielen:

> „Also das gehört einfach zur Sportart dazu, dass also ein gewisser Körperbau, sag ich mal, einfach dazu gehört, wo gewisse Toleranzgrenzen natürlich immer gegeben sind. [...] Das ist ne ästhetische Sportart und die Ästhetik hat natürlich auch gewisse, sag ich mal, Grenzen auch" (1491–1494; 1506–1508).

Bereits im letzten Punkt angeklungen ist ein Aspekt, der jetzt noch einmal extra ausgeführt werden soll. Und zwar geht es um *sportartspezifische Normen*, wobei vor allem *ästhetische* Vorstellungen hier von ganz besonderer Bedeutung sind, die keinesfalls immer so unmittelbar mit der Leistung zusammenhängen, wie einige Trainer/innen das glauben machen wollen. Die bereits oben angedeuteten Differenzen hinsichtlich der Toleranzgrenzen machen deutlich, dass sich hinter den vorgeschobenen sportartspezifischen Anforderungen z. T. persönliche Präferenzen verbergen. So sind manche Trainer/innen unter den Turnerinnen (und sicher auch im Kolleg/innenkreis) dafür bekannt, dass sie besonders ‚hohe Anforderungen‘ an die Figur ihrer Turnerinnen stellen und entsprechend rigide die Einhaltung der von ihnen vorgegebenen Richtwerte verfolgen.

> „Und meine Trainer/in war so, nur Gewicht, Gewicht, Gewicht, Gewicht, Gewicht. Hauptsache Gewicht. Also man brauchte gar nicht gut turnen können, Hauptsache man sieht aus wie ein Spargel, dann war man das Lieblingskind" (473–477).

Besonders problematisch für viele Kunstturnerinnen ist es, dass bei diesen Trainer/innen nicht Frauen- sondern Kinderkörper das Ideal und damit auch die Norm darstellen. So bezeichnet z. B. eine Trainer/in im Interview eine konkrete Turnerin als zu dick und zieht einen Vergleich zu ihrem Aussehen vier Jahre zuvor: da „sah sie ganz anders aus" (1499). Selbst wenn man berücksichtigt, dass diese Turnerin wahrscheinlich vier Jahre vorher austrainierter war, so vernachlässigt die Trainer/in doch vollständig, dass hier ein Vergleich zwischen einer Fünfzehnjährigen und einer Neunzehnjährigen gezogen wird. Aus solchen Normorientierungen resultieren dann in der Pubertät natürlich häufig massive Probleme für die Mädchen.

Die Bedeutung ästhetischer Vorstellungen zeigt sich auch darin, dass für einige Trainer/innen das Wettkampfgewicht 1–2 Kilo unter dem Trainingsgewicht liegen sollte.

> „I: Ich meine, natürlich schwanken die zwischen ein, zwei Kilo, das ist also normale Bandbreite. Wenn kein Wettkampf ist, dann können sie auch anderthalb, zwei Kilo mehr drauf haben, nur bis zum Wettkampf hin müssen sie halt sehen, dass sie ihr Idealgewicht möglichst kriegen.
> F: Also Trainingsgewicht kann ruhig ein bisschen höher liegen?
> I: Ja, das kann man nicht halten, richtig" (1446–1453).

Für diese Auffassung können eigentlich nur ästhetische Gründe – ggf. in Verbindung mit Bewertungsgründen (s. o.) – herangezogen werden.

Es gibt allerdings auch normative Vorstellungen, die in eine andere Richtung gehen, insofern als nach unten hin Grenzen gesetzt werden. So will eine Trainer/in keine „Bohnenstangen" (1526), eine andere Trainer/in ist „längst von der Ansicht weg, dass es nur immer diese kleinen, dünnen sein müssen" (302–303). Allerdings liegt hier die Begründung nicht auf einer ästhetischen, sondern auf einer gesundheitlich orientierten Ebene.

Deutlich werden die Normen auch in der folgenden Aussage:

> „Da muss schon mit einer Zunge geredet werden, und wenn die Trainer/in sagt, ihr seid zu dick, darf der Physiotherapeut nicht sagen, ihr seht toll aus, er kann denen zwar sagen, Mensch, ihr seid super Frauen, aber für eure Sportart, vielleicht für morgen für den Wettkampf oder für in drei Wochen muss da vielleicht noch ein bisschen was runter" (2284–2289).

Dieser Auszug macht auch die Differenz zwischen unserem gesellschaftlichen Schlankheitsideal und dem kunstturnspezifischen deutlich, das – zumindest was das Wettkampfgewicht angeht – niedriger liegt.

Neben den Gegebenheiten und Anforderungen der Sportart Kunstturnen gibt es weitere Faktoren, die eher der *Person der Kunstturnerin bzw. ihrer konkreten Situation* zuzurechnen sind und aus dieser Richtung als ursächliche Bedingungen für die Gewichtsproblematik wirken.

Als erstes ist hier sicherlich die *Ernährung* zu nennen, die natürlich einen – wenn auch interindividuell sehr unterschiedlichen – Einfluss auf das Körpergewicht hat. Neben einem ‚Zuviel' kann auch eine ‚falsche' Ernährung zu Gewichtsproblemen führen. Die Ernährung ist auch der zentrale Ansatzpunkt für die Trainer/innen, wenn es darum geht, Gewichtsproblemen vorzubeugen oder sie zu beseitigen (s. u.), wahrscheinlich auch deshalb, weil andere Faktoren noch weniger von ihnen beeinflusst werden können.

Es erscheint auch hier sinnvoll, zwischen dem ‚normalen', alltäglichen Ernährungsverhalten und bestimmten ‚Ausreißern' zu unterscheiden. Zum einen kann also das alltägliche Essverhalten bereits problematisch sein, wenn die Turnerin sich also mehr oder weniger ständig falsch ernährt bzw. zu viel isst. Zum anderen kann aber auch ein eigentlich angemessenes Ernährungsverhalten durch kurzzeitige ‚Aussetzer' unterbrochen sein und damit ebenfalls zu eher kurzfristigen Gewichtsproblemen führen. Solche ‚Aussetzer' sind allerdings auch denkbar, wenn sich eine Turnerin unter großer Willensanstrengung lange Zeit sehr diszipliniert ernährt und dann diesen psychischen Kraftakt nicht mehr durchhalten kann.

Es besteht jedoch keinesfalls ein monokausaler Zusammenhang zwischen der Ernährung und dem Körpergewicht. Offenbar scheint hier die *Anlage* von entscheidender Bedeutung zu sein. So gibt es Mädchen, die kaum oder gar nicht auf ihre Ernährung zu achten brauchen, während andere selbst mit großer Disziplin das angezielte Gewicht nicht erreichen bzw. halten können.

Ein weiterer Faktor sind altersbedingte Veränderungen, vor allem in der *Pubertät*. Durch hormonelle Umstellungen finden körperliche Veränderungen statt, die nicht oder nur teilweise beeinflussbar sind. Im Gegensatz zu vielen anderen Sportarten finden diese in einer Phase statt, in der sich die Turnerin bereits auf einem extrem hohen Leistungsniveau befindet. Die körperlichen Veränderungen werden dementsprechend auch von einer relativ breiten (Kunstturn-) Öffentlichkeit verfolgt und ggf. kommentiert, woraus häufig nicht unerhebliche psychische Probleme für die Mädchen entstehen. Für Trainer/innen und Turnerinnen ist es natürlich auch relativ ‚bitter‘, in dieser Phase aufgeben zu müssen, da sie bereits sehr viel investiert haben.

Auch *fehlende Belastung* z. B. während des Urlaubs oder an Feiertagen kann zu Gewichtsproblemen führen. Dabei sind wohl zwei Aspekte entscheidend. Zum einen verringert sich der Kalorienverbrauch bei fehlender Belastung, wobei dieser im Kunstturnen insgesamt nicht besonders hoch ist. Zum anderen verleitet die freie Zeit wahrscheinlich verstärkt zum Essen, erst recht dann, wenn Feiertage mit den dabei üblichen Festtafeln anstehen.

Fehlende Belastung kann auch die Folge von Verletzungen sein, so dass man die Aussage einer Trainer/in: „Gewichtsprobleme provozieren Verletzungen" (1020) durchaus umkehren kann: Verletzungen provozieren Gewichtsprobleme. Entsprechend wird von den Trainer/innen auch versucht, den Trainingsausfall in Verletzungsphasen möglichst gering zu halten und so bald und umfangreich wie möglich weiter zu trainieren.

Ein grundsätzliches Problem, das einerseits mit der Anlage zu tun hat, andererseits mit dem deutschen Leistungssportsystem, betrifft den Aspekt der *Talentrekrutierung*. Da das alte DDR-Auswahlsystem weggefallen ist und darüber hinaus auch nicht gerade ein Überangebot an kunstturnbegeisterten Eltern in Deutschland existiert, wird bei der Talentauswahl häufig die Motivation und die Bereitschaft der Mädchen und ihrer Eltern, diese Mühen auch auf sich zu nehmen, in den Vordergrund gestellt. Dadurch geraten auch Mädchen in das Kunstturnen hinein, die man auf Grund der Größe und Figur der Eltern in der ehemaligen DDR nicht ausgewählt hätte, da zumindest die Wahrscheinlichkeit relativ groß ist, dass sie sich spätestens in der Pubertät in eine Richtung entwickeln, die zu Gewichtsproblemen führt. Damit wird die Gewichtsproblematik zumindest quantitativ verschärft.

Zur Beeinflussung der Gewichtsproblematik lassen sich verschiedene *Handlungs- und interaktionale Strategien* ausfindig machen. Als zentraler Angriffspunkt lässt sich die *Ernährung* herausstellen, wobei der grundsätzliche Tenor der Trainer/innenaussagen auf ein vernünftiges Ernährungsverhalten abzielt, d. h. die Mädchen sollen sich individuell und ausgewogen ernähren, nicht hungern, nicht vollständig auf Süßigkeiten verzichten etc. Ein Teil der Trainer/innen weist darauf hin, dass es nicht erfolgversprechend ist, den Mädchen bestimmte Dinge zu verbieten, da sie es dann entweder heimlich tun oder aber ein so großer Druck entsteht, dass sie irgendwann in ein tiefes Loch fallen und dann keinerlei Grenzen mehr beachten. Es kann also nur darum gehen, Orientierungen zu geben. Dies ist auch deshalb notwendig, weil das *Ernährungsverhalten nicht extern kontrolliert werden kann*, wobei dies im Internat offenbar noch eher möglich ist, als wenn die Mädchen zu Hause leben. Einerseits bietet die Ernährung also einen vergleichsweise Erfolg versprechenden Angriffspunkt, da hier prinzipiell größere Einflussmöglichkeiten bestehen als z. B. hinsichtlich der Anlage oder der Pubertät. Andererseits sind aber auch in Bezug auf die Ernährung die Einfluss- und Kontrollmöglichkeiten begrenzt.

Ergänzende *gewichtsreduzierende Maßnahmen* bestehen zum einen darin, den Kalorienverbrauch durch zusätzliche konditionelle Beanspruchung zu steigern, zum anderen, über verstärktes Schwitzen, Gewicht zu reduzieren. Gerade die zweite Variante (Sauna, Treter, Laufen ggf. mit zwei Trainingsanzügen) hat sich aber laut Trainer/innenaussage als höchstens kurzfristig erfolgreich erwiesen. Dementsprechend scheinen nur noch wenige Trainer/innen vor allem auf die rigideren Formen zurückzugreifen und diese auch quasi als Strafe einzusetzen. Mittel- und langfristiger Erfolg kann offensichtlich nur über ein entsprechendes Ernährungsverhalten erreicht werden.

Die gewichtsreduzierenden Maßnahmen werden bei allen Trainer/innen durch *Gewichtskontrollen* begleitet, wobei diese in Regelmäßigkeit und Ausführungsmodus variieren. Manche Turnerinnen werden ‚auf die Waage gestellt‘, d. h. die Trainer/innen kontrollieren direkt das Gewicht, in anderen Fällen liegen die Kontrollen bei den Turnerinnen selbst. Hinsichtlich der Häufigkeit finden sich Variationen von regelmäßig zweimal täglich vorgenommenen Kontrollen bis hin zu sporadischen, stichpunktartigen. Manche Trainer/innen sprechen die Turnerinnen nur bei Auffälligkeiten an.

Die Turnerinnen bewerten die Kontrollformen unterschiedlich. Ein Teil empfindet regelmäßige und auch häufige Kontrollen als durchaus hilfreich, um größere Schwankungen von vornherein zu vermeiden. Andere plädieren in jeder Hinsicht für ihre Selbstständigkeit: schließlich wissen sie selbst genau, wann sie zu viel wiegen und müssen auch selbst in der Lage sein, das Problem zu lösen. Einige empfinden den von den Trainer/innen ausgeübten Druck als notwendig und hilfreich, da sie es allein kaum schaffen, ihr Gewicht zu halten, während bei anderen der Druck lediglich dazu führt, dass das Verlangen nach Ausbrüchen – z. B. in Form von Süßigkeitenkonsum – extrem ansteigt.

Hier existieren also offenbar individuelle Differenzen. Jedoch lassen sich aus Turnerinnensicht auch Grenzen aufzeigen. So wird einem zu starken Druck und überzogenen Wiegeprozeduren eine klare Absage erteilt, da sie zu enormen psychischen Belastungen führen, die unterschiedliche Folgen haben können, sei es, dass das Verlangen nach Essen übermäßig ansteigt oder sogar massive Essverhaltensstörungen resultieren. Ebenfalls deutlich abgelehnt werden Strafen oder auch auf die Figur abzielende beleidigende und verletzende Kommentare. Hier deutet sich bereits ein weiterer Aspekt an. Die Gewichtskontrollen werden z. T. als willkürliches Machtinstrument eingesetzt. Kontrolliert wird dann z. B. nicht regelmäßig, sondern wenn die Trainer/in unzufrieden mit den Leistungen der Turnerin ist, schlechte Laune hat o. Ä. Die Gewichtsproblematik dient offenbar teilweise dazu, ganz andere ‚Kämpfe' auszutragen.

*Exkurs*

*Der nachfolgende Exkurs dient der Verdeutlichung der gerade aufgestellten These. Er ist zum Verständnis des Kapitels nicht zwingend notwendig, so dass er nicht unbedingt gelesen werden muss.*

*Im Zentrum des Exkurses steht die sequenzanalytische Bearbeitung einer Interviewpassage. Die Ausführungen der interviewten Turnerin werden Satz für Satz betrachtet und mit verschiedenen Deutungsmöglichkeiten versehen, ohne dass damit ein Anspruch auf Vollständigkeit erhoben wird. Diese besondere Form einer sehr kleinschrittigen Analyse arbeitet u. a. mit paraphrasierenden Elementen, so dass sie sich auch sprachlich von den bisherigen Darstellungen abhebt. Die damit einhergehenden alltagssprachlichen Formulierungen sind durchaus beabsichtigt.*

*„A: Und wir waren auch gestern Abend, um acht sind wir losgegangen zu ner Tankstelle, weil wir hatten Hunger auf (lachend) Schokolade. Dann sind wir losgegangen, aber da sind die auch alle mitgegangen. Nicht alle, aber fast alle. Dann sind wir halt auch Trainer/innen begegnet, dann haben wir auch zusammgehalten, haben gesagt (lachend), wir waren telefonieren und die Telefonzelle war kaputt, also wir halten auch schon zusammen. Also das ist nicht so, sind nicht so welche, die sagen, och die waren weg, Schokolade essen und … das … ich mein das gibts auch, das gibt bestimmt so welche, aber so sind die nicht hier. Weil dies ja selbst auch machen.*

*F: Mhm, ja, macht ihr das dann schon heimlich, wenn ihr Schokolade esst? Dürfen die Trainer/innen das nicht wissen?*

*A: Nee eigentlich nicht so. Aber … ich mein, das wissen die auch, dass wir Schokolade essen. Die sind ja nicht doof. Aber wir machens eben so, dass sies nicht unbedingt sehen".*

*Das Interview mit der Turnerin (Alex, 14 Jahre alt) findet während eines Kaderlehrgangs in Frankfurt statt. Die Aussage entsteht im Zusammenhang mit einer Frage nach den Beziehungen zu anderen Turnerinnen des B-Kaders. Alex ist neu im B-Kader und lernt die anderen gerade erst näher kennen. Sie nennt direkt vor dieser Passage einige Namen von Mädchen, mit denen sie sich sehr gut versteht. Im Folgenden wird die Passage also Satz für Satz analysiert:*

**1. Satz: „Und wir waren auch gestern Abend, um acht sind wir losgegangen zu ner Tankstelle, weil wir hatten Hunger auf (lachend) Schokolade."**

*Im Zusammenhang mit der Frage nach den sozialen Beziehungen will Alex offenbar eine Situation schildern, in der die Mädchen etwas gemeinsam unternommen haben. Im Rahmen des Lehrgangs gehen sie abends los zu einer Tankstelle, um sich Schokolade zu kaufen. Diese Aussage wird von Alex lachend gemacht, ein erster Hinweis auf den besonderen Kontext, der im Folgenden aufgeklärt wird.*

**2. Satz: „Dann sind wir losgegangen, aber da sind die auch alle mitgegangen."**

*Die Mädchen gehen gemeinsam los, wobei Alex betont, dass alle mitgegangen sind: ein Hinweis auf die existierende Gemeinschaft zwischen den Mädchen. Auch diese Aussage ist wieder im Kontext der Frage nach sozialen Beziehungen zwischen den Turnerinnen zu sehen.*

**3. Satz: „Nicht alle, aber fast alle."**

*Alex nimmt noch eine Einschränkung vor: es sind doch nicht alle mitgegangen, aber „fast alle", also durchaus ein so großer Teil der Mädchen, dass dies als Beleg für eine gute Gemeinschaft Geltung beanspruchen kann. Dieser Beleg erhält vor dem Hintergrund, dass es sich um eine nicht ganz legitime Aktion handelt, umso größere Durchschlagkraft. Fast alle Mädchen verstoßen gemeinsam gegen eine geltende Regel, nämlich abends zur Tankstelle zu gehen und dem Hunger nach Schokolade nachzugeben und sich dieselbe zu kaufen (weitere Ausführungen zu den geltenden Regeln s. u.).*

**4. Satz: „Dann sind wir halt auch Trainer/innen begegnet, dann haben wir auch zusammgehalten, haben gesagt (lachend), wir waren telefonieren und die Telefonzelle war kaputt, also wir halten auch schon zusammen."**

*Nun kommt der ‚dramatische Höhepunkt' der kleinen Geschichte: die Mädchen begegnen auf ihrem Ausflug den Trainer/innen. Jetzt zeigt sich, was diese Gemeinschaft wirklich wert ist: Die Mädchen halten zusammen und ‚tischen' den Trainer/innen gemeinsam eine (erlogene) Geschichte über kaputte Telefone auf. Der letzte Teilsatz macht explizit, was Alex mit dieser Geschichte verdeutlichen will: die Mädchen halten zusammen, sie sind eine eingeschworene Gemeinschaft, die gemeinsam gegen die ‚Gegner', die Trainer/innen vorgeht.*

**5. Satz: „Also das ist nicht so, sind nicht so welche, die sagen, och die waren weg, Schokolade essen und ... das ... ich mein das gibts auch, das gibt bestimmt so welche, aber so sind die nicht hier."**

*Es folgt eine weitere Ausführung zum ‚Charakter' der Turnerinnen: sie sind keine ‚Petzen', obwohl es so was ja auch gibt, aber die Mädchen hier ‚verpetzen' sich nicht gegenseitig. Sie sind miteinander solidarisch.*

**6. Satz: „Weil dies ja selbst auch machen.‟**

*Der nachgeschobene 6. Satz gibt eine Begründung für diese Solidarität, die den zunächst heraufbeschworenen ‚edlen Charakter‘ ein wenig in die schnöde Realität zurückholt. Der Hintergrund für das Zusammenhalten liegt nicht (allein) im edlen Charakter der Turnerinnen, vielmehr sitzen alle im gleichen Boot, da jede sich der gleichen Verstöße schuldig macht. Das Schweigen hat also auch Selbstzweck: ‚Ich verpetze dich nicht, also verpetz auch du mich nicht‘.*

*Wenn man dies wörtlich nimmt, hat man gleichzeitig einen weiteren Hinweis auf die Allgegenwart und die allseitige Betroffenheit von der gleichen Problematik: alle Turnerinnen haben hin und wieder Hunger auf Süßigkeiten, dem sie nicht immer widerstehen können oder wollen und besorgen sich dann heimlich – sonst säßen sie nicht alle im gleichen Boot – Schokolade.*

*Für den ersten Teil lässt sich somit folgendes Zwischenfazit ziehen:*

*1. Ausgangspunkt der Geschichte ist nicht die Ernährungsproblematik, sondern die Gemeinschaft unter den Mädchen. Diese wird jedoch interessanterweise unter Rückgriff auf eine Geschichte zum Schokoladeessen verdeutlicht.*

*2. Vom scheinbar unerlaubten Nachgeben des Schokoladehungers scheinen alle Mädchen gleichermaßen betroffen zu sein.*

*3. Darüber hinaus scheint es in der Geschichte um Regeln und deren Einhaltung bzw. Übertretung zu gehen.*

*Wie geht es nun im zweiten Teil weiter?*

**7. und 8. Satz: „Mhm, ja, macht ihr das dann schon heimlich, wenn ihr Schokolade esst? Dürfen die Trainer/innen das nicht wissen?‟**

*Die Interviewerin greift nicht das Ausgangsthema der Passage auf, die sozialen Beziehungen der Turnerinnen, sondern fragt nach, ob das Schokoladeessen üblicherweise heimlich, ohne Wissen der Trainer/innen erfolgt.*

**9. Satz: „Nee eigentlich nicht so.‟**

*Zunächst stimmt Alex zu. Die Trainer/innen dürfen nicht wissen, dass die Turnerinnen Schokolade essen. Allerdings erfolgt diese Aussage nicht kategorisch, im Sinne von: ‚Nein, auf keinen Fall dürfen die Trainer/innen davon erfahren‘. Es finden durchaus Relativierungen statt. Ob das ‚Nee‘ weniger hart und absolut ist als ein ‚Nein‘, ist sicher nicht ganz eindeutig. Eine klare Abschwächung liegt jedoch in dem nachfolgenden ‚eigentlich‘ und dem abschließenden ‚so‘. Was könnten diese Relativierungen zu bedeuten haben?*

*Es handelt sich um einen Regelverstoß auf Seiten der Turnerinnen. Dieser Regelverstoß ist aber nicht so gravierend, weil:*

*a) die Trainer/innen wissen sowieso, dass gegen die Regel verstoßen wird.*

b) *die Regel existiert nicht explizit/offen: Ihr dürft keine Schokolade essen!, sondern nur implizit, als mehr oder weniger stillschweigende Erwartung auf Seiten der Trainer/innen bzw. Vereinbarung zwischen Trainer/innen und Turnerinnen.*

c) *die Regel ist nicht absolut: Ihr dürft keine Schokolade essen!, sondern schränkt nur ein: Esst nicht so/zu viel Schokolade, sonst bekommt ihr Gewichtsprobleme!*

d) *die Turnerinnen sind selbst für ihr Gewicht verantwortlich, es ist ihnen jedoch lieber, wenn die Trainer/innen nicht sehen, dass sie Schokolade essen. Was könnte der Grund hierfür sein?*

- *Es ist ein Zeichen dafür, dass sie nicht ,stark', sondern ,schwach' waren. Es geht hier also vielmehr um die Demonstration charakterlicher Merkmale wie Stärke, Disziplin und Askese gegenüber Schwäche und Disziplinlosigkeit und gar nicht so sehr um die Gewichtsfrage.*

- *Auch wenn keine Sanktionen von den Trainer/innen zu erwarten sind, müssen die Mädchen doch mit unangenehmen Kommentaren oder Nachfragen (,wie siehts denn heute mit dem Gewicht aus?') rechnen, denen sie lieber aus dem Weg gehen wollen.*

e) *es ist wichtig, zumindest den Schein zu wahren und daher nicht offen Schokolade zu essen. Es geht also eher darum zu demonstrieren, dass die Regel bekannt ist, auch wenn man sie nicht immer einhält bzw. einhalten kann.*

*Die Frage wäre also, wie die Regel genau lautet?*

a) *Ihr sollt keine Schokolade essen.*

b) *Ihr sollt nicht zu viel Schokolade essen.*

c) *Ihr sollt euch gesund und ausgewogen ernähren und dabei ein bestimmtes Gewicht halten.*

d) *Ihr sollt diszipliniert und stark sein.*

e) *Ihr sollt nicht in der Öffentlichkeit Schokolade essen.*

*Und wenn es keine offene/explizite Regel ist, wäre die Frage, ob alle nach der gleichen Regel handeln, z. B. Trainer/innen und Turnerinnen oder ob sie unterschiedliche Regeln zu Grunde legen und daraus auch Missverständnisse entstehen? Dies ist auch deshalb von Relevanz, da die Szene während eines Kaderlehrgangs stattfindet, bei dem Trainer/innen und Turnerinnen aus verschiedenen Vereinen und Stützpunkten zusammentreffen. Es ist also davon auszugehen, dass hier unterschiedliche Regeln existieren.*

**10. Satz: „Aber ... ich mein, das wissen die auch, dass wir Schokolade essen."**

*Eine der genannten Relativierungen wird von Alex selbst vorgenommen: die Trainer/innen wissen sowieso, dass die Turnerinnen Schokolade essen. Allerdings ist nicht eindeutig, ob die Trainer/innen dies ‚nur' prinzipiell wissen oder ob diese Aussage auf diese konkrete Situation bezogen ist: also die Trainer/innen wissen, dass die Turnerinnen gerade jetzt Schokolade gekauft haben. Der Kontext spricht allerdings eher für die erste Möglichkeit, da sich die Frage der Interviewerin nicht auf die konkrete Situation bezieht, sondern ganz allgemein gehalten ist: „Macht ihr das dann schon heimlich, wenn ihr Schokolade esst? Dürfen die Trainer/innen das nicht wissen?" Damit wissen die Trainer/innen also nicht eindeutig, dass die Turnerinnen sich in dieser konkreten Situation Schokolade gekauft haben. Es ‚lohnt' sich also durchaus zu lügen, da die Trainer/innen das Gegenteil, die Wahrheit nicht ohne weiteres beweisen können.*

*Welche Bedeutung könnte die Lüge, die wahrscheinlich trotz allem eine geringe Aussicht auf Erfolg hat, dann haben?*

*a) Wir lügen, weil wir wissen, dass wir keine Schokolade kaufen sollen und demonstrieren damit, dass wir diese Regel kennen/wissen, was von uns erwartet wird.*

*b) Wir lügen, weil wir wissen, was ihr erwartet, gleichzeitig aber auch um eure Ohnmacht und fehlenden Kontrollmöglichkeiten wissen: es geht also um Macht. Die Turnerinnen zeigen den Trainer/innen hier deutlich deren Grenzen – die ja auch in den Trainer/innen-Interviews immer wieder zum Ausdruck kommen – auf: Ihr könnt uns nicht vollständig kontrollieren und wenn wir wollen, können wir jederzeit gegen geltende Regeln verstoßen, z. B. indem wir Schokolade essen. Der Ausbruch aus den geltenden Regeln einerseits und die Reaktionen der Trainer/innen andererseits wären also als ein ‚Kräftemessen', ein ‚Machtkampf' zu lesen. Das Ernährungsthema wäre also ein Feld, auf dem ein ‚Kräftemessen' zwischen Trainer/innen und Turnerinnen stattfindet. Die Frage wäre jedoch, wie sinnvoll so ein ‚Machtspiel/Machtkampf' ist und wer in welcher Art und Weise davon profitiert bzw. darunter leidet.*

*c) Wir lügen, um euch unsere Gemeinschaft/Solidarität zu demonstrieren bzw. um selbst diese Gemeinschaft/Solidarität (gegen die Trainer/innen) zu erleben. Den Turnerinnen geht es vielleicht darum, Solidarität zu erleben, was sich besonders gut in einer ‚Aktion' gegen die Trainer/innen verwirklichen lässt.*

*d) Vielleicht geht es auch um so etwas wie Autonomie oder Freiheit, die hier von den Jugendlichen eingefordert wird. Gerade in einem so stark normierten und von Erwachsenen bestimmten Raum wie dem Kunstturnen sind solche ‚kleinen Ausbrüche' vielleicht notwendig. So ist aus der Organisationslehre bekannt, dass jedes System Freiräume und kleine Fluchten benötigt, zu strikte Reglementierungen bringen ein System zum Zusammenbruch. Übertragen auf das Feld des weiblichen Kunstturnens heißt das, dass den Mädchen Freiräume und auch die Möglichkeit zu kleinen Fluchten in Form von Regelverstößen zugebilligt werden müssen, damit es nicht zum Zusammenbruch kommt. Damit schließt sich eine grundsätzliche Frage an: Wie versteht die Institution Kunstturnen ihre Regeln und wie weit geht sie mit ihren Reglementierungen? Haben die Trainer/innen möglicherweise Probleme zu erkennen, in welchen Bereichen (enge) Regeln einen Sinn machen – wie z. B. im motorischen Bereich –, und wo das nicht der Fall ist, z. B. dort, wo sie versuchen, die Köpfe ihrer Turnerinnen zu kontrollieren und immer wieder feststellen müssen, dass ihnen das nicht gelingt (vgl. Kap. 5.3)?*

**11. Satz: „Die sind ja nicht doof."**

*Offenbar durchschauen nur Doofe nicht, was vor sich geht. Da die Trainer/innen aber nicht doof sind, wissen diese auch, dass die Mädchen Schokolade essen.*

**12. Satz: „Aber wir machens eben so, dass sies nicht unbedingt sehen."**

*Wenn die Trainer/innen also schon wissen, was vor sich geht, sollen sie es aber nicht unbedingt auch noch sehen. Es geht also darum, den Schein zu wahren, so zu tun ‚als ob'?*

*Die ausgewählte Situation kann als klassisches Beispiel für das angesehen werden, was GOFFMAN (1976, 217 ff.) als Vorder- und Hinterbühne bezeichnet. Es findet sich also zum einen ein Geschehen auf der Vorderbühne: das von der Kunstturnerin wiedergegebene Zusammentreffen und Gespräch zwischen Trainer/innen und Turnerinnen, während auf der Hinterbühne ein ganz anderes Spiel gespielt wird. Wie bereits oben angedeutet, geht es in der Szene zentral um Regeln, und zwar um die Regeln der sozialen Interaktion von Trainer/innen und Turnerinnen. Zunächst einmal ist anzunehmen, dass die Turnerinnen gegen eine Regel verstoßen haben, die ungefähr besagen könnte, dass sie das Gebäude um diese Zeit nicht hätten verlassen dürfen, zumindest nicht, ohne sich bei den Trainer/innen abzumelden. Von so einer Regel ist auszugehen, da beide beteiligten Parteien das Zusammentreffen offenbar als erklärungsbedürftig ansehen. Weiterhin dreht es sich bei der Szene dann um Regeln der Ernährung. Da die Situation auf einem Kaderlehrgang stattfindet, ist anzunehmen, dass hier eine Vielzahl unterschiedlicher Vereinbarungen, die zudem häufig nicht eindeutig geklärt sind, aufeinander treffen. Diese Unklarheit der Regeln ist für soziale Situationen insgesamt nichts Außergewöhnliches. Regeln der sozialen Interaktion entwickeln sich häufig im Verlauf der Interaktion, sie sind meistens nicht expliziert und damit den Beteiligten weder völlig bewusst noch eindeutig beschreibbar.*

*Interessant an der Szene ist weiterhin, dass alle – Turnerinnen und Trainer/innen – bei dem Spiel mitspielen. Für die Trainer/innen könnten dabei unterschiedliche Beweggründe eine Rolle spielen. Am wahrscheinlichsten erscheint die Begründung, dass den Trainer/innen klar ist, dass sie das Ernährungsverhalten der Turnerinnen nicht vollständig kontrollieren können, eine Erkenntnis, die sich auch in vielen Trainer/innen-Interviews wiederfindet. Mit dieser Erkenntnis können die Trainer/innen jedoch unterschiedlich umgehen:*

*a) Sie können durch bloßes Hinnehmen reagieren: es ist eben so! Das ganze versehen mit einem dicken ‚leider'. Lieber wäre es diesen Trainer/innen, wenn sie nicht so machtlos wären.*

*b) Eine andere Möglichkeit besteht darin, trotz der erkannten Machtlosigkeit und Unkontrollierbarkeit, den Versuch von Kontrolle zu unternehmen. Solche Trainer/innen, die z. B. auf Lehrgängen die Zimmer der Mädchen nach Süßigkeiten durchsuchen, scheinen aktuell die Ausnahme darzustellen.*

*c) Eine dritte Variante besteht darin, die Situation zu akzeptieren und produktiv zu wenden. Das hieße, dass daran gearbeitet und auch darauf vertraut wird, dass die Mädchen selbst lernen mit ihrer Ernährung umzugehen und in diesem Bereich ein hohes Maß an Selbstständigkeit und Selbstverantwortung lernen und zugeschrieben bekommen.*

*Insgesamt lässt sich bilanzieren, dass die Ernährungsthematik z. T. lediglich ein Feld darstellt, auf dem ganz andere ‚Kämpfe' ausgetragen werden, bei denen es grundsätzlich um den Umgang mit Regeln geht und im Speziellen um Aspekte wie ‚Macht', ‚Solidarität', ‚Autonomie', ‚Disziplin' und ‚Askese'.*

*Damit soll der Exkurs beendet werden und auf weitere Probleme im Zusammenhang mit den Gewichtskontrollen eingegangen werden.*

Neben der Gefahr starker psychischer Belastungen durch akribisch durchgeführte Gewichtskontrollen besteht eine weitere Problematik in der möglichen Vermischung des ‚inneren Sich-Wohlfühlens' mit einem ‚äußeren, das objektiv-richtige-Gewicht-haben', wie die nachfolgende Trainer/innenaussage nahe legt:

„… wir machen regelmäßig Unterhautfettmessungen, weil die eigentlich besser Aufschluss geben als das reine Gewicht, wobei für die Mädchen eigentlich trotzdem immer noch die Waage das Instrument ist, was ihnen persönlich sagt, so ich hab jetzt ein Kilo mehr oder ich hab es halt nicht oder wie auch immer. Obwohl es nicht unbedingt tatsächlich so sein muss, wenn ich das mit dem Unterhautfettgewebe parallel vergleiche, dann kann das durchaus anders sein, dass sie aber von sich aus, wenn sie halt auf die Waage gehen, das Gefühl haben, eigentlich fühl ich mich zu schwer …" (1323–1333).

Die Mädchen fühlen sich also zu schwer, wenn ihnen die Waage ein Kilo mehr anzeigt! Die enge Verquickung wird auch deutlich in vereinzelten Turnerinnenaussagen, die darauf verweisen, dass sie bereits Schwankungen von nur 500 Gramm spüren, während andere Turnerinnen dies nicht nachvollziehen können.

Da, wie bereits mehrfach erwähnt, eine vollständige Kontrolle der Ernährung nicht möglich ist, müssen die Trainer/innen zu verschiedenen *interaktionalen Strategien* greifen, die darauf abzielen, die Kunstturnerinnen zu einem angemessenen Ernährungsverhalten zu bewegen. Diese Strategien gehen grundsätzlich in zwei Richtungen: Erstens sollen *Kenntnisse* über die Ernährung, Kalorienbedarf etc. vermittelt werden, zweitens ist es offenbar zudem notwendig, bei den Mädchen eine *Motivation* zu wecken, sich auch entsprechend ihrem Wissen zu verhalten.

Um das notwendige Wissen vermitteln zu können, ist es unabdingbar, dass die Trainer/innen zunächst einmal selbst über dieses Wissen verfügen, sie sich also selbst informieren. Das als maßgeblich angesehene Wissen wird dann sowohl an die Mädchen als auch an deren Eltern – die ja größtenteils entscheidend an der Ernährung ihrer Kinder mitwirken – weitergegeben. Den Kunstturnerinnen wird zudem mitgeteilt, wo ihr Optimalgewicht und die Toleranzen der Abweichung liegen.

Das Wissen über ein angemessenes Ernährungsverhalten stellt jedoch zwar eine notwendige, aber keineswegs hinreichende Voraussetzung für die Umsetzung in ein tatsächliches Handeln dar. Als weiteres ist die Motivation vonnöten, sich auch entsprechend zu verhalten. Die Trainer/innen bedienen sich unterschiedlicher Strategien zur Beeinflussung dieser Motivation, wie z. B. dem „frühzeitigen Heranführen", „appellieren", „begreiflich machen, worum es geht" bis hin zu mehr oder weniger starkem Druck z. B. in Form von „Fristen setzen". Auch auf der Ebene der Einstellungen verbleibt jedoch ein Rest, den zwei Trainer/innen als Theorie-Praxis-Dilemma bezeichnen: Die Turnerinnen wissen demnach offenbar sehr genau, wie sie sich ernähren müssen und wollen auch ein bestimmtes Gewicht halten. Die Umsetzung in die Praxis bleibt aber dennoch problematisch, auch wenn eine andere Trainer/in meint, dass „es geschafft ist", wenn die Mädchen „begriffen haben, worum es geht". Selbst bei entsprechendem Wissen und dem grundsätzlichen Willen bleibt die Problematik bestehen, in der konkreten Situation auch immer entsprechend zu handeln. Offenbar ist bei einem Teil der Mädchen dafür ein so hohes Maß an Disziplin notwendig, das angesichts der sowieso schon aufzubringenden Trainingsdisziplin psychisch nicht mehr zu verkraften ist. Dass gerade das Feld der Ernährung möglicherweise besonders gut für kleine Fluchten geeignet ist, wurde bereits oben erörtert.

Als eine besondere Form von interaktionalen Strategien lassen sich sog. ‚letzte Versuche' kennzeichnen. Sie werden dann eingesetzt, wenn längerfristige Gewichtsprobleme vorhanden sind, um einerseits die Gesundheit der Turnerin zu schützen, andererseits wahrscheinlich einen weiteren (letzten) Motivationsschub zu geben. Zu diesen Maßnahmen gehört, dass das Training entsprechend der Höherbelastung reduziert wird und in Verbindung damit auch von bestimmten Leistungszielen Abstand genommen wird. Eine Trainer/in spricht zudem davon, dass es manchmal sinnvoll sein kann, jegliche Gewichtskontrollen zu unterlassen:

„Hat meistens den Effekt, dass sie noch dicker werden, ja, aber dann gehen sie einfach mal vom Kopf her, die kommen dann ins Training und haben eigentlich auch noch mal wieder Spaß am Turnen, wofür sie ja eigentlich diese ganze Sache machen, ne" (645–649).

Primäres Ziel der Handlungs- und interaktionalen Strategien ist es, ein für die jeweilige Turnerin optimales Körpergewicht zu erreichen. Die *konkreten Konsequenzen* aus der Gewichtsproblematik und den damit verbundenen Strategien können jedoch sehr unterschiedlich aussehen. Zunächst kann hinsichtlich des zentralen Ziels der Gewichtsoptimierung ein Erfolg oder ein Misserfolg erzielt werden. Darüber hinaus existieren jedoch weitere ‚Nebenwirkungen', die z. T. äußerst negativ für die Turnerinnen sein können, wobei kein direkter Rückschluss auf den Erfolg bzw. Misserfolg hinsichtlich der Auseinandersetzung mit der Gewichtsproblematik möglich ist. Auch eine erfolgreiche Bewältigung kann also sehr negative Nebenwirkungen aufweisen.

Im Folgenden werden drei Gruppen von Konsequenzen unterschieden, die allerdings eng miteinander zusammenhängen. Zunächst einmal kann als Konsequenz ein bestimmtes *Anspruchsniveau* hinsichtlich des eigenen Körpergewichts entstehen. Dies wird vermutlich ähnlich den Normen der Sportart sein, kann aber durchaus variieren, insofern als dass die Normen vollständig verinnerlicht werden oder aber eine kritische Position zu den Normen bzw. zu den von den Trainer/innen eingesetzten Strategien eingenommen wird.

Als zweites können mehr oder weniger starke *psychische Belastungen* oder auch die Verhinderung oder Reduzierung psychischer Belastungen resultieren, wie z. B. das Zurückgewinnen des Spaßes nach Überwindung der Probleme.

Der dritte Bereich betrifft das konkrete *Essverhalten*, das grundsätzlich zwischen den Polen ‚normal' bis ‚gestört' variieren kann. Weitere Differenzierungen betreffen u. a. die Dauer der Störung und den Zeitpunkt des Auftretens.

Abschließend lässt sich festhalten, dass die vorangegangene Analyse auf Grund der engen Orientierung am paradigmatischen Modell nach STRAUSS/CORBIN sehr ausführlich ausgefallen ist. Dadurch konnten eine Vielzahl von Einzelheiten erörtert werden, was angesichts der Brisanz der Thematik durchaus angemessen erscheint. Sie ermöglichen eine detaillierte Einschätzung der sportartspezifischen Notwendigkeiten, aber auch der z. T. überflüssigen Reglementierungen. Damit wird die Chance eröffnet, resultierende Belastungen abzuschätzen und Reduktionsmöglichkeiten in Angriff zu nehmen.

### 5.1.2.6 Gesundheitliche Investitionen

Wenn im Rahmen dieser sozialwissenschaftlich angelegten Studie die Frage nach gesundheitlichen Investitionen im weiblichen Kunstturnen gestellt wird, dann können damit nicht schulmedizinisch orientierte Erkenntnisse zu Verletzungsarten, -dauer,

-häufigkeiten etc. angezielt sein. Diese Analysen sind anderen sportwissenschaftlichen Disziplinen vorbehalten und finden sich hinsichtlich der vorliegenden Sportart in einer biomechanisch-medizinisch ausgerichteten Untersuchung von BRÜGGEMANN/ KRAHL (1999). Worum kann es aber dann gehen? Welche Erkenntnisse können jenseits der bereits an dieser Stelle ausgeschlossenen von Interesse sein?

Entsprechend der bisher verfolgten Vorgehensweise wird auch in diesem Teilkapitel die Perspektive der Kunstturnerinnen im Vordergrund stehen. Damit sind Fragen von Relevanz, die den Stellenwert von Verletzungen z. B. für den Karriereverlauf, das Erleben von Verletzungen, den Umgang mit denselben u. Ä. fokussieren. Denn auch in Bezug auf ein vordergründig ausgesprochen physisches Phänomen wie Verletzungen lässt sich feststellen, dass eben nicht allein die medizinischen ‚Fakten‘ bedeutsam sind, sondern die Wahrnehmungen der Betroffenen und ihr Umgang mit der Situation ein entscheidendes Moment darstellen. Daraus folgt auch, dass keine Vorab-Definition darüber gegeben wird, was denn unter einer Verletzung zu verstehen ist, ob bereits ein verstauchter Fuß oder eine offene Stelle an der Handinnenfläche dazu zählen oder aber erst Knochenbrüche, Bänderrisse u. Ä. Diese Interpretationen sind den Turnerinnen selbst vorbehalten und ergeben sich im weiteren Verlauf aus ihren Äußerungen.

Ähnlich wie in den vorangegangenen Kapiteln findet sich häufig wieder eine große Variationsbreite im Erleben der Turnerinnen. Das beginnt bereits hinsichtlich der Einschätzung von Verletzungsdauer und -häufigkeit. Während ein Teil der Mädchen nach eigenem Empfinden wenig mit Verletzungen konfrontiert ist, berichten andere demgegenüber von häufigen oder aber langwierigen gesundheitlichen Problemen. Zwei der Turnerinnen haben nach eigenen Aussagen sehr gefährliche Situationen durchlebt.

Wie wird nun mit diesen Verletzungen umgegangen, vor allem dann, wenn sie häufig auftreten, lange andauern oder aber als sehr gefährlich eingestuft werden? Hier zeigen sich unterschiedliche Strategien (vgl. Abb. 4).

Insgesamt stellen Verletzungen in der Wahrnehmung der Turnerinnen etwas Alltägliches dar. Diese Sicht entwickelt sich wahrscheinlich im Laufe der Karriere und wird hier rückblickend von einer ehemaligen Turnerin verdeutlicht:

> „Ich denk, das ist normal, also das waren immer wieder so Kleinigkeiten und so viel war das jetzt eigentlich nicht. Es ging. So Verletzungen, die einmalig sind, also Knieoperation oder Fuß gebrochen, das ist halt absehbar, das sind dann halt zwei Monate oder so, wo du halt nicht richtig trainieren kannst, aber dann ist es auch wieder vorbei" (284–289).

Normalität also insofern, als dass dies alle Kunstturnerinnen mehr oder weniger stark betrifft, es gehört einfach dazu. An anderen Stellen wird diese Normalität noch durch den Vergleich zu bestimmten anderen Sportarten verstärkt, wobei der Grundtenor in die Richtung geht, dass diese noch gefährlicher sind. Normalität zum Dritten da-

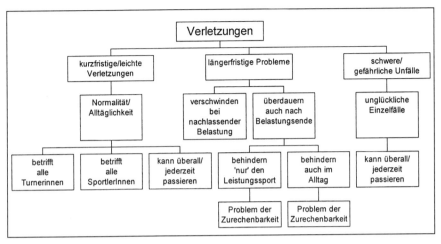

*Abb. 4: Gesundheitliche Investitionen.*

durch, dass das Leben an sich nun einmal gefährlich ist und andere Menschen sich bei anderen – z. T. weitaus banaleren – Tätigkeiten ähnliche Verletzungen zuziehen.

Wird jenseits dieser Nivellierungstendenzen dem Kunstturnen doch einmal eine erhöhte Gefahr konstatiert, so erfolgt dies in der Regel unter Hinweis auf die dann greifenden Strategien der Risikokontrolle (vgl. Kap. 5.3.4): Die Trainer/innen wissen, was sie tun, man kann ihnen vertrauen, sie sind sich der Risiken bewusst und handeln auf Grund ihres Wissens um die möglichen Gefahren – z. T. sogar gegen den Willen der Turnerinnen.

Dass trotz allem Angst vor Verletzungen existiert und diese bei einigen Turnerinnen sogar zur Ursache von Verletzungen wird, stellt wohl die andere Seite der Medaille dar.

„Und durch diese Angst, denk ich mir, hab ich auch oft, nicht viele Verletzungen gehabt, aber viele kleinere so gehabt. Also das kam aber sehr oft auch durch so klemmen[41] und eben nicht voll austurnen" (2306–2309).

Das Kunstturnen zeichnet sich u. a. durch akrobatische Kunststücke aus, die immer wieder die Überwindung von Angst erfordern, wobei sowohl die Angst selbst als auch die Fähigkeit zur Überwindung sehr unterschiedlich ausgeprägt sein können.

Hinsichtlich der Verletzungs- und Unfallprophylaxe wird den Trainer/innen also großes Vertrauen entgegengebracht. Umgekehrt finden sich geteilte Ansichten, wenn es um die Rücksichtnahme der Trainer/innen bei Verletzungen oder Schmerzen geht.

---

[41] Mit ‚klemmen' ist hier genau gemeint, dass der Übungsteil nicht voll ausgeturnt wird, sondern eben mit reduzierter Kraft oder reduziertem Tempo, was natürlich die Gefahr von Verletzungen erhöht.

Das Vorhandensein von Schmerzen und deren Ausmaß oder Intensität ist extern nicht einsehbar oder gar zu überprüfen. Hier sind die Trainer/innen also darauf angewiesen, den Turnerinnen zu vertrauen. Dass dies nicht immer reibungslos abläuft, davon zeugen die Turnerinnenaussagen, bei denen jedoch Einigkeit darüber besteht, dass sie Rücksichtnahme von den Trainer/innen erwarten. Während bei einem Teil der Trainer/innen hier also ein entsprechendes Verhalten positiv vermerkt wird, fallen andere eher negativ auf. Hier zeigt sich zum einen, dass ein gewisses Maß an Schmerzunempfindlichkeit im Leistungssport nicht nur erwünscht, sondern wahrscheinlich sogar notwendig ist. Zum anderen stellt der Umgang mit Schmerzen und Verletzungen für die Trainer/innen immer eine Gratwanderung dar, zum einen zwischen ‚so viel Training wie möglich' und der Gefahr einer Verschlimmerung der Verletzung, zum anderen zwischen einer Erziehung zur Schmerzüberwindung und der Gefahr einer Verschlechterung der Beziehung zur Turnerin, wenn diese sich mit ihren Schmerzen nicht ernst genommen fühlt und als nicht vertrauens- und glaubwürdig hingestellt wird.

Die oben zitierte Passage macht noch etwas anderes deutlich: *Verletzungen erhalten Bedeutsamkeit in erster Linie in Bezug auf das Kunstturnen.* „Das sind dann halt zwei Monate oder so, wo du halt nicht richtig trainieren kannst, aber dann ist es auch wieder vorbei" (287–289).

Weder die – möglicherweise – resultierenden Behinderungen für den Alltag, noch – und dazu später mehr – ggf. auftretende Folgeschäden werden hier vorrangig thematisiert. Verletzungen sind also vor allem Unterbrechungen des Trainingsprozesses, der Weiterentwicklung im Leistungsverlauf, des erfolgreichen Aufstiegs. In dieser Lesart stehen sie auch in einem *engen Zusammenhang zu psychischen Belastungen*, die aus der Sorge um einen Leistungsrückstand und den schwierigen Wiederanschluss resultieren, auch wenn eine Belastungspause z. T. zunächst als angenehm empfunden wird.

Ebenfalls eng gekoppelt mit Verletzungen ist der *motivationale Bereich*. Hier sind es vor allem lang andauernde Einschränkungen, die demotivierend wirken und die Mädchen im Extremfall an ein Karriereende denken lassen:

> „Na klar, mein Rücken, dass ich keine Lust mehr hatte, jedes Training zu schauen, ob das hält oder nicht, oder ob ich jetzt trainieren kann oder nicht, und dann zu merken, dass man nie so trainieren kann, wie man möchte, dass man jeden Tag bei der Physio oder beim Arzt rumhängt, und dass man einfach immer diesen Scheißschmerz da hat, dass es einfach nicht so geht, wie man sich das vorstellt, und das hat zum Schluss ganz einfach gereicht" (273–279).

Damit ist eine auf den ersten Blick schwerwiegendere Verletzung wie z. B. ein Bruch motivational häufig weniger belastend als eine langandauernde ‚kleine' Verletzung, die jedoch das Training über einen langen Zeitraum behindert und einschränkt. Die Gefahr traumatischer Verletzungen liegt demgegenüber darin, dass sie zu erhöhter

Angst führen können, die die Turnerinnen im Folgenden hemmt und ihre Leistungen limitiert.

Weiter bleibt die Frage, wie die Kunstturnerinnen mit dem Damoklesschwert der immer wieder prognostizierten und öffentlich vehement diskutierten Folgeschäden umgehen. Wie bereits oben angedeutet, hat eine längerfristig ausgerichtete Sorge um die Gesundheit wenig Relevanz. Hier unterscheiden sich die Turner/innen offensichtlich nur wenig von anderen Kindern und Jugendlichen (vgl. HURRELMANN 1988). Zudem werden die Sorgfalt der Trainer/innen sowie entwarnende Forschungsergebnisse (vgl. BRÜGGEMANN/KRAHL 1999) als Gewähr herangezogen.

Von den einbezogenen ehemaligen Turnerinnen verzeichnet ein Teil keinerlei Folgeprobleme. Hier muss sicher auch noch unterschieden werden, ob vorliegende Gesundheitsbeschwerden ‚lediglich‘ die weitere Ausübung von Hochleistungssport verhindern oder aber zu alltäglichen Behinderungen führen. Wenn Einschränkungen vorliegen, dann wird entweder davon ausgegangen, dass diese nach einer ausreichenden Erholungszeit verschwinden:

> „Das wird mit der Zeit auch wieder weggehen, wenn ich jetzt noch ein halbes Jahr oder so weniger mache, ist das nicht mehr da. Also nicht solche bleibenden Schäden" (497–500).

Oder es wird auf das Problem der Zurechenbarkeit verwiesen, wenn die Karriere bereits seit längerer Zeit beendet ist, was allerdings nur für eine der einbezogenen Turnerinnen gilt:

> „Aber letztendlich hat der Arzt gesagt, es kann davon kommen, aber es gibt auch Leute, die haben ihr ganzes Leben lang kein Turnen gemacht und die haben ein Knorpelproblem und andere haben keins ihr ganzes Leben, also letztendlich sagte er, man könnte es nicht nachhalten, ob das wirklich davon kommt" (2163–2168).

Eine dritte Möglichkeit besteht wiederum darin, auch bei langfristigen Beschwerden auf die Normalität und Alltäglichkeit zu verweisen: „Andere fallen beim Spazieren gehen hin und haben ihr Leben lang Probleme damit" (1514–1515).

Investitionen im Bereich der Gesundheit betreffen also in der Turnerinnensicht weniger die konkreten kurz- oder auch längerfristigen Probleme und daraus resultierende Einschränkungen. Diese werden als dazugehörend betrachtet und haben den Status von Normalität. Zu Investitionen werden vielmehr die damit verbundenen psychischen Belastungen und motivationalen Schwierigkeiten in Bezug auf die Kunstturnkarriere. Ständige Rückschläge, wiederholte Aufholjagden, eingeschränktes Training, längerfristige Unterbrechungen, das Verlieren des Anschlusses oder auch nur die Sorge darum werden als Kosten angesehen, die es mit dem zu erwartenden Nutzen zu verrechnen gilt. So gesehen kann die Einstellung der Turnerinnen als ausgesprochen pragmatisch oder auch als quasi professionell gekennzeichnet werden. Sie steht in jedem Fall in deutlichem Gegensatz zur gängigen Außensicht.

Über das Kunstturnen hinausgehende Einschränkungen werden wohl nur in Extremsituationen mitbedacht, von denen zwei der Interviewten berichten. In beiden Fällen handelt es sich um Stürze, die von den Betroffenen mit den Worten: „wo ich fast ins Gras gebissen hab" (437) bzw. „da bin ich sozusagen fast an der Lähmung vorbei" (331) kommentiert werden. Diese Ereignisse werden dann nicht mehr unter der Kategorie des Alltäglichen und Normalen geführt, sondern erhalten den Status unglücklicher Einzelfälle. Damit passen sie wiederum in das vorliegende Schema, denn solche unglücklichen Einzelfälle gibt es natürlich auch im alltäglichen Leben, wie sich nahezu täglich z. B. im Straßenverkehr zeigt.

### 5.1.3 Bilanzierungen

In diesem letzten Teilkapitel soll es um Bilanzierungen der Kunstturnkarriere gehen, wobei zwei unterschiedliche Perspektiven eingenommen werden. Als erstes kommen noch einmal die ehemaligen Turnerinnen – sozusagen exklusiv – zu Wort. Gefragt ist nämlich eine Sichtweise, die ihnen allein vorbehalten ist, und zwar eine rückblickende Betrachtung der Kunstturnkarriere. Dies ist kein neuartiges Unterfangen, im Gegenteil stützen sich Untersuchungen zum Kinder- und Jugendhochleistungssport häufig auf die Einsichten ehemaliger Aktiver, da man sich hiervon eine Reihe von Vorteilen verspricht. Ohne den Anspruch auf Vollständigkeit seien hier z. B. die größere Reflexionsfähigkeit eines höheren Alters und einer umfangreicheren Lebenserfahrung genannt, ein besserer Überblick auf Grund des Ausscheidens aus dem System Hochleistungssport, so dass die interne Sicht durch eine externe ersetzt oder auch ergänzt werden kann u. a.

Als zweites, und damit diesen Untersuchungsteil abschließend, wird noch einmal bilanzierend die Frage im Zentrum stehen, was junge Mädchen dazu bringt, den beschriebenen hohen Aufwand zu betreiben? Was führt sie gerade zum Kunstturnen und dass auch noch im Hochleistungsbereich und über viele Jahre hinweg?

Aber zunächst zu den rückblickenden Betrachtungen der ehemaligen Turnerinnen: Es soll im Folgenden nicht allein um Bilanzierungen gehen hinsichtlich der Frage: Würdest Du es noch einmal machen?, sondern es sollen Begründungsmuster ausfindig gemacht werden. Diese sind schon allein auf der Basis von nur sieben Interviews so vielfältig, dass der Hinweis auf Unvollständigkeit fast überflüssig erscheint.

Grundsätzlich lässt sich konstatieren, dass wiederum Kosten-Nutzen-Rechnungen stattfinden, die prinzipiell zwei Faktoren ins Kalkül ziehen: Zum Ersten werden Investitionen und Gewinne hinsichtlich der aktiven Zeit betrachtet, zum Zweiten darüber nachgedacht, ob sich einzelne Gewinne in die Zeit nach der Karriere hinüberretten lassen bzw. inwiefern die Turnerinnen längerfristig unter Folgen ihres sportlichen Engagements zu leiden haben. In Bezug auf den ersten Fokus finden sich neben

Einzelaspekten wie Reisen und Freundschaften auch prinzipiellere Überlegungen. Hat man etwas verpasst und wenn ja, lässt sich dies jetzt noch nachholen? Haben wesentliche Erfahrungsmöglichkeiten gefehlt oder waren es lediglich andere als die ‚üblichen'? Hat Kindheit nicht stattgefunden oder war es nur eine andere Kindheit als die ‚normale'?

Hier tendieren die interviewten Turnerinnen zu einer eher positiven Sicht, die einerseits auf – wenn auch nicht ausschließlich, so doch immer vorhandenen – positiven Erlebnissen basiert. Andererseits bedeutet Andersartigkeit auch Einzigartigkeit und Besonderheit, eine Facette, die eindeutig auf der ‚Gewinnseite' verbucht wird.

Auch beim Blick über das Karriereende hinaus kann es um Einzelaspekte gehen. So wird von einer Turnerin genau die fehlende Langfristigkeit getätigter Investitionen bedauert:

„Eigentlich bereue ich das nicht, dass ich aufgehört habe, aber das Schlimme ist halt, dass alles, was man 11 Jahre antrainiert hat, in einem halben Jahr direkt weg ist, das ist das Schlimmste, dass man wirklich 11 Jahre hart gearbeitet hat, und das geht so schnell weg, und das zweite ist noch, dass es nichts genützt hat, also man hat so viel Zeit geopfert, und im Nachhinein braucht man es nicht mehr, also ich mein, man kriegt auch kein Ansehen davon, oder irgendwas, Steffi Graf oder so, wenn sie aufhört, wird sie immer noch berühmt sein, aber beim Turnen ist das halt nicht der Fall. Und wir machen auch kein großes Geld damit oder überhaupt kein Geld, das ist eher so, dass wir mehr Geld ausgeben, und das ist halt schade" (1509–1522).

Hier wird noch einmal das deutlich, was in Kap. 5.1.2.1 im Anschluss an die Untersuchung Blooms (1985) angeklungen ist: Im Gegensatz zu den Karrieren anderer Hochbegabter fehlt im weiblichen Kunstturnen – zumindest in der Bundesrepublik – die dritte Laufbahnphase, in der von den getätigten Investitionen der vorangegangenen Phasen profitiert wird.

Neben diesen Einzelaspekten ist hier aber sicher von besonderer Relevanz, ob die Interviewten der Auffassung sind, dass sie auf einer grundsätzlichen Ebene von ihrer Kunstturnkarriere profitieren oder im Gegenteil unter negativen Folgen leiden. Diese grundsätzliche Ebene betrifft die Persönlichkeitsentwicklung der Kunstturnerinnen, ihr psychisches Wohlbefinden[42] und ihre Fähigkeit oder auch Unfähigkeit mit den Anforderungen unserer Gesellschaft zurecht zu kommen. Auch hier lässt sich wieder ein breites Spektrum finden. Auf der einen Seite stehen Mädchen und junge Frauen, die erfolgreich ihre Schul- und Berufsausbildung meistern, das positive Gefühl haben, in ihrem Leben bereits etwas erreicht zu haben, und der Auffassung sind, dass sie vom Kunstturnen hinsichtlich Selbstständigkeit und Leistungsfähigkeit profitie-

---

[42] Natürlich ist auch das physische Wohlbefinden von Relevanz. Nähere Ausführungen dazu finden sich bereits in Kap. 5.1.3.6 und werden deshalb hier ausgespart.

ren. Auf der anderen Seite existieren aber auch (vereinzelte) Fälle abgebrochener Schulkarrieren und tiefgreifender Probleme z. B. mit der eigenen Körperlichkeit oder hinsichtlich des Ernährungsverhaltens. „Im Moment wirkt sich das alles bei mir noch negativ aus" (628–629), so das traurige Fazit einer der Interviewten.

Angesichts dieser extremen Einzelfälle stellt sich natürlich die Frage nach daraus resultierenden Konsequenzen: Reichen sie aus, um dem Kunstturnen insgesamt eine (pädagogische) Absage zu erteilen? Ist hier eine eindeutige Zurechenbarkeit überhaupt möglich oder spielen nicht viele verschiedene Faktoren neben dem Kunstturnen – wie z. B. die Persönlichkeit der Turnerin, das Verhalten der Eltern oder auch andere unglückliche Umstände – eine Rolle? Lassen sich die Gefahrenquellen für solche Fehlentwicklungen kontrollieren und wie sähe eine solche Kontrolle aus? Welche Verantwortung kommt hier dem DTB zu und welche Konsequenzen hat er zu ergreifen?

Nicht zu unterschätzen ist die in jeder Hinsicht enorme Bedeutung solcher Einzelfälle, so dass der DTB gut beraten wäre, sich ihrer intensiv anzunehmen und sie konstruktiv zu bearbeiten. Damit ist gleichzeitig die Notwendigkeit einer Karrierenachbetreuung angesprochen.

Neben diesen Kosten-Nutzen-Rechnungen wird die Bilanzierung grundsätzlich dadurch geprägt, ob es den Interviewten gelingt, ihrem hochleistungssportlichen Engagement Sinn zu verleihen.

> „F: Ja, das ist so ein bisschen ambivalent jetzt, deine Bewertung. Du sagst zum einen war auch viel Positives dran, aber/
> I: Ja. Ja das ist total komisch. Ich weiß nicht. Also das war schon irgendwie positiv, aber ich frag mich trotzdem, warum ich das gemacht hab, was mir das gebracht hat eigentlich. Weil das weiß ich bis heute noch nicht so richtig" (166–172).

Entsprechend dieser Aussage gelingt es der ehemaligen Turnerin auch nicht, eine konsistente biographische Konstruktion anzufertigen. Sie erzählt von positiven und negativen Erlebnissen, von Highlights und Tiefpunkten. Dies geschieht jedoch stückweise, ein roter Faden ist nicht aufzufinden. Im Gegensatz dazu hat die nachfolgend Zitierte bereits einen ‚plot' für ihre Geschichte gefunden:

> „Also ich würd jetzt niemals anfangen und sagen, war das Blödeste, was ich je in meinem Leben machen konnte oder so. Das stimmt nicht. Dafür habe ich das zu lange gemacht, also dann würde ich mir selber ins eigene Fleisch schneiden und müsste im Grunde sagen, hör mal, ich bin so blöd gewesen und turne und turne und turne und am Ende sag ich, das ist so idiotisch das Turnen, also das ist das Blödeste auf der Welt oder das Gefährlichste oder Schrecklichste auf der Welt. Das kann ich nicht machen, wenn ich so lange turne, denn letztendlich habe ich die Entscheidung gehabt, ob ich aufhöre oder nicht" (2324–2334).

Die Schlussfolgerung der Interviewten ist klar: Wenn nicht ein erheblicher Teil der Biographie in Frage gestellt werden soll, dann ist es nicht möglich, das Turnen im Nachhinein zu verdammen. Anders ausgedrückt: Nur wenn die Kunstturnkarriere mit Sinn versehen wird, kann die Biographie Konsistenz erhalten (vgl. KOLLER 1999; MAROTZKI/KRÜGER 1995). Hier gilt es, unterschiedliche Aspekte zu berücksichtigen: Zunächst einmal tendieren Menschen natürlich dazu, genau das zu tun, was auch die ehemalige Kunstturnerin hier macht, denn es lässt sich ungleich leichter mit einer stimmigen Biographie leben als mit Dissonanzen und Sinndefiziten. Genau das wird von der Interviewten auch gesehen, wenn sie davon spricht „sich ins eigene Fleisch" zu schneiden. Darüber hinaus bedarf die von ihr vorgenommene Deutung einer wesentlichen Prämisse, die am Ende der zitierten Passage zum Ausdruck kommt: die eigene Entscheidung für oder gegen das Turnen oder auch die Freiwilligkeit des hochleistungssportlichen Engagements. „Wer hat mich denn aufs Gerät getragen? Dann hätte mich jemand da hoch tragen müssen! Wer nicht will, der will nicht! Ende! Aus!" (2334–2336). Nur unter dieser Voraussetzung besitzt das Argumentationsmuster Stimmigkeit und Gültigkeit. Und für diese Kunstturnerin ist damit auch festzuhalten, dass sie ihr hochleistungssportliches Engagement als freiwilliges und ihrer eigenen Entscheidung unterliegendes wahrnimmt. Als positive Konsequenz kann sie sich als selbstbestimmt und selbstwirksam erleben. Dies gilt sicher nicht für alle Interviewten in uneingeschränktem Maße, selbst wenn der Grundtenor der Freiwilligkeit und eigenen Entscheidung übergreifend ist. Darüber hinaus wird der Fortgang der Karriere aber noch von anderen Faktoren bestimmt als allein von bewusst gefällten eigenen Entscheidungen, worüber die abschließenden Bilanzierungen Auskunft geben sollen. Von Relevanz ist – um dies noch einmal zu betonen – weniger die Frage nach dem ‚tatsächlichen' Entscheidungsträger, sondern in erster Linie, inwiefern sich die Akteurinnen als Entscheidende erleben.

Hinsichtlich der Bilanzierungen der ehemaligen Turnerinnen erscheint, vor allem vor dem Hintergrund möglicher Verbesserungen, neben der Frage: Würdest du es noch einmal machen?, eine weitere interessant: Würdest du es noch einmal *so* machen? Ein Teil der Interviewten weist darauf hin, dass sie zwar noch einmal eine Entscheidung für eine Kunstturnkarriere treffen würden, aber bestimmte Veränderungen vorzunehmen wären. Dies betrifft in einem Fall die Abwesenheit von zu Hause. Obwohl sich die Kunstturnerin auch außerhalb ihrer Familie sehr wohl gefühlt hat, sich gut umsorgt fühlte und viel gelernt und profitiert hat, würde sie ihre Familie nicht noch einmal für so lange Zeit verlassen. Dabei geht es keinesfalls um negative Erfahrungen, sondern vielmehr um die *grundsätzliche Relevanz des familiären Kontextes*.

Ein anderer Fall betrifft die prinzipielle Einstellung zum Turnen und dem dazugehörigen Training:

„Ich für mich würd sagen, ich würds noch mal machen, aber anders, für mich anders. Also versuchen, das Ganze ein bisschen bewusster auch zu machen. Ich muss sagen, ich glaub, ich habs unheimlich viele Jahre ziemlich unbewusst gemacht. Also mehr so gemacht, was gesagt wurde und nicht so sehr selber so ein bisschen gewollt und so. Ich war auch immer so ein Typ, den man immer so, ‚komm mach mal‘ und so. Also ich war ne gute Zeitlang, bis aufs Ende so, war ich so ein Typ, der nicht gerade so sagt, ich will jetzt mal das machen und jetzt lass uns mal ausprobieren und so. Und da waren doch die Trainer/innen dann eher gefragt, dann mir was vorzuschlagen" (1499–1511).

Dieser ehemaligen Turnerin scheint es weniger um die grundsätzliche Frage des ‚Turnen wollen oder nicht‘ zu gehen, auch wenn Teile der Passage dies anzudeuten scheinen. Sie sieht sich selbst als diejenige, die turnen wollte und dies freiwillig und auf der Grundlage ihrer eigenen Entscheidung auch getan hat – das wird an anderen Stellen des Gesprächs deutlich. Hier geht es offenbar eher um die *prinzipielle Einstellung zum Training, um die eigene Zielgerichtetheit, um eigene Vorschläge und Initiative.* Neben dem möglichen Gewinn für das Erleben der Turnerin gibt es interessanterweise noch andere Gründe, die für ein bewussteres Trainieren sprechen. Nach den Erkenntnissen SALMELAS (1997) ist nämlich genau die Zeit bewussten Trainierens der zentrale Indikator für eine erfolgreiche leistungssportliche Karriere. Hier lassen sich verschiedene Überlegungen anschließen: Inwiefern verhindert möglicherweise das frühe Einstiegsalter eine längere Zeit bewussten Trainierens? Und welche Möglichkeiten existieren von Seiten der Trainer/innen zur Förderung einer entsprechenden Einstellung?

Eine weitere Anmerkung betrifft die Präsentation der Kunstturnerinnen und des weiblichen Kunstturnens in Deutschland, aber auch das dahinter liegende Erleben der Athletinnen.

„Also man muss sich angucken, die stehen trotzdem auf dem ersten Platz oder auf dem Treppchen und ganz normal, sie freuen sich nicht. Also ich mein, jetzt wenn ich jetzt noch mal anfangen würde zu turnen, ich hätte so viel Sachen anders gemacht, also auch vom Kopf her. Ich hab mir z. B. Wettkämpfe angeguckt und ich hab gemerkt, wie sie sich falsch benommen haben, was sie falsch gemacht haben, früher hab ich das nicht gemerkt, weil ich nur auf die Schwierigkeiten geguckt habe und was sie für einen Fehler gemacht haben, so, ja Fußspitzen nicht angespannt oder so was, aber jetzt hab ich gemerkt, weil man als normaler Mensch sieht, was für einen Eindruck diese Turnerin hinterlässt, und das hätte ich z. B. bei mir jetzt anders gemacht. Also ich hätte mich jetzt ganz anders benommen, ich hätte mich auch jetzt gefreut, wenn ich erste wär, weil man hat es erreicht, man hat soviel dafür trainiert, und man steht jetzt endlich da ganz oben" (1925–1941).

Beginnt man mit dem Bereich der Außendarstellung des Kunstturnens in Deutschland, hier speziell bezogen auf Wettkämpfe, so spricht diese ehemalige Turnerin etwas an, was sich auch mit unseren Beobachtungen deckt, wo wir als ‚normale Menschen' genau den beschriebenen Eindruck teilen: Die Turnerinnen freuen sich nicht über ihre Erfolge, zumindest vermitteln sie nicht den Eindruck, als freuten sie sich. Geht man von der zweiten Möglichkeit aus, so muss man sich fragen, warum dies so ist und zwar nicht nur einzelne Turnerinnen betreffend, sondern übergreifend, so dass nicht in erster Linie Persönlichkeitsmerkmale wie z. B. Introvertiertheit als Begründung herangezogen werden können. Unsere Deutung geht in die Richtung, dass hier eine dem weiblichen Kunstturnen eigene Haltung zum Ausdruck kommt, die sich auch schon in den Trainingssituationen zeigt. Bereits dort wird großer Wert auf diszipliniertes, zurückhaltendes, ruhiges Verhalten gelegt. Laute Ausbrüche, seien es nun solche der Freude oder aber des Ärgers, sind nicht erwünscht. Es wird also nicht allein der Körper diszipliniert, sondern auch die Gefühle. Ob hier nun in erster Linie turnerische Tradition eine Rolle spielt, evtl. auch die Tatsache von Bedeutung ist, dass es sich um Mädchen handelt oder aber noch andere Gründe herangezogen werden können, soll nicht weiter diskutiert werden. Wesentlicher erscheint, dass daraus bestimmte, negativ zu bewertende Konsequenzen erwachsen: Zum einen im – pädagogisch weniger oder nur indirekt relevanten – Bereich der Außendarstellung, der sicher gewinnen würde mit Akteurinnen, die ihren Emotionen Ausdruck verleihen. Denn dies ist auch ein wesentliches Element des Sports und seiner Präsentation, wie man unschwer an anderen Sportarten erkennen kann.

Von größerer pädagogischer Relevanz sind aber die Konsequenzen, die das Erleben der Mädchen betreffen. Zum einen wäre die Frage zu stellen, ob es für Kinder und Jugendliche sinnvoll ist, Gefühle – und hier vor allem positive Gefühle – nicht nach außen zu zeigen. Oder, wenn man die weitergehende Möglichkeit in Betracht zieht, inwiefern ein emotionsfreier Raum weibliches Kunstturnen die Entwicklung der Athletinnen beeinträchtigt. Darüber hinaus ist wohl auch eine mehr oder weniger enge Verbindung zwischen dem Empfinden und dem Zeigen von Emotionen zu vermuten. Zumindest kann man davon ausgehen, dass äußere Unterdrückung und inneres Erleben nicht unverbunden nebeneinander stehen. Im folgenden Zitat verschwimmen diese beiden Aspekte in jedem Fall miteinander:

„z. B. als ich einen Wettkampf gewonnen habe, ich hab mich zwar schon innerlich gefreut, aber ich hab es nie gezeigt, weil es wurde dann immer in dem Wettkampf gesagt, heute bist du der King und morgen könnte es schon ein anderer gewinnen, so wurde es immer gesagt, oder: ein neuer Wettkampf, ein neuer Kampf und so was, deswegen hat man das nicht, hat man sich nicht immer so gefreut, weil man hat immer gedacht, ja heute hast du gewonnen, morgen wird es ein anderer, und deswegen ist das keine so große Leistung, hat man immer gedacht, also das hat immer meine Trainer/in gesagt, dass der Wettkampf immer dann von neuem anfängt, und heut hatte sie vielleicht nur Glück, deswegen also ich glaub, keine Turnerin freut sich so" (1913–1924).

Während am Anfang lediglich das Zeigen der Gefühle unterdrückt wird, sind es im weiteren Verlauf der Passage auch die Emotionen selbst, die in Mitleidenschaft gezogen werden.

Darüber hinaus wird hier die Rolle der Trainer/in offensichtlich. Es soll gar nicht einmal unterstellt werden, dass die Intention der Trainer/innenhinweise in einer Reduzierung der Freude über den Erfolg zu suchen ist. Fakt ist aber, dass die getätigten Hinweise genau diesen Effekt haben. Damit wird den Turnerinnen eine wesentliche Möglichkeit genommen, die getätigten Investitionen auch entlohnt zu bekommen und das in einem Bereich, der weit entfernt von jeder Äußerlichkeit den Kern der Persönlichkeit berührt.

Nochmal: Die Tendenz zur Entemotionalisierung schmälert nicht nur die Attraktivität der Sportart, sondern erscheint gerade unter der Voraussetzung, dass hier primär Kinder und Jugendliche agieren, pädagogisch ausgesprochen fragwürdig. Grundsätzlich kann darüber hinaus die Frage gestellt werden, welcher Sinn denn überhaupt darin zu sehen ist, Gefühle in dieser Form zu unterdrücken und auszuschalten. Welcher Gewinn wird davon erwartet? Hat dies irgendwelche positiven Effekte?

Damit soll der erste Teil der Bilanzierungen abgeschlossen werden und abschließend eine Art Gesamtbilanzierung der vorgenommenen Untersuchung erfolgen, in der verschiedene Verstehensversuche angeboten werden, die z. T. bereits in den vorangegangenen Abschnitten angeklungen sind.

Was treibt ein Mädchen dazu, sechsmal wöchentlich über viele Jahre hinweg in die Turnhalle zu gehen und dort intensiv zu trainieren? Zunächst einmal scheint die in 5.1.1 gezogene, negative Bilanz internationaler Karrierechancen nicht von Relevanz zu sein, wenn man berücksichtigt, dass der Beginn der Kunstturnkarriere ein schleichender, allmählicher ist. Hier wird wohl nur in seltenen Fällen bereits der Blick auf das Laufbahnfinale gelenkt.

Wesentlich scheint auch der frühe Einstieg in das Kunstturnen zu sein:

„Der eine Grund ist natürlich, dass Turnen eine Sportart ist, wo ich mich nicht hab frei entscheiden können, dass ich die jetzt mache. Also ich wurde mit vier da rein gesteckt, sag ich jetzt mal ganz easy so, und also meine Trainer/in hat immer gesagt, das ist eine Sportart, wo man reingezwungen wird und reinwächst, also ich konnte mich nicht frei entscheiden, z. B. wie bei Leichtathletik: ich mach jetzt Leichtathletik. Sondern ich bin damit aufgewachsen, mit vier habe ich angefangen und das ist ein Teil meines Lebens gewesen und ist genau so. Ja, wie soll man das sagen, ich kanns nicht einfach wegstellen, es gehört dazu und man kanns nicht einfach irgendwie abschalten, so, jetzt mach ichs einfach nicht mehr. Und dann hab ich immer gesagt, mir fehlt irgendwas, wenn ich da das nicht machen kann, fehlt es mir einfach [...]. Es gehörte einfach dazu" (1304–1320).

Der Einstieg ist keine freie Entscheidung, weil dies auf Grund des geringen Alters der Athletinnen gar nicht möglich ist. Auch wenn die Auffassung eines ‚Reingezwungen werdens' in seiner negativen Konnotation sicher nicht von allen geteilt wird – ein Teil der Mädchen berichtet z. B. davon, dass ihre Eltern ihnen die Auswahl zwischen verschiedenen Sportarten ermöglicht haben –, das Reinwachsen ins Kunstturnen trifft den Kern des Vorgangs wohl sehr genau. Es scheint in seiner Prozesshaftigkeit fast vergleichbar mit dem Reinwachsen in eine von der Familie gelebte Weltanschauung oder Religion, wenn die Turnerin davon spricht, wie sehr das Kunstturnen doch Teil ihres Lebens gewesen ist. Der vorgenommene Vergleich legt es nahe: hieraus muss nicht zwangsläufig eine negative Bewertung folgen. Das Kunstturnen mit allen seinen positiven und negativen Begleiterscheinungen ist damit auch so etwas wie Heimat für die Mädchen, und das Verlassen der Heimat ist nicht so einfach: „Einfach so diesen Halt verlieren, sag ich mal, weil irgendwo hast du doch was gehabt, wo du dich auch unheimlich festkrallen konntest" (1890–1892), mit diesen Worten beschreibt eine ehemalige Turnerin das Verlassen der Lebenswelt Kunstturnen. Dementsprechend stellt die Beendigung der Karriere einen großen Schritt dar, der in aller Regel nicht ohne weiteres von heute auf morgen getätigt wird.

Hinzu kommt, dass auf Grund der relativen Geschlossenheit des Systems gerade für die jüngeren Mädchen das Andenken von Alternativen erschwert wird. Das Aufgeben des Bestehenden ist bei Vorhandensein potenzieller Alternativen natürlich ungleich leichter.

Die Bedeutung einer Pfadabhängigkeit wurde bereits in vorangegangenen Kapiteln hervorgehoben. Diese besteht in der ersten Phase der Karriere vor allem darin, dass das Erleben fast ausschließlich positiv ist. Ob dieses positive Erleben nun noch ausdifferenziert wird – wie oben geschehen –, oder mit Hilfe bestimmter Theorien – wie z. B. der Psychoanalyse – weitergehend ausgedeutet wird, für die Turnerinnen hat es „einfach nur Spaß gemacht" (199).

Bedingt durch verschiedene Einflussfaktoren (s. o.) kann diese auf nahezu uneingeschränktem Spaß basierende Pfadabhängigkeit sich in Richtung auf Kosten-Nutzen-Rechnungen verschieben. Dabei kann es recht lange dauern, bis ‚höhere' Kosten auftreten. Zudem hat sich auf der Haben-Seite inzwischen wohl eine beträchtliche ‚Summe' an positiven Erfahrungen angesammelt, so dass der resultierende ‚Kontostand' nicht so schnell negativ wird. Für die im Feld verbliebenen Turnerinnen scheint der vorgenommene Abgleich noch zu einer positiven Bilanz zu führen, ansonsten hätten sie ihre Karriere beendet. Bei einem Teil der Interviewten schien lediglich der letzte Schritt zu fehlen: ihre Aussagen weisen eindeutig auf zu hohe Kosten im Vergleich zum erlebten Nutzen hin.

Als letztes Element soll noch einmal auf das Bedürfnis nach Gestaltschließung eingegangen werden. Auch die angedachten Ziele erreicht zu haben, das Gefühl einer abgerundeten, vollständigen Karriere scheint relevant für die Entscheidung pro oder contra Fortführung des Hochleistungssports zu sein.

## 5.2 Eltern als Akteure: zwischen Bereicherung und Belastung

Eltern als Akteure im weiblichen Kunstturnen? Diese Zuordnung mag vielleicht Befremden auslösen, sind doch die Turnerinnen und Trainer/innen die aktiven Protagonisten auf der Bühne der Hochleistungssports. Sie produzieren die sportliche Leistung, sie stehen im Rampenlicht. Wie passt dann aber das (gerade für die Sportart weibliches Kunstturnen immer wieder gern aufgegriffene und allseits bekannte) Bild von den überehrgeizigen Eltern hier herein, deren „narzißtische Projektionen" (ROSE 1991, 227) die Motivation ihrer Kinder zum Turnengagement erheblich beeinflussen sollen? Besetzen Eltern also doch mehr als nur eine Neben- oder gar Statistenrolle im Szenario des Karriereverlaufs ihrer Tochter? Indem diese Untersuchung sie als Akteure im weiblichen Kunstturnen einstuft, soll angezeigt werden, dass sie in der Tat – und wenig erstaunlich – mehr als nur passive Zuschauer/innen am Rand des Karriereweges ihrer Töchter sind. Dass sie vielmehr auf unterschiedlichen Ebenen bedeutsam bis hochgradig involviert sind. Damit ist jedoch keineswegs die vorschnell unterstellte Gefahr von Unterdrückung, Bindungsabhängigkeit und elterlich projizierten Größenphantasien impliziert. Im Gegenteil: hier gilt es sehr genau hinzuschauen, bevor Urteile gefällt werden.

Dies ist auch unser primäres Anliegen, denn durch das Eruieren der elterlichen Innensichten auf die für die Familie bedeutsamen Wirkungen und ‚Nebenwirkungen' des weiblichen Kunstturnens sollen Eltern selbst zu Wort kommen. Ihre subjektiven Wahrnehmungen und Einschätzungen der je individuellen Situationen aufzuzeichnen und qualitativ auszuwerten, dies wurde bisher in anderen Studien und auch in den Nachforschungen für die Medienberichte, wo allenfalls Einzelfälle zitiert und beschrieben werden, weitgehend ausgeblendet. Selbstverständlich ist nicht damit zu rechnen, dass Eltern sich selbst an den Pranger stellen und sich als autoritäre Karriereführer/innen ihrer turnenden Töchter ‚outen'. Hierüber die ‚Wahrheit', so fern es denn eine gibt, herauszufinden soll und kann auch nicht das Ziel des Forschungsansatzes sein. Stattdessen wird die Frage nach möglichen Risiken und Belastungen im weiblichen Kunstturnen dadurch um neue Facetten bereichert, dass die Relevanzstrukturen elterlichen Handelns im Feld des Hochleistungskunstturnens herauskristallisiert werden, um einen Eindruck ihrer daraus erwachsenden Sorgen, Nöte,

Bereicherungen und Gewinne zu erhalten. Dies ist nicht allein aus einer Außenperspektive zu generieren.[43]

Die Überschrift – zwischen Bereicherung und Belastung – markiert bereits ein zentrales Ergebnis der Auseinandersetzung mit den subjektiven Innensichten der Eltern: sie lassen sich, genau wie die Kunstturnerinnen, nicht leichthin als *eine* Gruppe beschreiben, und auch als Einzelpersonen sind sie nicht eindeutig in etwaige theoretische Schemata zu verorten. Dies ist darin begründet, dass sich im Forschungsfeld ‚Eltern' ein äußerst heterogenes Bild privater Problemlagen und Lösungsstrategien offenbart, denn die Familien stehen als soziale Einheiten in unterschiedlichen externen Bedingungsgefügen (z. B. bezüglich der Stützpunktbedingungen, der finanziellen Situation oder der familiären Konstellationen) und haben entsprechende, je der internen Eigenlogik folgende Handlungs- und Entscheidungsmuster entwickelt. Diese interfamiliäre Komplexität setzt sich auf der intrafamiliären Ebene fort, d. h. Belastungs- und Bereicherungserfahrungen konstituieren ebenso innerhalb einer Familie die Pole zwischen denen abgewägt werden muss.

Die so entstandene Diversifikation der Daten bei gleichzeitig vergleichsweise geringerer Anzahl von Interviews macht Typisierungen wenig sinnvoll. Vielmehr ist hier *gerade auch die Spezifität und Vielschichtigkeit der einzelnen Fälle von Bedeutung und Interesse*. So wurde in zehn durchgeführten Interviews mit Eltern von Kunstturnerinnen eine große Bandbreite spezifischer privater Situationen erfasst. Die folgenden Anhaltspunkte geben Auskunft über wesentliche Aspekte, welche ‚Eckdaten' der untersuchten Fälle markieren:

Für die Interviewten galten zum jeweiligen Zeitpunkt der Befragung folgende Rahmenbedingungen:
- Drei Familien lebten im Osten Deutschlands, sieben lebten im Westen.
- Sechs Paare waren verheiratet, vier geschieden oder getrennt lebend.
- Alle Familien hatten neben der turnenden Tochter mindestens ein weiteres Kind.
- Neun Turnerinnen wohnten zu Hause, zwei von diesen neun haben eine Zeit lang in anderen Familien gelebt, eine dritte Turnerin hat über einen längeren Zeitraum in einem Internat gewohnt und eine vierte Turnerin lebte zum Zeitpunkt der Befragung im Internat.
- In zwei Fällen berichteten die Interviewpartner/innen von bereits beendeten Karrieren ihrer Töchter, in den übrigen acht Fällen berichteten die Eltern zum Zeitpunkt der Befragung über aktuelle Karrieren.
- In vier Familien waren die Eltern früher selbst aktive Kunstturner/innen (Breiten- bis Leistungssport), die weiteren Befragten hatten wenig bis keine aktive Sporterfahrung in irgendeiner Sportart.

---

[43] Hinzu kommt, dass die Aussagen der Eltern nicht im luftleeren Raum verbleiben, sondern mit den Aussagen der Turnerinnen, der Trainer/innen und auch mit den Informationen aus den teilnehmenden Beobachtungen und informellen Gesprächen bis zu einem gewissen Grad abgeglichen werden können.

Bereits die informellen Gespräche und umfangreichen teilnehmenden Beobachtungen vermittelten einen Eindruck von den unterschiedlichen Graden elterlicher Involvierung, die von Interesselosigkeit (nur eines Elternteils) über seltene Wettkampf- und Trainingsbesuche bis hin zu regelmäßiger Anwesenheit und aktiven Unterstützungsleistungen in der Halle, ja sogar bis hin zur Trainer/innenrolle selbst changierten. Den Kern der Datensammlung bilden jedoch die Interviews. Insgesamt wurden sechs Einzel- und vier Paarinterviews durchgeführt, woran sich fünf Väter und neun Mütter beteiligten. Die vorbereitete Teilstrukturierung mittels Leitfaden war weitgehend überflüssig, da die Eltern hohe narrative Anteile präsentierten und viele Themen von sich aus ansprachen, so dass nur hin und wieder einige Nachfragen auf nicht angesprochene Themenfelder gestellt werden mussten. Auf Grund des durchgängig hohen Reflexionsgrades und einer Dauer der Interviews von nie weniger als einer Stunde lag den Auswertungen ein komplexes und umfangreiches Datenmaterial vor. Komplex nicht nur wegen der Datenfülle, sondern auch dadurch, dass die Eltern im Verlauf der Interviews zwischen verschiedenen Perspektiven wechselten und damit Argumentationsebenen zum Teil überlagerten, zwischen denen in der Auswertung aber unterschieden werden musste. So reflektierten die Eltern die Auswirkungen des Kunstturnens sowohl für sich selbst, als auch für die Tochter, als auch für die Familie als soziale Einheit, was zum Teil sehr unterschiedliche Einschätzungen nach sich zog.

Um nun gerade der Besonderheit und den Eigenheiten der jeweiligen privaten Situationen der Familien gerecht zu werden und ihren Einfluss auf Alltag und Karriere der Kunstturnerin erfassen zu können, wird im Folgenden das Hauptaugenmerk auf *Spannungslinien*, die *quer* zu den einzelnen Fällen verlaufen, gelegt. D. h., es werden Themen aufgegriffen, die von den Eltern als bedeutsam geschildert werden, ihre zum Teil sehr unterschiedlichen Bewertungen müssen jedoch entsprechend individuell in dem Deutungsspektrum verortet werden. Diese Spannungslinien durchziehen das alltägliche Handlungs- und Kommunikationsnetz der Eltern im Umgang mit der besonderen Situation, dass ihre Tochter Hochleistungs-Kunstturnerin ist und bilden eine allen Fällen gemeinsame Basis für mögliche Problemlagen ebenso wie für Bereicherungspotentiale und daraus erwachsende individuelle Bewertungs- und Handlungsansätze. Denn obwohl neben vielerlei Unterschieden in der häuslichen Situation doch immer wieder gerade die ‚Kerndaten' der Karriereverläufe der Töchter – und als Folge auch der Eltern – einen hohen Grad an Übereinstimmung aufweisen und zentrale Stationen, Entscheidungspunkte, Hoffnungen und Probleme bei allen Interviewten gleichermaßen auftreten, so ist doch insbesondere die individuelle Erlebnis- und Bewertungsdimension der Eltern diejenige, welche zu bedeutsamen Unterschieden führt. Mit anderen Worten: Gleiche bzw. ähnliche Vorfälle, Begebenheiten und Rahmenbedingungen werden zum Teil sehr unterschiedlich wahrgenommen und im Hinblick auf die private Situation in verschiedenster Weise mit Wert besetzt. Die Pole, zwischen denen diese Bedeutungszuschreibungen oszillieren, umfassen ein Spannungsfeld, das von *wertvoller Bereicherung* (sowohl des eigenen aber insbesondere des Lebens der Tochter) bis zur *nur schwer auszuhaltenden Belastung* (wiederum für Eltern *und* Töchter) reicht.

Die Einordnung der Daten in diese Bandbreite von Bedeutungszuschreibungen sowie die Transparenz der sie begründenden Zusammenhänge wird im Folgenden den Kern der Darstellungen bilden, die sich wie folgt gliedern: Der Schwerpunkt wird unter der Überschrift ‚Relevanzstrukturen von Eltern' (5.2.1) auf die Deskription der Untersuchungsergebnisse gelegt. Diese fächern sich auf in die subjektiven Einschätzungen der Eltern zu den Themen Karriereeinstieg und -verlauf (5.2.1.1), Entscheidungssituationen (5.2.1.2), Einflüsse auf das Familienleben (5.2.1.3), Risiken im weiblichen Kunstturnen (5.2.1.4) und das Resümee der Eltern (5.2.2). Abschließend wird eine bescheidene Einordnung der Ergebnisse vorgenommen (5.2.3), die angesichts des bislang kaum erforschten Feldes über eine vorsichtige Annäherung nicht hinausgehen kann.

## 5.2.1 Relevanzstrukturen von Eltern

### 5.2.1.1 Karriereeinstieg und Karriereverlauf aus Elternsicht

Die Sportart Kunstturnen gehört nicht gerade zur Sparte der ‚gewinnträchtigen', denn es sind nur schwerlich finanzielle Vorteile daraus zu ziehen, geschweige denn ‚Reichtümer'. Hinzu kommt, dass sich das weibliche Kunstturnen in Deutschland einem negativen Grundtenor öffentlicher Meinungen gegenüber sieht, die Akteure sich also häufig einem Rechtfertigungszwang ausgesetzt sehen und somit auch ein Prestigegewinn für die Beteiligten nicht garantiert ist. Auf den ersten Blick ist also keineswegs ersichtlich, warum gerade die Sportart Kunstturnen gewählt wird, kommt doch noch hinzu, dass die sportliche Veranlagung der Kinder und Jugendlichen auch in anderen Sportarten vielversprechend wäre.

Tatsächlich zeugen unsere Daten davon, dass Eltern sich die Sportart Kunstturnen für ihre Töchter nicht per se gezielt aussuchen, besonders nicht mit der Perspektive des Hochleistungstrainings. Das Entdecken und Fördern des spezifischen Turntalents der Tochter muss nicht von ihnen ausgehen. Es kann auch von Dritten entdeckt werden, z. B. von Lehrer/innen, Übungsleiter/innen u. a. Damit nimmt dann eine Entwicklung ihren Anfang, die sich in ihrem Verlauf, ihren Anforderungen und Auswirkungen nicht von vornherein klar und deutlich darstellen muss. Denn mit dem ersten Schritt ins Kunstturnen ist längst nicht zwingend die Leistungs- und Hochleistungsperspektive anvisiert. Viele Eltern im Westen beispielsweise melden ihre Töchter zunächst im breitensportlich orientierten Kinderturnen an, wo spielerische Akzente die Bewegungen bestimmen, was übrigens gleichermaßen auch für die gezielte frühe Talentförderung im Osten Deutschlands typisch war. Mit ein bis zwei Terminen pro Woche ist das Turnen der Tochter aus Elternsicht zunächst oft nicht mehr als ein Hobby, eine Freizeitbeschäftigung neben anderen. Der Spaß steht im Vordergrund und stellt sich auf Grund der vielfältigen und spielerisch gestalteten Übungsangebote und einer durch das Talent begründeten ,Leichtigkeit des Seins' quasi von selbst ein. Auch mit der beginnenden Teilnahme an Wettkämpfen wird der Spaßfaktor in der Regel nicht gedämpft, denn das Talent beschert den Kindern leichte und häufige Erfolge, die darüber hinaus motivieren, sich weiter zu engagieren. Ebenso wie Trainer/innen und Kunstturnerinnen bestätigen Eltern die außerordentlich motivierende Wirkung von Erfolg (vgl. dazu auch 5.2.1.3).

In allen hier untersuchten Fällen hat diese vorwiegend uneingeschränkte Erfolgswelle sehr lange angehalten, d. h. immer über mehrere Jahre. Treten dann erste ,Störsignale' auf, wie vielleicht größere oder länger andauernde Misserfolge, Verletzungen oder nachlassende Motivation, ist die bereits beschriebene ,Pfadabhängigkeit' (vgl. 5.1) voll entfaltet. Eltern und Töchter haben oft unmerklich einen Punkt erreicht, an dem sie aus ihrer Sicht nicht einfach umkehren können.

Analog zu diesem stetigen Karriereverlauf der Tochter, der häufigeres und umfangreicheres Training, vermehrte Wettkampftermine, Kadernominierungen und Ähnliches mit sich bringt, bemerken Eltern erst nach und nach, wie ihr Familienleben zunehmend in den Sog des turnerischen Kraftfeldes gerät. Sie sehen sich keineswegs selbstverständlich als aktive Laufbahnberater/innen oder Karrieremanager/innen ihrer Töchter. Vielmehr berichten die Befragten fast einheitlich von einem *Prozess des Hineinwachsens* in das System des Hochleistungssports, speziell des Kunstturnens, welcher zudem als ein *schleichender* beschrieben wird. Das bedeutet, dass er sich für diese Eltern eben *nicht* als ein von ihnen gesteuerter Ablauf von hintereinander geschalteten, aufeinander aufbauenden, bewusst gefällten Entscheidungen darstellt, sondern und wie der Begriff des Hineinwachsens schon andeutet, dass sich seiner eher als ein leiser, gleichsam wie von selbst stattfindender erinnert wird. So beschreiben Eltern:

a) „V: Wir sind da eigentlich so reingewachsen./M: Das hat sich irgendwie so gesteigert, irgendwie hat man sich da mit der Zeit daran gewöhnt, dass sie nie da ist./V: Das ist nicht von einem Tag auf den anderen so gekommen, das hat sich so ergeben"[44] (654–657).

b) „Aber das hat eigentlich, wir haben das nicht irgendwie so geplant, das hat sich langsam entwickelt. Die hat dann erst wie gesagt Gau-Meisterschaften mitgemacht und dann war sie halt immer qualifiziert und dann ist das so nach und nach" (50–53).

---

[44] Nachfolgend wird nur bei Zitatausschnitten, in denen zwei Ehepartner unterschieden werden müssen, auf die Abkürzungen ,M' und ,V' zurückgegriffen. Ansonsten bezeichnet ,I' die Befragten und ,F' die Forschenden.

c) „Ja gut am Anfang muss man sagen, da haben wir sie dahin gebracht, mit fünf Jahren, mit sechs Jahren, klar da haben wir gesagt, gut geh dahin, mach deinen Sport usw. [...] Da hat sie ja auch das noch nicht so, wirklich, das war kein Leistungssport, noch nicht am Anfang. Ging ja damals immer los, das wurde ja dann immer mehr [...] da gab es auch keine Beispiele, wo man mal gucken konnte, so sieht das aus oder das kommt auf sie zu oder das wird mal werden. Das wurde wirklich, von Jahr zu Jahr ging das weiter" (1489–1503).

Aber selbst wenn Eltern gerade nicht unbedacht ‚hineinschlittern‘ in diese Entwicklung, sondern sich bewusst gefällter Entscheidungen im Sinne einer ‚Weichenstellung‘ für den Werdegang der Tochter erinnern oder wenn – wie im Osten Deutschlands häufiger der Fall – die Zielperspektive von vornherein eindeutig ist, selbst dann wird von Unsicherheiten und Überraschungen im Karriereverlauf berichtet, denn die damit verknüpften Planungen oder Erwartungen erfüllen sich in vielen Bereichen nicht. Eine Mutter hat dies deutlich expliziert:

„Und das macht sie ja eigentlich noch gar nicht so lange, bei der Trainer/in trainieren und das ist aber auch dann, wo ich jetzt wirklich sage, da ist dann eine Wende eingetreten, also das ist jetzt in keinster Weise mehr irgendwo noch so ein bisschen Turnen, sondern das ist wirklich jetzt Hochleistungssport. Dann kamen da die Wochenenden dazu, d. h. dann auch vormittags und (betont) nachmittags Training und ja dann geht das eben mit Ferienbegrenzung, dieses Jahr haben wir es also ganz krass gespürt. Dass wir also nur noch den Urlaub danach ausrichten [...] d. h. man engagiert sich da oder arrangiert sich da mit den Zeiten [...] Und das ist alles so schnell gekommen, dass man also gar keine Zeit hat, sich an so einen langsamen Prozess zu gewöhnen, das ging einfach zu schnell" (204–210).

Obwohl in diesem Fall also der Wechsel der Tochter in die Leistungsgruppe bewusst erlebt, unterstützt und reflektiert wurde, sieht sich die Mutter von den Folgen der Entscheidung quasi überrollt mit wenig Möglichkeiten einer Einflussnahme auf die unvorhergesehenen ‚Nebenwirkungen‘. Sie markiert damit einen bewusst erlebten Wendepunkt im Karriereverlauf der Tochter.

Die Zitate machen deutlich, dass eine vielleicht theoretisch unterstellbare Entscheidungs*macht* oder Entscheidungs*freiheit* der Eltern kein hinreichendes Kriterium für eine tatsächliche gezielte Steuerung des Werdegangs der Tochter ist. Vielmehr handelt es sich hierbei immer auch um theoretische und idealtypisch angelegte Konstrukte, die mit der Alltagsrealität oft wenig zu tun haben, zumindest aber Relativierung erfahren (vgl. dazu ausführlicher 5.2.3).

Die Eltern berichten also gerade im Hinblick auf den Zugang der Tochter zum und ihrem Dabeibleiben im Kunstturnen von wenig eigener strategischer Einflussnahme. Dennoch verhalten sich Eltern immer in irgendeiner Weise zur Tochter und ihrem Karriereverlauf und dieser Gesamtprozess durchläuft immer auch Weichenstellungen, die sich allerdings nicht per se als bewusste Entscheidungen manifestieren müssen. Es bietet sich darum an, hier genauer auf markante Wegstationen der Kunstturnerinnen zu schauen und die Perspektive der Eltern auf solche Situationen, in denen sie als Verantwortungsträger gefragt waren, genauer zu betrachten. Denn in den konkreten Schilderungen elterlichen Verhaltens scheinen zumindest Positionen und Einstellungen durch, die interpretative Rückschlüsse auf Entscheidungs- und Handlungsmuster zulassen können.

### 5.2.1.2 Eltern in Entscheidungssituationen

Alle Befragten sind langjährige Wegbegleiter/innen ihrer turnenden Töchter – z. T. gewesen. Woran orientieren sie, einmal im System Kunstturnen involviert, ihre Entscheidungen für oder gegen den Fortgang dieses Weges?

Es überrascht nicht, dass die Eltern die Entwicklung ihrer Töchter beobachten und anhand gängiger Kriterien abzuschätzen versuchen, ob es für die Tochter von Vorteil ist, die eingeschlagene Richtung weiter zu verfolgen. Hier wird als vorrangiger Richtwert der *Wille der Tochter* genannt (vgl. dazu auch 5.1, ebenso LÜSEBRINK 1997, 153 ff.). Der explizit geäußerte und untermauerte Wunsch der Tochter, Hochleistungskunstturnen (weiter) zu praktizieren, ist für die Eltern das zentrale und ausschlaggebende Fundament für ihre Bereitschaft, dieses Vorhaben zu unterstützen. Entsprechend wichtig ist es ihnen, sich mit der Tochter über die Erlebnisse in der Halle auszutauschen und diese gemeinsam zu verarbeiten. Eltern beobachten die emotionale Verfassung ihres Kindes: wirkt es ausgeglichen, zufrieden, äußert es sich positiv? Hier ist besonders die Bedeutung der knappen gemeinsamen Zeit hervorzuheben, in denen die Eltern ihre Eindrücke über die Tochter sammeln und zu bewertenden Einschätzungen verarbeiten. Dieses genuin pädagogische Postulat, dass Wille und Wohlergehen der Tochter entscheidend sind im Hinblick auf die Entscheidungs- und Verhaltensweisen der Eltern ist nun genauer nachzuzeichnen, denn es wird sich zeigen, dass sich hier auf Grund unterschiedlicher Kontextbedingungen auch unterschiedliche Verhaltensweisen herausbilden können.

So existiert beispielsweise der sehr einfache und äußerst positive Fall, dass kritische Situationen nicht genannt werden, aus dem einfachen Grund, weil die bisherigen Erfahrungen nur positiv besetzt sind. Folglich erstaunt es nicht, dass hier das Kunstturnen für die Tochter als absolut problemfrei und bereichernd erlebt wird und aus Elternsicht keine Veranlassung besteht, kritisch nachzufragen oder gar korrigierend einzugreifen:

„F: Hatte sie schon mal den Gedanken im Laufe der Zeit, dass sie gesagt hat, ich will aufhören mit dem Kunstturnen?

I: Noch nie! Noch nie! (lacht). Die Sache, wo ich mir Gedanken mache ist, wie ich das unterstützen soll, weil sie sich keine Gedanken darüber macht, dass sie aufhört. Ich denke sie wird das bis zum Ende durchziehen. [...] Und jetzt habe ich gemerkt, dass ich gar keine Probleme mit meiner Tochter habe. Genauso wie beim Turnen schafft sie alles andere. Also nirgendwo merke ich, dass sie zu viel belastet wird" (188–193, 309–311).

Betrachtet man nun kontrastierend die Reflexionen eines anderen Ehepaares, dann werden hier auf Grund der sich vom obigen Fall unterscheidenden Erfahrungen auch entsprechend neue Reaktionsweisen sichtbar. Man erhält einen Eindruck davon, dass das Postulat, den Willen der Tochter unter verantwortungsvoller Perspektive als Conditio sine qua non gelten zu lassen, aus unterschiedlichen Gründen Grauzonen und Toleranzen einschließen kann:

„M: Sie hat manchmal gesagt, weil sie hat geheult, ich mach nicht mehr, weils nicht so klappt. Im Training hat sie ja immer, nach dem Urlaub muss man sagen, hat sie immer Probleme gehabt [...]/V: Sich nach der Urlaubszeit neu zu motivieren/M: ja, war schwer. Und da hat sie manchmal, und da haben wir gesagt na ja dann hör auf und dann aber wieder, ja, sie hat es gesagt aber sie wollte nie direkt aufhören [...]/V: Wir haben ihr versucht auch deutlich zu machen: jetzt hat sie angefangen damit und es ist schwer und vor, sag ich mal, vor jedem kleinen Problem oder so kann man nicht wegrennen, das muss sie durchstehen. Aber na ja, diese Probleme, die haben vielleicht eine, zwei Wochen gedauert und dann war die Sache eigentlich wieder im Lot" (190–211).

Hier wird den Ausstiegsgedanken der Tochter nicht umgehend – aus Elternsicht: ‚vorschnell' – Vorrang eingeräumt. Unter anderem, weil sie als nicht wirklich ernst gemeint eingestuft werden und weil die Erfahrung der Eltern ihnen gezeigt hat, dass sie vorübergehender Natur sind. Oder wie sonst ließe sich die Formulierung „sie hats gesagt aber sie wollte nie direkt aufhören" deuten? Meint „direkt" hier ‚eindeutig' oder hat es eine zeitliche Konnotation im Sinne von ‚sofort'? Auf welchen Erfahrungswerten und Kontextinformationen beruht diese Einschätzung der Eltern? Ob die Tochter in dieser Situation angemessen unterstützt wird oder ob die Befragten die Stimmigkeit ihrer Argumentation aufrechtzuerhalten bemüht sind, indem sie Kontexte subjektiv ‚zurechtdeuten', das kann hier nicht entschieden werden. Auch an anderer Stelle, wo die Tochter Probleme mit der Trainer/in artikuliert, reagieren dieselben Eltern ähnlich:

> „M: Nein wir hatten auch schon Probleme, sagen wir, wir hatten uns auch schon zusammengesetzt, wo unsere Tochter gar nicht mehr wollte und so und das gab es auch, Probleme und so. F: Auch bei dieser Trainer/in? M: mhm, ja. V: Gabs auch. [...] M: Wir haben ja mit ihr oft geredet, da musst du durch, dann fang noch mal von Neuem an, auch wenn es schwer fällt" (910–914).

Und sie resümieren:

> „V: Ich sag mal, wenn die Enttäuschungen größer wären, wie die Erfolge, dann hätte sie bestimmt auch schon alleine, dann hätte sie sicherlich aufgehört. Wenn das, wenn die Belastung zu groß wäre [...] überwiegend haben wir auch schon viel Positives" (1529–1533).

Diese Eltern haben Höhen und Tiefen im Karriereverlauf ihrer Tochter miterlebt. Und sie haben die Erfahrung gemacht, dass die Tiefen bisher noch immer überwunden wurden. Aus dieser Sicht ist es nicht unverständlich, dass sie die Relevanz von den Motivationsproblemen und Ausstiegsgedanken der Tochter zunächst relativieren und auf Handlungsmuster rekurrieren, die sich bereits früher bewährt haben. Dementsprechend äußern sie auch keine pauschal positive oder negative Einschätzung über den bisherigen Karriereverlauf ihrer Tochter. Sie wägen ab, machen deutlich, dass es nicht nur rosig war und ist, markieren Probleme und Konflikte offen als wiederkehrenden Bestandteil dieser Sportlerinnenbiographie.[45] Sie können das Dabeibleiben ihrer Tochter vor sich und anderen legitimieren, weil aus ihrer Sicht das Positive das Negative überwiegt.[46]

In einem dritten Fall, wo die Karriere der Tochter auf Grund von nicht überwundenen Problemlagen beendet wurde, sehen sich die Eltern einer ehemaligen Kunstturnerin hingegen eher als ‚passive Mitspieler', die dem Willen der Tochter unbedingten Vorrang gegeben haben:

> „V: Und dann standen wir vor dem Problem, wir konnten gar nicht mehr entscheiden, weil unsere Tochter unbedingt wollte. Sie hat gesagt, ich will sechs Tage, die Trainer/in findet mich gut. Die hat das Kind hoch gelobt, ganz toll, das ist die Turnerin, die möchte ich sechs Tage die Woche haben. Was machst du als Eltern? Du sagst: na gut, das Glück des Kindes, jetzt bringen wir sie halt sechs Tage hin. [...]

---

[45] Darin offenbart sich ein beachtliches Maß an Offenheit gegenüber den Interviewer/innen, denn wäre diesen Eltern allein an einer positiven Selbstdarstellung gelegen, würden sie derlei Situationen wahrscheinlich nicht von sich aus thematisieren.

[46] Dass hier ein Konglomerat weiterer Parameter in die Entscheidungen der Eltern mit einfließt, ist selbstverständlich und wird im Abschnitt ‚Deutungsversuch' noch ausführlich als Grundbedingung sozialer Handlungen und Interaktionen gekennzeichnet. Hier, wie auch im Folgenden, beschränken die deutenden Ausführungen sich auf die jeweiligen konkreten Interviewauszüge und exemplarischen Belege.

M: Es ging ausschließlich von ihr aus, das zu machen, und ich kann noch so oft sagen, vielleicht doch lieber nicht, das ist nie auf fruchtbaren Boden gefallen. Das war damit erledigt, wenn die Verletzung, ein Bruch, der ist nach fünf Wochen wieder mehr oder weniger vorbei und dann ist da gar keine Diskussion mehr. Sie will das und wir haben weiter funktioniert. […] Für unsere Tochter war Turnen ein und alles, da gab es überhaupt nichts anderes mehr. […]

M: Das einzige, was wir hätten machen können oder sollen vielleicht im Nachhinein: sie nicht mehr ins Training fahren. Zu sagen: wir stellen das ein, wir halten das für nicht mehr gut. Dann hätte sie es vielleicht nicht mehr schaffen können. Und ein Leben lang uns Vorwürfe gemacht: ihr habt verhindert, dass ich erfolgreich bin. Alle haben gesagt, ich werde mal Spitzenturnerin. Und das schaffst du als Eltern nicht. Das schaffst du nicht!" (40–45, 189–193, 1128–1133).

Es zeigt sich in aller Eindringlichkeit eine von vielen konkret existierenden Schwierigkeiten bei markanten Entscheidungsprozessen: der erlebte Zwiespalt, wenn es darum geht, bei einem starken, deutlich explizierten und mit ‚Haut und Haaren‘ gelebten Wunsch der Tochter auf Grund von eigenen Zweifeln verbietend einzugreifen, ohne sicheres Wissen über die Richtigkeit und die Folgen der jeweiligen Entscheidungsoptionen. Eine Handlungsalternative sehen die Eltern erst jetzt, rückblickend: „im Nachhinein". Gleichzeitig ist es für sie nur eine theoretische Alternative, denn die wahrscheinlichen Konsequenzen („Und ein Leben lang uns Vorwürfe gemacht") würden sie auch heute noch nicht tragen wollen. Wer kann hier beurteilen, ob die Eltern falsch gehandelt haben? Selbst bei ausführlicheren Informationen über den Sachverhalt: wann hat man alle oder genug Informationen, um eine Einschätzung vorzunehmen? Sind ‚falsch‘ und ‚richtig‘ hier überhaupt angemessene Kategorien? Die Tochter zumindest bestätigt nicht nur uns (in einem separaten Interview), sondern auch ihren Eltern, dass deren Verhalten aus ihrer Sicht nicht ‚falsch‘ war:

„V: Unsere Tochter wirft uns nichts vor./M: Überhaupt nicht. Die sagt: Ich wollte es so!/V: Aber ich werfe es mir vor./M: Wenn wir sagen: Wir haben den Fehler gemacht, dann sagt sie: Nein, den habt ihr nicht gemacht. Das ist alles so in Ordnung gewesen" (1135–1138).

Drei Interviews, drei verschiedene Konfrontationen mit der Frage ‚Die Karriere beenden oder fortführen lassen?‘, drei verschiedene Sichtweisen, resultierend aus drei verschiedenen Kontexten. Die geschilderten Fälle geben einen Eindruck von der Bandbreite möglicher Sachlagen. Die persönlichen Umstände, von deren realer Komplexität hier nicht annähernd ein Eindruck vermittelt werden kann, sind miteinander nur sehr bedingt und allenfalls oberflächlich vergleichbar. Hier pauschal bewertende Messlatten anzulegen, würde den je eigenen Fallspezifika nicht gerecht.

### 5.2.1.3 Einflüsse des Kunstturnens auf das Familienleben

Der Titel deutet es an: Eltern von Kunstturnerinnen sind mehr als passive Zuschauer am Rand der Karrierebühne ihrer Tochter. Sie können sich der Dynamik des Prozesses nicht entziehen. Sie werden mit erfasst, mehr noch: sie sind gefordert. Denn anders als in den meisten anderen Bereichen des Nachwuchs-Hochleistungssports sind Eltern, deren Töchter Kunstturnerinnen mit nationaler und internationaler Perspektive sind, in der besonderen Situation, dass ihre Kinder in der Regel sehr früh den Zugang zum Turnen finden und finden müssen. Gleichzeitig fordert weibliches Kunstturnen im Spitzenbereich ebenfalls sehr früh expansive Trainingsumfänge, die sich sowohl in der Häufigkeit als auch in der jeweiligen Dauer pro Trainingseinheit niederschlagen. Die noch sehr jungen Kinder benötigen in besonderem Maße elterliche Unterstützung, die sich gleichermaßen auf praktisch-organisatorische Dinge, wie auch auf den sozial-emotionalen Bereich erstreckt und sich mit zunehmendem Alter der Turnerin nur bedingt abschwächt, da bei steigendem Leistungs- und Beanspruchungsgrad die Bedeutung der Familie häufig zunimmt (vgl. 5.1).

Eltern, die ihren Töchtern das Kunstturnen als Hochleistungssport ermöglichen, sehen sich infolgedessen vor die Aufgabe gestellt, die neuen Einflüsse, die aus dem Hochleistungssystem in die Familie eindringen, so zu verarbeiten, dass ihr Bestand und Zusammenhalt möglichst wenig gestört oder gar gefährdet wird. Sie müssen die neuen Anforderungen in ihre bewährten Handlungsmuster integrieren und sich als Familie in der neuen Konstellation von Einflussfaktoren orientieren und behaupten, sprich: eine Vielzahl diverser *Unterstützungsleistungen* in den Familienalltag eingliedern. Zentral ist zum einen die elementare elterliche Fürsorge um das physische und psychische Wohlergehen der Kinder. Zum anderen ergeben sich durch das Kunstturnen aber auch neuartige Anforderungen – auf praktischer Ebene ebenso wie auf der psycho-sozialen –, die mit dem häuslichen Tagesablauf kompatibel sein müssen.

Die Ausführungen unter 5.2.1.1 haben gezeigt, dass die Karriereverläufe der Töchter und das zunehmende Mit-Verfangen-Sein der Eltern sich meist langsam entwickeln und Eltern dem Leistungsengagement der Töchter zunächst mit einer eher kurzfristig angelegten Perspektive begegnen, in welcher Entscheidungen von Mal zu Mal, jeweils für den nächsten ‚Schritt' getroffen, selten aber in ihren gesamten Ausmaßen und auf lange Sicht hin bedacht werden. So wird oft nicht antizipiert, was nach und nach zum Faktum wird: das Kunstturnen wächst zu einem Brennpunkt heran, um den herum sich der gesamte Familienalltag organisieren muss. Noch einmal sei darauf hingewiesen, dass damit gleichermaßen Belastungs- *und* Bereicherungspotentiale für die Eltern verbunden sind. Dabei können zum einen übereinstimmende Beschreibungen über belastende und bereichernde Aspekte des Kunstturnens ausgemacht werden, es werden aber an anderen Stellen durchaus auch ein- und dieselben Anforderungen als unterschiedlich belastend, bereichernd oder schlicht neutral eingestuft.

Zentral für den Familienrhythmus sind die engen Trainings- und Wettkampfpläne der Tochter. Sie beeinflussen nicht nur den Tagesablauf der meisten Familienmitglieder, sondern erfordern auch Rücksichtnahme und Einschränkungen im Planen von familiären Freizeitaktivitäten (z. B. Wochenendausflüge) und den Urlaubswünschen. Die eigenen Arbeitszeiten, die Schulzeiten der Kinder und die Trainingszeiten der Turnerin, evtl. das Hinfahren zum und Abholen vom Training, Wettkampfbegleitungen und die Freizeittermine der Geschwister müssen aufeinander abgestimmt werden, um die grundlegendsten Tagesanforderungen, wie Wecken, Fahrten, Mahlzeiten etc. so zu planen, dass ein reibungsloser Ablauf möglich ist:

„Ja wir sagen immer so aus Spaß, im Prinzip ist das wirklich nur Vollpension so mit Familienanschluss (lachen). Ja, wir lachen darüber, aber es ist so. Es ist, das Essen muss da sein und ihr Bett muss da sein und die Wäsche und wer fährt mich, wer holt mich." (19)

„Wenn ich mit beiden Kindern in Urlaub fahren will, muss ich erst mal vorrangig eben nach der Tochter gucken oder nach den Terminen. So, und danach richtet sich das andere. Ja und ansonsten muss sie ja auch betreut werden, danach. Das heißt also ich kann auch nicht irgendwo dann für mich weiter (betont) Urlaub machen oder mit dem Sohn. Das geht nicht. So und das sind natürlich dann wirklich Probleme, die aber jetzt eigentlich erst aufgetreten sind und wo ich eigentlich immer auch im Zwiespalt mit mir bin" (106–114).

Über den generell hohen Organisationsaufwand, der von den Eltern zu leisten ist, sind sich die Befragten einig. Eltern aus dem Osten wie aus dem Westen Deutschlands, alleinstehend oder mit der Unterstützung des Partners/der Partnerin und unabhängig von dem Unterbringungsort der Turnerin stellen das fest. Damit ist aber noch nichts über etwaige Bewertungen dieser Beanspruchungen – und dieser Begriff wird hier neutral in Abgrenzung zu den Begriffen der Belastung und der Bereicherung verwendet – ausgesagt, denn diese fallen wiederum differenziert aus.

Weil Eltern um die hohe Belastung ihres Kindes, die durch die Leistungsanforderungen im Turnen und in der Schule entstehen, wissen, sind sie sehr darum bemüht, ihren Töchtern das Zuhause als Ort der Entspannung und Entlastung einzurichten, wo neue Kräfte getankt werden können. Neben den Bestrebungen als Zuhörerin, Ansprechpartner, Ratgebende, Tröstende oder Lobende etc. für das eigene Kind da zu sein, werden diverse pragmatische Unterstützungsleistungen erbracht, welche die Tochter von nebenher anfallenden Pflichten oder Aufgaben entlasten sollen. Dies *muss nicht* zur Belastung werden, wie es ein Ehepaar für die eigene Familie beschreibt, wo alle Mitglieder die zu Hause wohnende Tochter gerne und so gut sie können unterstützen: Bruder oder Vater holen sie vom Training ab, wenn es abends schon dunkel ist und erledigen zeitaufwendige Besorgungen, wie den Gang zur Bibliothek für eine Hausaufgabe. Und die Mutter erzählt:

„Wenn sie jetzt eine Literaturausarbeitung macht, das ist ein bisschen schwierig, mit niemandem kann sie darüber reden. Also muss ich das Buch auch lesen und dann schreibt sie was und dann kann ich auch was dazu sagen" (1610–1613).

Aber gerade dieses nachvollziehbare und notwendige Bestreben der Eltern, ihre Töchter privat zu entlasten, ist für viele der Befragten nicht frei von Ambivalenzen. Ein Vater benennt in diesem Zusammenhang zwiespältige Gefühle – dann nämlich, wenn seine Entlastungsbemühungen mit den Erziehungsansprüchen kollidieren:

„Wir versuchen zu Hause, da sind wir auch etwas unterschiedlicher Meinung, meine Frau und ich, der Tochter weitgehend den Rücken freizuhalten. Natürlich merkt man, sie hat ihre Schule, sie muss ihre Hausaufgaben machen, dann geht sie zum Training, abends kommt sie nach Hause und ja, wir versuchen ihr also den Rücken freizuhalten, d. h. sie ist von häuslichen Pflichten weitgehend entbunden. Ja und dann, dann sind natürlich eine ganze Menge Kleinigkeiten, würde ich es mal nennen, früher hab ich immer gesagt: dieses Mädchen kann zwar Salto rückwärts aber ihr Zimmer nicht aufräumen. Hm, ist ein bisschen oberflächlich betrachtet, weil das einfach mit Ordnung zu tun hat, aber sie kriegt es also in der Zwischenzeit noch nicht hin, mit fast sechzehn Jahren, ihre Bettdecke zusammenzufalten und übers Bett zu legen, mach ich auch jeden Morgen. Denke ich auch jeden Morgen dran: eigentlich müsste man das in dem Alter selber machen, aber andererseits ist das selbst, zähl ich das einfach zu den kleinen Entgegenkommen, weil sie leistet ja nun wirklich was und, und überhaupt, wenn heute irgendjemand in irgendeinem Lebensbereich was leistet, dann ist das anerkennenswert" (274–307).

Und die Mutter einer weiteren Turnerin schildert ihre Empfindung mit den folgenden Worten:

„Na ja und dann, dann sind jetzt so andere Sachen, die anfallen. Man ist eigentlich bemüht, die Kinder zur Selbstständigkeit zu führen und ich merke, dass mir das überhaupt nicht gelingt, weil ich gar keine Chance habe, sie so selbständig heranzuführen. Das sind so ganz leichte Sachen, also gut, Kaffeemaschine bedienen, das geht, aber ich würde sie eben nicht fragen, die Waschmaschine aufzusetzen…dann weiß ich genau, ja mein Gott, so wichtig ist es eigentlich auch nicht und versuch ihr das dann natürlich wieder wegzu- oder irgendwo den Rücken freizumachen […]. Das ist auch ein Konflikt, wo ich also meiner Erziehung mit Sicherheit nicht so gerecht werde" (146–165).

Hier verdeutlichen Eltern Konflikte zwischen ihren theoretischen Erziehungszielen und -ansprüchen und ihrem tatsächlichen Verhalten. Die Entlastungsbestrebungen der Eltern für ihre Tochter dominieren den Wunsch, altersgemäße häusliche Pflichtenübernahme und kleinere Verantwortlichkeiten zu fordern. Das Zuhause soll als Ort des Wohlfühlens und Ausspannens den Gegenpol zu den Anforderungen außer Haus bilden, die sich aus schulischer und sportlicher Sicht ergeben. Diese Einstellung macht durchaus Sinn, denn tatsächlich weisen die Kunstturnerinnen eine enorme zeitliche Eingebundenheit in Schule und Sport auf (vgl. 5.1). Während also in anderen Familien die gängige Pflichtenübernahme der Heranwachsenden eine Entlastung für die Eltern bedeuten kann, fühlen sich die hier Befragten in der Verantwortung, einen Ausgleich zu schaffen und verzichten häufig weitgehend auf unterstützende Mithilfe im Haushalt. Dieser von Eltern als bedeutsam eingestufte Aspekt ihres täglichen Handelns spielt sich in erster Linie in ihrem Kopf ab, d. h. er ist ein Produkt ihrer Reflexionen, wird aber selten an die Tochter explizit herangetragen – erneut um sie nicht mit den ‚Kleinigkeiten des Alltags' zu belasten.

‚Handfester' erleben die Eltern Erziehungsschwierigkeiten, wenn es um die *Gleichberechtigung der Geschwister* geht. Sie sehen durchaus, dass es sich dabei um ein generelles Erziehungsdilemma handelt, von dem auch andere Erziehende betroffen sind. Dennoch wird von einigen deutlich hervorgehoben, dass das Kunstturnen der Tochter hier kausal zu einem nicht unerheblichen Verstärker wird:

„Das kann auch familiäre Probleme geben, wenn ein Kind so Leistungssport betreibt. Und früher, wo unser Sohn jünger war, hat er sich seiner Schwester gegenüber zurückgesetzt gefühlt von uns. Was wir natürlich nicht so gesehen haben. Aber kann ich schon verstehen. Sie ist immer gefahren worden, allein diese Tatsache, hinbringen, abholen, sich kümmern, zu Wettkämpfen mitgehen. Obwohl unser Sohn hat früher X-Sport gespielt und dann Y-Sport gespielt und da haben wir uns auch drum gekümmert. Aber das war lange nicht so viel wie bei der Tochter. Und nachher war dann natürlich auch schon wieder ein Ungleichgewicht vorhanden. Also er hat sich zurückgesetzt gefühlt. Er meinte, wir würden sie bevorzugen" (867–885).

Die sportlichen Erfolge der Tochter, die ständigen latenten und manifesten Auswirkungen ihres Sports auf den Familienalltag und die Notwendigkeit, die Tochter im privaten Bereich weitgehend zu entlasten, führen beinahe zwangsläufig zu einer von den Geschwistern wahrgenommenen und reklamierten *Sonderstellung der Turnerin innerhalb der Familie.* Hier sind die Eltern von Kunstturnerinnen überdurchschnittlich gefordert, den Geschwistern vergleichbare Aufmerksamkeit zu schenken. Dennoch gibt es auch hier relativierende Erfahrungen oder – vorsichtiger formuliert – Wahrnehmungen. So antwortet eine andere Person über die etwas jüngere Tochter auf die Frage, ob die Gleichbehandlung der Geschwister durch das Kunstturnen erschwert ist:

„Das war nicht, nie, und merke ich auch nicht. Weiß ich nicht. Mein Sohn spricht sich auch nie darüber aus, und deswegen weiß ich nicht, dass es da Probleme geben sollte…aber beschweren tut der sich auch nicht, dass ich mehr für sie oder was tue. Manchmal, wenn ich sage, ich muss sie zum Turnen hinbringen und so: ja, aber ich will da und da auch hin. Aber größere Probleme sind nicht" (556–562).

Auch hier muss also wieder Vorsicht walten bei Verallgemeinerungsbestrebungen. Die Eltern befinden sich in sehr unterschiedlichen Bedingungskontexten. Den jeweiligen Geschwisterkonstellationen liegen unterschiedliche Altersdifferenzen und Geschlechterverhältnisse zu Grunde, unterschiedlich enge Bindungen an die Familie, unterschiedliche Persönlichkeitsprofile der Familienmitglieder und unterschiedliche Reflexionsniveaus der Befragten. Das letzte Zitat deutet an, dass hier auch eventuell ein Nicht-Wissen um oder Nicht-Bemerken von Problemlagen existieren kann. Wichtig ist aber in diesem Zusammenhang die subjektive Einschätzung des Alltags. Die Relevanz liegt in der Tatsache, dass einige Befragte dieses Thema mit Bedeutung für ihr eigenes Handeln belegen und kritisch Stellung dazu nehmen, auch wenn dies nicht für alle Beteiligten zutreffen muss. Wenn die Gleichberechtigung der Geschwister als Problem auftritt, dann erwächst dieses Problem immer auch strukturell aus dem Kunstturnen oder wird durch dieses zumindest verstärkt.

Durch den Leistungssport der Tochter wird *Zeit*, im Sinne von gemeinsamer Freizeit der Familienmitglieder, zu einem äußerst *knappen und kostbaren Gut*. Der enge Zeitplan der Kunstturnerinnen hat zur Folge, dass sie seltener zu Hause sind und wenn, dann nur für sehr begrenzte Zeitdauer. Im Fall von Internats- oder Gastfamilienunterbringung gilt dies in besonderem Maße. Die anderen Mitglieder der Familie haben ebenfalls ihre Verpflichtungen und Hobbys außer Haus, so dass das Zusammenkommen und Zusammensein der Familie nicht selbstverständlich ist und zum Teil organisiert werden muss. Inwiefern dies aber für die Eltern bedeutsam ist – positiv wie negativ –, gilt es erneut nachzuvollziehen, denn auch hier lassen sich die entgegengesetzten Pole von Bereicherung und Belastung finden.

In einem besonderen Fall geht das Zulassen des Leistungsengagements der Tochter einher mit einer bewussten und als hoch bewerteten Verzichtbereitschaft auf die gemeinsame Zeit mit dem eigenen Kind:

> „Also der Frust ist eigentlich mehr auf meiner Seite. Ich glaub nicht, dass meine Tochter das so mitbekommt. Ich werde ihr das auch nicht alles so sagen, dafür ist mir die Zeit dann eigentlich zu schade. Ich genieße die Zeit, wenn sie mal da ist zum Beispiel und sie hat geschlafen und ich mache noch einen Kaffee oder wir können noch Kuchen und Kaffee, dann kriege ich sie so eine viertel Stunde habe ich sie dann noch, ja, und dann ist sie eigentlich wieder aus der Türe raus. Und dann sagt sie: Tschüss Mama, und: Ich hab dich lieb und heute Abend und, na ja gut, dann weiß ich wieder, jetzt gibst du sie wieder (kurze Pause). Das gibt einem schon einen Stich, und auch am Wochenende ist es ganz schlimm, wo ich dann sage, wir haben überhaupt keine Zeit mehr. Es ist kein gemütliches Frühstück mehr, weil sie nämlich morgens schon um, weiß nicht, um halb neun oder was, schon den Bus nehmen müssen. Also wenn, dann ist das höchstens mal mit ihr. Ich mache ihr dann Frühstück und setze mich mit ihr, aber Familie sowieso nicht" (182–198).

Diese Mutter nimmt die fehlende gemeinsame Zeit mit der Tochter deutlich als Verlust wahr. Das Loslassen der Tochter wird als ein ‚Abgeben' und als schmerzlich erlebt, weil, wie an späterer Stelle betont wird, die eigenen Kinder ihr das Wichtigste sind. Sie wünscht sich aus diesem Grund mehr gemeinsame Zeit, um die Entwicklung aus der Nähe und möglichst vollständig miterleben zu können. Dennoch resümiert sie, und hier kommt wieder die große Bedeutung des Willens der Tochter zum Tragen:

> „Und das sind jetzt eigentlich schöne Jahre und ich weiß, irgendwann, zwei, drei Jahre, dann ist sie groß. Dann ist sie 18. Das kann ich nicht mehr wiederholen. Und dann fragt man sich natürlich: ist es das wert? Und dann sehe ich aber ihre Begeisterung und dann denk ich immer: du kannst ihr das nicht nehmen… Wer kann so egoistisch sein und sagen: nee, du machst es nicht. Gehören tut sie keinem. Sie ist ein freier Mensch und hm, ich denke, dass sie später mal verstehen wird, was es heißt, jemanden zu lassen oder so" (210–220).

Besonders deutlich wird hier, was einleitend für diesen Abschnitt bereits angekündigt wurde, dass nämlich die Eltern durchaus variierende Perspektiven einnehmen, aus denen sie das Thematisierte betrachten. Die oben stehenden Interviewausschnitte behandeln das Thema ‚Zeit' aus zwei Perspektiven: zunächst betrachtet die Mutter das knappe Zeitbudget aus einem selbstbezüglichen Blickwinkel, aus welchem sie die eigenen Gefühle und Verstrickungen reflektiert und eigene Wünsche artikuliert. Der zweite Abschnitt macht deutlich, dass das ausschlaggebende Argument für sie aber aus der Perspektive auf die Tochter generiert wird, indem sie sich hineinversetzt in deren Ziele, indem sie die Signale der Tochter wahrnimmt über das, was sie möchte, was ihr wichtig ist.

Der zweite Pol möglicher Bedeutungszuschreibungen liegt in einer neutraleren Wahrnehmung. Die nachweisbar engen Zeitstrukturen müssen nicht zwangsläufig als ein Problem aufgefasst werden, denn eine andere Interviewpartner/in beschreibt beispielsweise einen engen Kontakt zum Kunstturnen der Tochter: sie wohnt dem Training und den Wettkämpfen oft bei, wodurch sie örtliche Distanzen und zeitliche Trennungen reduziert und vermisst in diesem Zusammenhang weder die Nähe zu ihrer Tochter und ihren Aktivitäten, noch äußert sie den Wunsch nach Veränderung des aktuellen Zeitbudgets, obwohl es auch für sie nicht einfach zu ‚managen' ist:

> „F: Wenn sie das mal so zusammenrechnen: Wieviel Zeit verbrauchen Sie, um das alles hinzukriegen?
> I: Also ein Drittel meines Lebens schon muss ich sagen, ja. Also ein Drittel ist meine Tochter, ein Drittel ist meine Arbeit, und ein Drittel mein Kind und ich, also mein zweites Kind und ich. Wenn man schon drin ist, dann lässt sich das machen, dann merkt man das auch nicht. Vor allem ich arbeite noch dabei. Ja, es ist schwierig" (102–109).

Die Schwierigkeit wird hier eher als selbstverständlich hingenommen und durch andere Bereicherungen aufgewogen, wie dem Dabeisein, wenn die Tochter turnt und dem engen, als bereichernd eingestuften Kontakt zum gesamten turnerischen Umfeld der Tochter.

Nicht zu unterschätzen ist des Weiteren für viele Eltern die Frage der *Finanzierung der Turnkarriere*. Sie wirft für einige Interviewpartner/innen Probleme auf, zumindest aber macht sie Planungen und Engagement (z. B. die Bewerbung um öffentliche Gelder) erforderlich. Dies zeigen exemplarisch die Schilderungen eines Ehepaars:

> „M: Und dadurch, dass unsere Mädchen halt so viel machen und das alles so aufwendig ist, und der Verband ja auch immer stöhnt, dass er kein Geld hat, die Trainer/innen müssen ja auch bezahlt werden und dann die neuen Geräte mal und die Anzüge und dies und das, und die Kinder die so oft trainieren, zahlen dann halt mehr. Wir haben uns so geeinigt, dass die dann x Mark bezahlen im Monat, und das kann sein, dass das angehoben wird […].
>
> V: Als sie in L-Stadt war, haben wir ja viel bezahlt./M: Vereinsbeitrag erst mal jeden Monat/V: Dann Kostgeld/M: und dann kam noch diese Dings dazu, diese Ferien-, diese Trainingslager. Einmal B-Stadt [in Übersee, Anm. d. Verf.], gerade eben so locker einen Tausender, und dann wollten sie für dieses Trainingslager in D-Land einen Tausender haben, dann kommt schon ordentlich was zusammen, und dann haben wir auch gesagt, das können wir nicht […] wir können ja nicht einem Kind tausend Mark geben, und wir sitzen mit der Familie den ganzen Urlaub zu Hause" (765–771, 799–809).

Und in einem zweiten Interview findet sich die Überlegung:

> „Das ist jetzt, entweder sagt sie, sie will noch mal ziemlich weit im Spitzenbereich sein, dann geht's nur noch so, dann sagt man eben auch finanziell: na gut. Dann ist das ja doch irgendwo eine Belastung dann für die Familie" (1487–1491).

Auch andere Eltern bestätigen die zunehmende Notwendigkeit finanzieller Aufwendungen, die mit der langjährigen Karriereentwicklung einhergeht. Für manche von ihnen stellt sie eine Belastung dar, die von Mal zu Mal abgewogen werden muss, die gewissenhafte Planungen und die engagierte Bemühung um ‚Drittmittel‘ unterschiedlichster Art, von der Sporthilfe bis zur Unterstützung durch die Großeltern, erfordern kann.

Neben diesen von Eltern vorrangig als Beanspruchung bis hin zur Belastung beschriebenen diversen Facetten der zu erbringenden Unterstützungsleistungen, sprechen Eltern aber auch gleichermaßen Relevanzen an, die vorwiegend bis einstimmig als Bereicherung erlebt werden.

So ist eine zentrale Wirkung der Kunstturnerfolge der Tochter der *Stolz* der Eltern. Die Eltern beobachten, wie ihre Kinder unter der Sammlung von Erfolgserlebnissen freudestrahlend und glücklich nach Hause kommen, persönlich daran reifen und wachsen, Selbstbestätigung finden, selbstbewusst werden. Die Eltern selbst können sich der Freude über die Erfolge der Tochter nicht entziehen. So äußert ein Vater, dessen Tochter im Turnen groß geworden ist, rückblickend und dabei fähig, auch ein wenig über sich selbst zu lachen:

> „Ja und die rührigen Eltern voller Stolz, sage ich natürlich auch, fingen also an irgendwann sich eine Videokamera zu kaufen und da stapeln sich inzwischen die Kassetten zu Hause mit Ton drauf, guckt kein Mensch mehr an (lachen) [...]. Das kann man gar nicht leugnen, dass wir das als Eltern gern gesehen haben, dass das Mädchen turnt, auch irgendwo doch an dem Erfolg Teil hatten, auch sagen wir mal durch zum Training fahren oder nicht. Man entwickelt schon so einen gewissen Stolz da drauf, und dann stand sie in der Zeitung und so, also das ist schon eine nette Sache" (85–89, 694–700).

Und eine Mutter bestätigt:

> „Klar man ist auch stolz und findet das toll, ne. Und ich sag, mein Gott es ist schon toll, dass sie das so macht und, die Übungen. Ich weiß, wie schwer das ist, wie mühsam, wie oft man so ein Teil üben muss und was es heißt an Überwindung" (1016–1020).

Eltern sehen in Erfolgen immer wieder die Grundlage für die Zufriedenheit der Tochter. Sie schätzen diese Zufriedenheit ab. Mit den Erfolgen steht und fällt die intrinsische Motivation der Tochter, weiterzumachen, auch weniger attraktive Trainingseinheiten durchzustehen, Ängste immer wieder neu zu überwinden und auf andere reizvolle Freizeitaktivitäten zu verzichten. Die Erfolge der Tochter bringen aber nicht nur Freude und Stolz, sondern – und viel wichtiger – *sie bestätigen den Eltern die Richtigkeit des beschrittenen Weges*. Dabei kann das Streben nach Erfolg als ein notwendiges Motiv gedeutet werden, ohne welches sich die zu tätigenden Anstrengungen und Investitionen nicht legitimieren ließen:

> „Ich meine solche Sachen zu sagen: ich turne von Monat zu Monat – das ist für meine Augen Schwachsinn. Man muss schon sagen: ich turne eben zu, bis zu den Europameisterschaften oder bis zu den Weltmeisterschaften. Irgendeinen Sinn muss es doch haben, dass ich mich täglich mehrere Stunden lang hart schinde (lacht), das kann ja nicht nur so sein: ja, mal sehen, ob ich morgen noch Lust hab"[47] (715–722).

---

[47] Während diese Aussage Wettkampferfolge betont, fassen die Eltern insgesamt unter Erfolg durchaus auch sogenannte ‚kleine Erfolge', wie das ‚Stehen' oder ‚Hängen' eines Übungsteils u. Ä. (vgl. dazu ausführlicher 4.2 und 5.1.1).

Das Leistungsprinzip erfährt hier also eine Sinnzuschreibung. Das impliziert die Frage nach der *Motivation* der Turnerinnen. Hier bekräftigen alle Befragten den Standpunkt, dass die Töchter freiwillig und gerne das Kunstturnen auf dieser hohen Ebene betreiben, ja, dass sie sich nicht davon abbringen ließen durch die Eltern, weil sie der Sportart mit ‚Leib und Seele' zugetan sind. Hier gilt es zu beachten: Einerseits ist dies von den Eltern nicht anders zu erwarten, da es sich gesellschaftlich und pädagogisch nicht legitimieren ließe, wenn die Töchter gezwungen würden und die Eltern dann in ihrer Rolle als Verantwortliche direkt angreifbar wären. Indes haben wir auch nur sehr vereinzelte Hinweise auf konkrete Situationen, wo Kunstturnerinnen einen Übereifer ihrer Eltern konstatieren (vgl. 5.1) oder wo Trainer/innen ähnliche Wahrnehmungen äußern. Hier ist zu beachten, dass auch diese Äußerungen stark perspektivisch angelegt sind. Während bei den Aussagen der Mädchen die pädagogische Prämisse angebracht erscheint, ihre subjektiv wahrgenommenen Konflikte nicht zu hinterfragen, sondern dort in jedem Fall konstruktiv anzusetzen, kann man an die Trainer/innen zumindest die Frage stellen, wie sie den ‚Übereifer' der Eltern definieren und wo diesbezüglich von ihnen Grenzen gesetzt werden. Sind Eltern übereifrig, wenn sie Methoden oder Verhaltensweisen der Trainer/innen kritisch hinterfragen? Hier überlagern sich Zuständigkeitsbereiche und Erziehungsvorstellungen – ein beständiges Potential für mögliche Konflikte. Fest steht, dass die auffällige Mehrzahl der Turnerinnen und Trainer/innen die Einschätzungen der Eltern über die notwendig vorhandene intrinsische Motivation der Turnerinnen bestätigen.

„Ich glaube auch nicht, dass man mit jemandem, den man vielleicht zwingen muss hier tagtäglich auf die Matte, dass man mit dem Höchstleistung schaffen kann oder dass der zur Höchstleistung fähig ist. Glaub ich einfach nicht. Da muss irgendwo doch persönlich was dahinter stehen" (660–664).

Dass die Eltern es sich aber auch bei diesem Thema nicht immer leicht machen und durchaus Zweifel durchleben, kann die folgende Reflexion aus einem anderen Interview verdeutlichen:

„Ja, es ist durchaus zwiespältig, also das kann man schon sagen. Manchmal dann überlegt man, mein Gott, machst du jetzt was falsch? Machst du es richtig? Im Grunde hab ich natürlich immer das Gefühl gehabt, mein Gott, ich möchte ihr die Möglichkeit geben, aber ich will sie nicht zu irgendwas nötigen, was sie selber vielleicht gar nicht will. Dass sie das dann nur macht, weil sie sagt: Oh, die Eltern tun so viel für mich, jetzt muss ich mich auch (= ja =) revanchieren, das will ich eigentlich auch nicht. Aber andererseits hatte ich immer das Gefühl, sie hat Spaß an der Sportart an sich, weil sie, also wirklich, man merkte ihr schon an, dass es, auch dass sie sich auch gefreut hat, wenn sie irgendwas Neues geschafft hat so, also so euphorisch richtig auch" (186–199).

Und in einem weiteren Interview findet sich diese kritische Selbstbetrachtung:

> „Ja, es gibt nicht die Eltern, die sagen: ich wäre nicht stolz auf meine Tochter, wenn sie irgendeine gute Leistung vollbringt! Das ist verdammt gefährlich: Erfolg, und für Erfolg tut man viel!" (969–971).

Einige Eltern betrachten also sowohl die Wirkung von Erfolgen als auch ihre eigene Rolle in diesem Zusammenhang nachdenklich bis kritisch. Sie sehen mögliche Risiken in den latenten Wirkungen, die das Streben nach Erfolg und der gezeigte Stolz der Eltern darüber auf die Turnerin haben können. Sie geben zu bedenken, dass subtile Mechanismen wirksam sein können, z. B. indem die Tochter zu einer Art ‚vorauseilendem Gehorsam' verleitet wird („Dass sie das dann nur macht, weil sie sagt: Oh die Eltern tun so viel für mich, jetzt muss ich mich auch revanchieren".).

Insgesamt aber markieren Stolz und Freude über die Erfolge der Tochter, dass Eltern nicht nur in beanspruchter oder belasteter Form in den Leistungssport involviert sind, sondern durchaus auch für sich selbst Gewinne verbuchen können. Diese Gewinne können für die Betroffenen durchaus weitreichend sein:

> „Nee, ich hab den Eindruck, dass ich auch selber, also ich (betont) selber auch dabei irgendwas bin. Ich bin selber irgendwo selbstbewusster geworden und dadurch bin ich auch mehr unter Leute gekommen und das hilft mir irgendwie auch durch die ganzen Probleme, die ich durchzustehen habe. Also ich bin zufrieden damit, was sie macht und dass ich da auch mithelfen kann. Das macht mir auch Spaß. Das ist auch mein Leben" (577–582).

Eine so weitgehende Anteilnahme am Kunstturnengagement der Tochter kann viele positive Wirkungen auf dasselbe haben, aber dennoch darf hier nicht versäumt werden, auch kritisch nachzufragen: Wenn Eltern derart intensiv in das Kunstturnen der Tochter involviert sind, dann kann zum Beispiel ein Karriereabbruch auch einen biographischen Bruch für die Eltern bedeuten. Hierin kann die Gefahr liegen, dass die Eltern aus egoistischen Interessen an diesem für sie persönlich wertvollen Bereich festhalten. Es wäre denkbar, dass die für eine sachliche Entscheidung nötige Distanz zum Kunstturnen in solch einem Fall fehlt, so dass Wille und Wohl der Tochter von elterlichen Interessen überlagert werden oder dass die Tochter im Sinne des zuvor erwähnten ‚vorauseilenden Gehorsams' mögliche Ausstiegswünsche gar nicht erst expliziert.

### 5.2.1.4 *Elterliche Einstellungen zu Risiken im Kunstturnen*

Der Risikobegriff ist nicht aus den Daten der Elterninterviews generiert, sondern basiert auf der Zielperspektive dieses Forschungsprojekts, welches nach Risiken und

Belastungen im weiblichen Kunstturnen aus pädagogischer Sicht fragt. Tatsächlich verwenden die Eltern den Begriff des Risikos nicht ein einziges Mal. Daraus könnte man schlussfolgern, dass er in ihren Wahrnehmungen keine oder nur eine unbedeutende Rolle spielt. Das mag für den Terminus selbst zutreffen, muss jedoch nicht gleichermaßen für den damit bezeichneten Sachverhalt gelten, der sich auch in anderen Worten und Äußerungen manifestieren kann. Solchermaßen bezeichnet ,Risiko' ganz allgemein die Möglichkeit eines Verlustes, Schadens oder Misserfolges und verweist somit auf *Gefahrenmomente*, deren Kalkulierbarkeit immer begrenzt bleibt. Diese Möglichkeit, dass das Kunstturnen der Tochter Gefahrenmomente bergen könnte, und wenn ja – welche, wird nun von den Eltern sehr wohl thematisiert. Nicht zuletzt deshalb, weil sie es gewohnt sind, sich einer öffentlichen Meinung gegenüber zu rechtfertigen, die genau dies unterstellt.

Die von den Eltern direkt oder indirekt angesprochenen Gefahrenmomente des Kunstturnens lassen sich in zwei Dimensionen unterteilen: der eines *technischen Risikos* im physischen Bereich, wo vornehmlich Verletzungen reflektiert werden, und der eines *sozialen Risikos*, wo a) die Trainer/in-Athletin-Beziehung in den Blick genommen wird – und zwar konkret im Hinblick auf den Umgang mit dem Systemcode von Sieg und Niederlage –, aber auch b) über den Stellenwert der Schulabschlüsse nachgedacht wird. Nachfolgend interessieren nun weniger konkrete Details etwaiger gefahrenträchtiger ,Vorfälle', die ohnehin zu leicht Rückschlüsse auf die Auskunft gebenden Personen zuließen, als vielmehr die vorfindbaren Einschätzungen von Risiko*potenzialen* im Kunstturnen durch die Eltern und die sie fundierenden Begründungen.

Im Wesentlichen haben die befragten Eltern wenig bis gar keine Erfahrung mit schwerwiegenden und lang dauernden Verletzungen ihrer Töchter. Dementsprechend ist ein Statement wie das nächste kein Einzelfall:

> „M: Bisher, zum Glück, keine großen Verletzungen oder irgendwie was, einmal den Fuß so ein bisschen, verdreht oder was, da war sie ein paar Mal zum Physiotherapeuten, dann ging das auch wieder. Dann war sie ein bisschen komisch aufgekommen, aber sonst, dass sie irgendwas gebrochen hat, bis jetzt hatten wir so was noch nicht.
>
> V: Meistens ist das ja beim Rumalbern, dass die sich verletzen/M: So wie damals die andere Turnerin und ihr Bruder, beim Rumalbern, hat das Mädchen sich den Arm gebrochen […].
>
> F: Keine Angst vor Verletzungen?
>
> M: So in Watte packen geht ja auch nicht/V: Je mehr sie sie behüten würden, desto eher passiert was" (943–956, 972–975).

Ein generelles Verletzungsrisiko wird hier nicht in der Sportart ,Kunstturnen' gesehen, sondern vielmehr in alltäglichen Begebenheiten. Hier ist es das „Rumalbern" mit dem Bruder, andere Eltern haben das achtlose Treppensteigen als eher typische Ursache einer Verletzung erfahren, wieder andere sehen sich durch Statistiken und Alltagstheorien darin bestätigt, dass das Überqueren einer Straße, das Fahren mit dem Auto oder aggressivere Sportarten, wie das Fußballspielen, Boxen o. Ä. die ‚wirklichen' Gefahrenquellen darstellen. Sie alle haben Töchter, die seit vielen Jahren im Kunstturnen aktiv sind und zudem Höchstleistungen erbringen, diesen Weg aber unbeschadet gegangen sind und ‚unbeschadet' meint hier: mit keinen aus Elternsicht gravierenden Verletzungen.[48] Es muss jedoch darauf hingewiesen werden, dass einige derjenigen, die so argumentieren, durchaus miterlebt haben, wie andere Kunstturnerinnen, die mit der Tochter zusammen trainierten, auf Grund von Verletzungsschwierigkeiten ihre Laufbahn beendet haben. Es scheint eher selten so zu sein, dass Eltern gar keine Berührungspunkte mit Verletzungsvorfällen hatten, die im und durch das Kunstturnen entstanden sind und sich auf dieses nachteilig ausgewirkt haben. Jedoch wird dieses Wissen nur am Rande, eher beiläufig thematisiert und nur selten problematisiert. *Die positive War- und Ist-Situation der eigenen Tochter scheint ein vorrangiger Bezugspunkt für die Einschätzungen und Argumentationen vieler Eltern aktiver Kunstturnerinnen zu sein.*

Wo hingegen die *Möglichkeitsperspektive* – die ja immer in die Zukunft gerichtet ist und zu bedenken sucht, was sein *könnte* – expliziert wird oder Verletzungsphasen als subjektiv bedeutsam erlebt wurden, dort begegnet man anders gelagerten Argumenten und auch einer anderen Wortwahl der Betroffenen:

> „M: Also wenn Verletzungen sind, dann hat man Angst, dass sie nicht mehr kann oder irgendwie, dass/V: ja, dass was Bleibendes, was bleiben könnte mit den Füßen oder mit was anderem, da hat man schon Angst, ja.
>
> M: Weil ja so viele schon aufgehört haben. Dann haben sie es mit dem Rücken, wie die andere Turnerin und dies und das. Wenn man das – oh Gott, hoffentlich geht's unserer Tochter gut und bleibt sie so/V: Man hofft, man hofft auch" (1058–1067).

*Hoffen* und *Bangen* sind die neuen Aspekte die hier expliziert werden. Diese Eltern signalisieren nicht die Zuversicht, wie sie in Aussagen wie der vorherigen richtungsweisend schien. Worin diese ‚sorgenvollere' Haltung den möglichen Risiken gegenüber begründet ist, lässt sich hier finden: „Weil ja so viele schon aufgehört haben". Karriereabbrüche scheinen also durchaus schon durch nicht-triviale Verletzungen hervorgerufen worden zu sein und im Wahrnehmungshorizont dieser Interviewpart-

---

[48] Nicht dazu zählen z. B. Einzelvorfälle, wie ein verstauchter Finger, ein umgeknickter Fuß, ein verspannter Nacken, Blasen an den Händen oder der ein oder andere blaue Fleck. Gar nicht thematisiert werden schleichende Schäden, die langfristige Auswirkungen haben könnten.

ner/innen waren es viele. Natürlich können weitere Gründe existieren, wie z. B. ein insgesamt relativ größerer Pool negativer Erfahrungen, eine anders gelagerte subjektive Bedeutungszuschreibung, ein ängstlicheres Persönlichkeitsprofil, eine andere Haltung der Interviewer/in gegenüber u. v. m. Deutlich wird jedoch erneut, dass die Befragten dem Risikothema durchaus unterschiedlich begegnen.

Der zweite Bereich, über den einige Eltern nachdenklich referieren, ist das konkrete Verhalten von Trainer/innen gegenüber den Mädchen, wenn es um Erfolg und Misserfolg geht. Es gibt in den Daten keinen Anhaltspunkt dafür, dass die Trainer/in-Athletin-Beziehung von den Eltern in Gänze in Frage gestellt wird, sondern Ankerpunkt kritischer Betrachtungen sind immer einzelne Vorfälle oder singuläre Facetten. Auch muss gleich vorweg in aller Deutlichkeit gesagt werden, dass niemand der Befragten das Trainer/in-Turnerin-Gefüge ausdrücklich mit dem Risikobegriff in Beziehung bringt oder es als potenzielle Gefahrenquelle einstuft. Im Gegenteil: die wichtigste und von Eltern als solche bestätigte Grundvoraussetzung ist, dass die Eltern den Trainer/innen *Vertrauen* entgegenbringen. Denn das Zulassen des Kunstturnengagements der Tochter bedeutet immer auch, dass Eltern den Trainer/innen ihr Kind anvertrauen. Sie sprechen den Trainer/innen Vertrauen bezüglich ihrer technisch-methodischen Kompetenzen aus, mit deren Einsatz die technischen Risiken des Sich-Verletzens minimiert werden. Und auch dies sei betont: einige Eltern bescheinigen den Trainer/innen ihrer Kinder ausdrücklich einen exzellenten Umgang mit der Tochter, den sie sich nicht besser wünschen könnten, womit sie auch den pädagogischen Kompetenzen der Trainer/innen Vertrauen entgegenbringen. Manche äußern ein Gefühl der Dankbarkeit gegenüber diesen wichtigen Bezugspersonen, denen ein großer Anteil an der positiven Gesamtentwicklung ihrer Kinder zugesprochen wird. Dennoch muss in diesem Abschnitt den kritischen Schilderungen Aufmerksamkeit gewidmet werden, da es ein besonderes Merkmal der Sportart ‚weibliches Kunstturnen' ist, dass die Kinder in so jungen Jahren schon so intensiv und lange in der Halle trainieren, so dass der Trainer/in-Athlet-Beziehung eine besondere Bedeutung zukommt. Denn: die Trainer/innen tragen in der Halle die Verantwortung für das Wohl des Kindes – physisch wie psychisch. Wenn nun Risiken und Belastungen aus pädagogischer Sicht betrachtet werden, dann sind die Sichtweisen der Eltern auf eben diesen wichtigen Bereich von Bedeutung.

In diesem Kontext fallen Beschreibungen von Konfliktsituationen zwischen Trainer/in und Turnerin, die von den Eltern generell als kritisch eingestuft werden, denn sie unterscheiden diese deutlich von kleineren ‚Reibereien', die sie als dazugehörig betrachten. Auch erwägen die Eltern sehr differenziert beide Seiten dieser Beziehung und sehen durchaus auch ursächliche Anteile ihrer Kinder und die spezifische Situation der Trainer/innen, was das Wissen um ihre Eingebundenheit in die Systembedingungen des Hochleistungssports mit einschließt. Nachfolgend nun die Beschreibung einer wiederkehrenden Konfliktsituation zwischen Trainer/in und Turnerin aus Elternsicht:

„Weil wir sind ja schon so oft bei Wettkämpfen mit gewesen und man hat ja den Vorspann, also erst mal, wenn sie einturnen und so, miterlebt. Wie oft, wenn wir hinkamen, hat sie uns gar nicht mal begrüßt, hat geheult, weil die Trainer/in wieder geschimpft hat und ich find das vor einem Wettkampf, find ich das überhaupt nicht in Ordnung. Da kann man das in Ruhe sagen und, finde ich jedenfalls so [...], weil das hat man bei unserer Tochter schon mitgekriegt, also wenn eine andere Trainer/in ruhiger war, hat sie eine ganz andere Leistung gebracht" (274–283).

Hier wird von dem Umgang der Trainer/in mit dem Leistungsdruck berichtet, den das Hochleistungssystem transportiert. Das Schimpfen verstärkt die Wirkung dieses immer existierenden Drucks und das zu einem Zeitpunkt, wo er für die Turnerin auch von selbst häufig am größten ist – direkt vor ihrem Wettkampfeinsatz. Die für die Eltern beobachtbare direkte Reaktion der Tochter und die nachteilige Auswirkung auf ihre nachfolgende Leistung lassen sie diese Verhaltensweise in Frage stellen. Auch haben ihre Erfahrungen gezeigt, dass ein ruhiger, gelassenerer Umgang der Trainer/innen mit dem Leistungsdruck der erfolgversprechendere Weg für die Tochter im Wettkampf ist (vgl. auch 5.1.2.4).

Der Leistungsaspekt ist es auch, der in einem anderen Interview zum Anhaltspunkt der Kritik avanciert. Zugleich wird die Risikodimension deutlicher, weil die erlebte fundamentale Auswirkung auf die gesamtkindliche Entwicklung expliziert wird:

„Was mich immer gestört hat: es war nur über den Sport zu reden mit der Trainer/in, es war ausschließlich nur der Sport und die Erfolge. Die hat unsere Tochter wahnsinnig hoch gelobt und hat sie hingestellt als den Star, den deutschen und internationalen Star, den sie aus ihr macht. Das hat eine unwahrscheinliche Erwartungshaltung in dem Kind hervorgerufen [...]. Es ging ausschließlich um den Sport, um den Leistungssport. Da ist ein Kind, dass du fünf, sechs Stunden jemandem anvertraust und da geht's nur um den Leistungssport, dann ist das ganze Denken des Kindes über Jahre hinweg nur auf den Leistungssport und auf dein großes Ziel, das dem Kind vor Augen gestellt wird, ist da programmiert." (225–229, 263–268).

Der Einfluss der die Tochter trainierenden Person wird in dieser Aussage als sehr hoch beschrieben, denn die Eltern sehen eine Gefahr der ‚Programmierung des kindlichen Denkens' durch die Trainer/innen. Dies wird von ihnen um so problematischer bewertet, als die Orientierung der Trainer/in eindimensional auf Leistung ausgerichtet ist. Nicht nur der systemintern herrschende Leistungsdruck wird also als riskant für die kindliche Entwicklung eingeschätzt, sondern gleichermaßen die alleinige Ausrichtung des Denkens und Handelns der Akteure darauf, denn es sind gerade die Heranwachsenden, die auf Orientierungssuche sind und am ehesten Gefahr laufen können, vorgegebene Orientierungen fraglos zu internalisieren. In beiden hier dargestellten Fällen sehen die Eltern in der *ungefilterten Weiterleitung des Leistungsdrucks* an die Turnerin durch die sie trainierende Person eine grundsätzliche Gefahr (vgl. auch 5.1.2.4).

Auch für den Bereich der *Schulbildung* lassen sich Risikopotenziale bedenken, die aus der doppelten Belastung von Schule und Sport resultieren können. Die Turnerinnen streben unter erschwerten Bedingungen nach einem Schulabschluss. Entsprechend verwundert es nicht, dass die interviewten Eltern sich auch mit diesem Thema auseinandersetzen. Dabei wird deutlich, dass keines der Felder ‚Schule‘ und ‚Sport‘ dem jeweils anderen deutlich übergeordnet wird, sondern eine genaues Abwägen von Ist- und Soll-Zuständen auf beiden Gebieten betrieben wird. Das schließt auch die Bereitschaft der Eltern ein, zugunsten des Kunstturnens verschieden hochgradige ‚Kompromisse‘ im schulischen Bereich einzugehen. So erhalten wir auf die Frage, ob eine mögliche Schulstreckung (z. B. von einem Jahr) für die Eltern akzeptabel wäre, zum Beispiel folgende Antworten:

a) „Ich würde nie alleine was feststellen oder ihr sagen: das und das hast du zu tun. Ich werde erst mit meiner Tochter reden, was sie will. Und ich denke, so persönlich, wie ich das sehe, und so wie sie zum Turnen steht: also Schule kann man immer nachholen. Egal wie alt man ist. Und beim Turnen: wenn sie wirklich will und die Chance nutzen will, dann muss ich mit der reden. Dann lasse ich sie Turnen weitermachen" (362–367).

b) „Also wenn das ihr Wunsch wäre und sie meint, sie würde das gerne machen, könnte ich mich wahrscheinlich schon mit dem Gedanken anfreunden. Es kommt immer häufiger vor, dass man schulische Opfer bringt" (1280–1283).

Neben der abermals bestätigten Bedeutung des Tochterwillens, ist die Einschätzung, dass die Zeit für Turn-Leistungen für die Mädchen schneller ‚abgelaufen‘ ist als die für Schulleistungen, ein Grund für die Kompromissbereitschaft. Ein zweiter deutet sich im letzten Satz des zweiten Zitats an: eine einjährige Schulpause ist keine ‚große Sache‘ und sollte nicht überbewertet werden, denn „es kommt immer häufiger vor, dass man schulische Opfer bringt". Wer ist hier aber genau mit „man" bezeichnet und was bedeutet ‚schulische Opfer‘? In jedem Fall liegt ein Qualitätsurteil in der Aussage: es werden Opfer erbracht. Hier werden Prioritäten markiert, die in der nachfolgenden Stellungnahme eine andere Gewichtung erfahren:

„Nee, würde ich eigentlich nicht so gut finden. Erstens, weil ich denke, dass das niemandem was bringt und wenn man wirklich puh ein Jahr Lernpause oder zwei Jahre Lernpause macht, da geht ja doch so viel verloren, was man dann wieder nacharbeiten müsste. Das Einzige, was ich akzeptieren könnte, wäre zu sagen: wir halten uns die nächsten zwei Jahre nur an Mathe, Deutsch, Englisch oder den wichtigen Sachen fest und würden eben mal meinetwegen Kunst, Erdkunde, Geschichte holen wir dann intensiv nach" (493–501).

Der zeitweilig vollständige Verzicht auf die Schule wird hier zwar nicht als Option anerkannt, eine andere Form der Übereinkunft aber durchaus, denn Zugeständnisse werden auch hier, ebenso wie von anderen Befragten, nicht kategorisch abgelehnt. Die Gründe hierfür sind vielfältig, aber auf wenige soll exemplarisch verwiesen werden. So schreiben die Eltern sowohl dem Abitur als auch dem Leistungssport eine unterschiedliche Bedeutung für die berufliche Laufbahn zu:

„Das Abitur hat ja auch nicht mehr den Stellenwert, den es mal hatte. Viele Arbeitgeber nehmen gar nicht mehr so gerne Abiturienten, die vom Gymnasium kommen und dann ein mittelmäßiges Zeugnis haben. Da ist ja dann nicht viel los mit denen. Die nehmen manchmal viel lieber Realschüler, die einen guten Abschluss haben und ich hab auch schon von vielen gehört, dass der Leistungssport auch anerkannt ist. Dass Leistungssportler einfach gut, positiv beurteilt werden. Die haben ja so viel positive Erfahrungen auch gemacht mit ihrem Sport. Brauche ich ja nicht weiter auszuführen, dass das so ist und insofern sehe ich eigentlich da für meine Tochter gar kein Problem" (1184–1199).

Die grundsätzliche Bedeutung des Abiturs wird hier abgeschwächt und der Leistungssport ist in dieser Einschätzung bewerbungsstrategisch ein Wert, der die Bewerberin positiv auszeichnet und zusätzliche Qualifikationen verspricht, wie sie von ‚Normalschülern' nicht erwartet werden. Nicht alle Eltern teilen diese Meinung:

„Nach vier oder drei Jahren bewirbt sie sich dann und zwischendurch, sagt sie, hat sie Leistungssport gemacht. Das stößt meistens auf taube Ohren. Das können sich viele nicht vorstellen, was das bedeutet" (572–576).

Die Eltern schätzen also die Bedeutung von verschiedenen Bildungsabschlüssen ab und bedenken auch den möglichen Wert des Leitungssports hinsichtlich des Einstiegs in das Berufsleben. An anderen Stellen reflektieren manche Eltern auch die persönliche Veranlagung ihrer Tochter: ist ein Studium für sie das Richtige oder ist sie nicht vielmehr praktisch veranlagt? Das würde einer Lehre vielleicht den Vorzug geben und ein Abitur nicht zwingend voraussetzen. Zentraler Bezugspunkt der Entscheidungsfindung ist für die Eltern aber erneut die konkrete Ist-Situation der Tochter. Hier werden Informationen über die aktuellen Schulnoten, die anvisierten sportlichen Ziele, Einschätzungen von Lehrer/innen und Trainer/innen herangezogen, um Tendenzen zu sich vielleicht anbahnenden Schwierigkeiten frühzeitig zu erkennen:

„Das Wichtigste ist jetzt der Abschluss der 10. Klasse, das ist der Realschulabschluss, dass sie den schafft. Das ist auch die Voraussetzung für die Aufnahme an der Physiotherapieschule. Dann elfte Klasse, zwölfte Klasse immer von Jahr zu Jahr sehen. Nun kommt ja die Europameisterschaft, Weltmeisterschaft nächstes

> Jahr, dann wird der Trainingsaufwand noch größer werden und ob man dann unbedingt das Abitur? So nebenbei kann man das nicht machen. Das geht nicht. Also entweder muss dann ein Jahr gestreckt werden, also für ein Schuljahr zwei Jahre veranschlagt werden, was ja gehen würde für 2001, wenn sie da erst anfängt. Also dann entscheiden wir von Jahr zu Jahr, wie es weitergeht" (551–564).

Neben der Tatsache, dass auch hier der Realschulabschluss das vordringliche Ziel aus Elternsicht ist, wird einsichtig, dass die Eltern den Bildungsweg nicht im Vorhinein abstecken und erwarten, dass die Tochter diesem folgt, sondern sie beobachten die Entwicklung, warten ab, bedenken Rahmenbedingungen (Steigerung des Trainingsaufwands) und entscheiden „von Jahr zu Jahr". Aber auch hierzu kann das Gegenbeispiel einer entgegengesetzten Herangehensweise von Eltern an das Thema ‚Schulabschluss' präsentiert werden:

> „Na ja gut, sie ist eine mittlere Schülerin, sag ich mal und ich denke, sie würde aber auch fragen, wenn es da Probleme gibt und es wird eng, würde sie was sagen. Ich sag immer nur, das hat natürlich einfach Vorrang und ich hab ihr auch eigentlich immer gesagt: bitte, 13 Schuljahre, mach die bitte durch. Also von wegen jetzt hier 10. Klasse und abgehen, das habe ich gesagt, kannst du ganz vergessen" (315–321).

Nicht nur, dass hier nun dem Abitur offensichtlich eine größere Bedeutung zugeschrieben wird als in den bisherigen Zitaten, es wird auch von den Eltern als gewünschtes Ziel gesetzt, was den erwarteten Bildungsweg der Tochter vorzeichnet. ‚Abwarten' ist bei diesen Eltern nicht die primäre Strategie. Generell ist zu dem potenziellen Risiko von Schulproblemen zu sagen, dass wir darauf insgesamt nur wenig konkrete Hinweise haben. In den Aussagen einer Interviewteilnehmer/in wurde außerdem deutlich, dass, selbst wenn Leistungsschwächen in der Schule auftreten, die kausalen Zusammenhänge noch klärungsbedürftig sind. Zumindest erwachsen sie aus der Sicht der Befragten nicht zwingend aus dem Leistungssport (siehe auch 5.1.2.2). Trotz Klassenwiederholung und Schulwechsel wird die schulische Entwicklung der Tochter rückblickend nicht als problematisch, schon gar nicht als ‚riskant' für den Werdegang der Tochter bewertet wird, sondern kommt zu einem positiven Fazit und Ausblick:

> „Gut, ich hab den Eindruck, sie ist jetzt froh. Sie selber. Und sie steht in der Klasse unheimlich gut da. Gut, sie wiederholt natürlich, aber trotzdem. Der Klassenlehrer hat vorm Herbst so ein Zeugnis gemacht für alle Schüler, da stand sie offensichtlich als Klassenbeste da. Sie hat wirklich ein sehr gutes Zeugnis, also in den Tests lauter Einsen und Zweien und in den Arbeiten auch Zweien und die Trainer/in sagt auch, sie wäre wie umgewandelt.
> F: Glaub ich, ist ein ganzer Druck weg, ne?

I:  Ja, der ganze Druck wäre weg. Sie wäre jetzt gelöst und frei und früher wäre es eben oft so gewesen, das hätte die Trainer/in ihr schon am Gesicht angesehen, dass sie anscheinend wieder eine schlechte Arbeit nach Hause gebracht hat. Also ich bin auch wirklich heilfroh, wir sind beide heilfroh, dass wir uns da durchgesetzt haben und dass sie wirklich eine Entlastung hat" (563–581).

Wichtiger als ein höchstmöglicher schulischer Abschluss ist den Eltern also die Zufriedenheit, Ausgeglichenheit und das psycho-soziale Wohlergehen der Tochter.

Inwiefern das Hochleistungsturnen insgesamt Risikomomente für die schulische und berufliche Laufbahn der Turnerinnen birgt, wird von den Eltern nur randständig und selten explizit betrachtet. Die Notwendigkeit eines Abschlusses wird von allen Interviewpartner/innen gesehen und betont, jedoch werden Spielräume bezüglich der Parameter ‚Zeit' und ‚Höhe des Abschlusses' angezeigt. Kritisch könnte man hier nachfragen, ob ein Sich-Zufriedengeben mit einem ‚Mindestabschluss' zu verantworten ist in unserer Informations- und Wissensgesellschaft, wo Bildungsabschlüsse mit bestmöglichem Qualifikationsniveau zunehmend an Bedeutung gewinnen. Einige Argumente der Eltern wurden hierzu vorgestellt, die erneut unterschiedlich ausfielen. Fest steht, dass Eltern und Trainer/innen im schulischen Bereich hohe Unterstützungsleistungen erbringen, um das potenzielle Risiko des schulischen Versagens zu vermeiden: dazu zählt die selbst organisierte oder selbst praktizierte Nachhilfe bis hin zum professionellen, von Eltern zu finanzierenden Einzelunterricht.

Abschließend zu diesem Themenkomplex kann die resümierende Betrachtung eines Befragten auf die generelle Risikodimension im Kunstturnen noch einmal eine Einschätzung präsentieren, die in dieser Deutlichkeit einen Einzelfall darstellt:

„Vielleicht, der Gedanke ist mir gerade noch eingefallen, ja das Schwierige ist: jeder, der drin ist, hofft, dass er gut raus kommt. Ich denk, dass alle Eltern Sorgen haben. Alle. Aber alle hoffen auch, dass es bei ihnen gut geht. Das ist wie mit jedem Raucher oder mit allen Dingen oder mit gefährlichen Dingen, mit denen man sich auseinandersetzt und hofft, dass man selber glücklich raus kommt" (1264–1269).

### 5.2.2 Das Fazit der Eltern

Da fast alle Befragten zum Zeitpunkt der Interviews Eltern von aktiven Kunstturnerinnen sind, überrascht es nicht, dass sie die Frage, ob sie diesen Weg noch einmal gehen würden, überwiegend mit ‚Ja' beantworten. Ein ‚Nein' würde sie schnell in Begründungsschwierigkeiten führen, um das gegenwärtige Dabeisein zu legitimieren. Doch ist auch hier eine genauere Darstellung der elterlichen Sicht- und Begründungsweisen notwendig. Sie werden zeigen, dass a) nicht alle Eltern diese Antwort geben, dass b) einige Eltern diese Antwort nicht ohne Einschränkungen geben und

c) wie die Antworten begründet werden. Auch wird sich erneut ein Spektrum von Ansichten und Begründungsmustern eröffnen, die einer Einordnung bedürfen.

Das zentrale und wiederkehrende Motiv elterlicher Begründung für ihr Engagement im Kunstturnen ist, wie schon mehrmals erwähnt, Wille und Wohlergehen der Tochter. Analog dazu stützen die Eltern auch ihre Argumentation für oder gegen ein positives Gesamturteil auf genau dieses Motiv. Sie betrachten zuallererst den Werdegang der Tochter und schätzen ab, wie sie sich bis zur Gegenwart entwickelt hat und zwar – und diese Perspektive wird von den Eltern wohl auch erwartet – hinsichtlich ihrer *gesamten Persönlichkeit* und nicht etwa hinsichtlich ihrer erbrachten Leistungen im Kunstturnen, ihres schulischen Fortkommens oder anderer Teilbereiche. Es ist dieses Motiv, das im Brennpunkt der elterlichen Argumentationen steht und an welches sich die Bezüge zur Familie als Einheit oder zur eigenen Person nur tangential anlehnen.

Alle Eltern bilanzieren eine *Soll-Seite* und eine *Haben-Seite*. Erstere berücksichtigt die erbrachten Opfer, die Belastungen und das was gewünscht aber nicht erreicht wurde. Letztere verbucht die Gewinne, wiederum an erster Stelle für die Tochter und erst an zweiter Stelle für sich selbst. Beides wird nach subjektiv bedeutsamen Kriterien miteinander abgeglichen und führt die Eltern zu ihrer Gesamteinschätzung der bisherigen Erfahrungen. Einige Beispiele sollen verdeutlichen, welche konkreten Faktoren hier für die Eltern Relevanz besitzen können, beginnend mit der ‚Soll-Seite':

> „V: Aber sie mussten auch manchmal so na ja, wenn es nur eine Familienfeier immer war, da mussten wir sie im Internat lassen oder da hat sie gerade Trainingslager gehabt und da konnte sie nicht dran teilnehmen.
>
> M: Und irgendwo auch, wenn sie es uns nie gezeigt hat, tat ihr das irgendwie wahrscheinlich doch weh oder was also denk ich mir doch schon, weil sie gerne eigentlich mit uns mitkommt" (1254–1262).

Dieses Ehepaar sieht rückblickend für die Tochter schwierige Phasen, in denen Verzichte geübt wurden, die persönlich bedeutsam waren, weil sie Wertgeschätztes betrafen. Und sie wissen von der Tochter im Hinblick auf das gedanklich vorweggenommene Ende der Karriere zu berichten:

> „M: Und dann hat sie gesagt ist wirklich Schluss. Dann will sie ihr Leben, weil mit fünf Jahren an, durchweg, sie hat ja nie, irgendwas von ihrer Freizeit viel gehabt und irgendwo sagt sie sich jetzt: irgendwo möchte ich noch mal mein Leben genießen, also/V: oder Jugend genießen/M: ja ist egal/V: im Leben wird sie ja noch Zeit haben/M: ja (lachen), die Jugend, das stimmt, hat sie auch gesagt" (602–609).

Dem Kunstturnen wird hier in eine stark einengende Rolle zugeschrieben. Es steht als Konterpart zu „Jugend genießen" und ist gleichbedeutend mit „nie irgendwas von ihrer Freizeit viel gehabt". Die Worte markieren für die Befragten als relevant eingestufte Nachteile des Hochleistungssports der Tochter, etwa im Sinne eines zu zahlenden Preises (der aber generell einen zu erwerbenden Gegenwert impliziert!). Sie werden außerdem verstärkt durch die auffällig ähnliche Wortwahl einer/s anderen Interviewpartner/in:

„I: Wir haben doch ein bisschen befürchtet, dass ihr ein bisschen verloren geht an, na ja, an Jugend in Anführungsstrichelchen. [...] Sobald es nicht mehr funktioniert ist es vollkommen sinnlos, sich so viel Zeit und das und die ganze Jugend dafür zu opfern" (606–607, 1672–1673).

Die Beteiligten machen also deutlich, *dass* ein Preis gezahlt wird. Jedoch ist dieser mit Sinn belegt (siehe unten) und wird in Kauf genommen. Dies bestätigt sich auch in den Aussagen der Kunstturnerinnen (vgl. 5.1.) und einiger Trainer/innen (vgl. z. B. die erwähnten Sorgen einiger Trainer/innen, die Turnerinnen könnten das ‚süße Leben‘ außerhalb der Turnhalle kennen lernen, 5.3). Die sachliche Aussage einer Mutter bringt eine verbreitete Bewertung dieses ‚Kostenfaktors‘ auf den Punkt: „Wer spitze ist, der muss was investieren." (14).

Während bei diesen Argumenten der Eltern die Perspektive auf die Tochter die Gedanken leitet, geben die folgenden Zitate ein Beispiel für den elterlichen Blick auf die eigene Familie und eine diesbezügliche Kostenbilanz wieder:

a)  „M: Obwohl muss ich sagen, manchmal eine Zeit gab es auch, wo ich dann wirklich das auch gesagt hab, och den Sport hab ich verflucht manchmal, also wo ich sagte, ja weil sich alles danach richtete: und nee, können wir nicht fahren, die Tochter hat Training, das geht nicht. Und wo ich doch mal gerne weggefahren wäre und so. Also es gab schon bei mir eine Zeit wo ich gesagt habe, also ich mach das nicht mehr mit, also irgendwo, ja hatt ich auch schon" (1245–1252).

b)  „Also ich sehe schon, dass der Leistungssport, wahrscheinlich egal was es ist, nur vielleicht ist es beim Turnen ausgeprägter, weil der Trainingsaufwand so hoch ist, das Familienleben negativ beeinflusst, beeinträchtigt. Es ist nicht möglich, nichts, man kann sich nichts vornehmen als Familie. Das geht nicht. Kann man streichen" (1620–1625).

Diese Aussagen beschreiben die mögliche Dominanz des Kunstturnens im Familienleben. Es ist in dieser Sportart offensichtlich nicht oder nur schwer möglich, die Familie ‚herauszuhalten‘ – nicht zuletzt deshalb, weil die Turnerinnen bereits früh in den Leistungssport involviert sind und als Kinder und junge Jugendliche ihrer Eltern in vielerlei Hinsicht noch sehr bedürfen.

Dass die Eltern von Kunstturnerinnen auch für ihre eigene Person Soll-Werte formulieren, die sie sich wünschen würden oder gewünscht hätten, scheint zum Beispiel durch Aussagen, wie der eben aufgeführten durch. Es sei diesbezüglich auch an die Aussage einer Mutter erinnert, die das Zulassen des Sportengagements der Tochter für sich persönlich als einen hohen zu zahlenden Preis empfindet, weil zu wenig von der gemeinsamen Zeit mit der Tochter übrig bleibt.

Bevor nun die positiven Aspekte der elterlichen Resümees veranschaulicht werden, sei darauf hingewiesen, dass die Zitate nicht den Grundtenor eines Interviews, also die Grundeinstellung der zitierten Person wiedergeben müssen. Viele derjenigen, die oben ihre eigene Situation kritisch reflektieren, kommen zu einem positiven Gesamturteil. Gezeigt werden soll hier, dass jeweils eine Kosten- *und* eine Habenseite existiert, die Eltern durchaus als eben solche wahrnehmen und die Beispiele dienen als singuläre Belege für diverse Facetten dieser Seiten.

‚Das Fazit der Eltern' wurde bereits mit dem Hinweis eingeleitet, dass Eltern die persönliche Entwicklung ihrer Tochter abschätzen und Bezüge zum Kunstturnen herstellen. Hier lässt sich eine grundlegende Schwierigkeit konstatieren: Die Eltern geraten in Widersprüche, wenn sie versuchen, die positiven Entwicklungsaspekte der Persönlichkeit ihrer Tochter kausal dem Kunstturnen zuzuschreiben, denn an anderer Stelle des Interviews stößt man auf Beschreibungen, wo Eltern die gleichen Persönlichkeitsmerkmale als angeborene Charaktermerkmale ihrer Tochter präsentieren. Zum Teil bemerken sie auch diesen Zwiespalt und reflektieren ihn. Eindeutigkeit wird jedoch nicht erreicht. Die uralte Frage nach dem Wirkungsverhältnis von Anlage und Umwelt auf das Individuum taucht also auch hier auf und wird unbeantwortet bleiben. Dass die Eltern das Kunstturnen aber einhellig zumindest als positiven Verstärker mancher Eigenschaften ihrer Töchter beschreiben und dem Kunstturnen als Sportart ebenso wie den Trainer/innen als Personen damit einen erzieherischen Einfluss zusprechen, bleibt ein Ergebnis dieser Untersuchung. Sehr deutlich wird das in dieser Stellungnahme:

> „F: Würden sie es noch mal machen (= ich? =)? Ja sie als Vater, die Tochter im Kunstturnen, in diesem Hochleistungssport-System auch zuzulassen?
>
> I: Mhm, ja. Und zwar einzig wichtiger Punkt, um diese positive Antwort geben zu können ist, dass ich sehe, was es ihr gebracht hat. Und zwar jetzt nicht, dass sie irgendwo in der Zeitung steht, das sind Nebenprodukte, sondern wie sie geworden ist, wie sie als Mensch geworden ist. Das find ich richtig gut. […]
>
> Aber die ganze Zeit denk ich hat ihr – das muss sie (betont) letztendlich beurteilen, deshalb sag ich: denk ich (betont) –, hat ihr so viel gebracht. Dass sie also zu einer Persönlichkeit geworden ist, an der Erinnerung, was auch immer und ich denke, uns als Eltern hat die Zeit auch was gebracht. Also alleine gemessen da dran: wir haben Leute kennen gelernt […] und konnten unserem Kind helfen, einen Traum zu träumen und auch teilweise zu realisieren" (1229–1237, 1339–1349).

Das Kunstturnen wird hier als *bedeutsame Einflussgröße auf die positive Gesamtentwicklung des Kindes* eingestuft. Zugleich reflektiert der Vater auch eigene Gewinnanteile durch Zugewinn neuer Freunde und Bekannte[49] und zieht ein zufriedenes Gesamtfazit. In ihrer Rolle als *Helfende* und *Ermöglichende* konnten die Eltern nicht nur das Träumen eines Traumes, was hier als ,Wert an sich' betrachtet wird, sondern auch die bis zum Zeitpunkt der Befragung zumindest anteilige Realisierung dieses Traumes unterstützen, denn der große Traum, die Teilnahme an den Olympischen Spielen, steht noch aus. Nicht selbstverständlich ist auch das hier durchscheinende Reflexionsniveau, indem der Vater darauf verweist, dass er nur seine Sicht der Dinge wiedergeben kann.

Die Mutter einer jüngeren Turnerin beschreibt ihre positive Einschätzung mit den folgenden Worten:

> „Aber ich bin schon heute froh, wenn sie heute gesagt hätte: Mama, ich hör auf, dann hat dieses Kunstturnen ihr schon was gebracht. Vor allem, dass sie selbstständig, selbstbewusst ist und vor allem kann sie entscheiden, was sie will, was gut für sie ist. Und wenn ich ein Kind in ihrem Alter sehe, von der Schule oder so, sehe ich total den Unterschied: wie die selbstbewusster und erwachsener ist" (519–524).

*Selbstbewusstsein* und *Selbstständigkeit*[50] sind die immer wiederkehrenden Schlagwörter bei den Eltern, wenn sie die Persönlichkeitsentwicklung der Tochter mit dem Kunstturnen in Verbindung bringen. Darunter werden dann weitere Aspekte wie Selbstdisziplin, Ehrgeiz, sich für ein Ziel längerfristig und konzentriert einsetzen und ähnliche Begriffe, die zum Teil Gleiches meinen, summiert. Immer wieder aber trifft man auch auf Hinweise, die den Mädchen diese Charakteristika als ursprünglich und angeboren zuschreiben, wie diese Aussage beispielhaft veranschaulichen kann:

> „Und meine Tochter (I macht eine kraftstrotzende Geste, F lacht), da steckt mächtig viel Power dahinter. Wenn die was will, das war früher schon so, die hatte einen eisernen Willen" (897–900).

Als weitere wertvolle Bereicherungen nennen die Eltern für ihre Töchter:

- Das generelle Ausnutzen eines individuellen Talents.

---

[49] Die genauere Beschreibung des freundschaftlichen Umgangs mit den anderen Akteuren des Feldes musste aus Anonymisierungsgründen in dem Zitat ausgespart werden.

[50] Interessanterweise scheint sich der Begriff der Selbstständigkeit in diesem Kontext gerade nicht auf die häusliche Situation zu beziehen, denn aus dieser Sicht wurde er im Abschnitt ,Elterliche Unterstützungsleistungen' vornehmlich als Mangel diskutiert, sondern hier haben die Eltern in erster Linie das Verhalten der Turnerin außer Haus im Visier, wo diese sich um ihre Belange selbst kümmert (z. B.: Schule, Reisen etc.). Zugleich wird hier an dem Begriff der ,Selbstständigkeit' deutlich, wie wenig definitorische Klarheit seiner Verwendung alltagssprachlich zugrunde liegt (vgl. dazu auch 5.3).

- In einem Bereich sehr gut zu sein und dadurch etwas subjektiv Bedeutsames und Besonderes zu leisten.
- Erfolgserlebnisse: also z. B. gute Wettkampfergebnisse oder die Teilnahme an Weltmeisterschaften, Europameisterschaften, Deutschen Meisterschaften und Länderkämpfen; aber auch Kadernominierungen zählen dazu.
- Fremde Länder und Menschen kennen zu lernen.
- Wertvolle und bereichernde Erinnerungen.

Insgesamt, das wurde bereits gesagt, bewerten die Befragten die Laufbahn ihrer Töchter und ihre eigene Rolle diesbezüglich vorwiegend positiv. Aber auch hier existiert eine Spannbreite in den Bewertungen und Begründungen, die mit einigen exemplarischen Aussagen belegt werden sollen, um einen Eindruck zu vermitteln. Eine typisches positives Fazit wird von einer Mutter geäußert, deren Tochter seit nicht weniger als zehn Jahren turnt:

> „F: Würden Sie den gleichen Weg wieder gehen?
>
> I: Ja.
>
> F: Auf jeden Fall?
>
> I: Ja.
>
> F: Können Sie eine Begründung geben?
>
> I: Ja, weil ich das auch gesehen hab, dass unsere Tochter ein riesiges Turntalent ist. Da ich nun selber einen Bezug zum Turnen habe, positiven Bezug eben, konnte ich das nur unterstützen. Weil sie selbst auch diese Motivation mitbrachte. Und das ist so ein Talent, die kann (betont) nur turnen (lacht). Ja doch, das würde ich wieder so machen. Auf jeden Fall. Vor allem auch so, wie das eben auch weiter gelaufen ist mit der Entwicklung, da wo sie jetzt stehen mit ihren Trainer/innen und die Bedingungen, kann ich das nur positiv beurteilen. Ich finde es, ich finde es wirklich toll" (1472–1491).

Etwas vorsichtiger beginnt die Einschätzung aus einem anderen Interview, in dem die Eltern zuvor konstatiert haben, dass sie bei einem fiktiven nächsten Mal auf Grund ihrer Erfahrungen einiges verändern würden:

> „F: Glauben Sie, dass sich das gelohnt hat im Endeffekt, also wenn man so wirklich so eine Bilanz zieht, so einen Strich drunter macht?
>
> I: Gelohnt? In welcher Hinsicht gelohnt? Also ich denke mal für meine Tochter hat es sich schon gelohnt, das ist ja doch – na ja, sie hat doch glaub ich das Gefühl schon was geleistet zu haben, was wirklich nicht jeder schaffen könnte, auch bei noch so großer Anstrengung und das sind auch so Sachen, wo sie sich mit Sicherheit später eben auch gerne dran erinnert und wo sie dann also auch von den Erinnerungen zehren kann" (906–915).

Wieder anders gelagert ist die Argumentation der folgenden Interviewpartner/in, wo noch einmal bewusst unterschieden wird zwischen einer Bewertung für die eigene Person und einer Bewertung, die den Bedürfnissen der Tochter gerecht wird:

„F: Würden Sie es noch mal machen?

I: Ja, wenn ich jetzt noch eine Tochter hätte oder so, ich würde noch mal vor der Wahl stehen (kurze Pause), ja, das ist dieser, dieser/F: Können sie ja auch aus dem Bauch heraus beantworten./I: Es ist dieser, also ich würde sagen: Nein (lacht). Aber es ist egoistisch gedacht. Es ist genau dieser Widerspruch.

F: Ja, das ist aber auch ihr gutes Recht, also deswegen fragen wir ja auch Sie jetzt.

I: Ich würde vielleicht versuchen, mit ihr gemeinsam was zu machen. (Kurze Pause) Na ja es, nee, ich glaub ich würde es nicht noch mal machen, das, das, da geht zu viel, da geht viel, viel, viel verloren und ob es das später wert ist […]. Aber ich sehe wie gesagt manchmal ihre Freude und wenn sie was gewonnen hat oder ein Teil geschafft hat, also tja, das ist es wert dann. Das Kind ist glücklich dann" (1158–1188).

In der letzten Stellungnahme überwiegen die negativen Erfahrungen die positiven deutlich:

„Ich würde hier kein Kind mehr, das ist die Erkenntnis aus unserer Erfahrung, niemandem raten, das zu tun, zu verhindern wo es geht, dass ein Kind Hochleistungssport macht" (677–679).

Auch im Fazit der Eltern scheint also ein Spektrum von Einschätzungen durch, dass von den Polen der Bereicherung einerseits und der Belastung andererseits umspannt wird und wo sich die Sichtweisen der Eltern sehr individuell verorten.

### 5.2.3 Annäherungen: Eltern im Kunstturnen – die Alltäglichkeit des Besonderen

Die sich anschließenden Überlegungen zielen auf eine bescheidene Einordnung der beschriebenen Ergebnisse in einen sozialwissenschaftlichen Kontext. Dazu wird eine Verknüpfung mit grundlegendem Theorie-Wissen über Familien als soziale Einheiten hergestellt. Die Überschrift soll es andeuten: was die Eltern über ihre Situationen berichten ist in vielerlei Hinsicht ‚typisch' für Familien allgemein, ist also zu großen Anteilen alltäglich. Dennoch besetzen sie gesamtgesellschaftlich betrachtet immer auch eine sehr spezielle Nische, ist es doch bei weitem nicht alltäglich, dass das eigene Kind Hochleistungssportlerin ist, noch weniger, dass sie es als Kunstturnerin ist – daraus ergibt sich das Besondere. Um dies schärfer zu konturieren, wird der Fokus der Betrachtungen auf familiale Interaktionsprozesse gelegt.

In der Soziologie wird von ‚Familie' vorrangig entweder als *Institution* oder als *soziale Gruppe* gesprochen. Während mit dem Verständnis der Familie als Institution einer makroskopischen Perspektive der Vorrang gegeben wird, in welcher ihr normativer Charakter auf der Grundlage kultureller Leitbilder und sozialer Kontrollmechanismen im gesamtgesellschaftlichen Bezugsrahmen betont wird, rückt mit der Interpretation von Familie als „eine Gruppe besonderer Art" (KÖNIG 1969 zitiert nach NAVE-HERZ 1993, 12) ein mikroskopischer Blickwinkel auf soziale Interaktionsmuster und Interdependenzen in den Vordergrund – eine Perspektive auf der auch hier der Schwerpunkt liegen wird. Auch begegnet man dem Terminus des *sozialen Systems* (LUHMANN 1972), wo entsprechend ein systemtheoretisches Begriffsinstrumentarium die Familie als operative Einheit zu beschreiben sucht. Unabhängig von diesen terminologischen Kategorisierungsversuchen lassen sich dem gesellschaftlichen Phänomen ‚Familie' grundsätzliche Merkmale zuordnen, wie zum Beispiel:

- Die Differenz zwischen den Generationen.
- Reproduktions- und Sozialisationsfunktionen.
- Ein *spezifisches Kooperations- und Solidaritätsverhältnis* zwischen ihren Mitgliedern etc.

Von der Familie wird erwartet, dass sie spezifische Leistungen erbringt, die sowohl für ihre Mitglieder als auch für die Gesellschaft von Vorteil sind. So werden Kinder und Jugendliche im Idealfall (!) durch dauerhafte, psycho-physisch bedürfnisbefriedigende Pflege und Zuwendung für die Gesellschaft *verfügbar gemacht*. Sie entwickeln dann nicht nur ein Bewusstsein ihrer Selbst in Abgrenzung zu anderen, sondern werden auch mit „‚Energie' und Motivation ausgestattet, um in anderen Bereichen der Gesellschaft, vor allem in der Arbeitswelt, Leistungen zu erbringen" (HERLTH 1990, 312). Unter anderem aus diesem Grund ist die Familie von der Gesellschaft als Institution anerkannt und erwünscht.

Als soziale Gruppen sind Familien dynamische, sich entwickelnde Einheiten, intern und extern agierend und reagierend und damit zu unterschiedlichen Graden anfällig für auf sie wirkende Einflüsse. Sie sind zugleich immer auch *aufgabenerfüllende* und *problemlösende* Einheiten mit dem primären Ziel, den eigenen Fortbestand und Zusammenhalt zu gewährleisten – hier nimmt das zuvor schon erwähnte spezifische Kooperations- und Solidaritätsverhältnis zwischen den Mitgliedern eine zentrale Rolle ein, denn zu diesem Zweck entwickeln Familien in der Regel, wie jedes Individuum und andere Gruppen auch, dauerhafte *Muster der Kommunikation* und Kooperation, kurz: des alltäglichen Zusammenlebens. Praktiken und Routinen bilden sich so im Verlauf des familieninternen Formierungsprozesses heraus, die nicht nur Steuerungsfunktion für Interaktionen besitzen, sondern auch die Komplexität der Welt reduzieren: nach innen wie nach außen. Zugleich setzt die Familie damit für ihre Mitglieder *interne Standards*, die mit den externen Wert- und Normorientierungen der Gesellschaft in engem Zusammenhang stehen und sich gegenseitig fördernd wie hemmend bedingen. Auch die Familie und jedes einzelne Mitglied derselben ist also einem Anpassungsdruck ausgesetzt, auf den zuvorderst im Rahmen der etablierten, gelernten und internalisierten Muster reagiert wird. Diese wiederum resultieren aus einem gewachsenen Selbstverständnis, denn die Familie ist, wie andere soziale Gruppen auch, bestrebt, sich in einer ständig in Veränderung begriffenen und nur in Teilen kontrollierbaren Umwelt identisch zu verhalten, was eigene Veränderungen (im Sinne von Anpassung und Entwicklung) keineswegs ausschließt.

Für alle Familien gilt generell, dass sie im Kontext eines Bündels von Belastungsfaktoren stehen, wobei prinzipiell alles als Belastung erfahren werden *kann* – Regeln gibt es dabei nicht – und stets multiple Stressoren simultan zu verarbeiten sind. Wird eine Situation als problematisch eingestuft, so entsteht ein zusätzlicher Regelbedarf: Aktivitäten müssen neu koordiniert, Informationen ausgetauscht, Entscheidungen getroffen werden. Nicht selten ist die Entwicklung neuer Muster gefordert.

In derlei Copingprozessen hängt die Lösung von Problemen von diversen Faktoren ab: So ist das Erkennen und Definieren der zu bewältigenden Aufgabe eine entscheidende Voraussetzung, d. h. ein oder mehrere *Ziele* des Problemlösungsprozesses müssen formuliert werden. Des Weiteren verfügen Familien über je unterschiedliche *Ressourcen*, als da sind Freizeit, Beruf, finanzielle Situation, individuelle Kompetenzen, interne und externe Beziehungen, Qualitäten von Beziehungen etc. Vorhandene Ressourcen müssen aktiviert und neue Ressourcen eventuell generiert werden. Ein nächster bedeutsamer Aspekt ist die *Elastizität* der etablierten Denk- und Handlungsmuster, welche auf die *Flexibilität* in der Aufgabenwahrnehmung, den Umgang miteinander, der Ressourcennutzung u. a. m. Einfluss nimmt.

Es zeigt sich, dass die Familie ein komplexes, keineswegs leicht steuerbares, mehr oder weniger verletzliches Unternehmen ist, das sich in einem komplizierten Netz von Anforderungen, Herausforderungen und Überforderungen bewähren muss. Zugleich wird es immer schwieriger, das traditionelle Konstrukt der ‚Normalfamilie‘ aufrechtzuerhalten. Zu vielfältig sind heute die diversen Formen des Zusammenlebens mit ihren je eigenen Mechanismen der Alltagsbewältigung und zu voreilig wäre es bei der heutigen Pluralität der Lebenslagen, wie auch Norm- und Wertorientierungen in ‚gut‘ und ‚schlecht‘, ‚richtig‘ und ‚falsch‘, ‚normal‘ und ‚unnormal‘ zu polarisieren.

Das gilt auch für die Familien von Hochleistungs-Kunstturnerinnen. In einer plural verfassten Gesellschaft, wo die unterschiedlichsten Formen des Zusammenlebens und in Konsequenz die unterschiedlichsten Ausprägungen von Kindheit und Jugend existieren, verkörpern sie eine Möglichkeit unter vielen. Dabei stehen sie in den oben beschriebenen Funktionszusammenhängen. Dies lässt sich zum Beispiel an dem hohen Engagement der Eltern für ihre Tochter festmachen, welches aus dem spezifischen Kooperations- und Solidaritätsverhältnis zwischen Eltern und Kind resultiert. Die befragten Eltern sind bemüht, ihr Kind bestmöglich zu fördern, was sich in den täglichen sozialen und pragmatischen Unterstützungsleistungen niederschlägt. Die Eltern von Kunstturnerinnen *ermöglichen* ihren Töchtern die Kunstturnkarriere. Als ‚Ermöglichende' stellen sie den Kindern Ressourcen zur Verfügung (Geld, Nahrung, Kleidung), stellen selbst ad personam eine Ressource für ihre Kinder dar (z. B. durch emotionale Zuwendung) und steuern den Prozess der Ressourcenausschöpfung (Planungen, Kosten-Nutzen-Rechnungen). Darin zeigen sich ihre Anteile, mit denen sie allgemein ihre Kinder für die Gesellschaft und speziell ihre Tochter für den Hochleistungssport ‚verfügbar' machen. Was bedeutet das aber genauer für das Verhalten von Eltern? Was löst eine Konfrontation mit Neuem in der Gruppe aus? Wodurch ist der Umgang mit Veränderungen, welche die Familie unmittelbar betreffen, gekennzeichnet? Und welche basalen Parameter beeinflussen die zu treffenden Entscheidungen?

Eltern sind qua gesetzlich legitimierter Autorität und gesellschaftlich geforderter Sorgfaltspflicht für ihre minderjährigen Kinder primäre Verantwortungsträger und somit *entscheidungsbefugt*. Infolgedessen kann gemutmaßt werden, dass sie auch zentrale Weichensteller der Kunstturnkarriere ihrer Töchter sind oder sein müssten. Diese Sicht der Dinge ist indes zu einfach. Die vorangestellten Ausführungen zur Familie als soziale Einheit haben bereits hervorgehoben, dass die familieninternen Kommunikations- und Kooperationsstrukturen komplex und von multiplen Faktoren abhängig sind, die zudem simultan und konkurrierend wirksam sein können. Das gilt nun insbesondere für Entscheidungsfindungsprozesse innerhalb der Familie. Parameter, wie die Unsicherheit der Zukunft, eine mögliche Vielfalt von vielleicht widerstreitenden Zielen, zu wenige oder zu viele Handlungsalternativen und eine Vielzahl weiterer Einflussfaktoren machen jedwedes menschliche Handeln und folglich auch das Fällen von Entscheidungen prinzipiell riskant (vgl. auch 5.3.4). Die Ungewissheit über den Ausgang und die eingeschränkten Kontrollmöglichkeiten lassen sich nie gänzlich überwinden. Auch Eltern stecken fest in dieser ‚Zange' von ungewissheitsbelasteten Entscheidungen einerseits und der Gefahr möglicher Negativ-Folgen andererseits. Fest steht auch: Es gibt kaum objektive Kriterien für die Richtigkeit oder Fehlerhaftigkeit von Entscheidungen. Damit ist erneut die Prämisse verbunden, individuelle Lebenslagen und subjektive Innensichten verstehend nachzuvollziehen, bevor Erklärungen geboten oder Urteile gewagt werden können. Die Schilderungen der Eltern zum Karriereeinstieg und -verlauf haben gezeigt, dass die möglichen Folgen von Entscheidungen auch subjektiv als unüberschaubar erlebt werden, weil sie komplexen Abhängigkeiten unterliegen. Manches scheint sich schlicht im Lauf der Zeit zu ‚ergeben', doch finden sich auch widerstreitende Interessen zwischen den Mitgliedern, etwa der Wunsch der Tochter zu turnen und die diesbezüglichen Zweifel der Eltern. Hier spielt der generelle Umgang von Gruppen mit *Veränderungen* herein. Veränderungen innerhalb einer Gruppe – das haben die Elterninterviews gezeigt und das wird von der Theorie gestützt – resultieren demnach keineswegs immer aus dem planmäßigen Generieren von Neuem, sondern entstehen vielfach quasi nebenbei, einfach aus den Interaktionsprozessen heraus. Veränderungen entwickeln sich also aus einem *Zusammenspiel von Zufällen* (z. B. Ereignisse) *und Notwendigkeiten* (Entscheidungen), denn sobald das Neue als eben solches wahrgenommen wird, ist für den Bestand der Gruppe eine Überprüfung daraufhin notwendig, ob es zum Bestehenden passt, ob es zumindest nicht schlechter ist als das Vorherige. In dieses Prüfverfahren fließen die komplexen Bedingungskonstellationen der Familie je nach subjektiven Bewertungsmaßstäben und Bewusstheitsgraden mit ein.

Dabei existieren immer ,blinde Flecken'. Sie sind ein Resultat der Komplexitätsreduktionen und zunächst für jegliche Wahrnehmung elementar. Sie können aber auch zu einer gefährlichen Blindheit gegenüber spezifischen Themen, Situationen, Bedingungen etc. werden. Denn auch soziale Gruppen produzieren Unbewusstes und Unkommunizierbares, also Tabus, um den eigenen Zustand zu konservieren und Kontinuität zu unterstützen. Hier kann man sich zum Beispiel fragen, ob die Eltern sich hinreichend mit dem Risikothema im Kunstturnen auseinander setzen. Reicht es aus, sich auf das in der Vergangenheit Bewährte zu verlassen? Finden hier Ausblendungen statt? Oder besitzen nicht gerade Eltern auf Grund eines auf langjähriger Erfahrung gründenden Insider-Wissens einen Expertenstatus, der es ihnen ermöglicht, die Risiken eher adäquat einzuschätzen als ein Außenstehender, der z. B. einen Salto auf dem Schwebebalken generell für gefährlich erachtet, dabei aber viele für eine Beurteilung relevante Aspekte nicht erfassen kann? Und schließlich: Wie lässt sich eine Zukunftsperspektive angemessen in aktuelle Planungen und Reflexionen integrieren, wo doch Ungewissheit ein unüberwindbares Hindernis bleibt?

Ganz allgemein kann das *Zusammenspiel von Starrheit und Flexibilität* als ein Parameter für den Umgang mit Veränderungen gekennzeichnet werden. Das könnte als mögliche Erklärung dafür dienen, warum Eltern und Turnerinnen nach Jahren aufwendiger Investitionen in das Hochleistungsturnen die Karrieren nicht ohne zwingenden Grund und aus ihrer Sicht vorzeitig abbrechen wollen und vielleicht können. Dies kommt einem ,Bruch' gleich, der in die bisherige Kontinuität des Familienlebens einschneidet. Das zentrale Bestreben ist es aber, Kontinuität aufrechtzuerhalten, denn mit ihr hängen Orientierungen, Selbstverständnis und Sicherheitsempfindungen eng zusammen. Inwiefern eine Gruppe gewillt und auch fähig ist, sich selbst kritisch zu reflektieren, d. h. die bestehende Kontinuität in Frage zu stellen, davon hängt ihre Selbststeuerung zu großen Teilen ab.

Dies ist zweifelsohne in der und für die Familie eine von Eltern zu erfüllende Aufgabe. Sie sind die ,Leiter' dieses Unternehmens und somit aufgefordert, sich nicht nur als Mitglied einzubringen, also ,innen' zu agieren, sondern sie müssen gleichsam in der Lage sein, eine Distanzierung von den eigenen Interessen gegenüber den Erfordernissen der Gruppe vorzunehmen. Eltern müssen sich und die Familienmitglieder durch eine auf die Gruppe als Gesamtheit ausgerichtete ,Brille' wahrnehmen können. Diese Betrachtung ,von außen' erfordert das Zurückstellen eigener Interessen und den Abgleich der individuellen Mitgliederinteressen, um die Familie als Einheit hinsichtlich ihrer Ziele, Organisation, Struktur und Entwicklung zu lenken, zumindest aber absichtsvoll zu beeinflussen. Dass die Eltern von Kunstturnerinnen genau dies tun, zeigt sich deutlich in den Interviewaussagen, wo verschiedene Perspektiven die Schilderungen und Argumentationen leiten: die Perspektive auf die Familie als Einheit und auf die Tochter oder sich selbst als Individuen. Je nach angelegter Perspektive, so zeigte sich, können die Einschätzungen der Eltern stark variieren. Was für die Tochter eine Bereicherung, kann für die anderen Familienmitglieder zur Belastung werden und umgekehrt. Als Leiter/innen müssen Eltern eine Art Weitwinkelobjektiv auf die Familie anlegen. Insgesamt wechseln sie damit zwischen *Engagement und Distanzierung*, zwischen Insider und Outsider. Für dieses von Eltern zu leistende *Perspektivenmanagement* ist eine Zukunftssicht unerlässlich, denn als Familienleiter/innen stehen Eltern auch in der Verantwortung für das, was aus der Gruppe werden könnte. Bei alledem ist es unmöglich, vollständige Neutralität zu erreichen. *Eltern werden immer engagierte, vor allem aber involvierte Eltern sein.*

Die gewonnenen Daten haben verdeutlicht, dass eine pauschalisierende Darstellung der Akteursgruppe ‚Eltern' nicht angebracht ist, da die grundlegende Heterogenität der Lebenslagen, Erlebnis- und Wahrnehmungsweisen nicht übersehen werden darf. Die Tatsache, dass sie allesamt Eltern von Hochleistungs-Kunstturnerinnen sind, reicht nicht aus, um Homogenität bezüglich ihrer Motivstrukturen, ihrer Bereicherungen oder Belastungen vorauszusetzen. Die vorliegende Untersuchung hat im Gegenteil gezeigt, dass sich ein breites Spektrum möglicher Relevanzstrukturen und Bedeutungszuschreibungen herauskristallisiert, wenn man die Eltern nach ihren Innensichten befragt. Dies noch einmal abschließend zu betonen, scheint besonders im Hinblick auf gängige Medien- und (Sport-)Pädagog/innen-Kritiken an Eltern hochleistungssporttreibender Kinder angebracht und tut gerade für das Feld des weiblichen Kunstturnens Not, sind doch hier die Bilder, die sich dem Auge des außenstehenden Betrachters darbieten, von besonderer Intensität hinsichtlich pädagogischer Leitwerte: da verbiegen kleine, ‚niedliche' Mädchen ihre Wirbelsäulen, holen sich durch ihre Tätigkeit Blasen und Schwielen an den Händen, schauen ernst und angespannt und weinen vielleicht noch. Allzu nah liegt die Schlussfolgerung, dass hier Kindheit von den Eltern förmlich gestohlen und für die Verwirklichung egoistischer Interessen missbraucht wird: „Als Substitut des elterlichen idealen Selbst ist dem Kind eine drückende Entwicklungslast aufgebürdet" (ROSE 1991, 223) oder es könnte sich, wie bei FUNKE (1985, 9) der Verdacht einstellen, dass die Motivation der Eltern wohl „aus einer tiefen Angst vor dem Versagen ihrer elterlichen Aufgabe (mein Kind ist ein Talent, ich muss es unbedingt fördern)" resultiert. Denkbare Gefahrenpotentiale zu markieren und wo möglich auch zu diagnostizieren, bleibt eine wichtige Aufgabe von Medien und Wissenschaft. Aber derlei Aussagen mit einem Grundsatzcharakter zu versehen – darin liegt die Gefahr vorschneller Werturteile, die vereinfachen, wo Differenzierung verlangt werden darf.

## 5.3 Trainer/innen als Akteure: zwischen Engagement und Überforderung

Wer sich mit den zentralen Akteuren im Bereich des Kinder- und Jugendhochleistungssport, bezogen auf unsere engere Fragestellung mit dem weiblichen Kunstturnen, befasst, der wird natürlich auf die Gruppe der Trainer/innen stoßen. Innerhalb der Lebenswelt des Kunstturnens nehmen sie ohne Zweifel eine prominente Position ein, da sie einerseits für den direkten und intensiven Kontakt zu den Athletinnen stehen und andererseits als die Funktionsträger des Systems Hochleistungssport schlechthin in der Außenwahrnehmung fungieren. Die Trainer/innen bilden so eine, vielleicht sogar die wesentliche Schnittstelle zwischen einem ansonsten eher anonym agierenden System, den Kunstturnerinnen, und anderen mehr oder weniger relevanten Personengruppen wie Eltern, Lehrer, Erzieherinnen oder Physiotherapeuten. Diese prominente Position der Trainer/innen, die wohl auf den Bereich des Hochleistungssport insgesamt übertragen werden kann, führt natürlich auch zu besonderer Aufmerksamkeit hinsichtlich des Verhaltens und Handelns dieser Personengruppe. Das Resultat ist ambivalent.

BETTE hat diese Ambivalenz mit der Formulierung „Öffentlichkeit des Rollenhandelns" (vgl. 1984, 37 ff.) versehen. Gemeint ist damit einerseits die Beliebtheit von Trainern und Trainerinnen als öffentliche und medial präsente Figuren, wobei der Grad der Popularität natürlich mit der Popularität der Sportart bzw. der Popularität der trainierten Athleten massiv variiert. Wohl jeder sportlich Interessierte wird noch etwas mit dem Namen Günther BOSCH verbinden können, man kennt in aller Regel auch den Trainer von Bayern München (und muss noch nicht einmal erläuternd darauf hinweisen, dass der Trainer der Lizenzspielermannschaft im Fußball gemeint ist), deutlich schwieriger wird aber bereits die Frage nach dem Trainer einer doch durchaus populären Franziska VAN ALMSICK oder des Reckolympiasiegers von Atlanta, Andreas WECKER, zu beantworten sein. Ungeachtet solcher extremen Popularitätsunterschiede, die nicht auf Leistung, sondern auf der Fokussierung öffentlichen Interesses beruhen, bleibt dennoch die Einschätzung bestehen, dass Trainer die Schnittstelle zur Öffentlichkeit markieren. Grundsätzlich ist dies dann der Fall, wenn ‚mediales Interesse' erregt wird und dies geschieht in aller Regel durch ‚besondere' Ereignisse, z. B. unerwartete Leistungen, aber auch ungewöhnliche Statements oder außergewöhnliches Verhalten (von Athlet/innen oder Trainer/innen). Die Ambivalenz des medialen Interesses kommt nun vor allem dadurch zustande, dass – wie man weiß – gerade auch negative Nachrichten gute Nachrichten sind. Trainer/innen als Helden und Sündenböcke sind gleichermaßen Produkte einer öffentlichen Fokussierung.

Besonders deutlich ist dies alles im Volkssport Fußball. Strukturell ähnlich sieht es aber auch in anderen Bereichen des Hochleistungssports aus, wobei der Kinder- und Jugendhochleistungssport insofern eine Sonderrolle einnimmt, als dass das gelegentlich aufscheinende mediale Interesse mit der besonderen gesellschaftlichen Verantwortung für dieses Feld legitimiert wird. Faktisch sind solche öffentlichen Thematisierungen des Leistungssports mit Kindern und Jugendlichen häufig negativ und anklagend strukturiert, der mittlerweile offiziell so genannte „Nachwuchsleistungssport" (vgl. DSB 1997) wird in seiner Sinnhaftigkeit prinzipiell in Frage gestellt. In gesteigertem Maße gilt dies für den Bereich des weiblichen Kunstturnens. An den Pranger der Öffentlichkeit gestellt wird damit zugleich die Legitimität des Trainer/innenhandelns in diesem Feld. Die ‚Öffentlichkeit des Rollenhandelns' gewinnt hier also eine deutliche negative Färbung, wobei im Unterschied zu den Erwägungen BETTES in unserem Kontext tatsächlich in der Regel eher die anonyme Figur des ‚Turntrainers an sich' zur Disposition steht. Verstärkt werden solche generalisierenden Infragestellungen durch skandalträchtige, auf die Verhaltensweisen und Handlungen von bestimmten Trainer/innenpersonen zugeschnittene Präsentationen. Es geht an dieser Stelle nicht um die Berechtigung solcher Verfahrensweisen oder gar um die Richtigkeit der medialen Darstellungen. Wichtiger sind die prinzipiellen Konsequenzen: Die auch im Bereich des Kunstturnens strukturell öffentliche Figur des ‚Turntrainers' oder der ‚Turntrainerin' wird mit einem diffus negativen Image versehen, das zuweilen durchaus Züge der Stigmatisierung annehmen kann. Die eingangs noch konstatierte Ambivalenz der öffentlichen Trainerrolle im Hochleistungssport erhält für den Bereich des weiblichen Kunstturnens eine eindeutig negative Konkretion, was angesichts der ebenfalls konstatierten zentralen Bedeutung der Akteursfigur ‚Trainer/in' in diesem Feld nachdenklich stimmen sollte.

Es bedarf also zunächst noch gar keiner spezifisch pädagogisch getönten Brille, um einer genaueren Analyse des Akteurs ‚Trainer/in' Plausibilität abgewinnen zu können. Erklärungsbedürftiger wäre da schon die Frage, warum systematische Untersuchungen über Trainer/innen im Nachwuchsleistungssport bislang eher die Ausnahme darstellen.

### 5.3.1 Die Untersuchungsgruppe: Trainer/innen im weiblichen Kunstturnen

Im Rahmen des Projekts wurden 18 Kunstturntrainer/innen von Kaderathletinnen des sogenannten Perspektivkaders ‚Sydney 2000' interviewt, es handelt sich also durchweg um Trainer/innen, die Kunstturnerinnen der nationalen Spitzenklasse betreuen.[51] Die Interviews basierten auf vorstrukturierten Leitfäden und dauerten in der Regel zwischen 90–120 Min. Sie fanden nach präzisen Vorabsprachen statt, um sicher zu

---

[51] Daneben gab es auch eine Reihe von zusätzlichen Gesprächen, die auf eher ‚informeller' Ebene z. B. während der Lehrgänge oder bei Wettkämpfen stattfanden. Da die Gruppe der Trainer/innen auf diesem Niveau insgesamt sehr überschaubar ist, kann man durchaus behaupten, dass – im Unterschied zu anderen qualitativen Studien – durchaus so etwas wie ‚Repräsentativität' erreicht worden ist. Auf Grund dieser Überschaubarkeit ergeben sich allerdings auch Probleme hinsichtlich der Anonymisierung der Daten (vgl. 3.3.3).

stellen, dass genügend Zeit für ein ausführliches Interview zur Verfügung stand. Diese Absprachen gestalteten sich auf Grund des engen Terminplans der Trainer/innen als relativ schwierig. Fast alle Trainer/innen wurden an ihren Heimtrainingsorten mindestens einmal (je nach Aufwand auch mehrmals) aufgesucht, um sich ein Bild von der alltäglichen Trainingsarbeit zu verschaffen. Fast alle Trainer/innen konnten auf diese Weise mehrere Tage intensiv bei ihrer Heimtrainingsarbeit beobachtet und begleitet werden. Hinzu kamen die teilnehmenden Beobachtungen, die bei den jeweils einwöchigen zentralen Lehrgängen oder bei ausgewählten Wettkämpfen möglich waren. Die Interviews fanden partiell an den Heimtrainingsorten, partiell bei zentralen Lehrgangsmaßnahmen in Frankfurt und in seltenen Ausnahmefällen auch zu Hause bei den Trainer/innen statt, wobei organisatorische Rahmenbedingungen in aller Regel den Ausschlag für die Wahl des Intervieworts und -zeitpunkts gaben. Alle Interviews wurden erst verabredet und geführt, nachdem eine gewisse ‚Schnupperphase' zwischen allen Beteiligten absolviert war und die Trainer über Zweck und Absicht des Gesamtprojekts informiert worden waren. Diese vorsichtige Form der Annäherung erwies sich deshalb als besonders notwendig, da – auch vor dem Hintergrund der eingangs erwähnten Situation – vom Deutschen Turnerbund zwar ‚gläserne Turnhallen' gewünscht und propagiert werden, die innerhalb dieser Turnhallen agierenden Personen aber deshalb durchaus noch nicht gläsern erscheinen. Im Gegenteil ist gerade auf Seiten der Trainer/innen die Tendenz zur Abgrenzung und Abweisung auf Grund gemachter Erfahrungen mit ‚Außenstehenden' – und insbesondere mit Sportpädagog/innen – nur zu verständlich. Die Relativierung solcher gegenseitiger Vorbehalte und die Entwicklung gegenseitiger Akzeptanz war daher die Voraussetzung für eine sinnvolle Umsetzung der gewählten Vorgehensweisen. Als hilfreich erwiesen sich in diesem Zusammenhang sehr unterschiedliche und in der einschlägigen Forschungsliteratur so nicht vorfindbare ‚Türöffner', wie z. B. die Durchführung von Fortbildungen, der Hinweis auf eigene leistungssportliche Hintergründe, die kompetente Unterstützung beim Aufbau von Geräten, Handlangerdienste bei Lehrgängen, Mitwirkung bei einer Karnevalsfeier für die Kunstturnerinnen und die daraus sich ergebenden zahllosen und z. T. sehr intensiven Gespräche eher informeller Natur, die nicht im klassischen Sinn als ‚Daten' verfügbar sind, gleichwohl aber nicht ohne Einfluss bei der Erschließung der Trainer/innenperspektive geblieben sind.

Ein erster Blick auf die Untersuchungsgruppe kann die äußere Struktur verdeutlichen. Interviewt wurden zehn Männer und acht Frauen, das Alter der Interviewpartner lag zwischen achtzehn und neunundfünfzig Jahren, mit einem deutlichen Schwergewicht auf der Alterskohorte zwischen fünfundvierzig und fünfundfünfzig Jahren. Die Berufserfahrung der Trainer/innen liegt zwischen zwei und dreißig Jahren, wobei auch hier ein deutliches Schwergewicht auf einer Berufserfahrung von mehr als fünfzehn Jahren liegt. Elf Trainer/innen kommen aus den neuen Bundesländern, sieben sind in den alten Bundesländern tätig, wobei drei dieser sieben ausländische Trainer/innen aus traditionell erfolgreichen Turnnationen sind. Sechzehn Trainer/innen sind hauptamtlich engagiert, d. h. sie betrachten ‚Turntrainer/in' als ihren Beruf und verdienen als ‚Turntrainerin' ihren Lebensunterhalt. Dies geschieht allerdings innerhalb dieser Gruppe auf sehr unterschiedliche Weise, angefangen von Bundestrainer/innen, über Landestrainer/innen bis hin zu eher kurzfristigen und hochgradig unsicheren Mischfinanzierungen oder privaten Unterstützungsleistungen. Zwei Trainer/innen sind dem ehrenamtlichen Bereich zuzuordnen, was durchaus nicht mit geringerem Engagement gleichzusetzen ist, sondern mit anderen zentralen beruflichen Orientierungen. Ihre Entlohnung erfolgt auf Abrechnungsbasis für tatsächlich geleistete Übungsstunden. Während des Untersuchungszeitraums ist zwei Trainer/innen gekündigt worden, eine Trainer/in hat auf eigene Initiative gekündigt. Diese äußerliche und noch sehr grobe Skizzierung verweist auf die Heterogenität der Gruppe, die partiell auch forschungsmethodisch bewusst herbeigeführt worden ist, zu einem größeren Teil aber einfach einer Abbildung der aktuell vorfindlichen Situation entspricht.

Eine besondere Berücksichtigung verlangt, gerade im Hinblick auf die weiteren Analyseschwerpunkte im Verlaufe des Kapitels, auch die Ausbildung bzw. Qualifikation der interviewten Trainer/innen. Sechzehn Trainer/innen verfügen über ein abgeschlossenes Sportstudium, eine Trainer/in durchlief eine mehrjährige Trainerausbildung im Ausland, die man nicht als klassisches Studium bezeichnen kann und eine Trainer/in besitzt eine Verbandslizenz mittleren Niveaus. Anzumerken ist an dieser Stelle vielleicht, dass bislang keine offiziellen Verbandsvorgaben für die Betreuung von Kaderturner/innen vorliegen, d. h. es existieren keine Qualifikationsvorgaben, jeder Übungsleiter ist prinzipiell berechtigt, Kunstturnerinnen bis in die nationale Spitzenklasse zu führen.[52] Für die von uns interviewten Trainer/innen ist diese schwer nachvollziehbare Unstrukturiertheit des Qualifikationssystems aber nicht von Bedeutung, denn mehr als ein Sportstudium oder eine mehrjährige Ausbildung kann man als Qualifikation kaum verlangen. Die interviewten Trainer/innen sind unter formalen Kriterien höchstqualifiziert, wenngleich natürlich auch hier interne Unterschiede bestehen. So ist etwa die Qualität ausländischer Studienangebote schwer einschätzbar, und auch die Tatsache, dass bei vielen die Studienzeit bereits zwei bis drei Jahrzehnte zurückliegt, macht eine präzise Einschätzung nicht leichter. Gleichwohl bleibt festzuhalten, dass nahezu alle Trainer/innen in einem mehrjährigen, anspruchsvollen Qualifikationsprozess formal auf ihre berufliche Tätigkeit vorbereitet worden sind. Dies ist ein zwar wichtiges, letztlich aber äußerliches Kriterium, denn über die Ein-

---

[52] Erste Veränderungen haben sich aus der BISp-Studie „Belastungen und Risiken im Kunstturnen der Frauen" unter der Leitung von BRÜGGEMANN/KRAHL ergeben. Danach soll ab 1999 für die Betreuung von Kunstturnerinnen bei Wettkämpfen auf Bundesebene die C-Lizenz als Voraussetzung verlangt werden. Das Nachwuchsleistungssportkonzept des DSB geht dort – zumindest nach der Papierform – schon weiter. Hier soll schon für das Grundlagentraining eine C-Lizenz verpflichtend gemacht werden (vgl. 1997, 22 f.). Allerdings sollten hier auch nicht die Vielzahl von konjunktivischen Formulierungen übersehen werden, von konkreten Kontroll- oder Sanktionsmaßnahmen ist nichts zu lesen.

schätzung derartiger Ausbildungsprozesse durch die Betroffenen – sprich: Trainer/innen – ist damit noch nichts ausgemacht. Betrachtet man die berufliche Laufbahn noch ein wenig differenzierter, dann ist festzustellen, dass fünfzehn Trainer/innen ihre gesamte Berufskarriere im Bereich des weiblichen Kunstturnen verlebt haben und drei Trainer/innen auch über Erfahrungen in den Bereichen des männlichen Kunstturnens und der Rhythmischen Sportgymnastik verfügen. Alle Trainer/innen haben aber den weitaus größten Anteil ihrer Karriere im Feld des weiblichen Kunstturnens verbracht, was zum einen hochgradiges Expertentum, vielleicht aber auch die Gefahr der ‚Betriebsblindheit‘ signalisiert. Lenkt man den Blick auf den Karrierebeginn bzw. auf die Frage nach der Entscheidung für das Kunstturnen, so spielt die eigene ‚Turnvergangenheit‘ eine tragende Rolle. Es gibt nur eine ‚Quereinsteiger/in‘ ohne eigene Erfahrungen im Kunstturnen. Ansonsten haben alle auf unterschiedlichen, aber insgesamt doch recht hohen Niveaus das Kunstturnen selbst betrieben, der Aspekt der Eigenrealisation spielt also offenbar eine nicht zu unterschätzende Rolle für den Entschluss, ‚Turntrainer/in‘ zu werden. Zu Zeiten der ehemaligen DDR kam neben diesem eher individuell geprägten Phänomen auch noch die Delegation zum Kunstturnen durch eine zentrale Systemsteuerung dazu. Festzuhalten bleibt, dass offenbar biographische Vorprägungen einen wichtigen Anteil am Beschreiten des Wegs zur Turntrainer/in besitzen, man landet in der Regel nicht zufällig beim Kunstturnen.

Wichtig für das Verständnis der Trainer/innensituation insgesamt erscheint auch noch der Hinweis auf eine Besonderheit, die sich aus unserer spezifischen historischen Situation erklärt. Mit der Vereinigung der beiden deutschen Staaten mussten sich auch zwei unterschiedliche Sportsysteme ‚vereinigen‘. Es kann hier nicht darum gehen, diesen Vereinigungsprozess in seinen Facetten nachzuzeichnen, klar ist aber, dass sich nicht nur Systeme vereinigt haben, sondern dass in diesen Systemen Menschen agiert haben, die mit der Wende plötzlich keine Konkurrenten und Klassenfeinde mehr sein sollten, sondern Bürger/innen eines ‚einigen Vaterlandes‘. Insbesondere im Kinderhochleistungssport sind aber über mehrere Jahrzehnte hinweg zwei Kulturen entstanden, die in ihren Voraussetzungen, Strukturen und Methoden unterschiedlicher kaum sein konnten, selbst wenn man die Herstellung von ‚Höchstleistungen‘ als gemeinsamen Nenner unterstellt. Innerhalb dieser Kulturen sind Biographien entstanden und verfestigt worden, die durch eine Vertragsunterzeichnung nicht einfach synchronisiert werden konnten. Für die Trainer/innen in Ost und West „spielt das Jahr 89/90 eine große Rolle hier bei unserer Tätigkeit" (564–565), und dieser Einschätzung kann sich auch die vorliegende Untersuchung nicht entziehen. Auch ein Jahrzehnt nach der sogenannten ‚Wende‘ sind zugefügte Wunden noch nicht verheilt, aufgerissene Gräben noch nicht zugeschüttet, sind die „blühenden Landschaften" auch im weiblichen Kunstturnen nicht in Sicht. Dies alles ist nicht als Schuldzuschreibung zu verstehen, sondern ebenso schlicht wie elementar als Resultat einer historisch vermutlich einmaligen biographischen Sondersituation aller Beteiligten. Wenn die hier interviewten Trainer/innen ihre Sicht auf die Welt des Kunstturnens präsentieren, dann geschieht dies zunächst immer auch vor diesem besonderen Hintergrund, der allerdings in seiner ‚Gebrochenheit' aus nachvollziehbaren Gründen sehr viel stärker von den Trainer/innen der ehemaligen DDR reflektiert wird. Bedeutsam ist er gleichwohl für alle, und eine qualitative Studie täte schlecht daran, an diesen Grundtatbestand nicht rechtzeitig zu erinnern. Richtig bleibt indes auch, dass die Trainer/innen aktuell innerhalb eines Systems tätig sind und sich mit ihren unterschiedlichen biographischen Hintergründen innerhalb der Möglichkeiten bewegen müssen, die dieses System bietet, seien sie auch im Vergleich zu früheren Möglichkeiten noch so unbefriedigend. Im Vordergrund der nachfolgenden Überlegungen werden dann auch nicht biographietheoretisch ambitionierte Analysen und Vergleiche stehen, sondern mit Blick auf das Ziel dieser Studie eher die pragmatisch ausgerichtete Rekonstruktion der Relevanzstrukturen der Trainer/innen bezogen auf die aktuell vorfindliche Lebenswelt des weiblichen Kunstturnens, um auf diese Weise auch Ansatzpunkte für die Ableitung von Konsequenzen zu gewinnen.

Riskiert man, bevor es an die detaillierte Beschreibung der Trainerinnenperspektiven geht, einen eher oberflächlichen Blick auf deren Lebenswelten, dann zeigt sich folgendes Bild: die Lebenswelt Kunstturnen ist zwar primär für die Trainer/innen ‚Arbeitswelt', weil sie hier ihren Lebensunterhalt verdienen, doch sollte man zugleich hinzufügen, dass sie es *nicht nur* ist. Viele der Trainer/innen benutzen für eine Selbstbeschreibung den Begriff des ‚Turnverrückten' und das signalisiert, dass es für sie um mehr geht als die Durchführung eines bloßen Brotberufs. Als ein zentraler Lebensinhalt beschäftigt das Turnen die Trainer/innen in vielerlei Hinsicht auch außerhalb der eigentlichen Trainingszeiten, die sich im Spitzenbereich etwa um die 30 Std./Woche für eine einzelne Kunstturnerin bewegen. Hinzu kommen viele andere, später näher zu erläuternde Tätigkeiten, die in aller Regel dazu führen, dass die Trainer/innen so wenig wie die Kunstturner/innen mit einer ‚normalen' Wochenarbeitszeit auskommen. Wettkämpfe, Lehrgänge, Trainingslager vereinnahmen zudem auch noch zahlreiche Wochenenden, trainingsfreie Zeiten im Sinne eines klassischen Urlaubs sind auf Grund von Trainingsperiodisierungen, Wettkampfterminplänen nur sehr wenig vorhanden. Der Kernarbeitsplatz der Trainer/innen bleibt die Turnhalle, wobei die jeweiligen Kontextbedingungen sehr stark variieren. In größeren Trainingszentren sind die materiellen Rahmenbedingungen meist besser, dort arbeiten meist mehrere Kolleg/innen in der Halle, und es werden in aller Regel kleinere Gruppen von Kunstturnerinnen betreut, wobei Einteilung, Gruppengröße, Zuordnung und Zuständigkeiten sehr stark differieren. Vor dem Hintergrund solcher variierender Kontextbedingungen ist dann auch die Ausgestaltung der Trainingsarbeit recht unterschiedlich, über alle Unterschiede hinweg aber sehr aufwendig. Die Entlohnung für diese Tätigkeit ist natürlich in keinster Weise mit den ‚Traumgehältern' von Trainern in den medial präsenten Sportarten zu vergleichen, sondern entspricht im günstigsten Fall den vertraglichen Vorgaben für Bundestrainer/innen, liegt in der Regel aber darunter (wobei u. a. hier deutliche Ost-West-Unterschiede existieren). Es dürfte angesichts dieser holzschnittartigen Skizze deutlich sein, dass die Primärmotivation der

Trainerinnen nicht im materiellen Bereich liegen dürfte[53], sondern durchaus von einer idealistischen Grundeinstellung dem Kunstturnen gegenüber getragen ist – auch dafür steht offenbar der Begriff des 'Turnverrückten'.

### 5.3.2 Relevanzstrukturen von Trainer/innen im weiblichen Kunstturnen

Angesichts der eingangs angesprochenen medialen Diskussion um die Rolle von Trainer/innen im Nachwuchsleistungssport, scheint es angebracht, das eigene Vorgehen davon deutlich abzugrenzen. Absicht ist nicht die Kopie eines investigativen Journalismus, der Einzelfälle oder Einzelaspekte des Feldes öffentlichkeitswirksam inszeniert. Absicht ist ebenso wenig die Konstruktion einer Trainer/innentypologie, obwohl dies im Rahmen einer qualitativen Untersuchung ein durchaus legitimes und verdienstvolles Vorhaben sein könnte. Stattdessen soll es um die Herausarbeitung von Strukturen gehen, die für das Wahrnehmen und Handeln der Trainer/innen in ihrer 'Lebenswelt Kunstturnen' zentrale Bedeutung besitzen. Aber auch diese Auskunft bedarf der Relativierung, denn die Darstellung relevanter Strukturen orientiert sich an pragmatischen Engführungen, die einerseits erzieherisch bedeutsame Themen in den Vordergrund rücken und andererseits auch bereits die Chancen konkreter Interventionen mit berücksichtigen. Im Mittelpunkt steht also *nicht die möglichst vollständige Beschreibung* aller Details der Lebenswelten von Trainerinnen, *sondern eine Auswahl strukturbildender Relevanzen*, die – so die Absicht – einen brauchbaren Kompromiss zwischen den Notwendigkeiten präziser Deskription und sinnvoller Reduktion ermöglichen.[54]

Betrachtet man die Figur der Trainer/in innerhalb ihrer Einbettung in das System des Kinder- und Jugendhochleistungssport, dann wird die zentrale Bedeutung der Trainer/in deutlich. Sehr unterschiedliche *Anforderungen und Ansprüche* aus sehr unterschiedlichen Bereichen werden von unterschiedlichen Instanzen formuliert und an die Person der Trainer/in herangetragen. Als Schnittstelle zum eigentlichen 'Kernakteur' des Systems, der Kunstturnerin, hat die Trainer/in angemessen zu vermitteln. Eine Trainer/in formuliert das so:

> „Das Verhältnis um den Athleten muss da sein, zwischen Lehrer, zwischen dem Erzieher, wenn sie im Internat sind, zwischen dem Elternteil und dem Trainer, der Trainer muss die führende Rolle einnehmen" (1367–1370).

---

[53] Relativierend ist hier aber auch anzumerken, dass sich vor allem ältere Trainer/innen natürlich auch in einer Pfadabhängigkeit befinden, die ein Aussteigen oder Umsatteln nahezu ausschließt. Die Qualifikation als 'Turnexpert/in' eröffnet wenig Alternativen. Die Möglichkeiten im Ausland sind auch begrenzt, denn Deutschland steht nicht gerade für eine erfolgreiche Turnnation. Die Turntrainer/innen befinden sich also so gesehen in einer wenig beneidenswerten Lage. Im Laufe der Jahre ist natürlich das Trainer/innendasein zum 'Brotberuf' geworden, so dass materielle Motivationen mittlerweile sicher auch eine nicht zu vernachlässigende Rolle spielen. Dies ist jedoch fallspezifisch zu sehen.

[54] Zu den theoretischen Hintergründen dieser hier eher beiläufig benutzten Termini der Sozialphänomenologie vgl. die Erläuterungen in Kap. 5.1.

Natürlich handelt die Trainer/in nicht allein und im luftleeren Raum, aber innerhalb der Lebenswelt Kunstturnen kommt der Trainer/in eine ,führende', also strukturierende, lenkende und ordnende Funktion zu. Wie das Anforderungsprofil an die Kunstturnerinnen zeigt (vgl. 4.3.2), sind diese Anforderungen sehr unterschiedlicher Natur und auch nur partiell direkt aus dem System des Hochleistungssports abgeleitet. Die Schule etwa stellt ihre eigenen Ansprüche, die nicht automatisch mit denen des Kunstturnens kompatibel sind und auch nicht den Ansprüchen des Kunstturnens automatisch untergeordnet werden. In unserer Gesellschaft existiert eine gesetzlich geregelte Schulpflicht, von der auch die Kunstturnerinnen nicht entbunden sind.

> „Klar gibt es da ab und zu ein paar Reibereien, aber das ist normal, weil wir eben doch ein paar andere Vorstellungen haben, wie es laufen müsste und könnte" (165–168).

In der Praxis gibt es dann zahlreiche und sehr unterschiedliche Lösungsstrategien für auftauchende ,Reibereien', die teils institutioneller Art, z. B. in Form der Etablierung eigener Sportinternate, zugleich immer aber auch individueller Art sind, denn alle Trainer/innen sehen sich den ,objektiven' Anforderungen des Systems Schule ausgesetzt und versuchen, durch persönliche Kontakte mit Schulen und Lehrern die ,Reibungsverluste' möglichst gering zu halten. Dass dies nicht immer in gleicher Weise gelingt, ändert nichts am Anspruch. Anforderungen werden aber auch noch von ganz anderen Seiten gestellt, z. B. von den Eltern. Das ist wenig überraschend und höchst legitim, denn es ist ein nur verständliches Interesse der Eltern, dass ihre Kinder ihren Ansprüchen gemäß versorgt werden. Auch hier können ,Reibereien' entstehen, wenn divergierende Ansprüche aufeinandertreffen, also beispielsweise Leistungsanforderungen nach Auffassung der Eltern zu hoch angesetzt werden oder erwartete Leistungen ausbleiben. Ratsam ist, das wissen auch die Trainer/innen, eine möglichst enge Zusammenarbeit mit den Eltern, die sich aber – und das ist interessant – auf den Zuständigkeitsbereich der Eltern und nicht den des Trainings bezieht.

> „Für mich damals wie auch heute spielt eine wesentliche Rolle das Elternhaus, wie die Eltern dahinterstehen. Und man kann mit den Eltern sehr viel, also in dieser Richtung gemeinsam machen, wenn die Eltern zu Hause auch die Meinung der Trainer vertreten...dass wir die Probleme ausdiskutieren und versuchen, eine Meinung (betont!) vor den Kindern zu haben, zu Hause sollen sie also die gleiche Meinung hören wie in der Turnhalle" (663–671).

Anforderungen kommen außerdem eher anonym aus der Gesellschaft, die diffus das Recht auf eine unbeschwerte Kindheit und entwicklungsgemäße Rahmenbedingungen für die Kunstturnerinnen einklagen. Solche von den Medien oder auch von Pädagogenseite formulierten Anforderungen an einen humanen Nachwuchsleistungssport bereiten den Trainer/innen deshalb besondere Schwierigkeiten, weil sie einerseits selbst häufig die konkreten Zielscheiben solcher diffusen Vorstöße sind, auf der anderen Seite aber kaum wirksam auf solche Zumutungen reagieren können, da im Unterschied etwa zu den Eltern oder Lehrern, direkte Ansprechpartner fehlen. Die Reaktionen sind dann auch eher unspezifisch: man verweist auf ‚gläserne Turnhallen‘, die jederzeit betreten werden können, fordert Rückenstärkung durch Repräsentanten des Systems oder appelliert an die Trainer/innenkollegen:

> „Also ich lass mich nicht auf eine Stufe stellen hier als Kinderquäler oder was es alles für Begriffe gibt, weil ich mich als Pädagoge sehe. Deshalb sage ich, alle Trainer, die bei uns im Bereich arbeiten, egal ob in Köln, Kiel, Stuttgart oder wo, müssten eigentlich so auftreten, dass man nicht nur eine gute Leistung produziert, sondern dass man auch mit hohem Verantwortungsbewusstsein diese Sportart als Trainer aktiv beeinflusst und auch in der Medienwelt beeinflusst“ (435–443).

Neben den Anforderungen aus außersportlichen Bereichen wie Familie, Schule oder Gesellschaft stellt natürlich auch das System des Hochleistungssports selbst Ansprüche. Diese Ansprüche möglichst vollständig und ohne Reibungsverluste umzusetzen, ist wohl die Basisanforderung an jede Trainer/in im Hochleistungssport. ‚Leistungsmaximierung‘ – so lautet die reine Lehre des Hochleistungssports, die aber auf Grund der genannten konkurrierenden Ansprüche in dieser Reinheit innerhalb unseres Gesellschaftssystems nicht umgesetzt werden kann. Dennoch schwebt diese Forderung einem Damoklesschwert gleich über den Köpfen der Trainer/innen, denn es bedarf immer wieder neuer Aushandlungsprozesse um festzulegen, wie gut ‚gut genug‘ im Bereich des weiblichen Kunstturnens in Deutschland sein soll. Die Trainer/innen haben sich letztlich den Leistungsvorgaben nationaler wie internationaler Art zu beugen, müssen aber auch hier Übersetzungs- und Vermittlungsleistungen vornehmen, um die generellen Leistungsanforderungen mit den spezifischen Voraussetzungen ihrer Kunstturnerinnen in Einklang zu bringen.

Was den Bereich der externen Anforderungen angeht, haben die Trainer/innen diese also nicht schlicht aufzunehmen und weiterzugeben, sondern ihnen obliegt eine ‚*Führungsfunktion*‘. Sie haben unterschiedliche Anforderungen zu ordnen, zu gewichten und möglichst effektiv auf die spezifischen Kontextbedingungen zu transformieren. Referenzpunkt für derartige Abwägungsprozeduren bleiben die Anforderungen des Hochleistungssports. Für zentrale Akteure dieses Systems erscheint eine solche Interessenvertretung durchaus funktional und ist auch in anderen Feldern durchaus üblich. Geistliche vertreten die Positionen der Kirche, Polizisten schützen die Interessen des Staates, Lehrer handeln vor dem Hintergrund vorgegebener Richtlinien. Solche Vertretung von Systeminteressen impliziert – wie gesehen – durchaus nicht Blindheit für konkurrierende oder kollidierende Ansprüche, denn es kann durchaus funktional und ratsam sein, auf solche Konkurrenz Rücksicht zu nehmen. Ob mit den Systeminteressen zugleich auch der letztinstanzliche Referenzpunkt für das Trainer/innenhandeln gefunden ist, mag an dieser Stelle noch offen bleiben.

Neben diesen externen Anforderungen fungiert die Trainer/in aber natürlich auch selbst als Person, die sich *eigene* Anforderungen und Ansprüche stellt. Auf deren Genese kann hier nicht weiter eingegangen werden, vermutlich aber spielen komplexe und schwer durchschaubare biographische Entwicklungen eine wesentliche Rolle. Erinnert sei nur an die eigenen leistungssportlichen Erfahrungen der Trainer/innen, die positive Grundeinstellung zum Sport oder die Selbsteinschätzung als ‚Turnverrückte'. Die daraus resultierenden Selbstansprüche beeinflussen ohne Zweifel auch die Gewichtung externer Anspruchsdimensionen, so dass aufs Ganze gesehen die skizzierten Anspruchsprofile bei aller Relevanz keine ‚objektiven' Gegebenheiten darstellen. Die Trainer/in ist – aus Sicht der Trainer/innen – wie oben erwähnt die ‚Führungsperson', bei ihr laufen die unterschiedlichen Fäden konkurrierender Ansprüche und Anforderungen zusammen und werden zu einem den jeweiligen Notwendigkeiten entsprechenden Geflecht verknüpft, bei dem zwangsläufig auch individuelle Bedeutungszumessungen eine Rolle spielen.

Vor diesem Hintergrund gilt es also, die Arbeit der Trainer/innen genauer zu betrachten. Es dürfte klar geworden sein, dass die Dominanz des Systems Hochleistungssport sowohl durch konkurrierende und durchaus machtvolle Systeme aber auch durch individuelle Präferenzen *relativiert* wird. Dies hat sehr nachhaltige Konsequenzen, denn die Trainer/innen können ihr Handeln nicht, wie es für den Hochleistungssport ideal wäre, eindimensional ausrichten. Zwar bleibt der Wettbewerbserfolg weiterhin die leitende Maxime, aber eben *nicht um jeden Preis*, sondern mit externen Stoppschildern versehen, die durchaus nicht unsanktioniert überfahren werden dürfen. Genau hier liegt – wenn man es aus der Sicht des Hochleistungssports betrachtet – ein entscheidender Wettbewerbsnachteil gegenüber weniger beschränkten Mitkonkurrenten. Die Trainer/innen wissen nicht nur um dieses Dilemma, sie müssen es auch verarbeiten. Problematisch ist diese Grundsituation vor allem deshalb, weil die Trainer/innen natürlich dem Ideal der Leistungsmaximierung zustreben und insofern natürlich die Systemideologie vertreten, zugleich aber um die Handicaps wissen, die im Grunde ein ebenbürtiges Konkurrieren mit ‚eindimensional' orientierten Nationen aussichtslos erscheinen lassen. Wissen, das ist jedem von uns aus alltäglicher Erfahrung bekannt, entspricht aber nicht notwendig dem Handeln, und so ist auch im vorliegenden Fall die Einsicht in das Grundproblem durchaus nicht gleichzusetzen mit adäquaten Handlungsstrategien. Dies um so weniger deshalb, weil das System Hochleistungssport selbst nicht angemessen differenziert (oder differenzieren kann?) und so die Akteure mit überzogenen Ansprüchen unter Zugzwang setzt.[55]

Auf einer ersten Ebene resultiert für das Trainer/innenhandeln daraus nolens volens die Unmöglichkeit einer eindimensionalen Orientierung am Wettbewerbserfolg. Er kann sich nicht allein auf Leistungsmaximierung konzentrieren, er darf nicht nur die Sache Kunstturnen in den Mittelpunkt stellen, sondern er muss die Ansprüche und Anforderungen an die ihm anvertrauten Personen mit ins Kalkül ziehen. Die Kunstturnerinnen sind eben nicht nur Kunstturnerinnen, Spielfiguren des Systems Hochleistungssport oder zu formendes biologisches Material, sondern heranwachsende Menschen in einer komplexen Gesellschaft, die vielfältige Ansprüche stellt und Optionen anbietet. Zwar kann wohl kein System des Hochleistungssports den Menschen auf eine bloß noch funktionierende Systemkomponente reduzieren, doch ist dieses Denken in Extremen auch nicht das zu bewältigende Problem. Wie allein der in aller Regel sehnsüchtige Blick auf das zerbrochene Fördersystem in der ehemaligen DDR zeigt, gibt es massive und für das Trainer/innenhandeln relevante Unterschiede in den Systemkonfigurationen. Viele Dinge waren dort – übrigens auch aus der Sicht der Westtrainer/innen – ‚besser' geregelt, d. h. eindeutiger und entschiedener an den Erfordernissen des Hochleistungssports ausgerichtet. Die Arbeit der Trainer/innen war leichter. Genau diesem Aspekt der Arbeit der Trainer/innen, ihren Aufgaben und Tätigkeiten soll jetzt detaillierter auf den Grund gegangen werden, da sich zentrale Problembereiche des Trainer/innenhandelns in den Dimensionen ihres alltäglichen Handelns widerspiegeln.

Auf das grundsätzliche Engagement der Trainer/innen für ihren Beruf ist bereits hingewiesen worden. Es ist vermutlich nicht übertrieben zu sagen, dass ohne dieses Engagement der Trainer/innen der hier untersuchte Bereich des weiblichen Kunstturnens bereits kollabiert wäre. Engagement ist dabei quantitativ und qualitativ zu verstehen. Wenngleich wir keine detaillierten Studien zum Zeitbudget der Trainer/innen angestellt haben, mithin auf Selbstauskünfte bzw. begrenzte Beobachtungen angewiesen sind, ergeben sich auch für ein deutlich über die normale Arbeitszeit hinausgehendes Engagement klare Hinweise. Ob dabei die von einer Trainer/in genannten „60–80 Std. pro Woche" der Realität entsprechen, lässt sich nicht entscheiden, denn, wie in verschiedenen anderen Berufen auch, ist die eindeutige quantitative Bemessung von Arbeitszeit auch für die Trainer/innen kaum möglich. Dies liegt u. a. an den vielfältigen Möglichkeiten zur ‚Heimarbeit', dies liegt aber auch an schwierigen Zuordnungsproblemen. Gehört etwa die Lektüre einer Kunstturnzeitschrift oder die Anreise zu einem Wettkampf zur Arbeitszeit? Vermutlich kommt aber selbst bei sehr enger Auslegung keine hauptamtliche Trainer/in mit dem Budget einer gängigen Wochenarbeitszeit aus. Doch betrifft diese quantitative Dimension auch nicht den Kern der nachfolgenden Überlegungen. Aufschlussreicher für weitergehende Ableitungen zum Trainer/innenhandeln ist es, sich der *qualitativen Dimension der Tätig-*

---

55 Erinnert werden kann in diesem Zusammenhang beispielsweise an eine Podiumsdiskussion mit dem für den Leistungssport zuständigen Vizepräsidenten des DSB, Ulrich Feldhoff, der eine für alle Sportarten gleiche Messlatte etwa für die Qualifizierung zu Großereignissen forderte (vgl. HARTMANN/BLEICHER 1999, 68). Einen Unterschied zwischen z. B. Dressurreiten und Hochleistungssport mit jugendlichen Kunstturnerinnen gibt es aus dieser Perspektive also offensichtlich nicht. Auf relevante Unterschiede wird hier kein Wert gelegt, argumentiert wird von einem autarken (!) System Hochleistungssport aus, das auf relativierende Rahmenbedingungen anderer gesellschaftlicher Systeme offenbar keine Rücksicht zu nehmen braucht. Welcher Form von Realität eine solche Wahrnehmung entspricht und wie diese Wahrnehmung mit der immer wieder gern von den gleichen Protagonisten vorgebrachten Formel vom ‚humanen Nachwuchsleistungssport' zusammenpasst, muss der DSB für sich entscheiden. Ausbaden müssen solche Überlegungen ohnehin die Aktiven (vgl. auch 6.5).

*keiten* zuzuwenden, also zu fragen: was die Trainer/innen tun, wie sie es tun und welche Bedeutung sie einzelnen Tätigkeitsbereichen zumessen.

Zu sagen, dass die Arbeit einer Trainer/in im Trainieren von Kunsturnerinnen bestehe, ist etwa so zutreffend oder nichtzutreffend wie zu behaupten, dass die Arbeit eines Chirurgen im Operieren von Patienten bestehe. Nach dem bisher Gesagten dürfte klar sein, dass die Reduzierung der Trainer/innentätigkeit auf das Trainieren zu kurz greift. Zwar speist sich das Selbstverständnis der Trainer/innen aus „der Arbeit am Mann", verbringt man „die meiste Zeit in der Turnhalle", doch genügt eine kurze Erinnerung an die vielfältigen Anforderungen, um klar zu machen, dass es damit nicht getan ist. Wie in vielen anderen beruflichen Feldern auch, gibt es weitere Tätigkeiten, die zum Erfüllen der beruflichen Aufgaben wahrzunehmen sind. Auffallend ist jedoch sowohl die Heterogenität dieser Aufgaben wie auch ihre Vielzahl, die sich von anderen Berufen dann doch erheblich unterscheidet.

Auf einen Begriff gebracht heißt dies *„Rundumbetreuung"*. Als „Mädchen für alles" müssen die Trainer/innen den Betrieb in Gang halten, und genau das ist gemeint, wenn weiter oben gesagt wurde, dass ohne das Engagement der Trainer/innen der Betrieb bereits zusammengebrochen wäre. In diesem Zusammenhang ist nicht allein die Kontaktpflege zu anderen relevanten Personengruppen wie etwa Lehrern oder den Eltern gemeint, sondern weit darüber hinausgehend die Organisation oder gar die Durchführung von Nachhilfeeinheiten bei ausgefallenem Schulunterricht, das Besorgen von Wohnungen oder auch Arbeitsplätzen für Eltern von Kunstturner/innen, die relativ weit vom Trainingsort entfernt leben, das Vermitteln von ‚Gastfamilien' für Kunstturnerinnen, die Aquirierung von Sponsoren zur Finanzierung von Trainingslagern oder neuen Geräten, die Planung oder Durchführung von ‚Showwettkämpfen' oder auch die Aufrechterhaltung der lokalen bzw. regionalen Öffentlichkeitsarbeit. Dies sind Tätigkeiten, die über den eigentlichen Zuständigkeitsbereich der Trainer/innen weit hinausweisen und dies selbst dann, wenn man bereit ist, diesen Zuständigkeitsbereich sehr weit zu fassen. Relativierend muss hinzugefügt werden, dass nicht alle Trainer/innen ständig mit derartigen Aufgaben beschäftigt sind, doch sind diese ‚Grenzfälle' schon deutliche Indikatoren für die Diffusität des Tätigkeitsfeldes.

Deutlicher wird dies noch, wenn man eine genauere Strukturierung der Trainer/innentätigkeiten vornimmt. So lassen sich zur Veranschaulichung *Kerntätigkeiten und Manteltätigkeiten* unterscheiden.[56] Als Kerntätigkeiten sind dabei jene Handlungen zu fassen, die zu den Systemaufgaben im engeren Sinne – sprich: Leistungsmaximierung – zu rechnen sind. Hierzu gehört in erster Linie das Training, seine Vorbereitung, Planung, Durchführung, Fragen der Dosierung und Belastung, die Zusammen-

---

[56] Vielleicht hilft zur Veranschaulichung auch das Bild des Eisbergs, dessen sichtbarer Teil ja bekanntlich nur zu einem geringen Teil über der Wasseroberfläche liegt. Genauso existent ist aber der unter der Wasseroberfläche liegende Teil. Das hat nicht erst die ‚Titanic' leidvoll erfahren müssen. Gerade deshalb dürfen diese unsichtbaren Bereiche nicht aus dem Aufmerksamkeitshorizont ausgeblendet werden.

stellung von Übungen oder Fehlerkorrekturen, insgesamt also primär an der *Sache des Kunstturnens* orientierte Tätigkeiten. Dieser geradezu prototypische Bereich des Turntrainings ist klar strukturiert und insgesamt wenig geheimnisvoll:

> „Und jeder Trainer hat andere Methoden ein bisschen, hier und dort auch ne ande-re Auffassung, aber vom Prinzip her unterscheiden sie sich dort, glaube ich, doch relativ wenig" (691–694).

Hinzu kommen dann Tätigkeiten, die sich mit der Auswahl und Gestaltung von Wett-kämpfen befassen oder auch Fragen der angemessenen Ernährung der Kunstturnerin-nen, Aufgaben die eng an das Kunstturnen angelagert sind. Dieses Grundrepertoire des Trainer/innenhandelns wird von einer Tätigkeitsdimension ergänzt, die von den Trainer/innen einhellig als eminent bedeutsam herausgestellt und als *‚Personorien-tierung'* gekennzeichnet werden könnte. Trainingsmethodische, biomechanische Kenntnisse sind das eine,

> „aber ich glaube, wichtiger ist es, dass man, das ist meiner Ansicht nach auch ein bisschen abhängig vom Einsatzgebiet, dass man psychologisch den Aktiven (Pause 5 sec), also dass man bei den Aktiven psychologisch in bestimmten Situa-tionen, wenn man dann auf sie eingehen kann, man über ihre Psyche Bescheid weiß, und das, bilde ich mir ein, weiß ich nicht in vielen Dingen..." (1689–1695).

Die Kenntnis der Psyche der Kunstturnerinnen und damit einhergehend eine Orien-tierung an der aktuell gegebenen Situation bilden für die Trainer/innen einen zweiten wesentlichen Pfeiler ihrer Tätigkeit im engeren Sinne, wobei auch hier die Leistungs-entwicklung der Kunstturnerin der leitende Gesichtspunkt bleibt. Motivationsproble-me, Hemmschwellen oder Angst sind ‚Störgrößen', die auf der einen Seite erkannt und ernst genommen werden müssen, aber auf der anderen Seite auch möglichst schnell zu überwinden sind. Deshalb ist das Wissen um die psychische Disposition, sind Informationen so wichtig, deshalb müssen die Trainer/innen ihre Schützlinge möglichst genau kennen, um situationsgerecht und angemessen reagieren zu können. Dass dies durchaus nicht immer gelingt, belegt nicht nur das obige Zitat. Die Psyche der Kunstturnerinnen, die Tatsache, dass sie auch einen eigenen Kopf besitzen, macht den Trainer/innen bisweilen sehr zu schaffen, hier wird das prinzipielle ‚Technolo-giedefizit' allen zwischenmenschlichen Umgangs schmerzlich registriert.

Argumentiert man puristisch, sind mit diesen beiden Säulen die Kerntätigkeitsberei-che von Trainer/innen beschrieben. Alle weiteren Aufgaben sind in mehr oder weni-ger hohem Maße Zusatztätigkeiten, die durch Irritationen des Leistungssportsystems verursacht sind. Auf Grund der aktuell vorfindlichen Bedingungen gehören ‚Ent-störungstätigkeiten' zum alltäglichen Geschäft der Trainer/innen. Organisations- und Verwaltungsaufgaben, die zur Aufrechterhaltung des Trainingsbetriebs notwendig sind, zählen dazu genauso, wie die schon erwähnten Aushandlungsprozesse mit Lehrern, Schulleitern oder Eltern. Wichtig ist in diesem Zusammenhang der Hinweis, dass die Einwirkungsmöglichkeiten der Trainer/innen auch hier begrenzt sind. So ist man auf die Kooperation von Schulen oder auch der Eltern angewiesen, man kann sie nicht einfach einfordern. Wenn eine Kunstturnerin z. B. an 90 von 140 Schultagen gefehlt hat, dann hat die betreffende Trainer/in sicher einiges an Überzeugungsarbeit in der Schule zu leisten, damit der Turnerin keine schulischen Nachteile erwachsen, wenn Eltern einer Trainer/in mangelnde Qualifikation unterstellen, dann ist es wohl nicht mit dem Hinweis auf eine vorhandene Trainerlizenz getan. Angesichts der knappen Ressourcen an leistungsfähigen und -willigen Kunsturnerinnen, sind die Trainer/innen im eigenen Interesse gehalten, auch in den genannten Bereichen hohe zeitliche Investitionen zu tätigen, da es anderenfalls zu nachhaltigen Sanktionen kommen kann, die eine Weiterarbeit dann im schlechtesten Fall ausschließen. Wie weit dies gehen kann, zeigen die Beispiele von Trainer/innen als Nachhilfelehrer, Chauffeure, Jobvermittler oder Freizeitgestalter.

Ein solcher Strauß von Tätigkeiten wirft natürlich eine Reihe von Fragen und Problemstellungen auf. Da ist zum einen die Frage nach der Entstehung der Manteltätigkeiten. Insbesondere die Trainer/innen der ehemaligen DDR weisen auf den Neuigkeitscharakter dieser Aufgaben hin, womit Systemunterschiede als eine Ursache identifiziert werden können.

> „Die Mädels waren eigentlich, und auch wir als Trainer waren eigentlich eingebettet in ein Sportsystem, das für mein Verständnis her eigentlich die normalste Sache der Welt war. […] Man brauchte sich also dort, ich will es mal so sagen, nicht diesen Kopf zu machen" (551–554).

Man ist – aus Sicht der Osttrainer/innen – zum ‚Mädchen für alles' geworden, ohne dass man es sich ausgesucht hätte. Die Alternative zur Rundumbetreuung, zur Aufnahme und Integration zahlreicher Manteltätigkeiten, lautet Ausstieg aus dem System. Die Funktionalität des Sportfördersystems der ehemaligen DDR basierte auf einem gigantischen personellen Aufwand. Rundumbetreuung war unter ganz anderen Voraussetzungen auch dort verwirklicht, allerdings unter zentraler Aufsicht und unter Einsatz erheblicher personeller Ressourcen. Wenn heute in großen Trainingszentren noch vier Trainer/innen arbeiten, wo früher zwei Dutzend tätig waren, dann sind die Dimensionen der Veränderung deutlich.

Systemveränderungen allein erklären aber noch nicht die existierenden Unterschiede in der Wahrnehmung von Manteltätigkeiten. Diese werden erst verständlich, wenn man zum einen die unterschiedlichen Ressourcen der Standorte hinzuzieht und zum zweiten die unterschiedlichen Grade individuellen Engagements. Je geringer die existierenden Ressourcen, desto notwendiger wird die Kompensation durch personelles Engagement. Dies führt dann in Einzelfällen zu improvisatorischen Meisterleistungen, wie man sie innerhalb eines professionellen Systems nicht erwarten würde, es macht solche Unternehmen aber auch in höchstem Maße abhängig von Einzelpersonen, deren stetiges Engagement durchaus nicht als gesichert gelten kann. Wenn Engagement, Idealismus oder Turnverrücktheit zu systemerhaltenden Komponenten werden, dann sollte das System diese Form der Ressourcen in besonderer Weise in die eigene Handlungslogik einbeziehen, sprich goutieren. Zugleich sind hier aber auch zwei weitere Fragen im Hinblick auf die Tätigkeiten angesprochen, die nach der *Kompetenz* und die nach der *Belastbarkeit*.

Der Aspekt der Kompetenz soll an dieser Stelle nur angerissen und später ausführlicher behandelt werden. Die Tatsache, dass Manteltätigkeiten zur notwendigen Grundausstattung von Turntrainer/innen gehören, garantiert ja nicht automatisch, dass diese Aufgaben auch angemessen bewältigt werden können. Darf man hinsichtlich der Kerntätigkeiten den Erwerb von Qualifikationen während der Ausbildung zumindest vermuten, so ist dies für die Manteltätigkeiten alles andere als offensichtlich. Werden hier also Dinge getan, weil sie getan werden müssen und weil niemand anderes da ist, der sie übernehmen könnte? Benötigt man für diese Tätigkeiten besondere Kompetenzen oder reichen vielleicht vorhandene Alltagsstrategien aus? Ist hier Dilettantismus an der Tagesordnung und kann man dies tolerieren? Derartige Fragen sind sicher nicht einfach zu ignorieren, geht es doch immerhin um einen offenbar sensiblen Bereich, der sich bewusste Nachlässigkeiten in der Behandlung der anvertrauten Kinder und Jugendlichen nicht leisten sollte. Die differenziertere Diskussion soll aber zunächst noch verschoben werden.

Neben der Frage nach Kompetenzen für Manteltätigkeiten stellt sich aber auch noch das Problem der Belastung durch solche Rundumbetreuungsmaßnahmen. Ohne Zweifel handelt es sich um zusätzliche Beanspruchungen auf sehr unterschiedlichen Ebenen, die partiell rein zeitlicher Natur sein können, partiell aber durchaus auf die emotionale Ebene durchschlagen können. Ob aus derartigen Beanspruchungen auch Belastungen werden, hängt offenbar ganz entscheidend von der Qualität der existierenden Bewältigungsmechanismen und Ressourcen ab (vgl. RICHARTZ/BRETT-SCHNEIDER 1996, 30 ff.; COMBE/BUCHEN 1996, 267 ff.). Insbesondere gilt dies wohl für die Felder interpersonaler Beziehungsarbeit. Zentral ist in diesem Zusammenhang der Hinweis auf das grundlegende Engagement der Trainer/innen. Die Trainer/innen nehmen diese zusätzlichen Beanspruchungen in Kauf, weil sie mit ihrer Tätigkeit verwachsen sind, weil sie ihren Beruf lieben und sich der Sache Kunstturnen verpflichtet fühlen. Kurz gesagt: sie können ihr Tun mit einem persönlichen *Sinn* verbinden. „Trainer ist eine Berufung, kein Beruf, genau wie Arzt" (1043–1044), damit wird die basale Motivation prägnant beschrieben. Weil der Beruf der Trainer/in für die meisten Trainer/innen mit einer offenbar großen emotionalen Zufriedenheit gekoppelt ist, nehmen sie auch zur Aufrechterhaltung dieser Tätigkeit relativ viele ‚Zumutungen' in Kauf. Es spricht jedoch einiges dafür, *dass ein solches Engagement nicht grenzenlosen Beanspruchungen ausgesetzt werden darf*, insbesondere dann nicht, wenn Risse in der prinzipiellen Sinnhaftigkeit des eigenen Tuns entstehen. Dann kann sehr schnell aus der ‚Berufung' ein Beruf im Sinne eines bloßen Jobs werden, den man nur noch beibehält, weil die Alternativen fehlen. Solche Wandlungsprozesse gehen einher mit Reduzierungen im Engagement, mit Reduzierung der eigenen Ansprüche und Rückzug auf eine Art ‚Dienst nach Vorschrift'. Frustrationserlebnisse, Desillusionierung, Ungerechtigkeiten im System, mangelnde Anerkennung, Heimatlosigkeit können als Auslöser solcher Erodierungen der Sinnperspektive fungieren. Dann heißt es bei der oben zitierten Trainer/in mit einem Mal: „[…] früher war es ja mal so richtig ne Berufung." (1045) Oder:

„Und jetzt zieh ich mich praktisch doch ein bisschen mehr zurück und versuche, die Sache ein bisschen ruhiger anzugehen, merke aber selber dabei, das kommt bei den Aktiven auch nicht an, die kennen mich eigentlich auch ein bisschen anders" (1676–1679).

Dann werden aus Beanspruchungen Belastungen, denen von vornherein und durchaus wissend, dass es eigentlich anders sein sollte, nur noch ausgewichen wird, weil man sich nicht mehr mit Problemen oder, neutraler formuliert, Herausforderungen beladen will, die man genauso gut auch ignorieren kann. Wie lange ein System, das substanziell auf das Engagement der Trainer/innen angewiesen bleibt, solche Veränderungen tolerieren kann, lässt sich kaum beantworten. Offenbar war auch hier das System der ehemaligen DDR so strukturiert, dass solche ‚Abnutzungserscheinungen' bei Trainer/innen dadurch aufgefangen werden konnten, dass Versetzungen in andere Bereiche des Leistungssportsystems möglich und üblich waren. Solche Kapazitäten sind im aktuellen System nicht eingeplant. Klar ist allerdings, dass ein ohnehin angeschlagenes und in seiner Gesamtkapazität begrenztes System, wie es das weibliche Kunstturnen momentan darstellt, auch die Trainer/innenressourcen pflegen muss. Denn Trainer/innen, die sich auf einen ‚Dienst nach Vorschrift' zurückziehen oder sich gar bereits auf der schiefen Ebene des viel zitierten Burn-Out-Syndroms befinden, fallen ja in der Regel nicht einfach aus dem System heraus, sondern bleiben ihm oft für längere Zeiträume weiter erhalten. Dass dies weder im Sinne des Systems noch der Akteure ist, dürfte auf der Hand liegen.

Die Tätigkeitsfelder der Trainer/innen sind also sehr breit gestreut und gehen weit über die klassische Figur des Trainierens hinaus. Gegebenheiten des Systems, die Sache Kunstturnen und die Orientierung an den Kunstturnerinnen markieren dabei die Grenzlinien des Tätigkeitsfeldes, das in seiner Vielschichtigkeit doch überrascht und irritiert. Die bisherige Vorgehensweise orientierte sich an diesen eher ‚äußeren' Merkmalen der Trainer/innentätigkeit und eine derartige Vermessung des Feldes erscheint für das Verständnis der Akteure auch unabdingbar. Da für unser eigenes Erkenntnisinteresse – und ganz sicher ebenso in der Außenwahrnehmung – aber auch noch eine andere, ‚innere' Dimension der Trainer/innentätigkeit eine wesentliche Rolle spielt, soll diesem Aspekt nun die Aufmerksamkeit zugewendet werden. Die Trainer/innen haben es mit Kindern und Jugendlichen zu tun, und da ist nur normal, auch nach der erzieherischen oder pädagogischen Dimension ihres Handelns zu fragen.

### 5.3.3 Pädagogische Dimensionen des Trainer/innenhandelns

Verstärkt wird diese Nachfrage noch durch die nicht verstummende Kritik bestimmter Teile der Öffentlichkeit, die dem Kinder- und Jugendhochleistungssport seine pädagogische Legitimation nicht nur absprechen, sondern ihm sogar inhumane und antipädagogische Züge unterstellen. Damit gelangt man auf stark vermintes Gelände. Daher sei an dieser Stelle noch einmal der Hinweis auf unsere erkenntnisleitende Intention erlaubt: es geht uns – um im Bild zu bleiben – nicht darum, die gelegten Minen aus dem Weg zu räumen, sondern es geht zunächst um eine differenzierte Kartierung des Geländes. Für diese Kartierung sind wieder die Informationen der Bewohner dieses Geländes von primärer Bedeutung, nicht die Auskünfte der Minenleger und auch nicht die Auffassungen der Minenräumkommandos. Dass auch dieses Vorgehen nicht unproblematisch ist, dass mitunter die Frage der Rollenverteilung zwischen Bewohnern, Minenlegern und Minenräumern nicht eindeutig zu klären ist, wird gar nicht bestritten. Der hier beschrittene Weg lebt von der Grundannahme, dass es für weitere und sicher notwendige Maßnahmen durchaus hilfreich sein kann, die Sicht der direkt Betroffenen nachzuzeichnen. Weil dies bisher kaum systematisch geschehen ist, kann eine solche Perspektive auch eine durchaus wichtige und sinnvolle Ergänzung bisheriger Überlegungen darstellen.

> „Weil das Dinge sind, die von den jungen Damen verlangt werden, die sind eigentlich schon, na, ich will nicht sagen übermenschlich, aber die sind teilweise außerhalb des normal Fassbaren, würde ich mal sagen. Wenn man sich die Spitzenleistungen anguckt der Weltspitze, also da ist keine (betont!) Turnerin, da geb ich Brief und Siegel für, mit ganz normalen Erziehungsmethoden, ganz normalen pädagogischen Mitteln dorthin gebracht worden, nicht eine einzige" (937–941).

Dieses Trainer/innenzitat scheint alle Befürchtungen von Kritikern nachdrücklich zu bestätigen. Man sollte jedoch nicht vorschnell zur Tagesordnung übergehen, denn abgesehen von interpretativen Spitzfindigkeiten, dass mit der ‚Weltspitze' ja kaum die deutschen Kunstturnerinnen gemeint sein können, erscheinen zwei andere, miteinander korrelierende Aspekte sehr viel wichtiger. Zum einen wird die Herausgehobenheit der Aktiven betont, die fast ans ‚Übermenschliche' grenzt und zum anderen wird die Besonderheit der ‚pädagogischen Mittel' und ‚Erziehungsmethoden' erwähnt, wobei diese Besonderheit aber im Zitat nicht näher qualifiziert wird. Mit *‚Normalität'*, so viel ist klar, hat dies alles nichts mehr zu tun. Damit wird aber ein ausgesprochen dehnbares und brüchiges Kriterium eingeführt, denn was heißt schon ‚normal'? Ohne Zweifel sind Kunstturnerinnen, die sich freiwillig fünfundzwanzig Stunden und mehr pro Woche in der Turnhalle aufhalten, um höchstkomplizierte Bewegungsabläufe immer und immer wieder zu wiederholen, bis sie schließlich perfekt und vollkommen automatisiert ablaufen, nicht ‚normal', denn es gibt von ihnen in Deutschland sehr hoch gerechnet vielleicht einige hundert, aber was sind sie dann? Hochbegabte Bewegungseliten oder von leistungsbesessenen Erwachsenen fehlgeleitete Kinderarbeiterinnen, vielleicht auch beides zugleich? Die Fragen lassen sich nicht einfach beantworten, es ist notwendig, genauer auf diesen Bereich der Besonderheit und Anomalität zu blicken. Leitender Gesichtspunkt ist dabei *die Strukturierung der erzieherischen oder pädagogischen Dimension, wie sie die Trainer/innen darstellen.*

Auffallend ist zunächst der Stellenwert, den die Trainer/innen der pädagogischen bzw. erzieherischen Dimension zumessen.[57] Er spielt im Selbstverständnis der Trainer/innen eine tragende Rolle, man fühlt sich auch „als Pädagoge, als Psychologe" (815). „Es ist alles eine Frage der Erziehung am Ende" (970–971). Eine solche Bedeutungszuweisung erscheint auch durchaus nachvollziehbar, denn wo immer in unserer Gesellschaft Erwachsene intensiv und zielgerichtet mit Heranwachsenden umgehen, werden automatisch Aspekte der erzieherischen Bedeutung thematisiert. Dies ist im Hochleistungssport mit Kindern und Jugendlichen nicht anders, und zunächst wird auch durchgängig auf die zeitliche Dimension verwiesen, die eine Wahrnehmung erzieherischer Aufgaben geradezu zwingend erforderlich macht. Idealtypisch wird immer wieder auf die Funktion des „Elternersatzes" hingewiesen, da die Trainer/innen häufig mehr Zeit mit den Kunsturnerinnen verbringen als die Eltern. Erzieherische Einflüsse sind so gesehen auch kaum zu vermeiden. Dieser Aspekt verweist aber eher auf nebenbei ablaufende, ‚quasi-natürliche' Prozesse. In diesem Kontext bleibt erzieherisches Handeln noch diffus, kompensatorisch und ausgerichtet an Funktionen der Eltern.

Die Trainer/innen handeln aber primär unter mehr oder weniger professionellen Bedingungen, sie sind von Beruf Trainer/in. Aus dieser Situation ergeben sich spezifische Anforderungen und Konsequenzen, die sich gelegentlich – aber nicht durchgängig – auch an der semantischen Unterscheidung zwischen Erzieher/in und Pädagog/in festmachen lässt. Bezogen auf die professionellen pädagogischen Ambitionen fallen vor allem zwei Aspekte ins Auge. Zum einen die *Diffusität des ‚Pädagogischen'* und zum anderen wieder die *Vielzahl der Handlungsfelder*, in denen dieses ‚Pädagogische' offenbar eine Rolle spielt. Das ‚Pädagogische' markiert für die Trainer/innen so etwas wie eine Füllformel, die in den Darstellungen häufig dort eingesetzt wird, wo die Beziehung zwischen Trainer/in und Athletin konkret hinsichtlich ihrer Grenzen angesprochen wird.

---

[57] Der Einwand, dass dies daran liegen könnte, dass die Trainer/innen natürlich um unsere spezifische Funktion als Pädagog/innen wussten, und insofern ‚sozial erwünschte' Antworten produzierten, ist natürlich prinzipiell nicht zu widerlegen. Entgegenzuhalten ist dem allerdings, dass diese pädagogische Dimension durchaus nicht nur rosarot von den Trainer/innen geschildert wurde, dass die prinzipielle Bedeutsamkeit des ‚Pädagogischen' auch aus theoretischer Perspektive durchaus plausibel erscheint und dass nicht zuletzt auch unsere Beobachtungen die Auskünfte der Trainer/innen bestätigten.

Wenn die Turnerin nicht so ‚funktioniert‘, wie man sich es als Trainer/in vorstellt oder wünscht, wenn es zu Problemen im Training oder Wettkampf kommt, dann

„ist es eine ganz wichtige Sache, dass du in die Psyche eindringen kannst, sonst kannst du sie nicht führen. Es gelingt dir nicht immer so, wie du dir das vorstellst, ist ganz logisch, aber gut du sammelst natürlich auch deine Erfahrung. Aber das ist ein ganz wichtiger Punkt, dass du dort unbedingt pädagogisch aktiv sein musst" (404–408).

Dort wo Trainingsmethodik, Biomechanik und Technik nicht hinreichen, wo die Turnerin in ihrer gesamten Komplexität thematisch wird, dort schlägt die Stunde des irgendwie Pädagogischen, Erzieherischen und Psychologischen. Wie diese pädagogischen Notfallpläne im Einzelnen aussehen, das wird von den Trainer/innen dann typischerweise sehr unspezifisch beschrieben. Pädagogisches Handeln ist danach sehr situationsorientiert und primär abhängig von Fingerspitzengefühl, Gespür und Menschenkenntnis. Theoretische Wissensbestände kommen jedenfalls nicht häufig zum Einsatz, eher steht man ‚der Pädagogik‘ reserviert gegenüber:[58]

„Dann denke ich ist eine große Kluft zwischen Theorie und Praxis, gerade auf dem Gebiet der Pädagogik, ja, also zumindest ist das meine Meinung dazu, so dass du wirklich profitierst von der Erfahrung" (436–439).

Der klassische Vorwurf der Praxisferne der Pädagogik findet sich also auch bei den Trainer/innen, was aber eben nicht zur Leugnung der prinzipiellen Bedeutung des ‚Pädagogischen‘ führt, sondern zur Differenzierung von Pädagogik und pädagogisch relevanten Phänomenen. ‚Die Pädagogik‘ hat mit ‚dem Pädagogischen‘ aus Sicht der Trainer/innen wenig Berührungspunkte. Als wichtige legitimatorische Leerstelle hat ‚das Pädagogische‘ gerade auch für die Darstellung nach außen eine wichtige Funktion, denn man signalisiert über die Benutzung des Begriffs ein vorhandenes Problembewusstsein. Nicht Leugnung und Verharmlosung also, sondern Betonung der Wichtigkeit bei gleichzeitiger Enttäuschung bezüglich professioneller Hilfestellung.

Pädagogische Ambitionen der Trainer/innen tauchen aber auch noch in anderen Kontexten auf, die größere Konkretheit signalisieren. Um einen Eindruck dieser Dimension zu vermitteln, seien einige Beispiele zunächst einfach aufgelistet. Verwiesen wird auf die Notwendigkeit der Erziehung zum Kunstturnen, das Kennenlernen der Spielregeln und die Gewöhnung an das „System der Arbeiterei", was hauptsächlich die

---

[58] Was hier als ‚die Pädagogik‘ umrissen wird, kennt keine eindeutige disziplinäre Grenzziehung. Mitgemeint können immer auch psychologische oder sozialwissenschaftliche Erkenntnisfelder sein. Offenbar spielt bei den Trainer/innen in ihrer Einschätzung auch so etwas wie Enttäuschung über ‚die Pädagogik‘ mit, die kein relevantes Wissen zur Verfügung stellen kann. Dass die Trainer/innen selbst auch nicht alle Wissensangebote nutzen, steht auf einem anderen Blatt und ändert nichts an ihrer Einschätzung.

‚Novizinnen' im System betrifft. Betont wird durchgängig die Bedeutsamkeit der ‚Führung' der Kunstturnerinnen, damit sie sich „nicht verirren" und vom rechten Pfad abweichen, was konkretisiert wird am Beispiel der Vermittlung klarer Verhaltensregeln bezüglich der Ernährung. Die Trainer/innen müssen animieren und motivieren[59], verstehen sich als Entwicklungshelfer und Persönlichkeitsbildner und übertragen ihre ‚Erziehungsfunktion' sogar auf die Eltern, denn auch die müssen zum Leistungssport erst einmal erzogen werden. Wichtig ist auch die Erziehungsfunktion der Sportart im Hinblick auf charakterliche Eigenschaften oder Einstellungen der Kunstturnerinnen. Gerade in diesem Bereich existieren durchweg sehr weitgehende Hoffnungen:

> „Dass die Erziehung im Sport oder mit dem Sport und durch den Sport eigentlich immer positive Werte mit sich bringt. Man siehts eigentlich schon bei den ganz Kleinen, wenn man also im Vorschulbereich erste, zweite, dritte Klasse beginnt, wo sie eigentlich über normales Kinderturnen oder Mutter-Kind-Turnen erstmal an die Sportart rankommen, aus unterschiedlichsten Gründen, bemerkt man im Vergleich zu anderen Kindergartenkindern, dass also eine viel höhere Selbstständigkeit bereits da ist, irgendwie auch eine höhere Disziplin, eine gewisse Grundordnung, und dass viele Eltern das auch so nach ein, zwei Jahren bestätigen, dass also ihr Kind gegenüber anderen Gleichaltrigen eigentlich doch schon über den Sport viele Dinge erlernt hat, ohne Druck, ohne Zwang, sondern ganz einfach in dieser Truppe" (73–83).

Der Gipfel der erzieherischen Maßnahmen ist erreicht, wenn es schließlich gelingt, die Erziehung in *Selbsterziehung der Kunstturnerinnen* münden zu lassen, wenn also die externen Ansprüche so weit internalisiert worden sind, dass direkte Interventionen kaum mehr notwendig sind. „Und das ist dann der Punkt, dann ist es geschafft" (872). Es sind also vielfältige Hilfs-, Steuerungs- und Lenkungsmaßnahmen, die die erzieherischen Tätigkeiten der Trainer/innen ausmachen. Zwei Richtgrößen scheinen dabei für die Trainer/innen leitend zu sein, zum einen die Systemfunktionalität und zum anderen die Transferierbarkeit in die Alltagskontexte der Turnerinnen.

Es gibt also eine ‚*Erziehung zum Turnen durch das Turnen*', die gewissermaßen nebenbei und untergründig im Laufe der Jahre ihr Werk vollbringt und dafür sorgt, dass

---

[59]  Die Frage der Motivation der Turnerinnen ist gerade für das alltägliche Handeln der Trainer/innen von hoher Bedeutung. Dies kann zunächst überraschen, unterstellt man doch immer eine prinzipielle Freiwilligkeit auf Seiten der Turnerinnen und ‚Spaß' am Kunstturnen. Beide Aspekte müssen sich jedoch nicht widersprechen. So sind die Turnerinnen natürlich auch nicht immer hochmotiviert, sondern unterliegen ganz normalen Schwankungen. Die Trainer/innen deuten dies für sich so, dass ein großer Teil der Primärmotivation von den Turnerinnen kommen muss, der dann bei Bedarf durch die Trainer/innen noch unterstützt, aufrechterhalten oder gelegentlich auch reduziert werden muss. Sie können also aus ihrer Sicht Motivation nicht ‚herstellen', sondern nur mit vorhandener Motivation umgehen. Dies wird dann allerdings als sehr wichtig eingeschätzt.

die Turnerinnen den Anforderungen der Sache (und des Systems) genügen. Disziplin, Pünktlichkeit, Ordentlichkeit, Zeitmanagement, Beharrlichkeit, aber auch Verarbeitung von Erfolg und Misserfolg, Umgang und Bewältigung von Schmerz sind nur einige der damit einhergehenden Eigenschaften, die gerade am Beginn von Kunstturnkarrieren natürlich auch selektive Funktionen ausüben. Die Trainer/innen sind sich dieses Prozesses des Hineinwachsens in das Turnen sehr bewusst und nehmen hier massiv Einfluss. Dazu gesellt sich der Bereich erzieherischer Tätigkeiten, der ebenfalls der optimalen Passung in das System dient, aber nicht direkt mit der Sache Kunstturnen zu tun hat.

„Also wenn jemand in der Schule irgendwie da gar nicht klarkommt, kann ich auch mit dem Kind oder dem Mädchen nicht gut trainieren, das merkt man sofort. Also wenn sie Probleme rumschleppen, sei es schulischer Natur, sei es auch mal zu Hause oder so, man spürt das als Trainer. Und das muss dann aus dem Weg geräumt werden, und wenn ich persönlich dabei helfen muss, dann muss ich es machen" (753–759).

Ziel ist immer das *Ausschalten von Störfaktoren*, die einer optimalen Leistungserbringung im Kunstturnen im Weg stehen, insofern stützen sie die Systemfunktionalität. Das können Nachhilfestunden sein, das können pädagogisch relevante Gespräche mit den Eltern oder den Kunstturnerinnen selbst sein, das können auch sehr konkrete Hinweise auf das Einhalten bestimmter Spielregeln im Sinne von Ermahnungen oder das Stellen von Forderungen sein.

Schließlich gibt es auch noch die direkte erzieherische Ambition, die mit dem Turnen in keinem direkten Zusammenhang steht, sondern eher pauschal unter einer *generellen erzieherischen Verantwortung* subsummiert wird. Die Dimension der Persönlichkeitsbildung insgesamt rückt damit ins Zentrum der Aufmerksamkeit, die Systemakteure Trainer/in und Turnerin werden hier durch den erwachsenen und heranwachsenden Menschen ersetzt, die in einer intentionalen ‚pädagogischen Beziehung' stehen.

„Und dann gibt es für mich natürlich auch immer die, ganz, ganz wichtig für mich, die Persönlichkeitsentwicklung der einzelnen Mädchen. Also das möchte ich nicht nur jetzt sportlich sehen, sondern das, was ich dazu beitragen kann auch außerhalb der Halle, versuche ich und möchte ich auch, wie gesagt, weil mir das persönlich auch als Mensch immer wieder was zurückgibt, wenn ich sie später treffe, wo ich mich selber auch freue über die Entwicklung der Mädchen, und wie gesagt, das macht eigentlich den Reiz aus. Das ist ja eigentlich auch das, was pädagogisch den Reiz ausmacht, sagen wir mal, mit den Menschen zu arbeiten…" (804–812).

Insbesondere aus dieser eher übergeordneten Perspektive scheinen die Trainer/innen, ein hohes Maß an Legitimation und Zufriedenheit zu schöpfen. So fällt dann auch auf, dass der Umgang mit den Kunstturnerinnen, bei allen Unzulänglichkeiten im

Detail, im Rückblick fast ausschließlich als ‚Erfolgsstory' erscheint. Nahezu alle Turnerinnen haben es nach Auskunft der Trainer/innen auch nach der Zeit des Kunstturnens zu etwas gebracht, und dafür fühlen sich die Trainer/innen auch mit verantwortlich. Von Drop-Outs, Ausfällen oder langfristigen Schädigungen ist demgegenüber so gut wie gar nicht die Rede, die durchaus auch existenten Fälle weniger gelungener Karriereverläufe werden systematisch ausgeblendet oder anderweitigen Rationalisierungen zugeführt, so dass das Gesamtbild nicht verändert zu werden braucht. Die Gründe für derartige Verzerrungen der Gesamtperspektive sind sicher unterschiedlicher Natur. Es ist zunächst wohl nur allzu menschlich, die eigene Biographie in einem angenehmen Licht erscheinen zu lassen, weil man mit dieser Biographie ja auch leben und handeln muss. Zudem stehen gerade die Trainer/innen natürlich angesichts der zum Teil vehementen Kritik von außen unter einem hohen Legitimationsdruck, dem eigenen Handeln muss also Sicherheit verschafft werden und Ausblendungsprozesse sind dazu ein probates Mittel. Ein weiterer Grund mag schließlich auch in der Definition der betrachteten Grundgesamtheit liegen. Diejenigen, die auch langfristig den Kontakt zu den Trainer/innen aufrecht erhalten, werden vermutlich mit dem Kunstturnen insgesamt keine schlechten Erfahrungen gemacht haben, spiegeln den Trainer/innen also einen Erfolg ihres Tuns wider. Daraus allerdings zu schließen, dass das eigene Tun eine makellose Bilanz ausweist, scheint zumindest gewagt. Erzieherische Tätigkeit ist immer riskant, weil in ihren Konsequenzen nicht prognostizierbar. Selbst die im Grunde für erzieherische Beeinflussung idealen Voraussetzungen, wie relative Geschlossenheit des Systems, Eindeutigkeit des Wertekanons, zeitlich extensive und personal intensive Beziehung von Trainer/in und Athletin ändern am ‚Technologiedefizit' der Erziehung prinzipiell wenig. Die mögliche Konsequenz, dass alle Turnerinnen, die das System bis zum Ende durchlaufen, am Ende auch den Systemerfordernissen genügen, reicht wohl nicht aus, um von einer gelungenen Persönlichkeitsentwicklung zu sprechen. Dazu müssten externe, gesellschaftliche Bezugsnormen hinzugezogen werden, und spätestens an diesem Punkt beginnen natürlich auch die Probleme.

Man kann sich dies auch an erzieherischen Konstellationen des Kunstturnens klarmachen, die bereits innerhalb des Systems nicht eindeutig sind. Selbstständigkeit gehört ohne Zweifel zu den sehr hoch gehandelten pädagogischen Gütern, deren Erwerb in keinem Zielkatalog aufgeklärter Gesellschaften fehlen darf. Innerhalb des Systems Kunstturnen wird diese Eigenschaft allerdings sehr kontrovers verhandelt, denn Selbstständigkeit, deren Bedeutung für die Kunstturnerinnen immer wieder betont wird, kollidiert mit einem anderen zentralen Bedürfnis der Trainer/innen, dem Wunsch nach möglichst vollständiger Kontrolle. Völlig unklar bleibt dabei aber die genauere Bedeutung von Selbstständigkeit. Sie reicht von der besonders unterstützenden Funktion der Herstellung von Selbstständigkeit auf Grund der vielen organisatorischen Aufgaben, die die Turnerinnen zu verrichten haben, über die eher erzwungene Gewährung von Selbstständigkeit durch die personelle Unterbesetzung, die eine ständige Betreuung der Turnerinnen unmöglich macht oder den resignativen Rückzug von Trainer/innen aus ihrer kontrollierenden Funktion auf Grund veränderter gesellschaftlicher Rahmenbedingungen, bis hin zum Bekenntnis einer bewusst intentionalen Erziehung der Kunstturnerinnen zur Selbstständigkeit unter Inkaufnahme von Kontrollverlusten.[60] Alle Varianten beinhalten dabei Ambivalenzen und sowohl die Herstellung von Selbstständigkeit wie auch die Aufrechterhaltung von Kontrolle bergen jeweils eigene Risiken, die nicht schlicht vermieden werden können. Das System des Kunstturnens hat einige derartiger strukturell verursachter Ambivalenzen zu bieten, die in der alltäglichen Praxis von den Trainer/innen ‚lebbar gemacht' werden müssen, z. B. die Freude am Kunstturnen versus die Härte eines Hochleistungstrainings, die Ansprüche von Kindern und Jugendlichen versus die Regeln eines auf Erwachsene zugeschnittenen Systems Hochleistungssport, die Risiken von Grenzbelastungen versus das Recht der Turnerinnen auf Unversehrtheit. Es ist völlig klar, dass dies nicht ohne Reibungsverluste geschehen kann und insofern dient die ‚rosarote' Brille, durch die Trainer/innen die Resultate ihrer eigenen erzieherischen Ambitionen betrachten, immer auch dem Selbstschutz.

Vor diesem Hintergrund ist auch der von den Trainer/innen immer wieder formulierte Wunsch nach idealeren Arbeitsbedingungen sehr gut nachvollziehbar. Es geht hier stets – wenngleich in unterschiedlichen Ausgestaltungen – um die *Sehnsucht nach hermetisch geschlossenen Welten*, die, abgeschottet von externen Ansprüchen anderer Systeme, vollständig auf die Bedürfnisse des Kunstturnens ausgerichtet wären und den Trainer/innen ungestörtes Arbeiten mit den Kunstturnerinnen ermöglichen würden.

„Wenn ich viel Geld hätte, ich würde mir einsam in einer Halle ein Zentrum reinbauen, dann würde ich mir die Trainer dazuholen, von denen ich denke, dass sie die Sache vernünftig regeln können, ich würde so ein pädagogisches Betreuungsfeld, ähnlich wie ein Elternhaus aufbauen und dann würde ich nur mit denen trainieren und die Eltern dürfen einmal im Monat kommen. […] Dann ist natürlich die Alternative ein Paradies zu schaffen, irgendwo im Wald und dann zu sehen, dass man da drin die heile Welt macht, die man, die man zu Hause vielleicht nicht bieten kann" (2352–2385).

Andererseits ist aber auch die durch unsere Beobachtungen vielfach bestätigte Wahrnehmung auffällig, dass die Trainerinnen insgesamt relativ wenig Wert auf die Ge-

---

[60] Die Benutzung eines Begriffes sagt eben noch nichts über die je individuelle Bedeutungsanfüllung aus. Die allermeisten Mitglieder moderner Gesellschaften sind heute sehr geübt in der Benutzung von prinzipiell positiv besetzten Leerformeln. ‚Individualisierung' und ‚Selbstständigkeit' können dazu als Beispiel dienen. Früher wurde die ‚Individualität' der Turnerinnen durch intensive Zuwendung der einzelnen Trainer/in gefördert (von Kontrolle keine Rede), heute wird eben in Zeiten knapper personaler Ressourcen auf Grund mangelnder Zuwendungsmöglichkeiten die ‚Selbstständigkeit' der Turnerinnen gefördert. Wer hat schon etwas gegen Individualität und Selbstständigkeit einzuwenden?

staltung der konkreten ‚Trainingsatmosphäre' legen. Die betonte Sachlichkeit einer Arbeitsatmosphäre fiel an zahlreichen Orten ins Auge. Deren Notwendigkeit soll auch nicht bestritten werden, doch bleibt zu fragen, ob durch eine aktivere Gestaltung dieses Bereichs letztendlich nicht auch die ‚Leistung' gesteigert werden könnte. Die Auskünfte der Trainer/innen sind wenig ergiebig, in der Regel wird die Notwendigkeit zielorientierten Arbeitens unter Zeitdruck betont, so dass für ‚Spielereien' kein Platz bleibt. Vielleicht finden sich hier aber auch Anzeichen einer ‚déformation professionelle', die wegen der Eindimensionalität der zu Grunde liegenden Systemstrukturen die durchaus nachweisbare Produktivität einer aktiven Gestaltung der eigenen Arbeitsatmosphäre gar nicht mehr in den Blick bekommen kann.

Die Handlungsmuster der Trainer/innen weisen bei genauerem Hinsehen komplexe Strukturen und vielfältige Dimensionierungen auf. Aufgespannt sind diese Handlungsmuster zwischen den Ansprüchen, die das System Hochleistungssport, die Sache Kunstturnen und die agierenden Personen, insbesondere die Turnerinnen, stellen. Die Gewichtung dieser divergenten Ansprüche durch die einzelnen Trainer/innen fällt individuell verschieden aus, da bei aller Nachhaltigkeit einzelner Ansprüche das Gesamtmosaik letztlich auf subjektiven Konstruktionen basiert. So wird keine Trainer/in den Stellenwert der schulischen Karriere für die Turnerinnen ausblenden können, welcher Notenschnitt jedoch als noch tolerierbar oder welcher Schulabschluss als notwendig angesehen wird, ist das Resultat komplexer Abwägungsprozesse. Auffallend ist bei den befragten Trainer/innen eine ausgeprägte Orientierung an der Sache Kunstturnen unter den Bedingungen des Hochleistungssports, wogegen die Personorientierung eher ambivalent erscheint. *Die Trainer/innen sind sich natürlich der Wichtigkeit des Faktors Mensch bewusst, sein besonderer Stellenwert wird sogar immer wieder betont, zumeist aber unter dem Diktat der Sache Kunstturnen und nicht als Selbstzweck.* Eine derartige Grundtendenz ist bezogen auf die Systemlogik durchaus nachvollziehbar und stringent, vielleicht sogar notwendig, sie veranschaulicht aber zugleich ein Grunddilemma, dem das Trainer/innenhandeln dann ausgesetzt ist, wenn Perspektiven angelegt werden, die einer Personorientierung die absolute Priorität einräumen. Bestimmte pädagogische Grundpositionen können so das weibliche Kunstturnen als inhumane und menschenverachtende Veranstaltung geißeln, während die Trainer/innen gleichzeitig ihre eigene pädagogische Ambitioniertheit in den Vordergrund rücken. *Unterschiedliche Rationalitäten, gespeist aus unterschiedlichen Wertehierarchien prallen so aufeinander und erzeugen gegenseitige Verständnislosigkeit, weil die Voraussetzungen der je eigenen Argumentation unexpliziert bleiben.*

Explikation scheint also sinnvoll, um existierende Kommunikationsprobleme zumindest behandelbar zu machen. Nach der differenzierten Auseinandersetzung mit den zentralen Facetten der Relevanzen von Trainer/innen als zentralen Akteuren des weiblichen Kunstturnens, stellt sich in einem nächsten Schritt die Frage nach weitergehenden Verstehensversuchen. *Warum ist die Lebenswelt von Trainer/innen so strukturiert, wie sie strukturiert ist?*

## 5.3.4 Verstehensversuch: Risikokontrolle im weiblichen Kunstturnen

Kunstturnen der Frauen auf Spitzenniveau ist ein hochriskantes Unterfangen, wobei hier die Risikowahrnehmung die Perspektive vorgibt. Der Blick auf das ausdifferenzierte Anforderungsprofil zeigt (vgl. 4.3.2), dass unterschiedliche Risikodimensionen vorliegen, die offenbar nicht alle gleichzeitig auf niedrigem Niveau gehalten werden können. Hinzu kommt die Plausibilität, die man medialen oder auch alltagstheoretischen Risikobeschreibungen des Kunstturnens abgewinnen kann: man kann sich bei den akrobatischen Kunststücken ‚leicht den Hals brechen', auf Dauer sind gesundheitliche Langzeitschäden in Form von ‚Turnkrüppeln' zu befürchten, die Turnerinnen leiden unter den extremen zeitlichen Beanspruchungen und müssen andere Entwicklungsaufgaben zwangsläufig vernachlässigen u. a. m. Wichtig ist an dieser Stelle nicht, ob solche Beschreibungen ‚wahr' sind[61], wichtig ist zunächst, ob sie so oder ähnlich in der Öffentlichkeit ‚wahrgenommen' (und reproduziert) werden. Dies scheint angesichts des externen Drucks, der auf dem weiblichen Kunstturnen lastet, durchaus der Fall zu sein.

Wenn dem so ist, dann müssen diese Risiken verantwortet werden. Die Kunstturnerinnen fallen als Verantwortungsträger aus, so bleiben die Trainer/innen und die Eltern als Kandidaten einer ‚stellvertretenden Verantwortung'. Da alle wesentlichen Fäden in der Person der Trainer/in zusammenlaufen, in gewisser Hinsicht auch die Eltern Verantwortung an die Trainer/in delegieren (müssen), konzentriert sich die Verantwortungszuschreibung auf die Person der Trainer/in. *Verantwortungsübernahme und Verantwortungszuschreibung machen aber nur dann Sinn, wenn die Verantwortungsträger auch über Strategien und Mechanismen verfügen, die eine Kontrollierbarkeit der Risiken ermöglichen.* Die interessante Frage ist also, wie es um die Möglichkeiten der Risikokontrolle innerhalb des Kunstturnens bestellt ist. Dazu bietet es sich auch an, an gegebener Stelle auf die seit einigen Jahren intensiv geführte Diskussion innerhalb der sozialwissenschaftlichen Risikoforschung Bezug zu nehmen, da sich auf diesem Weg interessante Parallelen zum Feld des weiblichen Kunstturnens herstellen lassen.

Zunächst stellt sich aber die Frage, ob die These vom hohen Risiko innerhalb des Kunstturnens überhaupt zutrifft. Mit dieser einfachen Frage beginnen aber bereits die Probleme, denn der Begriff des ‚Risikos' ist weitgehend ungeklärt. Definiert man Risiko als „Relation aus ungewissheitsbelasteten Entscheidungen und möglichen Schäden" (JAPP 1996, 43), dann wird schnell klar, dass Unwägbarkeiten für das Risikophänomen geradezu konstitutiv sind. Auch die statistische Be-

---

[61] Also: wie viele Turnerinnen ‚brechen sich eigentlich den Hals'? Wie oft kommt es zu wirklich folgenschweren Unfällen oder Schädigungen? Und: sind es mehr als in anderen Bereichen oder weniger? Für die Beantwortung solcher Fragen ist Wissenschaft zuständig, sie sucht nach Wahrheit. Aber: erstens sind sich Wissenschaftler selten einig und zweitens kann Wissenschaft das Wahrnehmungsproblem nur in seltenen Fällen entscheidend beeinflussen. Dazu später mehr.

rechnung von bestimmten Eintretenswahrscheinlichkeiten von Ereignissen vermag kaum Abhilfe zu schaffen, da solche Rechnungen vielleicht für Versicherungen und relativ eng definierte Ereignisklassen von Interesse sein mögen, nicht aber mit der Rationalität alltäglichen Handelns kompatibel sind. Es ist eine zentrale Einsicht der modernen Risikoforschung, dass die wissenschaftliche, genauer: die technische Bearbeitung von Risiken nicht mit der sozialen Bearbeitung von Risiken übereinstimmen muss. „Alles nach eigenen Standards rationale, richtige oder doch vertretbare Risikoverhalten kann in der Gesellschaft beobachtet werden von Beobachtern, die den angewandten Kriterien nicht zustimmen … Es gibt, mit anderen Worten, strukturelle Anlässe für die laufende Reproduktion von Betroffenheitskonflikten, und es gibt keinen Standort, von dem aus diese Konflikte superrational oder ethisch entschieden werden könnten" (LUHMANN 1993, 178). Oder anders formuliert: „Es geht um die Frage, welche Kriterien für die Beurteilung von Risiken herangezogen werden sollen und wie sie zu gewichten sind – also nicht um wissenschaftlich, sondern nur um gesellschaftlich und politisch zu lösende Fragen" (JUNGERMANN/SLOVIC 1993, 99). Trotz aller statistischen Berechnungsmöglichkeiten von Risiken ist Risiko eben kein objektivierbares Phänomen. Bezogen auf das Kunstturnen ergeben sich daraus verschiedene Konsequenzen. Wenn also etwa die Medien permanent ein hohes Risiko des weiblichen Kunstturnens behaupten, dann muss das System darauf ‚irgendwie' reagieren, z. B. durch Gegendarstellungen, die Gewinnung wissenschaftlicher Erkenntnisse oder durch Kontrolle von festgestellten Risiken.

Wenn nun innerhalb des Kunstturnens von Risiken und in Konsequenz von möglichen Schädigungen gesprochen wird, dann wird in aller Regel von materiellen Schädigungen am ‚biologischen Material' ausgegangen, sprich: es geht um die Gesundheit bzw. Unversehrtheit der Kunstturnerinnen. Aktuelle biomechanische und medizinische Untersuchungen haben hier die Größe des Risikos relativiert (vgl. BRÜGGEMANN/KRAHL 1999). Bei allen zugegebenen Beanspruchungen, die in bestimmten Entwicklungsphasen auch über tolerierbare Bereiche hinausgehen können, wird doch insgesamt sowohl hinsichtlich akuter wie auch in Bezug auf mögliche chronische Schädigungen eher Entwarnung signalisiert. Diese Ergebnisse sind hier nicht zu bezweifeln, wohl aber zu kommentieren. Einerseits garantiert eine solche wissenschaftliche Perspektive eben in keiner Weise eine Beendigung der Diskussion, da auch die Wissenschaft nur eine Stimme im Konzert der Risikokommunikation hat. Zudem ist diese Stimme der Wissenschaft in den letzten Jahrzehnten von steigendem Misstrauen begleitet: kann man Wissenschaftlern mehr glauben als anderen Beteiligten, wer bezahlt eigentlich die Wissenschaftler, werden hier nicht systematisch Beschwichtigungen betrieben, gibt es nicht immer auch andere Untersuchungen mit anderen Ergebnissen? Wohlgemerkt: wissenschaftliche Rationalität stößt hier an strukturelle Grenzen, da in anderen sozialen Feldern andere Spielregeln gelten.[62]

Hinzu kommt, dass die Risikodimension sich *auf Schäden aller möglichen Art* beziehen kann (vgl. Luhmann 1993, 147) und dies zeigt sich im Kunstturnen deutlich in der Diskussion um die *sozialen Risiken*, die in aller Regel hinter die gesundheitlichen Risiken zurücktreten. Verlust der Kindheit, gestörte Persönlichkeitsentwicklung, Schulschwächen sind nur einige mögliche weitere ‚Schadensklassen'. Die Eigenart solcher potentiellen, eher ‚weichen' Risiken ist nun, dass sie häufig langfristiger und schleichender Natur sind, schwer messbar oder diagnostizierbar sind oder von sehr unterschiedlichen gesellschaftlichen Normvorstellungen abhängen. Sie sind deshalb für klassische Risikokalkulationen der technischen Art so gut wie nicht zu bearbeiten, lassen sich aber auch nicht einfach ignorieren, da insbesondere die außerhalb des Systems stattfindende Diskussion um den Nachwuchsleistungssport genau diese Risikodimensionen immer wieder einspielt. Würde das System auf diese Einspielungen einfach nicht reagieren, könnte genau diese Unterlassung zu einem ernsten Risiko für das System selbst werden, denn ein weiteres Bröckeln der gesellschaftlichen Akzeptanz des Nachwuchsleistungssports könnte z. B. zur Reduzierung öffentlicher Fördermittel führen. Für unsere Fragestellung wichtiger ist aber der Umgang mit Risiken auf der Akteursebene, insbesondere bei den Trainer/innen.

Das Risikohandeln der Trainer/innen kann zunächst nicht unabhängig von den Kunstturnerinnen gesehen werden. Im Zentrum der Aufmerksamkeit stehen die Risiken, denen die Turnerinnen ausgesetzt sind, und die, wie oben gezeigt, sehr unterschiedlicher Natur sind. Als zusätzliche Besonderheit hat sich das Phänomen der ‚stellvertretenden Verantwortung' präsentiert. Als Grundsituation ergibt sich, dass die Turnerinnen durch ihr spezifisches Tun Gefährdungen ausgesetzt sind, für die sie in der Regel nicht verantwortlich sind, obwohl sie ihr Tun freiwillig ausüben. Verantwortung tragen die Trainer/innen, die allerdings in der Einschätzung der Risiken weitgehend auf ihre eigene Sicht angewiesen sind, da objektive Maßstäbe nur punktuell zur Verfügung stehen und das Alltagshandeln der Trainer/innen kaum beeinflussen. *Diese Grundkonstellation erweist sich als höchst heikel, denn die Trainer/innen müssen per definitionem die Verantwortung für Handlungen übernehmen, deren Kontrolle und Steuerung ihnen nur partiell möglich ist.* Alle Risikobearbeitung ist aber auf möglichst umfassende Kontrolle und Steuerung aus, da nur so die Gefahr des Eintritts von Schäden minimiert werden kann. Kompliziert wird die Lage noch dadurch, dass die

---

[62] Aus dieser Sicht ist auch die Interpretation der genannten Studie als ‚Freispruch' aus Sicht des Systems Kunstturnen zwar verständlich, zugleich aber auch nicht unproblematisch. Freisprechen kann nur eine von allen Diskutanten gemeinsam akzeptierte Instanz. In vielen gesellschaftlich relevanten Feldern ist das die – bewusst unabhängige – Instanz des Rechts. In den allermeisten anders gearteten gesellschaftlichen Konflikten existiert aber eine solche Instanz nicht (vgl. das obige Luhmann-Zitat!), und genau daraus resultieren dann die perpetuierenden Konflikte. Wissenschaft kann allenfalls Argumentationshilfen bieten, über deren Akzeptanz sie selbst wiederum nicht verfügen kann, ein anderes System ‚freisprechen' kann sie nicht. Gleiches gilt im Übrigen auch für unsere eigene Untersuchung.

Einschätzungen von Verantwortlichem (Trainer/in) und Handelndem (Turnerin) durchaus voneinander abweichen können. Die Frage der Sicherung und Hilfestellung bei der Ausführung komplizierter und riskanter Übungsteile kann dies veranschaulichen helfen, wichtiger ist aber, dass diese Grundparadoxie sich im Grunde durch alle Tätigkeitsbereiche hindurchzieht. *Freiwilligkeit, Kontrollierbarkeit und Verantwortbarkeit* sind die für die Risikoeinschätzung von Individuen wesentlichen Kategorien (vgl. JUNGERMANN/SLOVIC 1993, 88 ff.). Alle drei Kategorien führen für das Trainer/innenhandeln zu einer potentiellen Erhöhung der Risikoeinschätzung, denn die Freiwilligkeit des Trainer/innenhandelns ist z. B. durch systemische Vorgaben eingeschränkt, etwa bei der Einforderung ganz bestimmter, möglicherweise die eigene Turnerin gefährdende Übungsteile durch einen anonymen ‚Code de pointage‘, die Kontrollierbarkeit fremder Handlungen ist ebenfalls begrenzt und die Verantwortung wird schließlich der Trainer/in voll zugerechnet. Nicht vergessen werden darf aber auch, dass die Turnerinnen in aller Regel am direktesten von eventuell eintretenden Schäden betroffen sind. Sie sind es, die mit ihrem Körper, ihrer Seele oder möglichen Einschränkungen ihres persönlichen Entwicklungspotentials einen unter Umständen hohen Preis zu zahlen haben.

Um die potentiellen Risiken im Verhältnis Trainer/in und Turnerin überschaubar zu halten, bieten sich zwei Strategien an: *Vertrauen und Kontrolle.* Vertrauen beschreibt dabei eher die Einstellung der Turnerin im Hinblick auf ihre Trainer/in. Ohne Vertrauen in die Person der Trainer/in ist überdauernde Zusammenarbeit nicht vorstellbar (vgl. auch 5.1.2.6).[63] Über die möglichst weite Ausdehnung der Kontrolldimension versuchen die Trainer/innen nun, der Grundparadoxie ihres Handelns zu entkommen. Das zeigt sich zunächst am Primat der Sachorientierung. In der Betonung der technologisierbaren und planbaren Bereiche der Kunstturnmethodik, der Trainingsplanung oder Belastungssteuerung wird das Schwergewicht auf jene Felder der Trainer/innentätigkeit gelenkt, die sich als weitgehend kontrollierbar erweisen. Hier herrschen die Gesetze der Biomechanik und Physik, hier verfügt man über reproduzierbare wissenschaftliche Erkenntnisse, die dem eigenen Handeln die notwendige Sicherheit verleihen. Die ‚Sache Kunstturnen‘ lässt sich technologisch so

---

[63] Wenn Vertrauen hier als sehr eindirektionales Geschehen von der Turnerin zur Trainer/in beschrieben wird, dann soll damit die andere Richtung nicht ausgeschlossen werden. Ohne ein Mindestmaß an Vertrauen der Trainer/innen in ihre Turnerinnen ließe sich auf Dauer kaum ein so intensives Verhältnis aufrechterhalten. Dies wird etwa auch deutlich, wenn Trainer/innen sich ‚tief enttäuscht‘ zeigen über die Leistung einer Turnerin, in die sie ihr ganzes Vertrauen gesetzt haben. Interessant ist an dieser Stelle auch der Hinweis, dass die Trainer/in oft gar nicht anders kann als zu vertrauen, denn sie ist letztendlich abhängig von der Präsentation durch die Turnerin. Auch diese Abhängigkeit von ‚Kindern‘ wird von einigen Trainer/innen als belastend empfunden. Bezogen auf das Risikohandeln der Trainer/innen scheint aber der Aspekt der Kontrolle von weitaus höherer Bedeutung. Wenn es nicht bereits so abgenutzt wäre, könnte man sagen: Vertrauen ist gut, Kontrolle ist besser.

zurichten, dass die Risiken kontrollierbar bleiben oder werden.[64] Das zeigt sich idealtypisch z. B. an der Einführung von dickeren Landematten, die die Risiken der Belastungsspitzen bei Landungen reduzieren helfen sollen. Dies zeigt sich weiter an dem Bestreben, auch prinzipiell nicht technologisierbare Bereiche unter die eigene Kontrolle zu bringen. Ein konkretes Beispiel ist das Reizthema der Ernährung. Weil sich die Ernährung der Turnerinnen nicht ausreichend kontrollieren lässt, sie aber andererseits einen bedeutsamen ‚Risikofaktor' darstellt, wird das Problem häufig umdefiniert und damit externalisiert. Kontrollierbar ist zwar nicht das Ernährungsverhalten, wohl aber das Gewicht. Der Umgang mit dem Gewicht der Turnerinnen, die Festlegung eines präzise messbaren ‚Idealgewichts' führt dann z. T. zu seltsamen Auswüchsen (vgl. auch 5.1.2.5), die primär aus dem Kontrollbedürfnis der Trainer/innen zu erklären sind, weniger aus sachlichen Notwendigkeiten. Bei Abweichungen vom Idealgewicht können dann bewährte Mechanismen greifen, die zur Wiederherstellung des erwünschten ‚Minimalrisikos' führen sollen. Dazu gehört auch, und das ist kein Widerspruch sondern dient der eigenen Entlastung, die Delegation des Ernährungsproblems in die Zuständigkeit der Turnerin, man gewährt oder fordert Selbstständigkeit' und ‚Eigenverantwortung' dort, wo Kontrolle nicht mehr hinreicht. Selbstkontrolle der Turnerin wird dann zum verlängerten Arm der Kontrolle durch die Trainer/in.

Gleichwohl wissen auch die Trainer/innen nur zu gut um die prinzipiellen Grenzen der ‚Technologisierung', es sind und bleiben Menschen, die turnen. Die Turnerinnen können einen schlechten Tag erwischen oder Schulprobleme wälzen, sie können schlecht gelaunt oder unmotiviert sein, sie können Angst haben oder verliebt sein u. v. m. Hier lauern eine Vielzahl von möglichen Risiken: Verletzungen auf Grund von Unkonzentriertheiten und Ablenkungen, geringe Effizienz des Trainings, Überlastungen der Turnerinnen, Gedanken mit dem Turnen aufzuhören etc. Wie oben gesehen befinden wir uns hier in einem Feld, das den Trainer/innen durchaus vertraut ist, dessen Bedeutsamkeit sie betonen und dem sie, verglichen mit dem technologischen Bereich, eher konzeptionslos gegenüberstehen. Die Grundstrategie des Handelns ist aber auch hier *Herstellung von Kontrolle in den Grenzen des Möglichen.* Das ‚Eindringen in die Psyche' der Turnerinnen, das Sammeln von Informationen über ihr Verhalten durch intensive Beobachtungen aber auch durch Gespräche mit

---

[64] „Wenn wir alle diese Bestimmungen von Technologie zusammenfassen, ergibt sich das Bild eines Feldes, das dadurch von Komplexität entlastet wird, dass eine Grenzziehung gegenüber der Umwelt erfolgt, der Bereich der eigenen Operationen auf diese Weise eine strikte Limitierung erfährt und Störvariablen ausgeschaltet, Probleme externalisiert, und Alternativen unsichtbar gemacht werden. Nur auf der Grundlage solcher vielfältigen Prozesse der Abschottung gegenüber der Umwelt und der Vereinfachung und Entlastung von Komplexität ist es möglich, eine sichere Kontrolle über elementare Operationen zu erlangen, diese punktgenau zu steuern und zu hochkomplizierten Aggregaten zusammenzuführen" (GIEGEL 1998, 112).

Eltern, Lehrern oder Erzieherinnen, der Versuch, die Zügel in der Hand zu behalten, der übergeordnete Führungs- und Lenkungsanspruch und schließlich auch der Versuch, die Einsicht in die prinzipielle Begrenztheit der externen Kontrolle, durch die Herstellung von internen oder Selbstkontrollmechanismen bei den Turnerinnen zu umgehen, weisen deutlich in diese Richtung. *Kontrolle auch noch über jene Bereiche zu erlangen, die sich der Kontrolle weitgehend entziehen, ist die konsequente Reaktion auf die Zumutung, ,stellvertretende Verantwortung' übernehmen zu müssen.*[65]

Angesichts einer immer weitergehenden Akkumulation der Ansprüche an die Turnerinnen und des damit verbundenen, kaum in seinen Dimensionen vorhersagbaren Anwachsens der Risiken[66], ist das Kontrollverlangen auch verständlich. Eine Art strukturelle Unterstützung, die gewissermaßen quer zu den beschriebenen Dimensionen liegt, erfahren die Trainer/innen durch eine *Form von ,heimlichem Lehrplan' im Kunstturnen*. Wer den Bereich des Kunstturnens systematisch beobachtet, dem fällt vermutlich auf, wie Kontrollmechanismen fast alle Strukturen dieser ,sozialen Welt' vereinnahmen. Das beginnt bei der Strukturierung der Bewegungsformen, die durchweg ein hohe Körperbeherrschung und -kontrolle verlangen, und reicht bis in die perfekte Haltung der Fingerspitzen oder dem ,sicheren' Stand nach Landungen, das geht weiter über die Internalisierung von Ordnungsrahmen durch die Turnerinnen (Begrüßungsrituale, Einmärsche bei Wettkämpfen u. a.) und findet seinen Ausdruck schließlich auch in der hochgradigen Kontrolle von Emotionen, die mit dem Bewahren von ,Haltung' und Disziplin einhergeht. Solche ebenso latent wie permanent ablaufenden Prozesse, die im ,Idealfall' in einer ,freiwilligen Selbstkontrolle' der Turnerin münden, erleichtern den Trainer/innen natürlich die Arbeit. Wenn man den Faden weiter spinnt, dann wird auch aus dieser Perspektive der Wunsch der Trainer/innen nach einem ,einsamen', von allen anderen weltlichen Einflüssen abgeschotteten Trainingscamp nachvollziehbar, denn Risikominimierung oder vielleicht

---

[65] Wo auch diese Strategie nicht ausreicht, dort kommt es dann gelegentlich auch zur Anforderung von professioneller Hilfe, z. B. durch Psychologen oder Pädagogen. Man sollte derartige Ansinnen, die der eigenen Kompetenz durchaus schmeicheln mögen, nicht zu leichtfertig übernehmen, denn die Bearbeitung von Problemen auf dieser ,humanen' Dimension können ja durchaus durch Anforderungen oder Entwicklungen im ,technischen' Bereich verursacht sein (vgl. BETTE 1999, 281 f.). Wenn allerdings technische Möglichkeiten humane Risiken verursachen, müssen auch Rückfragen an ,die Technik' gestattet sein. Die beliebte ,Externalisierung' solcher Probleme auf die humane Ebene sollte dann nicht einfach mitgemacht werden, denn wenn die Probleme nicht in der vom System gewünschten Weise ,gelöst' werden können, verweist man gern auf die Unfähigkeit der pädagogischen oder psychologischen Experten.

[66] Interessant ist, dass aus der Sicht der Trainer/innen wachsende Risiken auch mit der ,schlechten' Talentauswahl zusammenhängen. Auf Grund nicht gerade sprudelnder Talentquellen, eines schlechten Images u. a. m. werden auch Turnerinnen in das Leistungsturnen hineingenommen, die ,eigentlich' nicht über die nötigen Voraussetzungen verfügen. Probleme – ,Risiken' unterschiedlichster Art – sind damit vorprogrammiert.

sogar Risikoausschaltung scheint in dieser an die Beschreibungen GOFFMANs erinnernden ‚totalen Institution' (vgl. auch EMRICH u. a. 1996, 41) am besten erreichbar.[67] Trotz der beschriebenen Kontrolldimensionen und -mechanismen bleiben natürlich immer Unsicherheiten bestehen, der Wunsch nach totaler Kontrolle bleibt – nicht nur im Hochleistungssport – unerfüllbar. Wenn dem so ist, dann stellt sich auch die Frage nach dem konkreten Umgang mit dem Phänomen der stellvertretenden Verantwortung. *Können Trainer/innen eigentlich zur Verantwortung gezogen werden?* Betrachtet man diese Frage etwas genauer, dann zeigen sich viele Detailprobleme, die an dieser Stelle nicht abgehandelt werden können. So ist etwa weiter zu fragen, was es überhaupt heißt, Verantwortung zu ‚übernehmen', wer darüber entscheidet, dass Verantwortung wie auch immer ‚übernommen' werden muss und in welchen konkreten Fällen Verantwortungsübernahme eigentlich eintritt? Dieser Fragenkatalog deutet an, dass das Phänomen der ‚stellvertretenden Verantwortung' sehr leicht aufzuweichen und in die Endlosschleifen theoretischer Diskussionen delegierbar ist. Direkte Zurechenbarkeit existiert im Grunde nur im justiziablen oder quasi-justiziablen Bereich, wenn Trainer/innen grobe Fahrlässigkeit oder Ärgeres nachgewiesen werden kann. In diesen allerdings ausgesprochen seltenen Fällen, die sich auf eng definierte Risiken mit eindeutigen Kausalitäten begrenzen lassen, findet sich die konkrete Anwendung der Verantwortungszurechnung, sei es durch Kündigungen, Berufsverbote oder andere Sanktionen. Wenn Sicherheitsregeln außer Acht gelassen oder Gefährdungen der Turnerinnen wissentlich herbeigeführt werden, können derartige Mechanismen greifen.

Die meisten Risiken des Kunstturnens sind, wie gesehen, aber ganz anderer Natur. Langfristigkeit, Nichtmessbarkeit und Diffusität machen die Zurechnungen hier schwierig, wenn nicht unmöglich. Kann man eine Trainer/in etwa für einen vorzeitigen Karriereabbruch einer Turnerin verantwortlich machen? Was soll das überhaupt heißen? Gibt es einen Anspruch auf eine gelungene Karriere? Kann die Trainer/in etwas für eventuell ursächlich gemachte Schulprobleme und was ist mit den Eltern? Lag das Problem nicht schon in der Talentauswahl begründet? Haben bei eventuellen gesundheitlichen Ursachen des Abbruchs nicht die Ärzte ‚gepatzt', können es in Anwendung des ‚St.-Florian-Prinzips' nicht immer auch die anderen gewesen sein? Im Bereich der ‚weichen' und ‚diffusen' Risiken ist die Gefahr einer direkt zuzurechnen-

---

[67] Allerdings sind hier zugleich auch zwei Fragezeichen anzubringen: erstens stellt sich die Frage, ob vollständige Abschottung wirklich vollständige Kontrolle erleichtert und zum Anderen sollte auch eine Grundeinsicht der Risikoforschung nicht unbeachtet bleiben: ‚The highest risk at all, is no risk at all' (vgl. z. B. JAPP 1996, 47). In diesem Kontext wären auch Fragen anzusprechen, die den prinzipiellen Umgang mit Fehlern im Bereich des Kunstturnens oder auch den Drang nach ‚Perfektibilität' bei den Turnerinnen betreffen (vgl. auch THIELE 1999). Die Tendenz zur Ausmerzung von Fehlern ist nicht notwendig die effektivste Strategie der Risikoreduzierung wie auch Ergebnisse der Unfallforschung bestätigen. Hier werden aber tief verwurzelte Grundprinzipien zur Disposition gestellt, was sich auch in Diskussionen mit den betroffenen Trainer/innen in Fortbildungen immer wieder gezeigt hat.

den, geschweige denn justiziablen Verantwortungszuschreibung mehr als gering, die Risiken der stellvertretenden Verantwortung für die Trainer/innen sind auf anderen Ebenen zu suchen.

Da ist zum einen das Problem des Gewissens. Trainer/innen können sich Verantwortung auch *selbst* zuweisen, sich also für bestimmte Dinge verantwortlich ‚fühlen' und daraus auch Konsequenzen ziehen. Ist ein solches Verantwortungsgefühl vorhanden, kann ein plausibler Schluss in der Durchführung von Risikokontrollmaßnahmen zum Schutze der Turnerinnen und zur Beruhigung des eigenen Gewissens liegen. Es gibt aus unserer Sicht keinen Grund, Trainer/innen im weiblichen Kunstturnen eine solche individuelle Verantwortlichkeit kollektiv abzusprechen, sie also prinzipiell zu gewissenlosen Systemagent/innen zu stigmatisieren, die Leistungssteigerung und Erfolg um jeden Preis suchen. Solche simplifizierenden ‚Verschwörungstheorien' übersehen die Komplexität des Handlungsfeldes und seiner Akteure.

Eine andere Dimension betrifft die Wahrnehmung und Gewichtung diffuser Risiken durch die gesellschaftliche Beobachtung des weiblichen Kunstturnens. Unabhängig von direkter, justiziabler Zurechenbarkeit entsteht ein hoher Legitimationsdruck dadurch, dass bestimmte Risikodimensionen als gesellschaftlich relevant definiert werden. Wenn ‚Kinderrechte' im weiblichen Kunstturnen nach gesellschaftlicher Auffassung zur Disposition stehen, dann tut das System gut daran, ein solches ‚Risiko' zu bearbeiten. Sichtbar werden solche Bearbeitungen auf der Ebene der zentralen Akteure, hier müssen die Trainer/innen häufig auch ‚stellvertretende Verantwortung' *für das System* übernehmen. Zwar können sie, wie gezeigt, nicht direkt zur Verantwortung gezogen werden, es kann aber zu erheblichen Beeinträchtigungen der Arbeit kommen, wenn z. B. die mediale Aufmerksamkeit erst einmal geweckt ist. Dadurch können wieder neue Risiken produziert oder entdeckt werden usw. Die Trainer/innen tun aus eigenem Interesse gut daran, potentielle Risikoquellen so gut wie möglich zu kontrollieren, damit sie ihrem zentralen Systemauftrag, der Produktion möglichst guter Leistungen, weitgehend ungestört nachkommen können. Innerhalb der in Deutschland vorfindlichen Systembedingungen, unter denen der Kinder- und Jugendhochleistungssport zu arbeiten hat, haben die Trainer/innen also eine Art Balanceakt zu leisten, indem sie natürlich erfolgsorientiert arbeiten müssen, dies aber nicht ungebremst tun können. Die Orientierung an den ‚existierenden' Risiken und die bestmögliche Kontrolle dieser Risiken stellen eine Limitierung dar, die ungebremstes Erfolgsstreben verhindert. Die Potentialität der Risiken reicht offenbar aus, das Handeln von Trainer/innen maßgeblich zu beeinflussen, denn es ist klar, wird aus einem ‚Risiko' (sei es nun technischer oder sozialer Natur) Wirklichkeit, dann ist mit Sanktionen und Reaktionen unterschiedlichster Art zu rechnen, die aber immer auch die Aktivitäten der Trainer/innen betreffen. Dominierende Systemcodierungen – z. B. Leistungsmaximierung – werden auf diesem Weg auf Akteursebene gewissermaßen ‚umfrisiert', ohne ihre Wirkung allerdings vollständig einzubüßen. Sie werden so den Bedingungen des Alltags angepasst.

Den Bereich der Risikobearbeitung durch die Trainer/innen abschließend, sei noch ein Aspekt thematisiert, der über die individuelle Zuständigkeit der Trainer/innen deutlich hinausführt. Wenn das weibliche Kunstturnen unter der skizzierten Perspektive ein hochriskantes Unterfangen ist, dann sollte dieses Risiko auch auf irgendeine Weise kommuniziert werden. Dies geschieht in anderen, gesellschaftlich bedeutsameren Kontexten auch, etwa in Fragen der Kernenergie, der Umweltverschmutzung u. Ä. Solche Form der *Risikokommunikation* ist nun – wie könnte es angesichts ihres Ursprungs und angesichts der leitenden Gesichtspunkte auch anders sein – ausgesprochen 'technisch' orientiert. Unterstellt wird dabei ein vollständig rationales Idealsubjekt, das allen (naturwissenschaftlich-technischen) Argumenten bedingungslos zustimmt; Betroffenheit, Emotionalität wird nicht eingeplant, aber genau diese Prämisse ist unzutreffend, wie zahlreiche empirische Untersuchungen zeigen: Menschen schätzen Risiken irrational ein, sind betroffen oder nicht, verfügen über notwendige Informationen oder nicht u. v. m. Entsprechend dominiert ein Verständnis der 'Informationsweitergabe' von den Wissenden/Sendern (Entscheidern) zu den Unwissenden/Empfängern (Betroffenen). Ein wesentliches Resultat dieser 'technischen' Kommunikationsstruktur und -kultur ist Unglaubwürdigkeit. Also: wenn Risikokommunikation selbst noch allein technischen Prämissen unterliegt, und damit ausblendet, dass sie es mit Menschen zu tun hat, dann wird sie seltsam dysfunktional (vgl. OTWAY/WYNNE 1993, 101 ff.), auch weil sie die Kompetenz der Betroffenen systematisch unterschätzt. Denn 'Betroffene' wissen in der Regel um prinzipielle Risiken, sie unterliegen nicht der Illusion eines 'Nullrisikos' (wie oft unterstellt wird), sie wollen aber auch nicht systematisch beruhigt oder ruhiggestellt werden, indem gebetsmühlenhaft von absoluter Kontrolle, Nichtgefährdung und Sicherheit die Rede ist. Insbesondere die offizielle, organisierte Risikokommunikation in Form von Stellungnahmen, Verlautbarungen etc. folgt genau diesem Schema und erreicht damit häufig das Gegenteil des eigentlich Intendierten. Grund für diese Paradoxie ist die dilettantische (sprich: eindimensionale) Einschätzung von Kommunikationsstrukturen und -prozessen bzw. der Irrglaube, dass die Welt insgesamt technisch funktioniert.

Das System Kunstturnen agiert nun fast genau wie hier beschrieben. Als primär 'technisches' System wird auf alle entstehenden Problemkonstellationen auch technisch reagiert: mehr Kontrolle, mehr Sicherheit, 'wir haben alles im Griff'. Skeptische Einwürfe oder Rückfragen, die in aller Regel von außerhalb des Systems kommen, werden ausgeblendet, stigmatisiert oder klein geredet: es gibt keine Drop-Outs, das Verletzungsrisiko ist verglichen mit anderen Sportarten gering, es gibt keine Gewichtsproblematik bei den Kunstturnerinnen, der aktuelle Kader ist wieder einmal der vielversprechendste. Solche Form der Kommunikation wirkt auf eine offenbar eher 'skeptisch' justierte Umwelt in der Tat unglaubwürdig, selbst wenn sie in Teilen auf nachweisbaren 'Fakten' basieren sollte (wie z. B. hinsichtlich der Verletzungsstatistik), eine kritisch-interessierte Öffentlichkeit fühlt sich unzureichend oder einseitig informiert. Daran kann im Übrigen auch der 'Einsatz' von Wissenschaft nichts ändern, da deren Rationalität längst schon nicht mehr unantastbar ist, wie andere gesellschaftliche Bereiche deutlich zeigen und z. B. unsere eigene Situation der ‚Auftragsforschung' ebenfalls nahe legt. Mit dieser Form der ‚Bearbeitung' von Risiken jedenfalls wird man keine produktive Auseinandersetzung erreichen können. Was wäre stattdessen zu tun?

„Glaubwürdige Information ist ein Artefakt. Sie wird in umsichtig und vorsichtig gestalteten Portionen unterbreitet, während authentische Kommunikation dauerhafte Beziehungen einschließt, in denen wechselseitiges Vertrauen und Respekt bestehen. Authentizität würde z. B. die offene Anerkennung unvermeidbarer Unsicherheiten und Schwierigkeiten beim Umgang mit technologischen Risiken bedeuten. Normalerweise wird dies jedoch als eine Bedrohung der Glaubwürdigkeit verstanden, aber Glaubwürdigkeit ist weniger von der Qualität der Information abhängig als von der Qualität der Beziehung" (OTAY/WYNNE 1993, 110). Es sollte dem System und seinen Trägern also nicht darum gehen, ein ‚Nullrisiko' zu verkaufen, sich mit irgendwelchen anderen Sportarten hinsichtlich der Verletzungshäufigkeit zu vergleichen oder auch gut gemeinte Freisprüche systemintern zu induzieren, sondern Ziel sollte sein, die eigene Situation ‚authentisch' zu schildern. Wohl niemand unterliegt der Illusion, dass Kunstturnen auf dem in Frage stehenden Niveau risikolos ist und wohl auch niemand wird das Kunstturnen allein deshalb verunglimpfen, weil es riskant ist, sondern: systematisches Herunterspielen von möglichen Problemdimensionen, Verharmlosung, Verkauf von Doppelmoralen u. Ä. ziehen eine kritische Aufmerksamkeit auf sich, die dann auch mit der ‚Unglaubwürdigkeit' des Systems insgesamt rechnet und in Konsequenz vielleicht berechtigte Positionen des Systems gar nicht mehr zur Kenntnis nimmt. *Eine offene Auseinandersetzung um existierende Risiken im Kunstturnen ist also gefordert, eine systematische Analyse von Schwachstellen, ein Zur-Kenntnis-Nehmen von Kritik und ihre produktive (und offensive) Verarbeitung.* Dazu ist es auch nötig, das leitende ‚technische' Interesse des Systems zu ergänzen um Perspektiven, die die Vielschichtigkeit von Menschen und Gesellschaften mit einbeziehen. Vielleicht liegt auch gerade hier die Notwendigkeit der Einbeziehung externer Ressourcen.

### 5.3.5 Wissen und Können: über einige Grundlagen des Trainer/innenhandelns

Da ein Anliegen unserer Untersuchung auch in der Formulierung einiger Beratungsperspektiven besteht, sollte eine Analyse der Trainer/innen als Akteure den Bereich der Kompetenzen nicht ausblenden. Neben den Fragen nach der Trainer/innentätigkeit, ihrer Gewichtung und Strukturierung, stellt sich natürlich auch die Frage nach den zugrunde liegenden Kompetenzen für dieses Tun. Jeder Beruf basiert auf bestimmten Kompetenzen oder sollte zumindest darauf basieren, weil offenbar nur so eine bestimmte, natürlich möglichst hoch anzusetzende Qualität des beruflichen Handelns zu gewährleisten ist. Von besonderem systematischen Interesse sind dabei die für eine Berufsausübung typischen oder notwendigen Kompetenzformen, die Frage ihres Erwerbs und die Möglichkeit der systematischen Vermittlung bzw. auch Verbesserung dieser Kompetenzen. Wenn für den Trainer/innenberuf im weiblichen Kunstturnen zudem zutrifft, dass Risikohandeln einen besonderen Stellenwert einnimmt, dann stellt sich die Frage nach möglichst gut ausgebildeten Kompetenzen mit besonderer Nachdringlichkeit, denn riskantes Handeln und Dilettantismus vertragen sich schlecht. Zudem können über eine Erschließung des ‚Status Quo' auch Konsequenzen für Beratungsangebote entwickelt werden, denn gerade die beruflich im Feld des weiblichen Kunstturnens agierenden Trainer/innen kommen als Adressaten besonders in Frage.

Bevor weitere Ausdifferenzierungen vorgenommen werden, ist an zwei Aspekte zu erinnern, die im bisherigen Verlauf auf die Trainer/innenkompetenzen verwiesen haben. Zum Ersten ist der hohe formale Ausbildungsstand der untersuchten Gruppe hervorgehoben worden. Für gewöhnlich sollten entscheidende Kompetenzen für eine spätere Berufsausübung in der Ausbildungsphase angelegt werden, doch wird man bereits hier erste Relativierungen anführen müssen, da ein Hochschulstudium von seiner Grundstruktur nicht auf die Herstellung konkreter beruflicher Kompetenz im Sinne eines Könnens angelegt ist, sondern primär auf die Akkumulation theoretischen Wissens, das dann im Laufe der konkreten beruflichen Praxis um die entsprechenden Könnensanteile ergänzt wird.[68] Zudem bereitet das von den Trainer/innen absolvierte Sportstudium in seiner Grundstruktur nicht auf ein spezifisches Berufsfeld ‚Trainer/in im Hochleistungssport' oder ‚Trainer/in im Nachwuchsleistungssport' vor, sondern recht breitgestreut auf verschiedene mögliche Berufsfelder, wobei innerhalb des Studienverlaufs Schwerpunktsetzungen möglich waren und sind. Dies ist von einigen Trainer/innen auch mit Blick auf die eigene Berufsbiographie angemerkt worden.[69] Der zweite Aspekt betrifft die von den Trainer/innen angeführte Notwendigkeit der ‚Rundumbetreuung', die auf eine große Vielzahl von sehr unterschiedlichen Tätigkeiten rückschließen lässt. Angesichts dieser Berufsrealität lässt sich vermuten, dass die notwendigen oder wünschenswerten Kompetenzen sicher nicht alle in gleichem Maße ausgeprägt sind und, da sie ja partiell auch außerhalb des Berufsbildes liegen, von Zufälligkeiten und Unwägbarkeiten abhängen werden. Sowohl die Unspezifität des Hochschulstudiums wie auch Ungeregeltheit der Berufsausübung selbst sprechen also für die Schwierigkeit einer systematischen Ausprägung von

---

[68] Unsere Untersuchungsgruppe übt – wie eingangs erwähnt – den Beruf der Trainer/in schon über einen langen Zeitraum aus, so dass die Berufserfahrung zu einem wesentlichen Bestandteil des Trainer/innenhandelns wird. Darauf ist im Detail an späterer Stelle einzugehen.

[69] Am nachhaltigsten gilt dies wohl für das Studium an der ehemaligen Deutschen Hochschule für Körperkultur in Leipzig, an der frühzeitige Spezialisierungen auf eine zukünftige Trainer/innentätigkeit systematisch betrieben wurden, so dass hier der Begriff einer ‚Trainer/innenausbildung' noch am ehesten zutrifft.

Kompetenzen auf breitem Niveau.[70] Andererseits – und auch dies ist eine Facette der Berufsrealität – ist es sicher nicht unangemessen, die Trainer/innen als Experten im Bereich der Leistungsoptimierung im Kunstturnen zu bezeichnen, die mit hoher Kompetenz Spitzenleistungen produzieren. Ihre Expertise in diesem Feld der ‚eigentlichen' Trainer/innentätigkeit ist ohne Zweifel sehr hoch anzusiedeln, hier sind sie zu Hause, hier wissen sie, ‚wie der Hase läuft'. Damit wären erste Ambivalenzen aufgezeigt, die es im weiteren Verlauf genauer aufzuschlüsseln gilt.

Die Frage nach den notwendigen Kompetenzen lässt sich aus zwei Perspektiven beantworten, mit Blick auf die konkreten Tätigkeiten (vgl. 5.3.2) oder mit Blick auf die Selbstauskünfte der Trainer/innen. Die erste Perspektive orientiert sich an der beruflichen Alltagsrealität, die zweite am beruflichen Selbstverständnis und beide Perspektiven müssen durchaus nicht kompatibel sein.[71] Im Sinne einer Profilierung des Trainer/innenberufs scheint es nicht sinnvoll, alle externen Zumutungen an die Trainer/innentätigkeit zum Gegenstand der Diskussion zu machen und beispielsweise ernsthaft darüber nachzudenken, ob eine Turntrainer/in auch eine gute Nachhilfelehrer/in sein muss. Ergiebiger, vor allem auch im Hinblick auf die Ableitung von Konsequenzen, erscheint es, *die Selbstbeschreibungen der Trainer/innen zum Ausgang zu nehmen und diese Selbstauskünfte mit dem aktuellen Kompetenzprofil abzugleichen.* Die von uns befragten Trainer/innen variieren in der Formulierung von Kompetenzen partiell, doch überwiegen die prinzipiellen Übereinstimmungen in den Grundorientierungen. Dazu ein etwas ausführlicheres Zitat einer Trainer/in:

„Aber was ein Trainer vor allen Dingen haben muss im Turnen, ein Techniker, ja ein Techniker muss er eigentlich sein, ein bisschen Ahnung muss er haben was jetzt biomechanische Dinge betrifft, braucht nun nicht zu sein, dass er Formeln an die Wand schreiben kann, aber dort sollte man relativ sattelfest sein und sollte natürlich auch nicht die Augen verschließen vor Dingen, die jetzt die Technikentwicklungen ein bisschen mit sich bringen, wo man sich auch mal ändern muss in seiner eigenen Art, etwas dazulernen muss. Aber ich glaube, wichtiger ist es, dass man, das ist meiner Ansicht nach auch ein bisschen vom Einsatzgebiet abhängig, also dass man bei den Aktiven psychologisch in bestimmten Situationen, wenn

---

[70] Darüber hinaus sollte nicht vergessen werden, dass ein Hochschulstudium ja nicht notwendige Voraussetzung der Trainer/innentätigkeit auf Spitzenniveau ist, sondern eine Besonderheit der von uns untersuchten Gruppe. Als ausreichend wird auch die verbandsinterne Ausbildung auf verschiedenen Stufen angesehen, wobei aktuell eine C-Lizenz zur Betreuung von Spitzenturnerinnen ausreicht. Das Dilemma von ehrenamtlicher Rekrutierung von Trainer/innen (bei entsprechender Entlohnung) und professionellen Ansprüchen an hochkomplexe Tätigkeiten wird an dieser Stelle offenbar, wobei allerdings nicht der Fehlschluss produziert werden soll, dass ‚professionelles' Handeln automatisch immer auch ‚kompetenteres' Handeln einschließt. Leider liegen die Dinge nicht so einfach!

[71] D. h. natürlich nicht, dass Tätigkeitsprofil und Kompetenzprofil nichts miteinander zu tun hätten. Es gibt deutliche Überschneidungen, auf die selbstverständlich auch eingegangen wird.

man dann auf sie eingehen kann, wenn man über ihre Psyche Bescheid weiß [...] So, was, Durchhaltevermögen, dass man versucht, bei seiner Linie zu bleiben, und dass man nicht von einem zum anderen springt, was jetzt eine bestimmte Auswahl von Elementen betrifft, das man das, was man angeht, auch Rückschläge jetzt wegstecken soll. Also ich bleibe dran, ich bin überzeugt davon, das klappt, das packen wir schon irgendwie. Und was ein Trainer meiner Ansicht nach auch braucht, ist ein sehr hohes Verantwortungsbewusstsein für das, was man von den Aktiven letztendlich verlangt, dass man sich auch mal vorstellt, was passiert, wenn die jetzt das und das nicht macht, wie sie es machen soll, dass man also bestimmte Sachen nicht zu früh verlangt von ihnen [...] Dieses, na ja, dieses Fingerspitzengefühl, ja, der eine hat es, der andere hat es nicht [...] Es gibt mit Sicherheit viele Möglichkeiten, die Aktiven zu entwickeln, ja, so ein paar Grundanforderungen, die sollte man doch schon erfüllen. Also was eben ausschlaggebend oder was eben sehr wichtig ist, ist eben diese besagte Motivation, von der wir gesprochen haben. Wenn man sich eben jeden Tag wieder neu aufpuschen kann, wer das eben packt, der kommt dann mit seinen Methoden dann irgendwo durch, ja" (1670–1750).

Diese prototypische Sequenz bringt auf den Punkt, was von anderen Trainer/innen in ähnlicher Weise dargestellt wird: eine ganze Reihe von ‚wichtigen' oder ‚ausschlaggebenden' Kompetenzen oder zu bewältigenden *‚Grundanforderungen'*, die die Sache Turnen (Technik, Biomechanik), die Person der Kunstturnerin (Psyche, Verantwortung) und die Person der Trainer/in selbst (Weiterbildung, Durchhaltevermögen, Fingerspitzengefühl, Eigenmotivation) betreffen. Diese Anforderungen sollte man in der Sicht der Trainer/innen ‚doch schon erfüllen', um den Beruf kompetent ausüben zu können. Nun kann es nicht Absicht der vorliegenden Studie sein, den Grad der Qualität festzustellen, in dem diese Ansprüche von den einzelnen Trainer/innen erfüllt werden oder nicht, aber es ist eine Fragestellung von grundsätzlichem Interesse, wie es um die prinzipielle ‚Erfüllbarkeit' solcher Ansprüche bestellt ist. Lassen sich die formulierten Grundkompetenzen (und strukturell ähnliche Kompetenzen) herstellen, was ja im Sinne einer professionellen Berufsausübung durchaus wünschenswert wäre, und wenn ja – wie macht man das?[72]

---

[72] Mit dieser Frage begeben wir uns in den Bereich der Professions- und Kompetenzforschung, der vor allem in pädagogischen Feldern in den letzten Jahren wieder mehr ins Zentrum der Aufmerksamkeit gerückt ist (vgl. z. B. DEWE/FERCHHOFF/RADTKE 1992; COMBE/HELSPER 1996; RADTKE 1996; NEUWEG 1999). Die Einbeziehung dieser Diskussionsstränge könnte auch für den Bereich der Trainer/innen von Interesse sein, kann hier jedoch nur ansatzweise geleistet werden. In ähnlicher Weise lehrreich ist auch der Blick in die eher noch ‚pragmatischer' ausgerichtete Forschung der Wissensstrukturierung von Lehrern und Lehrerinnen im angloamerikanischen Raum (vgl. ERAUT 1994; KOCH-PRIEWE 1997; KOLBE 1997). Für das relativ wenig untersuchte Berufsfeld von Trainer/innen ergeben sich eine Reihe von interessanten Parallelen, wie die sicher ergänzungsbedürftigen Ergebnisse unserer eigenen Untersuchung zeigen.

Wer nach der Vermittelbarkeit von Kompetenzen fragt, tut gut daran, ihre *Entstehung* näher zu betrachten, was indessen leichter gesagt als getan ist. Die Aneignungsprozesse bei der Ausprägung von Kompetenz sind alles andere als klar. Es gibt aber einige Ansatzpunkte, die etwas mehr Klarheit verschaffen können. Zunächst sind unterschiedliche Quellen auszumachen, aus denen sich die unterschiedlichen Kompetenzen bei den Trainer/innen speisen. Drei Kompetenzquellen sind dabei grundsätzlich zu unterscheiden:

Eine erste Quelle heißt schlicht ‚Veranlagung‘. Es scheint Fähigkeiten zu geben, die für die Durchführung einiger Trainer/innentätigkeiten konstitutiv sind, die man ‚hat oder nicht hat‘. Angesprochen werden hier Aspekte, die in grundsätzlicher Weise mit dem Mensch-Sein zu tun haben, Fingerspitzengefühl, Intuition oder Gespür für die Turnerinnen werden hier typischerweise genannt. Über die Entstehung solcher Kompetenzen kann man nur spekulieren, möglicherweise versteht man sie als angeboren oder auf nicht genauer spezifizierbare Weise irgendwie mitgegeben. Solche Fähigkeiten sind offenbar nicht im klassischen Sinne vermittelbar, sondern als Gegebenheit hinzunehmen, spielen aber im konkreten Trainer/innenhandeln eine – allerdings in ihrer Gewichtung nicht weiter präzisierbare – Rolle.

Eine zweite Quelle heißt ‚Wissen‘. Gemeint sind hiermit theoretische Kenntnisse, die während der Ausbildung oder durch Selbststudium erworben worden sind. Also beispielsweise Wissensbestände aus der Sportmedizin, der Biomechanik, der Trainingsmethodik, partiell aber auch aus Bereichen wie Sportpsychologie und Sportpädagogik. Diese Bestände sind in aller Regel als ‚kanonisiertes Wissen‘ in klassischem Sinne auch gut vermittelbar. Die Trainer/innen bringen dieser Quelle ein ‚bedingtes‘ Vertrauen entgegen, das bedeutet, dass externe Informationen immer noch intern gefiltert werden, bevor sie in den eigenen ‚Anwendungshaushalt‘ übernommen werden. Selektionskriterium ist dabei die Brauchbarkeit der Informationen für das eigene Handeln, wobei feststellbar ist, dass diese Filter durchaus unterschiedlich konstruiert sind, in der Regel aber mit einer Tendenz zur Ignorierung von pädagogisch-psychologischen Informationsbeständen (vgl. 5.3.2). ‚Technische Entwicklungen‘ o. Ä. werden in der Regel eher rezipiert, wobei der Vorbehalt der individuellen Selektion auch hier weiter gilt. Offenbar werden pädagogische Theorieangebote nicht zur Kenntnis genommen, nicht verstanden, als verwirrend empfunden oder schlicht als unbrauchbar verworfen.[73] Hier greift vermutlich das von LUHMANN konstatierte ‚Technologiedefizit‘ pädagogischen Wissens, das es aus Trainer/innensicht eben wenig brauchbar erscheinen lässt. Davon

---

[73] Es müssten eigentlich noch verschiedene pädagogische Wissensformen unterschieden werden. So lassen sich bei den Trainer/innen Formen eines eher kanonischen Legitimationswissens aufweisen, die primär als Formeln für die Außendarstellung dienen und Formen eines pädagogischen Professionswissens, das sich auf die alltägliche Arbeit bezieht. Dieses Wissen wirkt wenig kanonisiert, wenngleich es durchaus ‚systematisch‘ von Trainer/innen benutzt werden kann. Quelle ist hier dann aber primär die eigene Erfahrung (s. u.).

unberührt bleibt die schon mehrmals betonte prinzipielle Bedeutsamkeit der Dimension des diffus ‚Pädagogischen‘, ihr kann aber mit kanonisiertem Wissen offenbar nicht Genüge getan werden. Trotzdem bleibt ‚Wissen‘ eine Quelle der Trainer/innenkompetenzen, wenn auch mit deutlicher Präferenz für ‚sachorientierte‘ Wissensbestände. Angelegt werden derartige Wissensbestände in der Ausbildung, vertieft, ergänzt oder verändert werden sie durch individuelle oder institutionelle Fortbildungen, wobei gerade für institutionelle Fortbildungen der Freiwilligkeitsvorbehalt aller Lehr-Lern-Prozesse gilt: gelernt wird nur das, was die Lernenden lernen wollen.

Als dritte und vermutlich bedeutendste Quelle für Kompetenzerwerb ist die Dimension der *‚Erfahrung‘* zu nennen.[74] Das Phänomen Erfahrung muss hier weiter spezifiziert werden: bedeutsam sind sowohl Aspekte allgemeiner Lebenserfahrung, dann spezifischer Berufserfahrungen und letztlich auch die vor der Berufskarriere liegenden Erfahrungen als Kunstturner/in. Da der Stellenwert der Erfahrung für das Kompetenzprofil aus der Sicht der Trainer/innen kaum zu überschätzen ist, soll die komplizierte Struktur der Erfahrung differenzierter betrachtet werden.[75] Dabei hilft zunächst der Blick auf die verschiedenen Funktionen der Erfahrung. Genannt werden die klassischen positiven Funktionen: einmal die *Orientierungsfunktion*. Erfahrung hilft dem Erfahrenen, sich in unübersichtlichem und anspruchsvollem Gelände zurechtzufinden. Man kann wesentliches und unwesentliches voneinander unterscheiden und auf diese Weise den Überblick besser behalten. Die Ordnung des eigenen Erfahrungsinventars erleichtert die Auswahl der richtigen Werkzeuge zur Bestimmung des jeweils einzuschlagenden Kurses. Wer zum x-ten Mal einen Lernweg beschreitet, der wird auch um Hindernisse wissen und ihnen aus dem Weg gehen oder Abkürzungen nehmen können. Damit zusammen hängt die *Entlastungsfunktion*: die Kenntnis des Feldes und seiner Strukturen ermöglicht eine Reduktion von unnötigem Ballast, eine Komplexitätsreduktion und damit auch eine Entlastung unter permanentem Handlungsdruck. Der Druck wird abgebaut durch Routinen, Schemata, Konzentration aufs Wesentliche und damit gewinnt man auch freien Blick für neue Aufgaben oder einfach Freiheit zum Abschalten. Erfahrung wird damit zum Hort der Sicherheit, sie ist der Nullpunkt des eigenen Koordinatensystems, vor diesem Hintergrund wird auch

---

[74] Damit soll nicht behauptet werden, dass ‚Erfahrung‘ unabhängig von jeglichen Wissensbeständen fungiert, allerdings ist die Verhältnisbestimmung von Wissen und Erfahrung wohl kaum zu bewerkstelligen. Wichtig ist zunächst, dass auch die Trainer/innen die Bedeutung von ‚Erfahrung‘ im Unterschied zu ‚Wissen‘ (wohl hauptsächlich im Sinne des hier verwendeten Begriff des ‚kanonisierten Wissens‘) hervorheben. Höchst interessant ist natürlich die sich ergebende Frage, ob Erfahrung sich so strukturieren lässt, dass sie für Vermittlungsprozesse im Rahmen des Kompetenzerwerbs für andere benutzt werden kann.

[75] Da es sich bei unserer Untersuchungsgruppe weitgehend um Trainer/innen mit sehr langer Berufserfahrung handelt (14 der 18 Trainer/innen verfügen über z. T. deutlich mehr als 15 Jahre Berufserfahrung), dürfen natürlich Selektionseffekte nicht ausgeschlossen werden. Trotzdem ist natürlich an der grundsätzlichen Bedeutsamkeit von Erfahrung für berufliches Handeln von Experten nicht zu zweifeln (vgl. auch DREYFUS/DREYFUS 1987, 55 ff.).

die Rede vom ‚Erfahrungsschatz' verständlich. Eine weitere Funktion ist die der *Fehlervermeidung.* Mit dem Anwachsen der Erfahrung wird – so die Hoffnung und auch die Auskunft von Trainer/innen – die Wahrscheinlichkeit, gravierende Fehler zu machen, geringer (was im Umkehrschluss auch auf mögliche Risiken des Anfangs verweist). Die erfahrenen Trainer/innen verfügen über einen großen Pool von Daten und Kenntnissen, die die Wahrscheinlichkeit eines Fehlgriffs reduzieren bzw. auch so etwas wie Reparaturfunktionen mit beinhalten, wenn etwas daneben gegangen ist. Die Kernfunktion von Erfahrung scheint aber noch eine andere zu sein, die quer zum bisher Gesagten liegt: *es ist die Fähigkeit zur ‚Individualisierung' also zur angemessenen ‚Fallbehandlung'.* Erfahrung scheint dafür verantwortlich zu sein, dass auf die Besonderheiten der einzelnen Kunstturnerinnen verstärkt eingegangen werden kann, so zumindest die Sichtweise der Trainer/innen. Weil kein Fall wie der andere ist, immer aber auch Ähnlichkeiten, Vergleichsmöglichkeiten etc. bestehen, kann die erfahrene Trainer/in gewissermaßen in ihren persönlichen Schrank der ‚Wirkstoffe' greifen und das angemessene Therapeutikum selbst zusammenstellen – Therapeutika, die in dieser Form auch nicht in der öffentlichen Apotheke der Trainer/innenausbildung vorhanden sind. In dieser Funktion der Erfahrung sehen die Trainer/innen in breiter Übereinstimmung den zentralen Vorsprung, den man durch Erfahrung eben erlangt und der durch nichts anderes ersetzbar scheint. Es ist vielleicht eine spezifische Version des Könnens von Trainer/innen, solche ‚Fallbehandlungen' in angemessener Weise durchzuführen und in dieser Kompetenz unterscheiden sich sicher auch die Trainer/innen in ihrer Qualität. Es wäre sicher interessant, die Strukturen dieser Fähigkeit genauer zu analysieren, das ist aber auf der Basis des Datenmaterials nicht möglich. Vermutlich finden sich ganz ähnliche Zusammenhänge wie in anderen klientenbezogenen Praxisfeldern auch, doch fehlen auch dort genauere Einsichten für diese Fähigkeit der Verknüpfung von Regelanwendung und Fallstruktur (vgl. DREYFUS/DREYFUS 1987).[76] Dieses Können charakterisiert offenbar den ‚Experten' unterschiedlichster Coleur, die Zutaten für seine ‚Expertise' sind ebenfalls bekannt, aber die serielle Herstellung von Experten will nicht gelingen. Welche Konsequenzen hat Erfahrung für die Handelnden, wozu führt Erfahrung auf Seiten der Erfahrenen? Ergänzend wäre die Frage zu stellen, ob solche Konsequenzen in jedem Fall eintreten oder ob sie z. B. mit der Konsistenz oder der Qualität der Erfahrung variieren. Führt jede Erfahrung zu den gleichen Konsequenzen, macht Erfahrung also z. B. immer sicher? Betrachtet man die Funktionen von Erfahrung, die alle im Prinzip auf eine ‚Erleichterung' des alltäglichen beruflichen Tuns hinausführen, dann wird verständlich, dass auch die genannten Konsequenzen im wesentlichen positiver Natur sind. Im Einzelnen wird verwiesen auf:

---

[76] Aus der Expertenforschung sind ähnliche Zusammenhänge bekannt. Expert/innen zeichnen sich durch eine Art intuitiver Wahrnehmung der Besonderheiten einer Situation aus, die dann ein situationsangemessenes und in der Regel schnelles Reagieren ermöglicht.

- *Sicherheit* im eigenen Tun und damit auch die ‚Vermittlung' von Sicherheit an die Klienten, also die Turnerinnen. Durch die Fähigkeit zur Strukturierung, zur Reduktion auf das Wesentliche, zum Überblick und auch durch die ‚Summe' der Fälle bekommt das eigene Handeln und Agieren im Feld einen Rahmen, der Souveränität, Kompetenz und Routiniertheit ausstrahlt. Die Trainer/innen selbst fühlen sich sicher (im Unterschied zu ihrem eigenen Novizen-Sein, s. u.) und sie wirken offenbar auch nach außen hin sicher, was z. B. im Hinblick auf den schon angesprochenen Aspekt der ‚Vertrauensbildung', der von den Turnerinnen ja immer wieder angeführt wird, von Bedeutung ist.

- Mit zunehmender Erfahrung entwickelt sich auch so etwas wie *Gelassenheit*, man weiß um vielfältige und oft unberechenbare Einflüsse auf das eigene Tätigkeitsfeld, man hat viel erlebt und hat erkannt, dass viele der Aufgeregtheiten sich im Verlauf der Zeit *relativieren*. Dies betrifft wiederum sowohl das eigene Tun, als auch – und vielleicht noch bedeutsamer – den Handlungsbereich der Turnerinnen, die in aller Regel über die entsprechenden Erfahrungen noch nicht verfügen und folgerichtig die Ereignisse ‚überbewerten'. Hier könnten Trainer/innen sicher eine wichtige Pufferfunktion wahrnehmen, die Frage ist nur, ob sie das auch in der wünschenswerten Weise tun. Der beschriebene Aspekt der Gelassenheit bezieht sich auf die Sichtweise der Trainer/innen, doch gibt es auch eine Reihe von Beispielen aus unseren Beobachtungen, die diesen Aspekt konterkarieren. Trainer/innen wirken dann alles andere als gelassen, sie tragen eher zur Verunsicherung der Turnerinnen bei. Vermutlich spielen hier auch Systembedingungen hinein, die die Vision der Gelassenheit unterminieren: so setzt Gelassenheit wohl auch ein Maß an Unabhängigkeit voraus, die das System nicht allen gewährt. Gelassenheit setzt auch Zeit voraus, die das System nicht gewährt. Es gibt also durchaus auch Gründe dafür, dass das Bild der Gelassenheit eher ein ‚Wunschbild' der Trainer/innen ist als praktizierte Wirklichkeit.

- Erfahrung soll auch zur *Experimentierfreude*, zur Variation führen, insgesamt so etwas wie ‚Freiheit' in der Kombination der Elemente ermöglichen. Auch das scheint theoretisch plausibel. Wer über eine ansehnliche Ansammlung von Bausteinen, von Werkzeugen und Bauplänen verfügt, ist sicher in der Lage sehr unterschiedliche ‚Häuser' zu bauen. Sicher ist dies ein Privileg von Erfahrung und Expertentum, doch gibt es auch hier keinen Automatismus. Das Kunstturnen scheint kein Feld ausgiebiger Experimente zu sein, und bei aller Betonung der Individualität der Turnerinnen, bestehen begründete Zweifel, ob wirklich immer individuell verfahren wird und persönliche ‚Lehr-Lern-Pläne' im Vordergrund stehen. Denn von den Trainer/-innen wird auch auf den Aspekt des ‚Bewährten' verwiesen, das beizubehalten sei – was ja auch durchaus Sinn machen kann. Kurz und gut: die potentielle Freiheit, die Erfahrung ermöglichen kann, muss auch eigens verwirklicht werden und das setzt ein erhebliches Maß an Reflexion und Distanzierungsfähigkeit voraus – beides Voraussetzungen, die den handelnden Akteuren nicht automatisch zuzubilligen sind.

- Erfahrung ermöglicht auch so etwas wie ‚*kategoriale Anschauung*' bzw. den ‚kategorialen Blick'. Diese Begriffe werden von den Trainer/innen natürlich nicht genannt, sie stammen aus dem Bereich der Phänomenologie und beschreiben dort die Fähigkeit der schlagartigen Erfassung des ‚Wesens' eines Phänomens. Wichtig sind daran im vorliegenden Kontext vor allem zwei Aspekte: die Analogie zur sinnlichen Wahrnehmung (Anschauung, Blick) und die Qualität des Schlagartigen, Ganzheitlichen. Erfahrung – wieder im Sinne einer reflektierenden Erfahrung – verleiht dem Erfahrenen eine neue, zusätzliche Fähigkeit oder Kompetenz, nämlich die schon erwähnte Fähigkeit zur ‚Fallbearbeitung'. Dazu ist zunächst eine ‚Fallzuordnung' notwendig, also die vorliegende komplexe Situation X ist ‚Fall von ...' und ist durch die Maßnahmen y oder z bewältigbar etc. Dies muss unter Handlungsdruck schnell und fehlerfrei geschehen und dies leistet der ‚kategoriale Blick' des Erfahrenen. Diese Kompetenz meinen Trainer/innen in aller Regel, wenn sie auf Erfahrung als *praktikables* Diagnoseinstrument verweisen. Möglicherweise harmonisiert der funktionierende ‚kategoriale Blick' die widerstreitenden Ansprüche von Individualität (Besonderheit des Falles) und Struktur (Regelhaftigkeit des Falles).

Es dürfte deutlich geworden sein, dass die möglichen Konsequenzen von Erfahrung hier sehr optimistisch und konstruktiv skizziert worden sind, was sicher auch den Tenor der Trainer/innenstatements widerspiegelt. Erfahrung ist dort ein hoch gehandeltes Gut, dessen Wert unersetzlich erscheint, der jeweilige ‚Erfahrungsschatz' steigert natürlich auch den Wert der einzelnen Trainer/in. Ohne Zweifel muss man *die Positivdeutung der Erfahrung um einige Grauschattierungen* bereichern, wenn man der beobachteten Realität näher kommen will, wobei als grundlegende Dimension sicher die Unterscheidung zwischen fluider, ‚reflektierender Erfahrung' und kristalliner, ‚statischer Erfahrung' zu nennen ist. Das Problem der *Bewertung von Erfahrung* bedarf also der genaueren Betrachtung. Bereits kurz erwähnt wurde die *Parallelisierung von Dauer und Qualität* der Erfahrung. ‚Ich kenne die Turnerin lange und das heißt gut'. Ausgeblendet wird hier die Möglichkeit, mit der eigenen Erfahrung völlig daneben liegen zu können (z. B. der berühmte ‚Pygmalion-Effekt' oder self-fulfilling prophecies). Die genannte Parallelisierung hat natürlich den Vorzug des Automatismus: weil man den Lauf der Zeit nicht verhindern kann, kann man auch den Qualitätsanstieg der Erfahrung nicht verhindern. Niemand kann die ‚Dauer' der Tätigkeit absprechen, also auch nicht die daraus ‚resultierende' Erfahrung. Und: niemand kann sie im Schnellkurs einholen. Hier dient Erfahrung der *Immunisierung*. Sie wird so zum Erfahrungsschatz, der entsprechend gehütet bleibt und wohl auch gar nicht ‚ausgetauscht' werden kann und soll.

Umgekehrt wird von jungen, unerfahrenen Trainer/innen gelegentlich auf die ‚Veraltung' oder ‚Erstarrung' verwiesen, und damit eine Abwertung der Erfahrung vorgenommen. Hier bekommt z. B. Theorie häufig eine Ersatzfunktion: die neuere Theorie hat die Auffassung des erfahrenen Trainer X ja als überholt entlarvt. Eine andere

Variante ist der Neid der Erfahrenen auf junge, unerfahrene Trainer/innen, die Erfolg haben. Als Erklärung für dieses Verhalten böte sich ein Selbstschutzmechanismus der Erfahrenen an, denn junge erfolgreiche Trainer/innen stellen ja den prinzipiellen Wert der Erfahrung in Frage, da es auch ohne zu funktionieren scheint, das aber wiederum stellt die Unersetzlichkeit der erfahrenen Trainer/in in Frage. Auffallend ist, dass diese hier säuberlich getrennten Varianten von den Trainer/innen auch vermischt benutzt werden, je nachdem, in welchem Kontext Erfahrung in den Äußerungen auftaucht und welche Funktion sie einzunehmen hat. Schwer einzuordnen ist auch das *Verhältnis von eher die Menschenkenntnis betreffenden Erfahrungen und eher auf sachliche Fragestellungen bezogene Erfahrungen.* Die Trainer/innen betonen die Bedeutung der Erfahrung im Bereich des Umgangs mit den Turnerinnen (Stichwort Individualität der Turnerinnen), sie sprechen jedoch sehr viel öfter vom Wert der Erfahrung in den Feldern, die sich ohnehin schon strukturell durch Stabilität auszeichnen, also z. B. in der Methodik, Techniktraining, Wettkampfbedingungen, Belastungsdosierung. Möglicherweise hilft hier die Unterscheidung reflektierend/statisch. Sachliche Erfahrungen sind wohl eher statisch und sie erfüllen ihren Zweck auch als statische Erfahrungen, die man gleichsam schematisch anwenden kann, sie sind insofern in bedeutendem Maße entlastend. Personale Erfahrungen bedürfen immer der begleitenden ‚reflektierenden Urteilskraft', wenn sie erfolgreich angewendet werden wollen. Damit sind sie aber auch komplexer und misserfolgsanfälliger, was ihren ‚Wert an sich' relativiert. Sie verfügen vermutlich nicht über den wünschenswerten Grad an Automatisierbarkeit, insofern weiß man zwar um ihre prinzipielle Bedeutsamkeit, aber auch um die Schwierigkeit ihrer praktischen Handhabung. Das dokumentieren die vorangegangenen Überlegungen. Auf der Ebene der ‚reflektierenden Erfahrung' gibt es also auch bei erfahrenen Trainer/innen womöglich eine erhebliche Differenz zwischen ‚Wissen' (Bedeutung der ‚reflektierenden Erfahrung') und ‚Können' (Anwendung von ‚reflektierender Erfahrung').

Eine letzte Bewertungsvariante ist die des ‚*Lehrgeldes*'. Man sammelt wichtige Erfahrungen im Laufe der Zeit, über die Methode des ‚learning by doing', man ‚verschleißt' dabei aber unnötig ‚Material', sprich: Turnerinnen, weil man aus Unerfahrenheit Fehler macht, die man nach einigen Jahren dann nicht mehr macht. Die Frage ist wieder, ob diese Form des Lehrgeldes ein notwendiger Preis ist, wobei zu bedenken ist, dass der ‚Preis' hier aus konkreten Turnerinnen besteht. Kann man Erfahrungen nur über diesen wenig erfreulichen Weg machen, oder ließen sich hier Kompensationen im Sinne von Referendariaten, Praktika, Supervisionen denken, die diesen Preis reduzieren (vgl. HANKE/WOERMANN 1993)? Ist Erfahrung auch ‚günstiger' zu bekommen oder geht der Weg wirklich nur – wie es ja auch häufig beschrieben ist – über die schmerzlichen, enttäuschenden Erfahrungen, die erst im Laufe der Zeit ihre produktive Funktion unter Beweis stellen können?

Die Deutung der Akteursperspektive der Trainer/innen ist damit abgeschlossen, ohne dass alle relevanten Dimensionen abgearbeitet worden sind. Die aus unserer Untersuchungsperspektive relevanten Strukturen sind allerdings aufgefächert worden. Zusammen mit den zuvor entfalteten Akteursperspektiven und der Einbeziehung einer eher systemischen Sichtweise ergibt sich auf diese Weise ein Mosaik, das durchaus einige differenzierte Einblicke in die Lebenswelt des weiblichen Kunstturnens ermöglicht. Auf der Grundlage dieser Einsichten soll nun im abschließenden Kapitel über einige Konsequenzen nachgedacht werden, die sich aus einer auf Beratung angelegten Interventionsorientierung ergeben könnten.

# 6 Konsequenzen aus pädagogischer Sicht

## 6.1 Die Welt des weiblichen Kunstturnens: Chancen und Risiken für die Turnerinnen

Abschließend sollen diagnostizierte Chancen und Risiken der von uns untersuchten Lebenswelt noch einmal in konzentrierter und extrahierter Form dargestellt werden. Dabei ist zunächst gegenwärtig zu halten, dass natürlich Chancen und Risiken, Bereicherungen und Belastungen, Möglichkeiten und Fragwürdigkeiten dieses Bereiches schon im Detail Gegenstand der vorausgegangenen Kapitel waren. Deren Einbeziehung ist deshalb unvermeidlich, will man nicht zu Pauschalisierungen gelangen, die alle bedeutsamen Unterschiede und Nuancen einebnen. Es mag für den ein oder anderen Zweck bedauerlich sein, aber auch die Welt des weiblichen Kunstturnens stellt sich einer differenzierten Analyse komplexer und verwickelter dar, als die gängigen Schwarz-Weiß-Gemälde es vermitteln wollen. Wenn nun trotzdem einige Schneisen ins Dickicht geschlagen werden, dann dient dies allein der verbesserten Orientierung, nicht aber dem Ansinnen, damit das Dickicht bereits entflechten zu können.

Die Beschreibung von Chancen und Risiken bleibt ein perspektivisches Unterfangen und sollte sich dessen auch bewusst sein. Die Ausrichtung der Perspektive bestimmt den Blickwinkel, der Blickwinkel legt die Grenzen des Wahrnehmbaren fest und schließt damit zugleich andere Möglichkeiten aus. Selbst die Summation von Perspektiven hilft nur bedingt weiter, da irgendwann eine Integrationsleistung zu erbringen ist, die wiederum Strukturierungskriterien erfordert, deren Auswahl mit hoher Wahrscheinlichkeit perspektivisch bedingt sein dürfte. Man kann einen derartigen Perspektivismus als alles relativierende – postmoderne? – Beliebigkeit deuten, die jede Positionierung vermeidet, weil sie nicht entschieden auf vorgegebene Normen rekurriert, die Positionierung und Kursbestimmung erst ermöglichen sollen. Normativen pädagogischen Konzepten ist diese Argumentationsform nicht fremd. Es soll nicht bestritten werden, dass einem solchen Vorgehen entlastende Momente einwohnen, Orientierungen und Bewertungen werden in diesem Kontext leichter und eindeutiger. Unsere eigene Untersuchung ist anders angelegt, sie erzeugt Perspektivenvielfalt, sie achtet auf Unterschiede und versucht zunächst, die vorgefundene Komplexität so gut es geht zu verstehen. Die Vielfalt der Perspektiven wirkt hier erkenntnisfördernd, selbst wenn solche Erkenntnisse nicht immer den persönlichen Geschmack treffen sollten, und Erkenntnis wird – hierin hoffnungslos traditionell – als notwendige Voraussetzung für sinnvolle Interventionsvorhaben angesehen. Auch Chancen und Risiken sind demnach keine real existierenden, gleichsam ontologisch vorfindbaren ‚Tatsachen', sondern Resultate perspektivischer Deutung.[77]

Da die in der Welt des Kunstturnens handelnden Akteure in unserer Untersuchung den Kern bildeten, soll ihre Sicht der Dinge in den folgenden Skizzen leitend bleiben. Dabei liegt es wohl in der Logik dieses Vorgehens, dass die Akteure in ihrer Wahrnehmung die Chancen, die das Feld bietet, eher in den Vordergrund rücken, während Risiken – vor der Folie von Außenwahrnehmungen – eher marginalisiert oder bagatellisiert werden. Diese Tendenzen sind bereits beschrieben, in den vorangegangenen Kapiteln thematisiert worden, so dass die Dimension der Risiken jetzt insofern prononciert wird, als Deutungen, Kenntnisse und Hintergrundwissen unsererseits stärker einbezogen werden. Worin liegen nun Chancen und Risiken bezogen auf die Kunstturnerinnen?

Der Kinder- und Jugendhochleistungssport ermöglicht gerade auf Grund seiner thematischen Engführung den dort Aktiven *die Entwicklung eines Gefühls der Besonderheit*. Als früh erkannte Bewegungstalente erhalten die Kunstturnerinnen die Möglichkeit, in einem präzise definierten Bereich durch intensive Auseinandersetzung mit dem Gegenstand eine Form der Expertise zu erreichen, die letztendlich nur ihnen möglich ist. Die Kunstturnerinnen sind in ihrem Können hier sogar nicht nur ihren Altersgenossen, sondern gerade auch den Erwachsenen in hohem Maße überlegen, was sich in der Präsentation des Könnens dann auch in entsprechenden Goutierungen durch die Erwachsenenwelt zeigt. Die Ausprägung eines besonderen Talents im frühen Alter wird dabei durchaus als *Chance* verstanden, Chance, die sich in vergleichbarer Weise in anderen Bereichen für die Kunstturnerin kaum mehr ergeben wird, bedenkt man die Summe der Voraussetzungen und den zum Erreichen der Expertise notwendigen Aufwand. Es macht so gesehen hier durchaus Sinn, von ‚einmaligen' Chancen zu sprechen, die wegzuwerfen oder auszulassen nicht leicht sein dürfte.

Daneben bieten sich für die Kunstturnerinnen aber auch noch eine Reihe von anderen Potentialen, aus denen sie schöpfen können, und die – nicht nur aus Sicht der Turnerinnen, sondern auch aus Sicht von Eltern und Trainer/-innen – nicht zu unterschätzende *Entwicklungschancen* beinhalten. Durch die kontinuierliche und intensive Beschäftigung mit einem eng definierten Bereich erfahren die Turnerinnen, welcher ‚Gewinn' mit einem solchen Tun verbunden sein kann. Die hohe Motivation und der

---

[77] Die von uns vorgenommenen Deutungen können also durchaus auch anders gedeutet werden. Es gibt keine Chancen und Risiken ‚an sich', im Hochleistungssport so wenig wie in anderen Bereichen. Auch die Chance, die ein Lottogewinn eröffnet, kann – wie konkrete Fälle zeigen – im Desaster enden, wenn das ‚mitgewonnene' Risiko des Verlusts aller materiellen Maßstäbe nicht bewältigt wird.

offenbar notwendige ‚Spaß' an der Sache gehen dabei Hand in Hand. Die getätigten, durchaus umfangreichen Investitionen vielfältigster Art, bekommen so ein Äquivalent auf der Haben-Seite. Derartige Erfahrungspotentiale können dann, das ist eine immer wieder gehörte Überzeugung, auch über den engeren Bereich des Turnens hinaus und für die Zeit danach konstruktiv Verwendung finden. Chancen bietet das Turnen aber auch über die Ermöglichung spezifischer Bewegungserlebnisse, die – bezogen auf das hier in Frage stehende Niveau – in kaum einem anderen Bewegungsbereich in vergleichbarer Weise vorfindbar sein dürften. Die Turnerinnen jedenfalls rekurrieren auf diese Form der ‚Besonderheit' des Turnens und finden darin zumindest auch eine Quelle der Befriedigung. Innerhalb des Turnens finden sich so für die Turnerinnen unterschiedliche Erfahrungsdimensionen, die von ihnen als Chancen interpretiert und wahrgenommen werden. Es gibt aus der Außensicht wenig gute Gründe, diese Einschätzungen einem prinzipiellen Zweifel zu unterziehen.

Eine Chance liegt schließlich auch in dem insgesamt *überaus hohen Motivations- und Engagementpotential*, über das alle Beteiligten verfügen. Die Turnerinnen, aber auch Trainer/-innen und Eltern, zeichnen sich durch eine sehr hohe Involviertheit aus. Eltern und Trainer/-innen stellen enorme Ressourcen zur Verfügung, um den Turnerinnen das Turnen zu ermöglichen, andererseits ziehen Trainer/-innen und Eltern natürlich aus den großen und kleinen Erfolgen und Fortschritten der Turnerinnen ihre Bestätigung. In Feldern, in denen alle Beteiligten über ein derartig hohes Maß an Engagement und Energie verfügen, liegen immer auch genügend Potentiale zur weiteren Optimierung bereit. Es gilt in diesen Fällen, die vorhandenen Energien als Chance zu begreifen und in die Entwicklung einzubeziehen. Dass eine solche Optimierung notwendig ist, zeigt der Blick auf die Seite der *Risiken*.

Gerade angesichts der bereits aufgewendeten Investitionen und Energien auf Seiten der Akteure, vor allem auf Seiten der Turnerinnen, ist an eine *weitere Steigerung nicht zu denken*. Die physischen Beanspruchungen, die zeitlichen Aufwendungen u. a. m. bewegen sich in Bereichen, die ohne Zweifel als grenzwertig bezeichnet werden können. Da aber die Grenzwerte hier nie genau bestimmt werden können, da offensichtlich individuelle Schwankungsbreiten und unterschiedliche Toleranzgrenzen existieren, ist im Sinne des ‚nihil nocere' dafür Sorge zu tragen, dass Grenzwerte gar nicht erst erreicht werden. Die Orientierung an Vorgaben aus dem Hochleistungssport oder die Eingebundenheit in internationale Entscheidungsprozesse können nicht als Argumente andauernder Steigerung der Anforderungen benutzt werden, da weitere Maximierungsstrategien im sportlichen Bereich notwendig auf andere Bereiche durchschlagen, und dies erhöht die Risiken des – aus unserer Sicht unnötigen – Scheiterns der Aktiven.

Risiken für die Aktiven entstehen auch aus *der rigiden und unflexiblen Struktur des Systems*. Die Traditionsorientiertheit des Kunstturnens, seine Tendenz zur Beharrung, die Ausprägung von Kontrolle, Disziplin und Ordnung führen auch zu habituellen Ausformungen auf Seiten der Akteure. So ist schwer verständlich und für die Entwicklung von Kindern und Jugendlichen auch fragwürdig, warum der Bereich der Emotionalität so stark in den Hintergrund gerückt wird. Während andere Sportarten von der Emotionalität und ihrer Präsentation leben, trifft für das Kunstturnen eher das Gegenteil zu. Für die Entwicklungsaufgaben, die Kinder und Jugendliche zu bewältigen haben, erscheint eine derartige Ausblendung in hohem Maße risikoreich, gilt es doch für sie, sich diesen Bereich erst einmal zu erschließen und ihn auszuleben. Die Rigidität des Systems verleitet aber auch zu anderen Übertreibungen und Zuspitzungen, z. B. innerhalb des Umgangs von Trainer/-in und Turnerin. Die ohnehin vorhandene Asymmetrie der Beziehung wird durch die Dominanz der Systemvorgaben weiter verschärft, der Trainer/-innenwunsch nach Kontrolle und Disziplin kann sich niederschlagen in einer verstärkten Funktionalisierung der Turnerinnen, die den Anforderungen eher passiv ausgeliefert sind. Die Einbeziehung der Turnerinnen ist nicht vorgesehen, was sich in Einseitigkeiten der Kommunikationsstrukturen, in Dominanzverhalten und Führungsanspruch der Trainer/-innen widerspiegeln kann. Was Trainer/-innen sich erlauben können – Launigkeit, Ärger, Wut u. a. – das ist den Turnerinnen noch lange nicht erlaubt, wird gegebenenfalls sogar sanktioniert. Durch die Intensität und Kontinuität solchen systemstrukturell mitbedingten Agierens besteht durchaus das Risiko, dass die Turnerinnen in ihrer Persönlichkeitsentwicklung Schaden nehmen können. Zur Ausbildung von selbständigen und mündigen jungen Menschen tragen solche Strukturen jedenfalls wenig bei.

Das Kunstturnen erweist sich jedoch nicht nur als rigide strukturiert, sondern auch als *relativ geschlossene Lebenswelt*. Es neigt zur weitgehenden Vereinnahmung seiner Akteure und beinhaltet die Tendenz zur, aktiv ausgedrückt, Abschottung oder passiv ausgedrückt, Ghettoisierung. Damit befindet sich das Spitzenkunstturnen aber auf einem Weg, der innerhalb moderner Gesellschaften eher als außergewöhnlich zu bezeichnen ist. „Aufwachsen bedeutet heute nur mehr für einen verschwindend kleinen Teil, in lokalen und dichten sozialen Kontrollnetzen mit geschlossener weltanschaulicher (religiöser) Sinngebung und klaren Autoritätsverhältnissen und Pflichtkatalogen groß zu werden" (FEND zit. nach KEUPP 1994, 81). Als riskant ist danach nicht so sehr das Aufwachsen in besonderen Lebenswelten zu betrachten, sondern die weitgehende Isoliertheit solcher Lebenswelten von den Erfordernissen moderner Gesellschaften. Turnerinnen folgen engen Wertemustern, erfüllen klar definierte Pflichtkataloge und befinden sich in engen sozialen Kontrollnetzen, was aus Sicht der Betroffenen Orientierung und Halt ermöglicht, aber eben nur innerhalb der sehr eng definierten Lebenswelt. Insofern ist das Feld des Kunstturnens hochgradig ‚erziehend‘, so dass normative Pädagogen im Grunde froh um diese ‚heile‘ Welt sein sollten. Die Abgeschlossenheit jedenfalls wird von den Trainer/-innen sehr positiv gewertet, sie würden sich sogar noch mehr Autarkie wünschen, um ihre Ziele ungestörter verfolgen zu können. Wie gesagt liegt aber genau dort das Risiko: moderne Gesellschaften leben von der Vernetzung der Teilsysteme, von ihrer partiellen Offenheit (und Geschlossenheit), von dem Austausch und von der Involviertheit in mehrere Teilsysteme. Der Wunsch nach mehr Autarkie ist in unserer Gesellschaft eher dysfunktional, weil er zur Marginalisierung, zur Entkopplung oder ins Sektierertum führt, woran dem Kunstturnen eigentlich nicht gelegen sein kann. Für die noch heranwachsenden Turnerinnen ist diese Situation aber in besonderem Maße riskant, weil sie diese ‚Sonderwelt' in einer biographisch zentralen Entwicklungsphase bewohnen. Das Karriereende bedeutet dann auch das Verlassen der ‚Sonderwelt' und den Übergang in die Komplexität moderner Gesellschaften. Den Umgang mit Pluralität aber sind sie aus dieser Welt nicht gewohnt, was zu Problemen führen kann.

Über Chancen und Risiken ließe sich noch sehr viel mehr und differenzierteres sagen, doch wird man kaum an einen Punkt gelangen können, an dem man eine eindeutige Bilanz ziehen kann. Nützt das Kunstturnen den Turnerinnen oder schadet es ihnen? Auch wir können eine solche Bilanz nicht ziehen, eine Entscheidung für oder gegen das weibliche Kunstturnen im Hochleistungsbereich hat viele Aspekte zu berücksichtigen und wird doch immer eine anfechtbare Entscheidung bleiben. Auf der Basis unserer Untersuchungsergebnisse und weitergehender Überlegungen interventionstheoretischer Art wollen wir allerdings die Gelegenheit nutzen und Konsequenzen formulieren, die aus unserer Sicht zu einer Verbesserung beitragen könnten.

## 6.2 Beratungsstrategien

Wer Konsequenzen formuliert, tut von Anfang an gut daran, seine eigenen Absichten offen zu legen, da es letzten Endes um nichts Geringeres als Intervention in einen fremden Bereich geht. Der Kinder- und Jugendhochleistungssport, der Deutsche Turnerbund und seine Gremien, einzelne Kunstturnstützpunkte stehen für solche für Wissenschaftler, hier genauer Pädagogen, fremde Bereiche, auf die eine wie auch immer geartete Einflussnahme angestrebt wird. Solche externen Einflussnahmen sind immer heikel und riskant und um nicht von Beginn an jede theoretische Chance einer sinnvollen Kommunikation zu verspielen, ist die Explikation der eigenen Interventionsabsichten eine unhintergehbare Voraussetzung. Wir unterliegen dabei nicht der Illusion, dass ein solcher Prozess im Sinne einer Verkündigung ablaufen kann, in dem einige ‚wissende' Expert/-innen den staunenden Abnehmern ihre zusammengetragenen Weisheiten verkünden. Derart trivialisierende Sichtweisen sollten der Vergangenheit angehören. Was aber dann?

„Das Schlüsselwort für den Zusammenhang von Wissen und Steuerung ist Beratung" (WILLKE 1998, 230). In der Tat ist der Begriff der Beratung heute in aller Munde, so dass mit der Formulierung des Begriffs noch nicht viel gewonnen ist. Dies gilt um so mehr als sehr unterschiedliche Verständnisse von Beratung kursieren. Die Klärung der eigenen ‚Beratungsphilosophie' ist also zentral, „weil diese die Problemperspektiven und -diagnosen, die Art und Weise des Zugangs zum Objektfeld sowie die Interventionsempfehlungen erheblich mitbeeinflussen" (BETTE 1999, 278). Auch wenn hier nicht auf ganz konkrete Beratungsverfahren und -strategien abgehoben werden soll (vgl. dazu z. B. GAIRING 1996; KÖNIG/VOLLMER 1994; MUTZECK 1996; SENGE 1996), bedürfen einige Grundprinzipien sozialwissenschaftlich orientierter Beratung der Ausführung.

Wichtig ist zuerst die Abgrenzung von „traditionellen Beratungskonzepten", die vom Grundansatz eine „interne Optimierung von außen" ansteuern. Hier verfügt der Berater „über ein besonderes Fachwissen, das er dem ratsuchenden System treffsicher zur Herstellung erwünschter Zustände zur Verfügung stellen kann. Diagnose und Problemlösung liegen in seinen Händen" (BETTE 1999, 279). Es geht um direkte Eingriffe in einen fremden Bereich zur Behebung von Problemen und festgestellten Schwachstellen zum Zwecke der Optimierung. Besonders geeignet für derartige Interventionen sind technologisch orientierte Bereiche, was sowohl für die Anwender- wie für die Klientenseite gilt. Wo der Mensch im Wesentlichen als mechanisches, physikalisches oder biologisches System verstanden wird, dort kann problemlos technologische Beratung stattfinden. Als Beispiel kann die Orientierung der modernen Schulmedizin dienen, aber auch die Perspektive bestimmter sportwissenschaftlicher, zumeist an den Naturwissenschaften ausgerichteten Teildisziplinen. Durch Modifizierung von Bewegungstechniken, durch Entwicklung neuer Geräte oder durch gezielte Substitution des menschlichen Körpers kann auf diesem Weg eine Systemoptimierung stattfinden. Da – wie gesehen – auch das weibliche Kunstturnen einer durchaus ‚technologisch' gefärbten Perspektive frönt, kann es wenig überraschen, dass traditionelle, technologische Beratungsformen den Kern wissenschaftlicher Beratung ausmachen. Die Veränderung der Dicke der Landematten auf Grund biomechanischer Erkenntnisse kann als prototypische Variante solcher Beratung gesehen werden. Dieses Beispiel zeigt auch die Sinnhaftigkeit bzw. den Nutzen derartiger Beratungsformen. Die Grenzen liegen auf der anderen Seite dort, wo die ‚Technologisierbarkeit' des Menschen zur Ideologie erhoben und die Einsicht in die Komplexität menschlichen Handelns ausgeblendet wird.

„Pädagogen, Soziologen und Wirtschaftswissenschaftler finden ihre Bezugspunkte im Sport nicht in technischen Artefakten oder lebenden Zellen und Organen. Sie müssen sich vielmehr auf das einlassen, was die Naturwissenschaftler gerne verdrängen und erst langsam wahrzunehmen lernen, nämlich die Bedeutung und Operationsweise sozialer und psychischer Zusammenhänge" (BETTE 1999, 283). Die Existenz nichttrivialer Systeme auf allen Ebenen des Umgangs von Menschen miteinander hat erhebliche Konsequenzen für das Verständnis von Beratung. Es geht nicht mehr um ‚Verschreiben', sondern um ‚Verstehen' (vgl. ebd., 280), folglich verändert sich das Grundverständnis von Beratung. Der Berater ist nicht mehr allwissender Experte mit exklusiver Lösungskompetenz, sondern ein auf Grund seiner Funktion mit einer externen Beobachterperspektive versehener Akteur innerhalb des Beratungsprozesses. Seine Bedeutung liegt nicht im ‚Besser-Wissen', sondern in der distanzierten Wahrnehmung, die anderes sieht als die im System handelnden Akteure. „Die Aufgabe der wissenschaftlichen Beratung besteht demnach im Ausbalancieren von Perspektiven, die sich zunächst notwendigerweise widersprechen. Eine Beratung fußt demnach nicht auf Konsens, sondern auf produktivem Widerspruch" (ebd., 285). Es geht in Konsequenz – und damit ist wohl eine der wichtigsten Perspektivverschiebungen innerhalb der Beratungstheorien der letzten Jahre angesprochen – auch um die Frage, wie Steuerung und Intervention durch Beratung überhaupt wirksam werden können. Abgesehen von allen existierenden Unwägbarkeiten der modernen Steuerungstheorie ist doch so viel klar, „dass die Möglichkeiten der Steuerung komplexer Systeme scharf begrenzt sind auf die beiden Formen der (internen) Selbststeuerung und der (externen) Kontextsteuerung. Steuerung ist deshalb Einmischung in eigene Angelegenheiten. Jede andere Form der Fremdsteuerung beeinträchtigt die Autonomie eines operativ-geschlossenen, nicht-trivialen Systems" (WILLKE 1998, VII). Wo Beratung dies ernst nimmt, kann sie sich nur noch als ‚Hilfe zur Selbsthilfe‘ verstehen. Sie muss sich auf die Eigenlogiken der zu beratenden Bereiche einlassen, und versuchen eine Kopplung zwischen den eigenen Ansprüchen (z. B. als pädagogische Wissenschaft) und den Fremdansprüchen (z. B. des Kinderhochleistungssports) herzustellen.[78] Dass dies nicht bruchlos vonstatten geht, wurde bereits erwähnt, von allen Beratungsakteuren ist also ein erhebliches Maß an gegenseitiger Toleranz erfordert. Gerade für den Bereich des Hochleistungssports könnte es in dieser Hinsicht von Interesse sein, dass zum Beispiel in bestimmten Bereichen der Organisationsentwicklung davon ausgegangen wird, „dass Leistungsoptimierung und Humanisierung einander nicht ausschließen, sondern sich wechselseitig bedingen" (BECKER/LANGOSCH zit. nach GAIRING 1996, 242). Auf den ersten Blick unvereinbar erscheinende Leitwerte können also miteinander kommunizieren, allerdings geschieht dies wohl nicht automatisch.

„Pädagogik und Soziologie wollen den Sport nicht von einer Reflexion entlasten, sondern durch das Formulieren eines Orientierungswissens vielmehr zur Reflexion anregen" (BETTE 1999, 283). *Es ist also in erster Linie auch Aufgabe des Sports selbst, sich den Problemen, die durch ihn erst produziert werden, auch auf reflexiver Ebene zu stellen.* Pädagogische Beratung kann – selbst wenn sie es wollte! – also nicht zum Problemlöser für den Sport mutieren. Genau dies gilt auch für unseren eigenen Beratungsanspruch. Der Kinderhochleistungssport ist ein durch die Eigendynamik des Hochleistungssports ins Leben gerufenes Phänomen, das eine offenbar problematische Entwicklung genommen hat und nun nicht einfach in andere Zustän-

---

[78] Hier liegt wohl auch ein wesentlicher Unterschied zu den Auffassungen bestimmter sportpädagogischer Kritiker des Kinderhochleistungssports. Sie halten offenbar das Gesamtsystem für derart inhuman, dass eine Kommunikation mit ihm nicht mehr in Frage kommt. Das ist eine Art Grundsatzentscheidung, die allerdings ebenfalls in ihren Konsequenzen zu bedenken ist. Denn Abbruch der Kommunikation führt automatisch zum Verzicht auf jedwede Einflussnahme, es sei denn, das den Kommunikationsabbruch provozierende System verfügt über erhebliche Sanktionsmacht gegenüber dem anderen. Auf unseren Fall bezogen besitzt die Sportpädagogik diese Macht nicht, es bleibt beim Rückzug. Ob damit eine angemessene Problembearbeitung vollzogen ist, darf gerade mit Blick auf das Selbstverständnis der Sportpädagogik als ‚Handlungswissenschaft‘ zumindest mit einem Fragezeichen versehen werden.

digkeiten externalisiert werden kann.[79] Pädagogische Beratung könnte helfen, praktikable Lösungen für dieses Problem zu entwickeln, wobei diese Lösungen sicher nicht allein der Logik des Systems Hochleistungssport dienlich sein können. Prinzipielle Voraussetzung dafür ist eine Beratungsbereitschaft im Sinne einer aktiv teilnehmenden Rolle im Beratungsprozess. Wo diese Voraussetzung fehlt, wird Beratung zum Glasperlenspiel oder Feigenblatt, in jedem Fall verliert sie ihre zentrale Funktion. Weil dem so ist, muss vor jeder Konkretisierung von Beratungsangeboten und Beratungsdimensionen die Klärung des prinzipiellen Beratungsverständnisses liegen.

## 6.3 Beratungsebenen: System – Kontext – Akteure

Trotz der fundamentalen Bedeutung der ‚Beratungsphilosophie' muss auf Konkretisierungen nicht verzichtet werden. Die zu Grunde liegende Untersuchung des weiblichen Kunstturnens hat genügend Anknüpfungspunkte im Sinne eines ‚Orientierungswissens' erbracht, um solche Beratungsangebote und -schwerpunkte formulieren zu können. Über mögliche Umsetzungen ist damit indes noch gar nichts ausgesagt.

Wie auch die Überlegungen der eigenen Untersuchung verdeutlicht haben, kann Beratung auf verschiedenen Ebenen ansetzen. Im Mittelpunkt von Beratungen stehen natürlich immer Akteure, Gegenstand der Beratungen muss jedoch durchaus nicht immer nur Akteurswissen sein, sondern Gegenstand kann auch ‚*Systemwissen*' oder ‚kollektives Wissen' sein, wie es sich in den Strukturen von Systemen oder Organisationen etwa in Form von ‚Philosophien', Spielregeln, Tabuisierungen u. a. m. eingelagert findet. Diese latenten Wissensmuster, „die als under-cover-Dynamik wesentlich zum Klima und zur Kultur einer Organisation beitragen, sind häufig ganz entscheidende Stellhebel für Entwicklungs- und Veränderungsprozesse" (GAIRING 1996, 230). Beratung ist also selbst gut ‚beraten', auch Prozesse, die auf einer übergeordneten Systemebene ablaufen, zum Gegenstand zu erheben und nicht allein auf der vordergründigen

---

[79] Auch hinsichtlich dieser Relation von Außen und Innen kann die moderne Steuerungstheorie einige interessante Hinweise liefern, die plausibilisieren können, warum externe Aufgeregtheiten im Hinblick auf den Kinderhochleistungssport letztendlich doch kaum Veränderung bewirken. „Die Routinisierung und Normalisierung der Leistungsbeziehungen (zwischen Teilsystemen, Anm. d. Verf.) bedeutet praktisch, dass die interne Operationsweise eines Teilsystems alle anderen ‚nichts angeht', jedenfalls solange zwei Bedingungen erfüllt sind: solange einerseits diese Operationsweise gewissen Mindeststandards operativer Fairness, Humanität und Effizienz genügt, und solange andererseits diese Operationsweise nicht negative Externalitäten hervorbringt, welche die anderen Funktionssysteme massiv schädigen" (WILLKE 1998, 95). Die Favorisierung von Selbststeuerung bei gleichzeitiger weitgehender externer Indifferenz macht deutlich, warum die gelegentlichen externen Angriffe z. B. von Seiten einiger Medien kaum etwas bewirken können, außer vielleicht Sanktionierungen des Einzelfalls. Das Festhalten am Prinzip der Selbststeuerung verspricht aus dieser Perspektive letztlich weniger Störungen für das komplexe Gefüge von Funktionssystemen. Klar ist aber eben auch, dass Grenzen existieren. Kommt es z. B. zu Schulproblemen, werden andere Teilsysteme aufmerksam und leiten ihrerseits Interventionen ein, die zu erheblichen Rückwirkungen – bis hin zum Ausstieg aus dem Hochleistungssport – führen können.

Ebene der direkten Akteursberatung z. B. im Sinne einer traditionellen Trainer/-innenfortbildung zur Optimierung von Motivationsstrategien zu verharren. Solche direkten Akteursberatungen werden deswegen keinesfalls überflüssig, sie bekommen aber bestimmte Problemkonstellationen überhaupt nicht in den Blick bzw. laden gelegentlich auch dazu ein, den vermeintlich einfacheren Weg über klar definierbare einzelne Akteure zu suchen. Systemberatung heißt in diesem Fall, auch den Verband in Form des Deutschen Turnerbundes in den Diskurs einzubeziehen, und zwar nicht in der Funktion eines Supervisors für seine anderen Systemakteure (z. B. Trainer/-innen, Turnerinnen), sondern als ‚Klient‘, der sich selbst und seine Rolle als ‚Leitinstanz‘ reflexiv bearbeitet. Praktisch umsetzbar ist ein solcher Beratungsprozess natürlich auch nur in der direkten Auseinandersetzung mit den relevanten Personen und Gremien, d. h. ohne Bereitschaft der Entscheidungsträger zur Selbstreflexion ist eine solche Beratungsabsicht von vornherein zum Scheitern verurteilt.[80]

Neben der obersten Systemebene sind praktische Beratungen auch notwendig auf der mittleren Ebene der von uns so bezeichneten ‚*Kontexte*‘, also der einzelnen Zentren und Stützpunkte. Um solche Angebote aber sinnvoll strukturieren zu können, ist die differenzierte Analyse der Bedingungen an den einzelnen Standorten und Zentren unabdingbare Voraussetzung, anderenfalls verbliebe Beratung in für die betreffende Klientel vagen und wenig hilfreichen Allgemeinplätzen. Eine solche Analyse erscheint um so notwendiger, als man nach unseren Beobachtungen nicht von einem gemeinsam geteilten Standard innerhalb der einzelnen Kontexte ausgehen kann. Zu unterschiedlich sind die Rahmenbedingungen an den verschiedenen Standorten, als dass pauschale Ratschläge sinnvoll umgesetzt werden könnten. Da die Kontexte aber die entscheidende Schnittstelle der Umsetzung von Systemzielen darstellen, liegt der Hinweis nahe, auf der Systemebene grundsätzliche Überlegungen zur Relation System – Kontext anzustrengen. Auf dieser Basis wäre dann Kontextberatung anzustreben, wobei zugleich auf den nicht zu unterschätzenden Aufwand einer solchen Unternehmung hinzuweisen ist.[81]

---

[80] Was im Übrigen aus der Erfahrung der Organisationsentwicklung durchaus nicht selten der Fall ist. „Viele Prozesse einer geplanten Organisationsveränderung scheitern an der Hartnäckigkeit und am selbstreferentiellen Eigen-Sinn dieser Spielregeln" (GAIRING 1996, 230).

[81] Damit ist erneut ein zentraler Knackpunkt von Beratungsangeboten angesprochen. Sportverbände sind in aller Regel eher den Non-Profit-Organisationen zuzurechnen, die in erheblichem Maße auf ehrenamtliche Ressourcen bauen. Da in anderen Bereichen solche idealistisch gespeisten Ressourcen eine eher untergeordnete Rolle spielen, entsteht das Problem der angemessenen ‚Goutierung‘ von Beratung. Da solche Beratung sinnvollerweise zumindest auch von externen und unabhängigen Beratern durchgeführt werden sollte, stellt sich das Problem der Vergütung solcher partiell doch recht aufwendigen Prozesse. Gerade in Bereichen eines teilprofessionalisierten Hochleistungssports drängt sich der Vergleich mit Beratungen von Wirtschaftsorganisationen auf, ein Vergleich den die meisten Sportverbände aber auf Grund ihrer eigenen Leitprinzipien nicht eingehen wollen oder können. Andererseits kann man nicht auf den Idealismus externer Beratungsinstitutionen bauen. Zum ‚Nulltarif‘ jedenfalls – oder in Anlehnung an Übungsleiterentlohnungen – wird man kompetente Beratung in der Regel nicht einwerben können. Hier müssen sich Sportverbände entscheiden.

Als dritte Ebene bleibt schließlich auch die *Akteursebene* im engeren Sinne relevant. Wie schon gesagt findet letztlich jede Beratung zwischen Personen statt, doch steht nicht in allen Fällen die personale Ebene im Zentrum des Beratungsprozesses. In bestimmten Fällen erscheint die direkte Beratung von Trainer/-innen, Turnerinnen oder auch Eltern aber durchaus angezeigt. Insbesondere in spezifischen Problemlagen oder Krisensituationen kann eine neutrale Beratungsinstanz Perspektiven eröffnen, die von den Betroffenen allein nicht erschlossen werden können. Auf dieser Ebene stellt sich insbesondere die Frage nach möglichen Ansprechpartnern, denn es ist offenbar nicht einfach für Systemakteure, auf solche externe Kompetenz zurückgreifen zu können. An wen etwa sollen Eltern sich wenden, die Hilfe bei einer anstehenden Entscheidung zum möglichen Einstieg ihrer Tochter in den Hochleistungssport suchen? Darf man von Trainer/-innen oder Funktionären Neutralität erwarten? Können Freunde, Bekannte oder vielleicht auch Lehrer helfen, die über keinerlei Systemkenntnisse verfügen? Vergleichbare Beispiele ließen sich auch für die Turnerinnen selbst finden, das Grundproblem der schwierigen Auffindbarkeit externer Beratungskompetenz bleibt dabei stets gleich. Anders gelagert ist das Problem bei der Gruppe der Trainer/-innen, die als massiv in das System eingebundene Akteure auch über bestimmte Ressourcen der Beratung verfügen, allerdings ebenfalls – abhängig von den Ressourcen innerhalb der Kontexte – in sehr unterschiedlichem Maße. Zu denken ist dabei etwa an den Zugriff auf wissenschaftliche Beratung sowohl im Alltag als auch in Form von systeminduzierten Fortbildungen, sehr große Unterschiede ergeben sich aber – wie weiter oben bereits angesprochen – hinsichtlich der Beratungsfelder. Nicht-technologische Beratungsformen bezüglich sozialer oder pädagogischer Problemstellungen sind bisher eher die Ausnahme und finden allenfalls auf kollektiver Ebene statt.[82]

---

[82] An dieser Stelle ist allerdings auch eine selbstbezügliche Anmerkung nötig. Wie BETTE sehr zutreffend feststellt, kann Beratung nicht nur vom Klienten aus betrachtet werden, sondern vielmehr bedarf es auch „beraterspezifischer Voraussetzungen" (vgl. 1999, 288 ff.). Mit Blick auf die Sportpädagogik etwa ließe sich durchaus die berechtigte Frage nach der Existenz eines beratungsrelevanten pädagogischen Wissens stellen. Verfügt die Disziplin überhaupt selbst über die für eine kompetente Beratung notwendigen Ressourcen? Im Unterschied zu der von BETTE zu Recht beklagten zu großen Nähe vieler sportwissenschaftlicher Akteure zu ihren Beratungsfeldern, zeichnet sich die Sportpädagogik u. E. durch eine zu große Distanz zum Hochleistungssport aus. Diese Distanz mag durchaus beabsichtigt sein, darüber ist hier nicht zu urteilen, sie führt allerdings auch zur weitgehenden Inkompetenz, so dass es wenig verwunderlich ist, wenn sportpädagogisches Wissen im Hochleistungssport nicht nachgefragt wird. Man muss im Übrigen nicht zum kritiklosen Verfechter des Hochleistungssport mutieren, um sinnvolle Beratungsstrategien zu entwickeln, viel wichtiger ist eine zwischen Nähe und Distanz gehaltene Neutralität, auf deren Hintergrund wissenschaftlich relevantes Wissen hergestellt und zu Beratungszwecken weiterverarbeitet werden kann. Neben dieser selbstkritischen Perspektive gibt es aber wohl auch im Hochleistungsport selbst verankerte Ursachen für die Abstinenz: „Erst wenn sich die Dinge schlecht entwickelten, kamen die Nicht-Naturwissenschaftler mir ihrer Beratungskompetenz ins Spiel. Auch im Sport scheint Pädagogen und Soziologen, wenn überhaupt, die Funktion der Nachbeschau zuzufallen" (ebd., 299). Über die mittel- und langfristige Problematik solcher gezielten Ausblendungen vgl. WILLKE 1998, 302 f.

Mit den drei Beratungsebenen sind erste Ansatzpunkte für mögliche Interventionen aufgezeigt. Damit dürfte zugleich auch deutlich geworden sein, dass der Anspruch auf Beratung durchaus differenziert zu betrachten ist und nicht schlicht auf ‚Informationsinput' reduziert werden darf. Anders gesagt: es ist nicht einfach mit der Formulierung einiger pädagogischer Patentrezepte getan, die dann z. B. von den Trainer/-innen nur noch umzusetzen wären. Selbst wenn es solche Patentrezepte im Sinne ‚technologischen Wissens' gäbe, wäre pädagogische Beratung im hier skizzierten Verständnis damit nicht am Ende sondern am Anfang. Dies gilt es auch für die nachfolgenden Überlegungen, die einige aus unserer Sicht wichtigen Beratungsdimensionen und -schwerpunkte in den Mittelpunkt rücken, zu berücksichtigen.

## 6.4 Beratungsdimensionen und Beratungsschwerpunkte

Die *systemische Sicht* auf das weibliche Kunstturnen bringt als eine ganz wesentliche Erkenntnis die strukturellen Besonderheiten dieser Sportart hervor. In Bezug auf das Verhältnis von Zeit und zu erbringenden Erfolgsnachweisen kann das weibliche Kunstturnen als eine risikoreiche Sportart ausgewiesen werden. Es gibt vergleichsweise sehr schmale ‚Bremszonen' für eine entlastete Leistungsentwicklung, vielmehr prägen die wenigen Wettkampfhöhepunkte, die sich einer Turnerin im Verlaufe ihrer kurzen Karriere bieten, das Verhältnis von Training und Wettkampf. Aus dieser schwierigen strukturellen Besonderheit – man mag es auch als Nachteil bezeichnen – allerdings nun einen engen Erfolgscode zu favorisieren und die Handlungslogik zu rigide nach den Maßstäben von Nominierungskriterien und Platzierungen auszurichten, und damit die vorhandenen Kompensationsmöglichkeiten also zusätzlich zu beschneiden, wäre für diese Sportart kontraproduktiv und in letzter Konsequenz der Untergang. Denn die Turnerinnen selbst sind in ihren Motivationen für ihr leistungssportliches Engagement – und das meint natürlich gerade auch die Wettkampfleistungen – an einem wesentlich umfassenderen Erfolgscode orientiert. Für sie hat z. B. das Training einen unverwechselbaren und nicht austauschbaren Stellenwert. Dort gelingen die ersten Flugteile, dort werden die ersten Sprünge gestanden, dort werden zentrale Erfahrungen einer spezialisierten Körperlichkeit, von Hervorgehobenheit und Einzigartigkeit gemacht. Diese Dimensionen können durch Wettkämpfe sicherlich noch verstärkt werden, doch dazu bedarf es eines entsprechenden Arrangements und einer entsprechenden Haltung auch von oberster Systemebene.

Konkret meint dies zum einen die Notwendigkeit, sich ausdrücklich für das leistungssportliche Engagement der Turnerinnen nachhaltig auszusprechen – wenn man denn zu der Entscheidung gekommen ist, das weibliche Kunstturnen als Leistungssport zu fördern. Zum anderen gilt es dann aber auch, die enormen Leistungen der Turnerinnen ohne ‚wenn und aber' zu honorieren und zu unterstützen – vor allem auch ideell –, selbst wenn der internationale Vergleich zu wünschen übrig lässt. Denn – auch das sollte nicht vergessen werden: Die Turnerinnen sind jung und es sind wenige; und sie sind auch noch jung, wenn sie ihre Karriere beendet haben; und mit dem Karriereende verfertigt sich erst die Bedeutung der zurückliegenden Karriere, die Bedeutung des Erbrachten und Erfahrenen, weswegen nicht gelten darf ,vorbei und vergessen'. Dies verbietet sich aus einer pädagogischen Perspektive und dies wäre letztlich auch aus Rekrutierungsgründen dysfunktional für das System: Das Karriereende und die Art der Beendigung werden schließlich von unterschiedlichen Personen, auch von Eltern talentierter Töchter wahrgenommen. Konkret: Der Verband sollte über eine Art der Nachbetreuung der Turnerinnen nach Karriereende nachdenken und eine Einzelfallanalyse vor allem dann anstreben, wenn ein solches Ende problematisch verlaufen ist. Die Verantwortung für das Wohl der Athletinnen endet nicht mit dem Karriereausstieg. Funktional ist dies auch deshalb, weil gerade über die öffentlichkeitswirksame Darstellung von solchen ,tragischen Fällen' das Image der Sportart wesentlich mitdefiniert wird. Nur ein einziger solcher ,Fall' kann so die Arbeit von Jahren in Frage stellen. Natürlich kann auch eine Kunstturnkarriere schief verlaufen, doch darf dies auf keinen Fall zur ,Ausblendung' führen, sondern sollte im Gegenteil zur intensiven Aufbereitung der Problematik Anlass geben. In diesem Sinn muss auch das System aus Fehlern lernen.

Neben einer solchen Haltung des Verbandes zu seinen eigenen Akteuren, ist noch auf eine weitere Konsequenz hinzuweisen. Der Deutsche Turnerbund hat eine klare Entscheidung darüber zu treffen, ob und wenn ja in welchem Maße der Spitzensport im weiblichen Kunstturnen gefördert werden soll. Eingeschlossen in so eine Entscheidung ist gleichfalls eine Vorstellung und Haltung dazu, *was nicht mehr mitgetragen werden kann*, weil vor allem Belastungsgrenzen überschritten zu werden drohen. *Eine derartige Grundhaltung ist gegenüber dem Deutschen Sportbund (DSB) als übergeordnete Instanz deutlich zu vertreten, damit generelle Kriterien und Vorgaben des DSB für den Leistungssport nicht zu paradoxen Anforderungen für die Kunstturnerinnen und für das Kunstturnen insgesamt werden.* Dieser Hinweis zielt auf den bereits erwähnten Zusammenhang, dass das weibliche Kunstturnen nicht jener Rationalität anheim fallen darf, wie sie aus anderen Hochleistungssportarten bekannt ist (vgl. Kap. 4.3.1). Deshalb müssen entsprechende Richtlinien und Förderkonzepte – wie jenes zur Nachwuchsförderung – auf die im weiblichen Kunstturnen geltenden Bedingungen zugeschnitten sein. Es geht um Kinder und Jugendliche, es geht um deren Kindheit und Jugend und bei allen zugestandenen Veränderungen in unserer Gesellschaft besteht doch ein weitgehender Konsens darüber, dass diesen Gruppen ein gesellschaftlicher Sonderstatus zukommt. Dies kann auch ein System Hochleistungssport nicht durch lapidare ,Gleichbehandlungsmaximen' außer Kraft setzen, anderenfalls sind Interventionen anderer gesellschaftlicher Teilsysteme vorprogrammiert – und dies mit gutem Grund.

An diesen, eher auf den Deutschen Turnerbund und damit nach innen gerichteten Schritt ist gleichfalls ein weiteres Moment geknüpft: nämlich das der *öffentlichen Darstellung* dieser Sportart und der Athletinnen. Das weibliche Kunstturnen ist prinzipiell eine präsentationsfreundliche Sportart, davon zeugt schon allein die Zuschauer-resonanz bei so genannten Showveranstaltungen. Sie ist zudem medial hervorragend zu vermitteln, dafür liefern die Berichterstattungen aus der Mediennation schlecht-hin, den USA, genügend Beispiele. Angesichts der Gratifikationsproblematik im Kunstturnen (vgl. Kap. 3.3.1) kann der Rat nur lauten, dieses Potential stärker aus-zunutzen, eine aktive Medienarbeit zu leisten und dafür entsprechende Funktions-träger zu professionalisieren. Auch wenn dies vermutlich die Bereitstellung entspre-chender Ressourcen bedeutet, kann diese zentrale Arbeit nicht länger nur an die Trai-ner/-innen delegiert werden. Dies ist auch Verbandsarbeit. In diesem Kontext sind gleichfalls die (ritualisierten) Arrangements der Wettkämpfe kritisch zu überprüfen und evtl. zu verändern. Denn nicht nur Kinder und Jugendliche und ihre Stilvorlieben haben sich gewandelt, sondern auch die der Rezipienten. Zu denken ist z. B. an die jeweilige Musik beim Einmarsch, an bestimmte Organisations- und Ablaufriten (wie der Einmarsch selbst), die nicht immer dazu geeignet erscheinen, die Individualität und Emotionalität der Turnerinnen, genauer: die in ihrem Tun gebundene Emotiona-lität nachvollziehbar zu machen. Daraus jedoch speist sich nicht unerheblich das für das System und seine Aufrechterhaltung so konstitutive Moment der Spannung. Es ließe sich auch sagen: der Einzigartigkeit des Tuns der Turnerinnen ist auch eine, im Sinne des Wortes, hervorgehobene Bühne zu schaffen.

Dieser Beratungsvorschlag, der hier nur prinzipiell erwähnt wird, ist weiter zu präzi-sieren, wobei die Zusammenarbeit mit entsprechenden Fachkräften aus den Berei-chen Öffentlichkeitsarbeit/Werbung und der Medien gewissermaßen als externe Be-rater obligat erscheint. Ein solcher Schritt bietet sich gleichfalls an, wenn es darum geht, die *Eltern* mit ihren Kompetenzen, Wissensbeständen und Erfahrungen stärker als bisher an den Handlungskoordinierungen im weiblichen Kunstturnen zu beteili-gen. So könnten durch die Implementierung einer Art Elternsprecher/-in Problem-lagen gebündelt und auch explizit gemacht werden, mit denen sich Eltern ohnehin schon beschäftigen und die einer rascheren Lösung zugeführt werden könnten. Hier liegen aber vermutlich auch eine Reihe organisatorischer Probleme, die zunächst re-flektiert werden müssten. Darüber hinaus – und vermutlich auch realistischer – könn-ten externe Berater (z. B. Pädagogen oder Psychologen) als eine Art Anlauf- oder Clearingstelle für Eltern fungieren, um überhaupt erst einmal ein Forum zu schaffen, auf dem dann problematische Fragestellungen gemeinsam angegangen werden kön-nen. Denn für die Eltern ist u. U. schon dann viel gewonnen, wenn sie sich mit ihren Erfahrungen und Perspektiven an solche Beratungsstellen wenden können. Ein ent-sprechender Hinweis wurde dem Lenkungsstab des Deutschen Turnerbundes bereits geliefert. Das Gelingen einer solchen Institutionalisierung wäre zu Beginn im hohen Maße davon abhängig, inwieweit es gelänge, derartige Maßnahmen für die Eltern öffentlich zu machen. Nur wenn entsprechende Informationen über Funktionen und Zuständigkeiten auch systematisch an die Betroffenen weitergeleitet werden, kann von einer Akzeptanz ausgegangen werden.

Das Thema Ernährung ist beispielsweise eine solche Problemlage, zu deren Bewältigung die Eltern unentbehrlich sind. Mittels eines zusätzlichen externen Beraters in Ernährungsfragen könnten die Eltern mitarbeiten und Konsequenzen für die Turnerinnen sicherlich schneller und effektiver umgesetzt werden. Gleiches gilt für Fälle, in denen Motivationsprobleme im Training auftauchen, in denen Meinungsverschiedenheiten z. B. in Fragen der Nominierungspraxen existieren etc. Die Aufgabe eines Sprechers/einer Sprecherin wäre es dann, ein entsprechendes Gesprächsforum für die Eltern untereinander zu schaffen, für Eltern eine Anlaufstation zu bieten und eine Koppelung mit anderen Systemakteuren herzustellen (Stützpunktleiter/-innen, Trainer/-innen, Ärzte, Sportdirektor u. a.). Hinter derartigen Maßnahmen steht die grundsätzliche Auffassung, dass trotz einer Asymmetrie von Wissensbeständen (z. B. im Verhältnis von Funktionären und Eltern) ein *Kompetenztransfer* sehr wohl möglich ist (vgl. SUCHAROWSKI 1992, 181). Es werden Kommunikationsräume eröffnet, in denen Gespräche möglich werden, die mehr als nur die jeweiligen Fachkompetenzen betreffen und dadurch die gemeinsame Sache voran bringen. Es geht sozusagen um das Ausschöpfen jener Ressourcen, über die das System und seine Akteure selbst verfügen. In dem Moment, wo der Verband sich für die hochleistungssportlichen Themen allein verantwortlich glaubt und die Elternkompetenzen negiert und umgekehrt sich die Eltern zwar ihrer Expertise in Sachen Erziehung gewiss sind, darüber hinaus aber die Funktionen und Bedeutungen des Verbandes für das Handeln ihrer Tochter verkennen, wird eine Komplementarität beider Kompetenzen verhindert.

Kommunikationsstrukturen, die unterschiedliche Wissens- und Kompetenzbestände überwinden, setzen Offenheit voraus. An sie kann nur appelliert werden. Reflexivität hingegen, ist im Prozess der Kommunikation immer schon dergestalt verortet, dass ein auf Verstehen des anderen basierender Kommunikationsverlauf die gemeinsame Praxis reflexiv werden lässt und Innovationsoptionen für diese *Praxis* eröffnet (vgl. EHLICH 1992, 47 f.). Diese Chance zu nutzen, ist Aufgabe einer *Professionalisierung von Kommunikationsstrukturen* auf und zwischen allen Ebenen des weiblichen Kunstturnens. Es geht um eine Art Diskurskultur, die zu etablieren ist und in die ganz unterschiedliche Wissensbestände einfließen, jene der Laien (Eltern) genauso wie die der Experten des Feldes (Trainer/-innen, Turnerinnen, Funktionäre) und der externen Experten (z. B. Pädagogen, Psychologen, Trainingswissenschaftler).[83] An eine solche Professionalisierung von Kommunikationsstrukturen gilt es nicht mehr bloß zu appellieren, sondern sie kann durch externe Berater/Experten (z. B. nach Maßgabe von Diskursanalytikern) arrangiert werden – nach unseren Eindrücken von den derzeitigen Kommunikationsstrukturen *zwischen* den Systemebenen – z. B. Verband – Trai-

---

[83] In diesem Sinne ist dieses Forschungsprojekt ein Schritt in die richtige Richtung, weil Themen aufgespürt werden, die Gegenstand solcher Kommunikationsräume sein können bzw. müssten. In einem weiteren wissenschaftlichen Zugang wäre es nötig, gezielt diese Themen auszugestalten, also die erwähnte Professionalisierung auf bestimmten Ebenen voranzutreiben.

ner/-innen –, aber auch *auf* jeder Ebene (Trainer/-innen – Trainer/-innen; Stützpunkte – Stützpunkte) muss genau dieses passieren.

Damit wäre nun gleichfalls ein wesentlicher Hinweis auf eine *Akteursberatung* geliefert, und es zeigt sich, dass mit dem Aspekt der Kommunikation ein zu allen Betrachtungen quer liegendes Thema angesprochen ist. Allerdings bekommt dieses Thema nun eine andere Note. Ist es im Hinblick auf eine Systemberatung vorrangig notwendig, entsprechende Strukturen für Kommunikationsprozesse zu etablieren und externe Hilfe/Beratung anzunehmen, soll auf der Ebene der Akteure keine Problemdelegation in dem Sinne stattfinden, dass nicht lösbar Erscheinendes an andere zur Bewältigung übertragen wird. Es gilt an die eigenen Kompetenzen zu erinnern, wozu gehört, auf der Grundlage der täglichen Beobachtungen der Handlungen in der Halle zu registrieren, wann und in welchen Situationen beispielsweise kommunikative Dissonanzen auftauchen – vornehmlich solche zwischen Trainer/-innen und Turnerinnen. Nach unseren Erkenntnissen, aber auch nach Aussagen der Trainer/-innen selbst, liegen problematische Situationen im Trainingsprozess weniger auf einer methodisch-didaktischen Ebene, sondern eher auf einer solchen der Kommunikation. Das Resultat derartiger Schieflagen sind unterschiedlich geartete atmosphärische und motivationale Störungen, die bisweilen die gesamte Trainingssituation, eine ganze Einheit oder gar eine längere Trainingsphase lahm legen können. Man wird als Trainer/in nicht umhin kommen, sich dieser Störungen anzunehmen und sie auf jeden Fall gemeinsam mit den Turnerinnen zu explizieren – und dies unabhängig von dem dafür vermeintlich zur Verfügung stehenden Zeitbudget. Es sei nochmals betont: Jeder ernst gemeinte Interaktionsprozess „verlangt den Interaktanten einen aktiven Umgang mit ihrer eigenen Lebenswelt ab und bietet gerade darin die Möglichkeit, diese Lebenswelt als ein Stück eigener Praxis zu erfahren und verändernd in sie einzugreifen" (EHLICH 1992, 47). Wir sind der festen Überzeugung, dass mit der Thematik der Kommunikation letztlich auch der ‚messbare' Erfolg verhandelt wird. Was geleistet werden müsste, wäre eine genaue Analyse kommunikativer Strukturen und Prozesse, um so etwas wie negative Verfestigungen, Ritualisierungen erst einmal aufzuspüren, damit wäre bereits eine Veränderung eingeleitet. In Form von internen Fortbildungsveranstaltungen könnten dann vielfältige Situationen von unterschiedlichen Trainer/-innen zusammengestellt und eine Art *kollegiale Beratung* initiiert werden.

Auf einigen zentralen Kaderlehrgängen wurde eine solche Form der Beratung von uns ansatzweise geleistet. Zusammen mit den anwesenden Trainer/-innen wurden an einem Abend des Lehrganges relevante Themen kontrovers diskutiert, nicht selten mit dem Ergebnis, dass im weiteren Verlauf des Lehrganges die entsprechenden Positionen abermals besprochen wurden. Auf diesem Wege lassen sich Sensibilität und Problembewusstsein für Fragestellungen steigern, die im sonstigen routinisierten Trainingsalltag allzu schnell verloren zu gehen drohen. Hilfreich wären für derartige ‚Beratungsrunden' entsprechende Videomitschnitte, um möglichst authentisches

Material zu erhalten, z. B. von Situationen des Korrigierens/Erklärens am Gerät.[84] Eine systematische Einführung kollegialer Beratungsstrategien müsste natürlich auf Dauer in die Verantwortung der beteiligten Trainer/-innen überführt werden. Damit wäre gleichzeitig eine Möglichkeit geschaffen, um das zweifellos existierende, aber momentan eben weitgehend ‚unkommunizierte' Expert/-innenwissen dieser Akteursgruppe einer gemeinsamen Verfügbarkeit zugänglich zu machen. Es ist eine Verschwendung von Ressourcen, diese Wissensbestände brach liegen zu lassen. Hinzu kommt, dass über solche Verfahrenstechniken im Sinne eines Sekundäreffekts auch einer Überbetonung des Konkurrenzprinzips (mit der bekannten Folge der Abschottung) entgegengewirkt werden könnte. Ohne Zweifel belebt Konkurrenz das Geschäft, aber eben nicht unter allen Umständen und unter Ausschluss von kommunikativen Brückenschlägen. Für die aktuelle Situation des weiblichen Kunstturnens ist die Frage der *Kooperation der Akteure* vermutlich sogar höher zu veranschlagen. Die weiter oben bereits angesprochenen zentralen Lehrgänge und Maßnahmen könnten für die Etablierung derartiger Konzepte einen strukturellen Anknüpfungspunkt bieten, die prinzipielle Bereitschaft der Beteiligten natürlich vorausgesetzt.

Einen ganz eigenen Schwerpunkt stellt das Thema Wettkampfbetreuung dar, sind doch darunter Situationen zu fassen, die von den Turnerinnen selbst immer wieder als sehr bedeutungsvoll und gleichzeitig häufig als sehr belastend eingestuft werden (vgl. Kap. 5.1.2.4). Derartige Prozesse genauer in den Blick zu nehmen und für Dinge sensibel zu werden, die in eingespielten Sichtweisen unberücksichtigt bleiben, würde der Bedeutung von Wettkampfsituationen erst gerecht werden und wäre sicherlich auch aus Effektivitätsgründen funktional. Ein so wichtiges Geschehen darf in all seinen Facetten nicht zufällig, unwissend und ungeplant ablaufen.

Zu diesen Veranstaltungen einen externen Moderator einzuladen, der u. U. auch Anschauungsmaterial zur Verfügung stellt, hätte noch nichts mit der oben erwähnten Problemdelegation zu tun, sondern es wäre eine Art Unterstützung dort, wo die Trainer/-innen vielleicht eine Art ‚Betriebsblindheit' entwickelt haben.[85] Doch neben einer so gearteten Fortbildungsstruktur ist noch ein weiteres unabdingbar, will man der Komplexität kommunikativer Prozesse gerecht werden: Schon in den jeweiligen Ausbildungsschritten ist ein entsprechendes *Wissen von Kommunikation* zu vermit-

---

[84] Von Interesse sind dabei keine sprachlichen Kniffe oder die ‚richtigen' sprachlichen Formulierungen, sondern eher grundlegende Aspekte wie z.B. die Frage danach, welche Quantität an Information verarbeitet werden kann, wie es um die unterstellte Abstraktionsfähigkeit der Turnerinnen bestellt ist und welche Homogenität an Wissensbeständen von Trainer/-innen und Turnerinnen vorzuliegen scheint (vgl. HARTOG 1992, 100).

[85] Sowohl auf A-Trainer/-infortbildungen als auch auf solchen von B-Trainer/-innen und Übungsleiter/-innen haben wir gute Erfahrungen mit derartigen Analysen kommunikativer Prozesse und mit einer entsprechenden Moderation gemacht – auch wenn es für die Beteiligten u. U. mit ‚schmerzhaften' Selbsterkenntnissen verbunden war. Häufig wurde im Anschluss der Wunsch geäußert, diese Thematik zu vertiefen und noch intensiver an authentischem Material zu arbeiten.

teln. Wie steht es um die Prozesshaftigkeit von Kommunikation, welche spezifischen Strukturen lassen sich unterscheiden, wie ist es um die Besonderheit von Kommunikation im Hochleistungssport generell und in einem solchen mit Kindern und Jugendlichen im Besonderen bestellt? Zudem muss in den Ausbildungen ein relevantes Wissen von den Themen vermittelt werden, die im Kunstturnen häufig zum Gegenstand von Kommunikation werden können, also z. B. ein spezifisches Wissen über Ernährung, Motivation, Gesundheit, über Kindheit und Jugend, gesellschaftlichen Wandel u. a. Eine solchermaßen – hier nur angedeutete – Aus- und Fortbildungsstruktur im weiblichen Kunstturnen ist natürlich nicht mit dem bisher üblichen Stundendeputat zu ermöglichen. An die Adresse des Verbandes geht somit der Appell, diese Struktur grundsätzlich um derartige Inhalte zu erweitern und natürlich auch, entsprechende Ressourcen bereit zu stellen. Denn die Fachleute auf den angesprochenen Gebieten sind rar, und sie sind meist nicht auf der Basis ehrenamtlichen Engagements zu rekrutieren. Entsprechende, konkrete Hinweise gerade in inhaltlicher Sicht sind im Rahmen der C/B-Trainer/-innenausbildung bereits an den DTB gegangen und werden in Fortbildungsmaßnahmen auch bereits in Teilen umgesetzt.[86]

Wie bereits die Überlegungen des letzten Kapitels (vgl. 5.3) gezeigt haben, zeichnen sich für die *Aus- und Fortbildung von Trainer/-innen* durchaus einige Möglichkeiten ab, die hier nicht im Detail ausgearbeitet werden können. Angesichts der sehr unterschiedlich und z. T. einseitig ausgeprägten Wissensformen und -dimensionen bieten sich dazu auch Angebote an, die primär in der Verbesserung von ‚Wissen‘ bezüglich pädagogischer, psychologischer oder sozialwissenschaftlicher Problemstellungen liegen. Hier ist es Aufgabe der potentiellen Anbieter, solche Angebote zusammenzustellen und auf die Bedürfnisse der Sportart und der Abnehmer/-innen abzustimmen. Wenn solche Wissensangebote in einem ersten Schritt aufgenommen und danach auch noch handlungsleitend werden sollen, dann wird dies unabhängig von den Rezipient/-innen nicht funktionieren können. In der Vergangenheit war pädagogische Theoriebildung offenbar zu weit von den akuten Problemkonstellationen des Trainer/-innenalltags entfernt, denn anderenfalls müssten sich differenziertere Wissensbestände ausfindig machen lassen.[87] Im Rahmen der Ausbildungskonzeptionen wäre

---

[86] Hier können allerdings auch Fragen an den Verband gerichtet werden. So ist eines der Projektgruppenmitglieder 1997 in den so genannten ‚Lehrausschuss‘ des DTB berufen worden. In zwei Jahren hat dieser Ausschuss einmal getagt, wobei es nur um Terminabsprachen ging. Über eine Entwicklung, Strukturierung, Neukonzeption der Lehre ist bislang nicht gesprochen worden.

[87] Noch einmal: die Pädagogik wird deshalb nicht automatisch zum bloßen Erfüllungsgehilfen des Hochleistungssport. Sie kann und muss ihre eigenen Kriterien und Ansprüche in den Transformationsprozess einbringen, sie kann dies aber nicht in vollständiger Ignoranz der Ansprüche der Sache Hochleistungssport tun. Dass solche Austauschprozesse schwierig sind und Gefahren der Vereinnahmung drohen, ist natürlich unbestritten. Konsequenz muss aber nicht ein Kommunikationsabbruch sein, Konsequenz kann auch eine reflektierte Form des Austauschs sein, die Möglichkeiten des Machbaren auslotet und zugleich eindeutige Grenzen der Toleranz zieht.

auch zu überlegen, ob heranwachsende Trainer/-innen nicht frühzeitig reflektierte Praxiserfahrungen bei ausgewählten Ausbildungstrainer/-innen sammeln sollten. Die von einigen Trainer/-innen geäußerte Realität des Entrichtens von ‚Lehrgeld‘, sprich: des sinnlosen Verschleißens von Kunstturnerinnen auf Grund von Unerfahrenheit, sollte nachdenklich stimmen. Hier scheinen Defizite der Ausbildungsstruktur zu liegen, die aber auch nicht leicht zu beheben sein dürften, angesichts der Tatsache, dass der verbandsinternen Trainer/-innenausbildung kapazitativ enge Grenzen gesetzt sind. Trotzdem sollte nach Möglichkeiten der Abhilfe Ausschau gehalten werden, denn ein ‚Verschleißen‘ von Kunstturnerinnen ist aus vielerlei Gründen das Letzte, was der Verband sich wünschen kann.

Während Beratungsschwerpunkte und -strukturen für die Klientel Trainer/-innen ansatzweise schon angelegt sind, ist es für die Turnerinnen beinahe unmöglich, derartige Funktionen in Anspruch zu nehmen. Von einzelnen Versuchen, wie dem, über eine Ernährungsberaterin Informationen an die Turnerinnen weiterzugeben (so geschehen auf einem Kaderlehrgang), abgesehen, lässt sich nur die Rolle der Aktivensprecherin ausweisen, die als ‚unabhängige‘ Ansprechperson zur Verfügung steht und eine Art Schnittstelle zum Verband darstellt (z. B. zu den Lenkungsstabsitzungen eingeladen wird). Denkbar wäre es in diesem Zusammenhang, die Kompetenzen der Aktivensprecherin zu erweitern und sie z. B. stärker in die Entscheidungsprozesse des Verbandes einzubinden. Allerdings wird eine Aktivensprecherin – so gewissenhaft sie ihrer Aufgabe auch nachgehen mag – für so manche Thematik nicht über die ausreichenden (Diagnose-)Kompetenzen verfügen, die angesichts der komplexen Anforderungen und Belastungen der Turnerinnen nötig wären. Vermutlich wäre hier der Weg über externe Experten, z. B. pädagogisch und psychologisch geschulte Personen, erfolgsversprechender. Was allerdings zum unhintergehbaren Aufgabenbereich einer Aktivensprecherin gehört, ist das Schaffen eines Forums für einen gegenseitigen Austausch der Turnerinnen (z. B. auf Lehrgängen), der möglichst viele Facetten umfassen sollte.

Als Fazit kann gelten, dass zwischen zwei grundsätzlichen Beratungsfunktionen zu unterscheiden ist: Zum einen besteht die Möglichkeit mittels *externer Berater* für die jeweiligen Akteure im weiblichen Kunstturnen entsprechendes Wissen über Themen zu vermitteln, die den Handlungsalltag immer schon mitprägen (externe Kompetenzen einführen). Zum anderen ist es unabdingbar, dass die Akteure selbst *interne Beratungsstrategien* favorisieren und untereinander an den Themen arbeiten, mit denen sie sich tagtäglich konfrontiert sehen, und ihre eigenen Kompetenzen ausloten, bündeln und einsetzen (vorhandene interne Kompetenzen nutzen). Dazu bedarf es wiederum erst einmal professioneller Kommunikationsstrukturen, innerhalb derer diese Austauschprozesse ablaufen können. Professionell sind Kommunikationsstrukturen dann, wenn es möglich ist, ganz unterschiedliche Wissens- und Könnensbestände der an einer Sache interessierten Akteure in einen gemeinsamen Verhandlungsprozess einzubringen, ohne dass z. B. Ressentiments oder gar geringschätzendes Verhalten resultieren, die nicht im Dienste der Sache stehen. Da solchermaßen geartete Kommunikationsstrukturen selten von selbst und ohne Probleme entstehen, könnte es hier Aufgabe von Beratung sein, eine Art Moderationsfunktion zu übernehmen, die kollegiale Beratungsprozesse der Akteure unterstützt und wenn nötig solche auch initiiert.

Mit den hier besprochenen Beratungsansätzen und Beratungsschwerpunkten wurden bereits Ausblicke geliefert, um notwendige Veränderungen im weiblichen Kunstturnen einzuleiten bzw. solche, die schon stattfinden, zu verstärken. Mit dem abschließenden Kapitel verdichten sich diese Ausblicke zu Szenarien zum weiblichen Kunstturnen, um Anregungen zu weiteren Entwürfen zu liefern, zumindest aber um konstruktive Unruhe zu erzeugen.

## 6.5 Mentale Modelle: Szenarien zum weiblichen Kunstturnen

Permanente Zeitknappheit ist wohl eines der nachhaltigsten Merkmale des modernen Hochleistungssports. Zeit ist entsprechend eine sehr wertvolle Ressource, mit der sehr bewusst umgegangen werden sollte. Verstärkt gilt diese Feststellung für den Teilbereich des Hochleistungssports mit Kindern und Jugendlichen, was auch die vorliegende Untersuchung nachdrücklich unterstrichen hat. Die Karrieren der Aktiven sind, selbst wenn sie erfolgreich abgeschlossen werden, sehr kurz, den Trainer/-innen sind enge Fristen zur Fabrikation von Höchstleistungen gesetzt, das System muss unter permanentem Zeitdruck Erfolg produzieren, Atempausen, Ausfälle, Fehler sind allenfalls in sehr begrenztem Rahmen tolerierbar. Dies sind zugegebenermaßen ausgesprochen ungünstige Voraussetzungen für *Reflexivität*. Denn Reflexivität ist vor allem in Bereichen anzutreffen, „die nicht ausschließlich an kurzfristiges Operieren gebunden sind, sondern sich zumindest in einigen Hinsichten einen mittel- oder langfristigen Handlungshorizont erlauben" (Willke 1998, 303). Auch der Bereich des weiblichen Kunstturnens täte gut daran, sich solche mittel- und langfristigen Horizonte zu erschließen und sie reflexiv zu bearbeiten, selbst wenn die konkreten Anforderungen dies utopisch erscheinen lassen. Denn in den vielen Feldern existiert auch „ein Übermaß an ‚Verhinderungswissen', also Wissen darüber, dass (weniger: warum) etwas *nicht* geht, *nicht* funktionieren kann, *keine* Chance hat etc insbesondere, wenn es etwas Neues ist" (ebd., 304). Der gängige Verweis auf die harte ‚Wirklichkeit', die ein Reflektieren eben nicht zulässt sondern unter Strafe stellt, kann auch dem innovationshemmenden Selbstschutz dienen, der ungestört alles beim Alten belassen möchte.

Es kann nicht darum gehen, eine Art Reflexionspflicht für das weibliche Kunstturnen einzufordern, schon der Begriff der ‚Pflicht' widerspricht dem Ansatz. Außerdem ist das ‚Pflichtprogramm' seit kurzem auch im Kunstturnen abgeschafft worden, so dass es hier nicht wieder aufgelegt werden soll. Feststellbar ist aber, dass in zahlreichen gesellschaftlichen Teilbereichen vermehrt Reflexionsinstanzen etabliert werden, die

die je eigenen mittel- und langfristigen Entwicklungsoptionen reflektierend erfassen sollen. Dass es sich dabei nicht primär um schöngeistige Debattierclubs handelt, zeigt allein schon die Tatsache, dass gerade der auf Effizienz schlechthin ausgerichtete Bereich der Wirtschaft diese Instrumente vermehrt zum Einsatz bringt. Auch in Zeiten von Globalisierung und Dynamisierung gönnt man sich offenbar den ‚Luxus‘ der Reflexion, ein ‚Luxus‘ der – wie moderne Beratungs- und Interventionsansätze nachdrücklich zeigen (vgl. GAIRING 1996; SENGE 1996; WILLKE 1998 u. a.) – trotz seiner vordergründigen Antiquiertheit zur unverzichtbaren Steuerungsressource für hochkomplexe Bereiche avanciert ist. Trotzdem gilt: Reflexion kann nicht verordnet werden. Was aber versucht werden kann, ist Reflexion anzuregen. Genau dies ist die Absicht der abschließenden Überlegungen, die zwar nicht vollständig sein können, es aber auch gar nicht wollen, weil die systematische Reflexion natürlich die Sache des betroffenen Bereichs bleibt.

Ein Weg der Selbstreflexion führt über die Explikation und Konstruktion von ‚mentalen Modellen‘ (vgl. SENGE 1996, 213 ff.). Es geht kurz gesagt darum, die in einem bestimmten Operationsbereich existierenden Vorstellungen und Bilder über Systeme, Prozesse, Phänomene etc. an die Oberfläche zu holen bzw. mögliche Alternativen szenarisch und konkurrierend zu entwickeln, um auf diese Weise einerseits den Bewusstheitsgrad für die Wirkungsweise solcher mentalen Modelle zu steigern und andererseits die Möglichkeit zur Veränderung solcher Modelle, die offenbar in hohem Maße *handlungsleitend* sein können, vor Augen zu führen. Das Ziel solcher Prozesse besteht im Übrigen nicht darin, „dass alle übereinstimmen oder sich einigen. Viele mentale Modelle können nebeneinander bestehen, auch wenn sie einander zum Teil widersprechen. Alle müssen betrachtet und vor dem Hintergrund bestimmter Situationen überprüft werden" (ebd., 233).[88] Es geht nicht um das Herausfiltern des einen ‚wahren‘ Modells. Da es häufig für Beteiligte nicht ganz einfach ist, eigene mentale Modelle zu erkennen bzw. alternative Modelle losgelöst von den Begrenzungen alltäglicher Notwendigkeit zu entwickeln, kann sich der Rückgriff auf fremde Perspektiven, auf – in einer schönen Formulierung SENGES (ebd., 248) – einen „schonungslos mitfühlenden Partner" als hilfreich erweisen. Diese Position soll nun eingenommen werden, wenn ein paar mentale Modelle zur Situation und Entwicklung des weiblichen Kunstturnens vorgestellt werden. Diese Szenarien geben nicht unsere ‚wirkliche‘ Sicht wieder, sondern sie konstruieren denkbare Sichtweisen, allerdings vor dem Hintergrund existierenden Wissens. Solche holzschnittartigen Szenarien können Widerspruch, Begeisterung oder Achselzucken hervorrufen, wichtiger wäre aus unse-

---

[88] Die Durchführung und Steuerung solcher Prozesse ist komplizierter als es obige Beschreibung vermuten lässt, trotzdem sollte sie auch auf die spezifischen Besonderheiten sportlicher Organisationen anwendbar sein. Dies im Detail darzulegen, ist aber gar nicht die Absicht unserer Überlegungen. Wir möchten an dieser Stelle nur Anregungen liefern. Sollten solche Anregungen auf Interesse stoßen, dann besteht immer noch die Möglichkeit zur differenzierteren Auseinandersetzung.

rer Sicht ihr Anregungscharakter für die Entwicklung *eigener, systemintern produzierter mentaler Modelle*, die spezifischer und konkreter als die hier vorgestellten sein müssten.

Ein *erstes Modell* könnte in Fortsetzung der Tradition ‚*Weiter-Durchwursteln*' heißen, wer Übles denkt, könnte auch vom ‚humanen Hochleistungssport mit Kindern und Jugendlichen' sprechen. Weil Krisen zwar gute Anlässe für Lernprozesse darstellen, aber schlechte Lehrmeister sind, werden die etablierten Lösungsstrategien ‚kurzfristig' weiter betrieben. Die beliebte Formel des ‚humanen Hochleistungssport von Kindern und Jugendlichen' bleibt weiter Gegenstand von ‚political correctness' und Festtagsreden und in ihrer beschwichtigenden Allgemeinheit unangetastet. Auftretende ‚Detailprobleme' werden in die Zuständigkeit der Experten delegiert und dort entsprechenden Lösungen zugeführt: Mattendicken werden erhöht, pädagogische Kompetenzen verbessert etc. Entwarnende wissenschaftliche Expertisen, seien sie nun biomechanischer, sportmedizinischer oder pädagogischer Natur werden als ‚Freisprüche' des Gesamtsystems interpretiert, woraus folgt, dass für das Gesamtsystem kein Änderungsbedarf besteht. Auftretende Probleme werden personalisiert oder als bedauerliche Einzelfälle bagatellisiert, im Übrigen ist das System selbst enormen Leistungsdruck und nationaler wie internationaler Konkurrenz ausgesetzt, Fördergelder setzen Erfolge voraus, Erfolge bemessen sich an Wettkampfresultaten, Humanität befindet sich zur Zeit auf einer anderen Baustelle. Diese Strategie ist durchaus nicht untypisch, sondern hat frappierende Ähnlichkeit mit dem, was WILLKE für ein anderes komplexes System – den Autoverkehr – so beschrieben hat: „So entsteht der Eindruck, dass mit einer Vielzahl kontrollierender Eingriffe das System insgesamt unter Kontrolle gehalten oder sogar ‚verbessert' werden könnte. Tatsächlich aber verdichtet sich der Verdacht, dass mit dieser Art von Maßnahmen und Reformen die interessierten Akteure des Systems sich selbst und dem Publikum Kontrollierbarkeit, Planbarkeit und Beherrschbarkeit einreden, während das automobile Verkehrssystem insgesamt außer Kontrolle geraten ist" (1998, 8).

Das *zweite Modell* könnte in der Entwicklungsperspektive den Titel ‚*Marginalisierung*' tragen. Auf Grund andauernder ‚Erfolglosigkeit', die ein Mithalten mit den Besten der Welt immer unwahrscheinlicher macht, lässt das ohnehin nicht besonders ausgeprägte Interesse am weiblichen Kunstturnen weiter nach. Da die Systembedingungen eine wirkliche Konkurrenz mit den erfolgreichen Turnnationen nicht zulassen, entwickelt sich die Tätigkeit der Systemakteure zur Sisyphusarbeit, schlimmer noch, das weibliche Kunstturnen gerät in einen sich stetig verstärkenden Abwärtsstrudel. Die ohnehin nicht üppigen finanziellen Ressourcen werden weiter verknappt, öffentliche Gelder gestrichen. Immer weniger Turnerinnen können für ein leistungssportliches Engagement gewonnen werden, so dass Selektionskriterien kaum mehr zum Tragen kommen. Viele Bewegungstalente gehen in andere, aus unterschiedlichen Gründen sehr viel attraktivere Bereiche, da die Kosten-Nutzen-Rechnungen für das weibliche Kunstturnen negativ ausfallen. In anderen und zunehmend konkurrierenden Sportarten ist die Karrieredauer länger, der Aufwand und die Risiken sind möglicherweise geringer und materieller oder/und sportlicher Erfolg wahrscheinlicher. Abnehmende Quantität und Qualität der Aktiven führt zum ‚Austrocknen‘ des weiblichen Kunstturnens im Spitzenbereich, was – dies als Randnotiz – durchaus nicht zum Bedeutungsverlust des Hochleistungssports mit Kindern und Jugendlichen insgesamt führt. Die durchaus vorhandene und auch von Außenstehenden attestierte Attraktivität der turnerischen Bewegungsformen kann die ‚Negativbilanz‘ des weiblichen Kunstturnens nicht entscheidend aufbessern, so dass nur ein paar ‚Turnverrückte‘ weiter versuchen werden, die entstandenen Turnwüsten zurück in blühende Landschaften zu verwandeln. Als Problem wird das weibliche Kunstturnen nicht mehr wahrgenommen, weil es zu unbedeutend geworden ist.

Ein *drittes Modell* könnte unter dem Etikett ‚*Elitenbildung*‘ firmieren. Angesichts sich wandelnder gesellschaftlicher Grundüberzeugungen versucht der Hochleistungssport insgesamt und der Kinder- und Jugendhochleistungssport im Besonderen die ‚Besonderheit‘ ihrer Klientel aktiv ins Bewusstsein der Öffentlichkeit zu rücken. Moderne Kindheit und Jugend verläuft schon lange nicht mehr uniform, vielmehr ist sie ein Feld vielfältiger Optionen, die Metapher des ‚Schutzraums‘ ist längst brüchig geworden. Im Zuge einer verblassenden Chancengleichheitseuphorie der 70er Jahre, im Blick auf globale Bildungskonkurrenz und ernüchternder TIMS-Studie und vor dem Hintergrund, dass ‚Leistung sich wieder lohnen soll‘, wird der Gedanke an eine gesellschaftlich legitimierte und subventionierte Förderung von Begabungseliten wieder hoffähig. Die Ausschöpfung der Begabungsreservoirs wird zur vordringlichen Aufgabe von modernen Gesellschaften im Konkurrenzkampf um knapper werdende Ressourcen. Neben spezifischen intellektuellen Begabungen geht es dabei auch um die Förderung von Leistungsbereitschaft, Durchhaltewillen, Disziplin, Bedürfnisaufschub und anderen in postmodernen Gesellschaften verloren geglaubten Tugenden. Dem Turnerbund gelingt es, diese veränderten gesellschaftlichen Grundkoordinaten produktiv und offensiv zu nutzen, indem er auf die ‚Vorbildfunktion‘ junger Kunstturnerinnen als Speerspitze leistungsbewusster Bewegungseliten verweist. Es gelingt, die Wirtschaft vom Imagegewinn durch das Sponsoring des weiblichen Kunstturnens zu überzeugen, da die Förderung der Leistungen des Nachwuchses die Leitwerte moderner Wirtschaftsunternehmen idealtypisch widerspiegelt. Auch die Öffentlichkeit – und in Folge auch die Politik – verändern ihre einstmals kritische Haltung, der ‚Wille zur Leistung‘ erfreut sich zunehmender gesamtgesellschaftlicher Beliebtheit. Nach Jahrzehnten der Verkrampftheit entwickelt auch die Bundesrepublik ein entspannteres Verhältnis zur Förderung besonderer Begabungen, der Begriff der ‚Elitenbildung‘ wird wieder hoffähig, der Hochleistungssport kann dies in sichtbarer Weise nach außen demonstrieren. Die Existenz ausreichender finanzieller Ressourcen, die gesellschaftliche Akzeptanz und die politische Unterstützung ermöglichen den partiellen Wiederanschluss an die internationale Leistungsspitze, wobei insbesondere auf die Einhaltung der humanitären Grundorientierung verwiesen wird, die uns von anderen Konkurrenten positiv unterscheidet. Das weibliche Kunstturnen erfährt eine kaum für möglich gehaltene Renaissance und muss auf Grund der steigenden Attraktivität strenge Selektionsmechanismen einführen, die Ausprägung eines entsprechenden ‚elitären Bewusstseins' findet seinen Gegenhalt im öffentlich gezollten Respekt vor den Leistungen der Kunstturnerinnen.

Ein *viertes und letztes Modell* soll mit der Formel ‚*Dritter Weg*' umrissen werden. Solche auch aus anderen Bereichen bekannten ‚dritten Wege' versuchen in aller Regel, die extremen Ausprägungen vorhandener Alternativen zu umgehen. Dies kann in sehr unterschiedlicher Weise geschehen. Initiiert durch die von zentralen Systemakteuren diagnostizierte Krise des weiblichen Kunstturnens wird der Versuch eines Umbaus einiger Grundstrukturen des Systems unternommen. Wichtigste Ausgangsvoraussetzung ist die präzise Formulierung eines gemeinsam geteilten Zielkataloges, der über die bekannte Festlegung von Leistungsnormen für die nächste Weltmeisterschaft oder Olympiade weit hinausgeht. Gefragt ist eine grundsätzliche ‚Vision' des Hochleistungssports von Kindern und Jugendlichen, im Besonderen des weiblichen Kunstturnens. Eine solche Vision, die eben nicht vage bleibt, sondern in konkrete Zielformulierungen mündet, kann Ausgangspunkt sein für weitergehende Überlegungen hinsichtlich der notwendigen Rahmenbedingungen, ihrer Existenz oder möglichen Realisierbarkeit, oder hinsichtlich personaler Ressourcen oder Veränderungen. Unter der Voraussetzung, dass das weibliche Kunstturnen als prinzipiell erhaltens- und unterstützenswert angesehen wird, wäre etwa die Frage der ‚Erfolgsoptimierung' zu stellen. Die bisher eher der Legitimation nach außen dienende Formel eines ‚humanen' Hochleistungssport mit Kindern und Jugendlichen wird mit konkreten Inhalten, Stoppregeln und Sanktionsmechanismen angefüllt, wohlwissend dass damit einer alleinigen Leistungsmaximierung entgegengearbeitet wird. Diese ‚humane' Relativierung des Leistungsprinzips wird auch von den relevanten externen Entscheidungsträgern (politische Instanzen, Bundesausschuss Leistungssport u. a.) konkret unterstützt, indem Platzierungen und Medaillenchancen nicht länger den primären Indikator der finanziellen Förderung ausmachen. Die Beachtung selbst gesteckter Grenzen im Hochleistungssport mit Kindern und Jugendlichen führt zur Entstehung einer eigenen – durchaus kostenintensiven – Qualität der Leistungsförderung, die mittel- und langfristig auch zum Zusammenschluss ähnlich denkender Turnnationen führen könnte. Vor einem solchen Hintergrund könnten auch interne Systemstrukturen einer Überprüfung unterzogen und Leistungsreserven freigesetzt werden. Im Sinne einer Optimierung des Systemziels würden erfolgsreduzierende Kommunikationsbarrieren zwischen Systemakteuren, überflüssige Konkurrenzstrukturen etc. beseitigt und Möglichkeiten einer sinnvollen und zugleich effektiven Umstrukturierung in Bezug auf Vernetzungsmöglichkeiten und Zusammenarbeit einzelner Stützpunkte entworfen. Existierendes Know-how würde gebündelt und in Form der Vernetzung allen Interessierten zur Verfügung gestellt, Trainer/-innenteams könnten im Austausch ihrer jeweiligen Könnens- und Wissensschwerpunkte regelmäßig stattfindende zentrale Lehrgänge zur eigenen Weiterentwicklung und der ihrer Turnerinnen effektiv nutzen. Realistische Leistungsziele könnten auf diesem Weg systematisch angesteuert, die ‚Arbeitsatmosphäre' freundlicher und zugleich effektiver gestaltet werden, was in der Konsequenz zur Entlastung der zentralen Akteure – der Turnerinnen – führen würde. Wenn ‚Humanität' im Hochleistungssport von Kindern und Jugendlichen nicht bloß eine Worthülse sein soll, dann sollten alle konkreten Maßnahmen zur Ent-Lastung der Aktiven in Angriff genommen werden.

Möglicherweise können die skizzierten Modelle als Anregung zum Entwurf weiterer Szenarien oder zur Ausdifferenzierung der vorhandenen dienen. Beides wäre aus unserer Sicht sinnvoll und wünschenswert. Gefordert sind dazu aber die Systemakteure selbst. Im Moment herrscht der Eindruck vor, dass das Feld des ‚Nachwuchsleistungssport' ganz gern in Ruhe gelassen werden möchte. Man wartet auf Entwarnungen und Freisprüche durch die Sportwissenschaften, öffentliche Thematisierungen werden als ‚Störung' der eigenen Arbeit empfunden, die man eigentlich nur fortsetzen möchte. Ohne Zweifel funktioniert das System, die Frage ist nur, wie lange es noch funktioniert und ob es nicht ‚besser' funktionieren könnte. Wir haben versucht, einige Vorschläge dazu im Sinne einer praktischen Beratung vorzulegen. Ganz im Sinne LICHTENBERGS ließe sich abschließend formulieren: „Ich kann nicht sagen, dass es besser wird, wenn es anders wird, aber so viel kann ich sagen, es muss anders werden, wenn es gut werden soll."

# Literatur

ANDERS, G. (Red.): Karrieren von Mädchen und Frauen im Leistungssport. Rahmenbedingungen und Konsequenzen. Köln 1998.

BAUER, K.-O./KOPKA, A./BRINDT, S.: Pädagogische Professionalität. Eine qualitativ-empirische Studie über professionelles Handeln und Bewußtsein. Weinheim/München 1996.

BECHMANN, G. (Hrsg.): Risiko und Gesellschaft. Grundlagen und Ergebnisse interdisziplinärer Risikoforschung. Opladen 1993.

BETTE, K.-H.: Systemtheorie und Sport. Frankfurt/M. 1999.

BETTE, K.-H./SCHIMANK, U.: Doping im Hochleistungssport. Anpassung durch Abweichung. Frankfurt/M. 1995.

BETTE, K.-H.: Zur Semantik und Paradoxie moderner Körperlichkeit. Berlin/New York 1989.

BETTE, K.-H.: Strukturelle Aspekte des Hochleistungssports in der Bundesrepublik Deutschland. Ansatzpunkte für eine System-Umwelt-Theorie des Sports. St. Augustin 1984 a.

BETTE, K.-H.: Die Trainerrolle im Hochleistungssport. St. Augustin 1984 b.

BLOOM, B. S. (Hrsg.): Developing Talent in Young People. New York 1985.

BÖHM, A.: Grounded Theory – Wie aus Texten Modelle und Theorien gemacht werden. In: BÖHM, A./MENGEL, A./MUHR, T. (Hrsg.): Texte verstehen. Konzepte, Methoden, Werkzeuge. Konstanz 1994, 121–140.

BOHNSACK, R.: Rekonstruktive Sozialforschung. Einführung in Methodologie und Praxis qualitativer Forschung. Opladen 1993[2].

BRAUN, S.: Spitzensportler als nationale Eliten im internationalen Vergleich. In: Sportwissenschaft 28 (1998), 54–72.

BRETTSCHNEIDER, W. D./KLIMEK, G.: Sportbetonte Schulen. Ein Königsweg zur Förderung sportlicher Talente? Aachen 1998.

BRÜGGEMANN, P./KRAHL, H.: Belastungen und Risiken im Kunstturnen der Frauen. Projektbericht. Köln 1999.

COMBE, A./BUCHEN, S.: Belastung von Lehrerinnen und Lehrern. Weinheim 1996.

COMBE, A./HELSPER, W. (Hrsg.): Pädagogische Professionalität. Frankfurt/M. 1996.

COUNCIL OF EUROPE (Ed.): Report on young people in high-level sport. Parliamentary assembly Doc. 7459. Strasbourg 1996.

DAUGS, R./EMRICH, E. (Hrsg.): Kinder und Jugendliche im Leistungssport. Schorndorf 1998.

DEWE, B./FERCHHOFF, W./RADTKE, F.-O. (Hrsg.): Erziehen als Profession. Opladen 1992.

DREYFUS, H. L./DREYFUS, S. E.: Künstliche Intelligenz. Von den Grenzen der Denkmaschine und dem Wert der menschlichen Intuition. Reinbek 1987.

DSB (Hrsg.): Nachwuchs-Leistungssport-Konzept. Leitlinien zur Weiterentwicklung des Nachwuchs-Leistungssports. Frankfurt/M. 1997.

EHLICH, K.: Kommunikationsanalysen – Bedingungen und Folgen. In: FIEHLER, R./SUCHAROWSKI, W. (Hrsg.): Kommunikationsberatung und Kommunikationstraining. Opladen 1992, 36–52.

EMRICH, E./PAPATHANASSIOU, V./PITSCH, W.: Struktur und Funktion von Laufbahnberatung und Umfeldmanagement an Olympiastützpunkten aus der Innen- und Außenperspektive. In: Leistungssport 2/1996, 35–41.

ERAUT, M.: Developing professional knowledge and teaching. London 1994.

FLICK, U.: Qualitative Forschung. Theorie, Methoden, Anwendung in Psychologie und Sozialwissenschaften. Hamburg 1996[2].

FLICK, U.: Hermeneuten-Zirkel am PC – Erfahrungen mit ATLAS/ti aus einem Lehr-Forschungsprojekt. In: BÖHM, A./MENGEL, A./MUHR, T. (Hrsg.): Texte verstehen. Konzepte, Methoden, Werkzeuge. Konstanz 1994, 349–358.

FRANKE, E.: Zum Selbstbild des Trainerberufs im Spiegel der Verantwortung. In: Leistungssport 1/1996, 21–24.

FRIEDRICHS, E.: Lächerlich bis ärgerlich. Was soll das? In: Olympische Jugend 1981, H. 4, 8–9.

FUNKE, J.: Wie erfahren jugendliche Kunstturnerinnen ihren Hochleistungssport? In: Sportpädagogik 9 (1985) 5, 8-9.

GADAMER, H.-G.: Wahrheit und Methode. Grundzüge einer philosophischen Hermeneutik. Tübingen 1975[4] (Original 1960).

GAIRING, F.: Organisationsentwicklung als Lernprozeß von Menschen und Systemen. Weinheim 1996.

GIEGEL, H. J.: Die Polarisierung der gesellschaftlichen Kultur und die Risikokommunikation. In: GIEGEL, H. J. (Hrsg.): Konflikt in modernen Gesellschaften. Frankfurt/M. 1998, 89–152.

GLASER, B./STRAUSS, A.: Grounded Theory. Strategien qualitativer Forschung. Bern u. a. 1998.

GLASER, B.: Emergence vs. Forcing: Basics of Grounded Theory Analysis. Mill Valley, CA 1992.

GLASER, B.: Theoretical sensitivity. Advances in the methodology of Grounded Theory. Mill Valley, CA 1978.

GLASER, B./STRAUSS, A.: Interaktion mit Sterbenden. Beobachtungen für Ärzte, Schwestern, Seelsorger und Angehörige. Göttingen 1974 (Original 1965).

GLASER, B./STRAUSS, A.: The Discovery of Grounded Theory: Strategies for Qualitative Research. New York 1967.

GLINKA, H. J.: Das narrative Interview: eine Einführung für Sozialpädagogen. Weinheim u. a. 1998.

GOFFMAN, E.: Wir alle spielen Theater. München 1976[3].

GRATHOFF, R.: Milieu und Lebenswelt. Einführung in die phänomenologische Soziologie und die sozialphänomenologische Forschung. Frankfurt/M. 1989.

GROSS, P./HONER, A.: Das Wissen des Experten. St. Gallen 1991.

GRUPE, O.: Kinder-Hochleistungssport: eine Analyse unter pädagogischen Gesichtspunkten. In: Sportwissenschaft 28 (1998), 40–53.

HAAG, H.: Sportphilosophie. Frankfurt/M. 1995.

HABERMAS, J.: Analytische Wissenschaftstheorie und Dialektik. In: ADORNO, T. W. u. a. (Hrsg.): Der Positivismusstreit in der deutschen Soziologie. Neuwied und Berlin 1969.

HAFFNER, S.: Das Bild des Trainers aus der Sicht der Medien. In: Leistungssport 2/1996, 4–8.

HAHN, E.: Psychologisches Training im Wettkampfsport. Ein Handbuch für Trainer und Athleten. Schorndorf 1996.

HANKE, U./WOERMANN, S.: Trainerwissen. Ein Experten-Novizen-Vergleich der Wissensstrukturierung zum „Feed-Back" als beeinflussende Variable des sportmotorischen Lernprozesses. Köln 1993.

HARTMANN, U./BLEICHER, A. (Red.): Aktuelle Brennpunkte des Nachwuchsleistungssport. Berichtsband zum 13. Internationalen Workshop Sportgespräch/Ruhrolympiade. Köln 1999.

HARTOG, J.: Kommunikationsprobleme in der genetischen Beratung und ihre Folgen für eine sinnvolle Kommunikationsberatung. In: FIEHLER, R./SUCHAROWSKI, W.: Kommunikationsberatung und Kommunikationstraining. Opladen 1992, 87–102.

HEEG, P.: Informative Forschungsinteraktionen. In: BREUER, F. (Hrsg.): Qualitative Psychologie. Grundlagen, Methoden und Anwendungen eines Forschungsstils. Opladen 1996, 41–60.

HERLTH, A.: Was macht Familien verletzlich? Bedingungen der Problemverarbeitung in familialen Systemen. In: LÜSCHER, K./SCHULTHEIS, F./WEHRSPAUN, M. (Hrsg.): Die postmoderne Familie. Familiale Strategien und Familienpolitik in einer Übergangszeit. Konstanz 1990, 312–326.

HOFFMANN-RIEM, C.: Die Sozialforschung einer interpretativen Soziologie. Der Datengewinn. In: Kölner Zeitschrift für Soziologie und Sozialpsychologie, 32 (1980), 339–372.

HONER, A.: Das Perspektivenproblem in der Sozialforschung. In: JUNG, T./MÜLLER-DOOHM, S. (Hrsg.): „Wirklichkeit" im Deutungsprozeß. Verstehen und Methoden in den Kultur- und Sozialwissenschaften. Frankfurt/M. 1993, 241–258.

HOPF, C.: Hypothesenprüfung und qualitative Sozialforschung. In: STROBL, R./BÖTTGER, A. (Hrsg.): Wahre Geschichten? Zur Theorie und Praxis qualitativer Interviews. Baden-Baden 1996, 9–22.

HUG, O. (Hrsg.): Verbundsysteme Leistungssport – Schule. Pädagogik, Organisation und Wohnen im Internat. Informationen zum Leistungssport Bd. 14. Frankfurt/M. 1998.

HURRELMANN, K.: Sozialisation und Gesundheit. Somatische, psychische und soziale Risikofaktoren im Lebenslauf. Weinheim/München 1988.

JAPP, K. P.: Soziologische Risikotheorie. Weinheim/München 1996.

JUNGERMANN, H./SLOVIC, P.: Charakteristika individueller Risikowahrnehmung. In: KROHN, W./KRÜCKEN, G. (Hrsg.): Riskante Technologien: Reflexion und Regulation. Frankfurt/M. 1993, 79–100.

KAMINSKI, G./MAYER, R./RUOFF. B. A.: Kinder und Jugendliche im Hochleistungssport. Eine Längsschnittuntersuchung zur Frage eventueller Auswirkungen. Schorndorf 1984.

KAUFMANN, F.-X.: Familie und Modernität. In: LÜSCHER, K./SCHULTHEIS, F./WEHRSPAUN, M. (Hrsg.): Die postmoderne Familie. Familiale Strategien und Familienpolitik in einer Übergangszeit. Konstanz 1990, 391–415.

KELLE, U.: Die Bedeutung theoretischen Vorwissens in der Methodologie der Grounded Theory. In: STROBL, R./BÖTTGER, A. (Hrsg.): Wahre Geschichten? Zur Theorie und Praxis qualitativer Interviews. Baden-Baden 1996, 23–48.

KEUPP, H.: Psychologisches Handeln in der Risikogesellschaft. Gemeindepsychologische Perspektiven. München 1994.

KLUTE, D.: Erfahrungen mit dem Computer als Werkzeug. In: BREUER, F. (Hrsg.): Qualitative Psychologie. Grundlagen, Methoden und Anwendungen eines Forschungsstils. Opladen 1996, 161–163.

KOCH-PRIEWE, B.: Grundlegung einer Didaktik der Lehrerbildung. Der Beitrag der wissenspsychologischen Professionsforschung und der humanistischen Pädagogik. In: BAYER, M./CARLE, U./WILDT, J. (Hrsg.): Brennpunkt: Lehrerbildung. Strukturwandel und Innovationen im europäischen Kontext. Opladen 1997, 139–163.

KÖNIG, E./VOLMER, G.: Systemische Organisationsberatung. Grundlagen und Methoden. Weinheim 1994.

KÖNIG, E./ZEDLER, P. (Hrsg.): Bilanz qualitativer Forschung. 2 Bde. Weinheim 1995.

KOHLI, M.: Erwartungen an eine Soziologie des Lebenslaufs. In: KOHLI, M. (Hrsg.): Soziologie des Lebenslaufs. Darmstadt 1978.

KOLBE, F.-U.: Lehrerbildung ohne normative Vorgaben für das praktische Handlungswissen? In: BAYER, M./CARLE, U./WILDT, J. (Hrsg.): Brennpunkt: Lehrerbildung. Strukturwandel und Innovationen im europäischen Kontext. Opladen 1997, 121–137.

KOLLER, G.-Ch.: Bildung und Widerstreit. München 1999.

KOZEL, J. (Hrsg.): Trainerakademie Köln e.V. 20 Jahre Trainerakademie. Köln 1995.

KURZ. D.: Sportpädagogen sollten sich nicht aus der Verantwortung stehlen. In: Sportpädagogik 13 (1989), 2–4.

MAROTZKI, W./KRÜGER, H. H. u. a. (Hrsg.): Erziehungswissenschaftliche Biographieforschung. Opladen 1995.

LAMNEK, S.: Qualitative Sozialforschung. Bd. 2: Methoden und Techniken. München 1989.

LENZ, K.: Prozeßstrukturen biographischer Verläufe in der Jugendphase und danach. Methodische Grundlagen einer qualitativen Langzeitstudie. In: COMBE, A./HELSPER, W. (Hrsg.): Hermeneutische Jugendforschung. Opladen 1991, 50–70.

LENZEN, D.: Handlung und Reflexion. Vom pädagogischen Theoriedefizit zur reflexiven Erziehungswissenschaft. Weinheim/Basel 1996.

LÜSEBRINK, I.: Lebenswelten von Kunstturnerinnen – „Und trotzdem – es macht Spaß!". Schriften der Deutschen Sporthochschule Bd. 37. St. Augustin 1997.

LUHMANN, N.: Die Realität der Massenmedien. Opladen 1996.

LUHMANN, N.: Risiko und Gefahr. In: KROHN, W. /KRÜCKEN, G. (Hrsg.): Riskante Technologien: Reflexion und Regulation. Frankfurt/M. 1993, 138–185.

LUHMANN, N.: Rechtssoziologie. Reinbek 1972.

MANGOLD, W.: Gegenstand und Methode des Gruppendiskussionsverfahrens. Aus der Arbeit des Instituts für Sozialforschung. Frankfurt/M. 1960.

MATTHIESEN, U.: Das Dickicht der Lebenswelt und die Theorie kommunikativen Handelns. München 1983.

MAYRING, P.: Qualitative Inhaltsanalyse. Grundlagen und Techniken. Weinheim 1995[4].

MEINBERG, E.: Zwischen Verstehen und Beschreiben. Zur Fortsetzung des Methodendiskurses in der Sportwissenschaft. In: BETTE, K.-H/HOFFMANN, G./KRUSE, C./MEINBERG, E./THIELE, J. (Hrsg.): Zwischen Verstehen und Beschreiben. Forschungsmethodologische Ansätze in der Sportwissenschaft. Köln 1994[2], 21–76.

MEINBERG, E.: Grundsätzliche Überlegungen zur sportpädagogischen Normenforschung. In: SCHERLER, K. (Hrsg): Normative Sportpädagogik. dvs-Protokolle Bd. 41. Clausthal-Zellerfeld 1990, 111–126.

MEINBERG, E.: Zum Ansatz einer „verstehend – beschreibenden Sportpädagogik". In: BREHM, W./KURZ, D. (Red.): Forschungskonzepte in der Sportpädagogik. Clausthal-Zellerfeld 1987, 37–57.

MEUSER, M./NAGEL, U.: Experteninterviews – vielfach erprobt, wenig bedacht. In: GARZ, D./ KRAIMER, K. (Hrsg.): Qualitativ-empirische Sozialforschung. Konzepte, Methoden, Analysen. Opladen 1991, 441–471.

MIETHLING, W.-D.: Verständigungsschwierigkeiten zwischen Sportlehrer und Forscher. Erfahrungen beim Versuch, kommunikativ zu validieren. In: BRETTSCHNEIDER, W.-D. (Hrsg.): Alltagsbewußtsein und Handlungsorientierungen von Sportlehrern. Schorndorf 1984, 122–136.

MOLLENHAUER, K.: Einige erziehungswissenschaftliche Probleme im Zusammenhang der Erforschung von Alltagswelten Jugendlicher. In: LENZEN, D. (Hrsg.): Pädagogik und Alltag: Methoden und Ergebnisse alltagsorientierter Forschung in der Erziehungswissenschaft. Stuttgart 1980, 97–111.

MUHR, T.: ATLAS/ti – ein Werkzeug für die Textinterpretation. In: BÖHM, A./MENGEL, A./ MUHR, T. (Hrsg.): Texte verstehen. Konzepte, Methoden, Werkzeuge. Konstanz 1994, 317–324.

MUTZECK, W.: Kooperative Beratung. Grundlagen und Methoden der Beratung und Supervision im Berufsalltag. Weinheim 1996.

NAVE-HERZ, R.: Familie – Jugend – Alter. In: KORTE, H./SCHÄFER, B. (Hrsg.): Einführung in spezielle Soziologien. Opladen 1993, 9–28.

NEUWEG, G. H.: Könnerschaft und implizites Wissen. Zur lehr-lerntheoretischen Bedeutung der Erkenntnis- und Wissenschaftstheorie M. Polanyis. Münster 1999.

ORTMANN, J.: Modellieren. In: BREUER, F. (Hrsg.): Qualitative Psychologie. Grundlagen, Methoden und Anwendungen eines Forschungsstils. Opladen 1996, 151–161.

OTWAY, H./WYNNE, B.: Risiko-Kommunikation: Paradigma und Paradox. In: KROHN, W./ KRÜCKEN, G. (Hrsg.): Riskante Technologien: Reflexion und Regulation. Frankfurt/M. 1993, 101–112.

RADTKE, F.-O.: Wissen und Können – Grundlagen der wissenschaftlichen Lehrerbildung. Opladen 1996.

REICHERTZ, J.: Lassen sich qualitative Interviews hermeneutisch interpretieren? In: STROBL, R./BÖTTGER, A. (Hrsg.): Wahre Geschichten? Zur Theorie und Praxis qualitativer Interviews. Baden-Baden 1996, 77–92.

RICHARTZ, A./BRETTSCHNEIDER, W.-D.: Weltmeiser werden und die Schule schaffen. Zur Doppelbelastung von Schule und Leistungstraining. Schorndorf 1996.

ROSE, L.: Das Drama des begabten Mädchens. Lebensgeschichten junger Kunstturnerinnen. Weinheim/München 1991.

ROST, D. H.: Sonderklassen für besonders Begabte? Fördermaßnahmen für Grundschulkinder im Urteil von Eltern und Lehrenden. In: Die Deutsche Schule 83 (1991) 1, 51–67.

RYAN, J.: Little girls in pretty boxes. The making and breaking of elite gymnasts and figure skaters. New York 1995.

SALMELA, J. H.: Modelling the development of exceptional performance in gymnastics. In: Abstractband des Wissenschaftlichen Symposiums ‚Entwicklung des Kunstturnens und der Rhythmischen Sportgymnastik im Nachwuchsbereich‘. 21.–22. 10. 1997. Frankfurt/M. 1997.

SCHARENBERG, S.: Der Niedergang des Kunstturnens – Fehler im System? Göttingen 1992.

SCHATTENHOFER, K.: Selbstorganisation und Gruppe. Entwicklungs- und Steuerungsprozesse in Gruppen. Opladen 1992.

SCHIMANK, U.: Theorien gesellschaftlicher Differenzierung. Opladen 1996.

SCHÖNKNECHT, G.: Innovative Lehrerinnen und Lehrer. Berufliche Entwicklung und Berufsalltag. Weinheim 1997.

SCHÜTZ, A./LUCKMANN, T.: Strukturen der Lebenswelt. Bd. 1. Frankfurt/M. 1994[5].

SCHÜTZ, A./LUCKMANN, T.: Strukturen der Lebenswelt. Bd. 2. Frankfurt/M. 1984.

SCHÜTZ, A.: Das Problem der Relevanz. Hrsg. von ZANER, R. M. Frankfurt/M. 1982.

SCHÜTZ, A.: Der sinnhafte Aufbau der sozialen Welt. Eine Einleitung in die verstehende Soziologie. Frankfurt/M. 1981.

SCHÜTZ, A./LUCKMANN, T.: Strukturen der Lebenswelt. Bd. 1. Frankfurt/M. 1979.

SCHÜTZ, A.: Gesammelte Aufsätze. Bd. 1: Das Problem der sozialen Wirklichkeit. Den Haag 1971.

SCHÜTZE, F.: Die Technik des narrativen Interviews in Interaktionsfeldstudien – dargestellt an einem Projekt zur Erforschung von kommunalen Machtstrukturen (Ms.). Bielefeld 1977.

SENGE, P. M.: Die fünfte Disziplin. Kunst und Praxis der lernenden Organisation. Stuttgart 1996.

STRAUSS, A. L./CORBIN, J.: Grounded Theory: Grundlagen qualitativer Sozialforschung. Weinheim 1996 (Original 1990).

STRAUSS, A. L.: Grundlagen qualitativer Sozialforschung. Datenanalyse und Theoriebildung in der empirischen soziologischen Forschung. München 1994 (erstmals dt. 1991; Original 1987).

SUCHAROWSKI, W.: Kompetenzerweiterung und -transfer – ein Kommunikationsproblem. In: FIEHLER, R./SUCHAROWSKI, W.: Kommunikationsberatung und Kommunikationstraining. Opladen 1992, 173–184.

TERHART, E.: Kontrolle von Interpretationen: Validierungsprobleme. In: KÖNIG, E./ZEDLER, P. (Hrsg.): Bilanz qualitativer Forschung. Bd. I: Grundlagen qualitativer Forschung. Weinheim 1995, 373–397.

THIELE, J.: Unterschiede, die Unterschiede machen – über einige Anforderungen und Bedingungen des weiblichen Kunstturnens in Deutschland. In: HARTMANN, U./BLEICHER, A. (Red.): Aktuelle Brennpunkte des Nachwuchsleistungssports 13. Internationaler Workshop am 8./9. Juni 1998 in Duisburg. Köln 1999, 42–51.

THIELE, J.: Datenauswertung in der Qualitativen Forschung. In: STRAUSS, B./HAAG, H. (Hrsg.): Theorie in der Sportwissenschaft. Bd. III. Schorndorf 1998.

WEISCHENBERG, K.: Kindheit im modernen Kinderhochleistungssport. Untersuchungen zur alltäglichen Lebensumwelt von C- und D-Kader Athletinnen im Kunstturnen auf der Grundlage eines konkreten Kindheitsverständnisses. Frankfurt/M. 1996.

WILLKE, H.: Systemtheorie III: Steuerungstheorie. Stuttgart 1998.

WILLKE, H.: Systemtheorie II: Interventionstheorie. Stuttgart/Jena 1994.

WILLKE, H.: Systemtheorie. Stuttgart/New York 1982.

WILSON, Th. P.: Theorie der Interaktion und Modelle soziologischer Erklärung. In: ARBEITSGRUPPE BIELEFELDER SOZIOLOGEN (Hrsg.): Alltagswissen, Interaktion, gesellschaftliche Wirklichkeit. Reinbek 1973, 54–79.

WITZEL, A.: Auswertung problemzentrierter Interviews: Grundlagen und Er-fahrungen. In: Strobel, R./Böttger, A. (Hrsg.): Wahre Geschichten? Zu Theorie und Praxis qualitativer Interviews. Baden-Baden 1996, 49–76.

WITZEL, A.: Das problemzentrierte Interview. In: JÜTTEMANN, G. (Hrsg.): Qualitative Forschung in der Psychologie. Weinheim 1985, 227–255.

WITZEL, A.: Verfahren der qualitativen Sozialforschung. Überblick und Alternativen. Frankfurt/M./New York 1982.

ZOGLOWEK, H.: Kommunikative Validierung oder die Frage nach der Geltungsbegründung qualitativ gewonnener Daten. In: Sportwissenschaft 26 (1996), 383–405.

Band 101    Prof. Dr. Gert-Peter Brüggemann /
Prof. Dr. med. Hartmut Krahl /
Dr. med. Rainer Eckardt / Dr. med. Gudrun Fröhner /
Dr. med. Hein Lohrer / Dr. Petra Theiss

# Belastungen und Risiken im weiblichen Kunstturnen

**Teil 1: Aus der Sicht von Biomechanik und Sportmedizin**

2000. DIN A 5, 204 Seiten,
ISBN 3-7780-0901-X (Bestell-Nr. 0901)
öS 276.–; sFr. 35.–; **DM 37.80**

Seit Mitte der 80er Jahre waren in der deutschen, aber auch in der internationalen Öffentlichkeit zunehmend kritische Stimmen zu vernehmen, die sich häufig sehr emotional mit den körperlichen aber auch den psychischen Beanspruchungen der jungen Mädchen im Kunstturnen auseinander setzten. Ein Hauptkritikpunkt am Kunstturnen, welches mit großen Trainingsumfängen und einem frühen Trainingsbeginn verbunden ist, findet sich immer wieder in möglichen gesundheitlichen Folgeschäden durch die sportartspezifischen physischen Belastungen.

Im vorliegenden Forschungsvorhaben stellen retrospektive klinische Untersuchungen ehemaliger Kunstturnerinnen unterschiedlicher Trainingssysteme, Befragungen von aktuell sich im Training auf verschiedenen Leistungsebenen (Landeskader bis WM-Teilnehmer) befindlichen Athletinnen sowie mehrjährige prospektive orthopädische Untersuchungen von über einhundert Kaderturnerinnen die solide Grundlage der orthopädischen Beurteilung des Gesundheitszustandes von Kunstturnerinnen dar. Diesen Befunden wurden die quantitativ erfassten mechanischen Belastungen des Bewegungsapparates beim Kunstturnen gegenübergestellt. Besondere Aufmerksamkeit erhielten dabei die Strukturen des Fußes und des Sprunggelenks sowie der Wirbelsäule. Grenzwertige Belastungsformen wurden identifiziert und umfangreiche Maßnahmen zur Belastungskontrolle und -modifikation vorgeschlagen.

**Verlag Karl Hofmann**    Postfach 1360 · 73603 Schorndorf
Tel. (0 71 81) 402-125, Fax (0 71 81) 402-111    E-Mail: hofmann@hofmann-verlag.de